Konrad Lemnitzer (Hrsg.)
Wolfgang Jaeger, Robert Weber

Kompendium Schulrecht und Schulkunde in Bayern

Klett | Kallmeyer

In Erinnerung an unseren lieben Freund, Kollegen und Mitautor Schulamtsdirektor a. D. Robert Weber

Bibliografische Information der Deutschen Nationalbibliothek
Die Deutsche Nationalbibliothek verzeichnet diese Publikation in der Deutschen Nationalbibliografie;
detaillierte bibliografische Daten sind im Internet über http://dnb.d-nb.de abrufbar.

Impressum

Konrad Lemnitzer (Hrsg.), Wolfgang Jaeger, Robert Weber
Kompendium Schulrecht und Schulkunde in Bayern

4. überarbeitete und aktualisierte Auflage 2017

Das Werk und seine Teile sind urheberrechtlich geschützt. Jede Nutzung in anderen
als den gesetzlich zugelassenen Fällen bedarf der vorherigen schriftlichen Einwilligung
des Verlages. Hinweis zu § 52 a UrhG: Weder das Werk noch seine Teile dürfen
ohne eine solche Einwilligung eingescannt und in ein Netzwerk eingestellt werden.
Dies gilt auch für Intranets von Schulen und sonstigen Bildungseinrichtungen.
Fotomechanische oder andere Wiedergabeverfahren nur mit Genehmigung des Verlages.

© 1999. Kallmeyer in Verbindung mit Klett
Friedrich Verlag GmbH
D-30926 Seelze
Alle Rechte vorbehalten.
www.friedrich-verlag.de

Realisation: Jürgen Rohrßen, Hannover
Druck: Kessler Druck + Medien GmbH & Co. KG, Bobingen
Printed in Germany

ISBN: 978-3-7800-1039-1

Konrad Lemnitzer (Hrsg.)
Wolfgang Jaeger, Robert Weber

Kompendium Schulrecht und Schulkunde in Bayern

Klett | Kallmeyer

I	**Vorwort**	7
II	**Hinweise zur Arbeit mit diesem Buch und zur Prüfungsvorbereitung im Fach „Schulrecht/Schulkunde"**	8
III	**Oberste Bildungsziele**	11
	1 Oberste Bildungsziele und ihre Verwirklichung	11
IV	**Grundlagen des Schulbetriebs**	21
	2 Auftrag bzw. Aufgabe der Schulen – dargestellt am Beispiel der Grund- und Mittelschule	21
	3 Leitsätze für den Unterricht und die Erziehung nach den gemeinsamen Grundsätzen der christlichen Bekenntnisse	33
	4 Darstellung des gegliederten Schulwesens in Bayern	40
	5 Festlegung des Unterrichtsangebotes an den Schulen	48
	6 Teilnahme am Unterricht und an sonstigen Schulveranstaltungen	52
	7 Unterricht für Schüler mit nichtdeutscher Muttersprache	55
	8 Rechtliche Grundlagen für die Erteilung von Religionsunterricht	64
	9 Lehr- und Lernmittel	68
V	**Aufnahme und Schulwechsel**	72
	10 Einschulung und Schulpflicht	72
	11 Überweisung an ein Förderzentrum zur sonderpädagogischen Förderung	78
	12 Die „Mobilen Sonderpädagogischen Dienste"	89
	13 Übertrittsverfahren	92
VI	**Hausaufgaben, Probearbeiten, Vorrücken, Wiederholen und Zeugnisse**	99
	14 Hausaufgaben	99
	15 Leistungsnachweise, Probearbeiten und Bewertung der Leistungen	107
	16 Orientierungs- und Vergleichsarbeiten/Lernstandserhebungen	115
	17 Zeugnisse	120
	18 Vorrücken und Wiederholen	128

VII	Mittelschulen in Bayern	132
	19 Von der Hauptschule zur Mittelschule – Charakteristik eines neuen Schultyps	132
	20 Berufsvorbereitung und Berufsorientierung an der Mittelschule	142
	21 Regelklasse, M-Klassen und M-Kurse sowie P-Klassen an der Mittelschule	152
	22 Abschlüsse an der Mittelschule, Zeugnisse und damit verbundene Berechtigungen	161
VIII	Lehrpersonal, Lehrerkonferenz, Schulleiter, Schulaufsicht und Schulqualität	175
	23 Rechte und Pflichten des Lehrpersonals	175
	24 Das amtliche Schriftwesen des Lehrers	184
	25 Schulleiter	194
	26 Lehrerkonferenz	199
	27 Schulaufsicht	202
	28 Schulqualität – Schulentwicklung – Evaluation	209
	29 Personalvertretung	218
	30 Das Konzept des „Pädagogischen Freiraums"	222
IX	Rechte, Pflichten, Ordnungsmaßnahmen	226
	31 Rechte und Pflichten von Schülern und Eltern	226
	32 Ordnungsmaßnahmen als Erziehungsmaßnahmen	232
X	Einrichtungen zur Mitgestaltung des schulischen Lebens	236
	33 Schülermitverantwortung (SMV)	236
	34 Elternvertretung	243
	35 Schulforum	247
XI	Zusammenarbeit von Schule, Erziehungsberechtigten und außerschulischen Institutionen	250
	36 Schule und Erziehungsberechtigte	250
	37 Schulische und außerschulische Betreuung	257
	38 Die Zusammenarbeit von Kindergarten und Grundschule	265
	39 Schulberatung	272

XII Sonstige schulische Veranstaltungen ... 277
40 Organisation sonstiger schulischer Veranstaltungen ... 277

XIII Vorkehrungen zum Schutz des Schülers vor Gefahren und Beeinträchtigungen ... 282
41 Beaufsichtigung der Schüler ... 282
42 Gesetze zum Schutz der Jugend ... 287
43 Suchtprävention ... 294

XIV Besondere Unterrichtsinhalte ... 301
44 Gesamtkonzept für die politische Bildung in der Schule ... 301
45 Informationstechnische Grundbildung in der Mittelschule ... 307
46 Computer in der Grundschule ... 313
47 Familien- und Sexualerziehung ... 318
48 Umwelterziehung ... 325
49 Fremdsprachen in der Grundschule ... 330
50 Mobilitäts- und Verkehrserziehung in der Grund- und Mittelschule ... 334

XV Quellenverzeichnis ... 342
Quellenverzeichnis für Gesetzestexte ... 342
Quellenverzeichnis für Lehrpläne ... 342
Quellenverzeichnis sonstige Texte/Abbildungen ... 342

I Vorwort

Liebe Lehramtsanwärterinnen und Lehramtsanwärter,
liebe Kolleginnen und Kollegen,

die rechtlichen Vorschriften im schulischen Bereich müssen sich, wenn das Schulleben geordnet ablaufen soll, den gesellschaftlichen Veränderungen anpassen und im Einklang mit dem Grundgesetz und der Verfassung stehen. Rahmenbedingungen ändern sich und die zahlreichen Änderungen im Bayerischen Erziehungs- und Unterrichtsgesetz, z. B. die inklusive Schule, die Umwandlung der Hauptschulen zu Mittelschulen, die Veränderungen der Schullandschaft im Hinblick auf Ganztagsschulen, die Projektprüfung und die erweiterte, vertiefte Berufsorientierung in der Haupt- bzw. Mittelschule, um nur einige zu nennen, erforderten bereits nach kurzer Zeit eine Überarbeitung unseres Kompendiums Schulrecht und Schulkunde.

Rechtliche Vorschriften sind im Bereich der Schule unumgänglich. Zum einen als Schutz für die Kinder, Jugendlichen und Eltern, aber auch als Schutz für Lehrkräfte. Rechtsvorschriften geben einen sicheren Rahmen, lassen aber auch Spielräume zu, die nach pädagogischen Gesichtspunkten behandelt werden können. Das vorliegende Kompendium Schulrecht und Schulkunde beinhaltet die maßgeblichen rechtlichen Regelungen im Bereich der Grund-, Haupt- bzw. Mittelschulen und der Förderschulen.

Gesetze und Verordnungen müssen juristisch stimmig sein und überfordern den Normalbürger oftmals. Deshalb haben es sich die Autoren zur Aufgabe gemacht, in übersichtlichen Kapiteln klare und verständliche Formulierungen für Sie zu finden. Die übersichtlichen Darstellungen in den einzelnen prüfungsrelevanten Kapiteln sollen Ihnen als Unterstützung dienen. Das vorliegende Werk diente und dient nicht nur einer optimalen Prüfungsvorbereitung auf das Fach Schulrecht und Schulkunde, sondern eignet sich zugleich als gutes Nachschlagewerk für alle in der Schule Beschäftigten.

Die KEG möchte mit dieser Veröffentlichung allen Lehramtsanwärterinnen und Lehramtsanwärtern eine gute Vorbereitung auf ihre mündliche Prüfung ermöglichen. Allen anderen ist das vorliegende aktuelle Kompendium sicher ein guter rechtlicher Begleiter im Schulalltag. Zunehmend holen sich Erziehungsberechtigte auch Rechtsbeistand zur Durchsetzung ihrer Rechte. Da heißt es für Kolleginnen und Kollegen, in rechtlichen Dingen umfassend Bescheid zu wissen. Das Kompendium stellt ein wichtiges Arbeitsmittel für alle Lehrkräfte dar.

Ein herzliches Dankeschön an dieser Stelle an die Autoren, die das KEG-Kompendium auf den neuesten Stand gebracht haben.

Allen Kolleginnen und Kollegen, die sich mit dem vorliegenden Werk auf die Prüfung vorbereiten, wünsche ich den erfolgreichen Abschluss der zweiten Ausbildungsphase und viel Erfolg und Freude im Beruf.

Ursula Lay
Landesvorsitzende der KEG in Bayern

II Hinweise zur Arbeit mit diesem Buch und zur Prüfungsvorbereitung im Fach „Schulrecht/Schulkunde"

Dieses Buch wendet sich vor allem an die bayerischen Lehramtsanwärter für die Grund-, Mittel- und Förderschulen und will die Vorbereitung auf die Prüfung im Fach „Schulrecht und Schulkunde" erleichtern. § 20 der LPO II legt für diese Prüfung fest:

> „§ 20 LPO (Mündliche Prüfung)
> (1) Die Mündliche Prüfung erstreckt sich auf folgende Prüfungsgebiete:
>   1. Didaktik eines jeden Fachs bzw. einer jeden Fachrichtung (Prüfungszeit je etwa 20 Minuten); in den Doppelfächern Kunst und Musik ist nur eine Prüfung abzulegen, Diplomhandelslehrer und Diplomhandelslehrerinnen ohne Ausbildung in einem weiteren Unterrichtsfach werden nur in der Didaktik der beruflichen Fachrichtung geprüft (Prüfungszeit je etwa 40 Minuten);
>   2. Schulrecht und Schulkunde sowie Grundfragen der staatsbürgerlichen Bildung (Prüfungszeit etwa 20 Minuten); für Prüfungsteilnehmer, die sich in der Zweiten Staatsprüfung einer mündlichen Prüfung in der Didaktik der Sozialkunde unterziehen, erstreckt sich die Prüfung nur auf Schulrecht und Schulkunde."

Die genauen Inhalte dieser Prüfung sind laut § 16 Abs. 2 Ziff. 9 der ZALGM:

> „§ 16 Abs. 2 Ziff. 9 ZALGM
> Schulrecht und Schulkunde
>   a) Rechtliche Grundsätze für Bildung und Erziehung
>   b) Gliederung des Bildungssystems, Bildungswege
>   c) Rechtliche Ordnung des Schulbetriebs
>   d) Rechtliche Ordnung von Unterricht und Erziehung
>   e) Rechte und Pflichten der Schüler
>   f) Rechte und Pflichten der Lehrkräfte
>   g) Kooperation von Schule und Erziehungsberechtigten
>   h) Kooperation mit schulischen und außerschulischen Bildungs- und Betreuungseinrichtungen
>   i) Schulaufsicht und Schulverwaltung
> Die Inhalte in Schulrecht und Schulkunde sind zu erarbeiten unter Berücksichtigung einschlägiger Regelungen insbesondere aus folgenden Bereichen: Grundgesetz, Verfassung, Bayerisches Gesetz über das Erziehungs- und Unterrichtswesen, Volksschul- bzw. Grundschul- und Mittelschulordnung, Jugendschutzrecht, Ausbildungsförderungsrecht, Beamtenrecht, Lehrerdienstordnung."

II Hinweise zur Arbeit mit diesem Buch und zur Prüfungsvorbereitung

Es wurde versucht, diese doch sehr große Stoffmenge auf ein noch vertretbares Maß zu reduzieren und die wichtigen Frageschwerpunkte zu berücksichtigen. Aus Platzgründen ist es nicht möglich, längere Passagen aus Gesetzen und Verordnungen zu zitieren. Zur Prüfungsvorbereitung sollten deshalb parallel die aktuellen Textausgaben des BayEUG, der jeweiligen Schulordnung und der LDO herangezogen werden. Diese Unterlagen liegen bei der Schulleitung vor bzw. können dort eingesehen werden. Im Buch werden folgende Abkürzungen häufig verwendet:

BayBG	Bayerisches Beamtengesetz
BayEUG	Bayerisches Gesetz über das Erziehungs- und Unterrichtswesen
BV	Bayerische Verfassung
GG	Grundgesetz der Bundesrepublik Deutschland
GS	Grundschule
GrSO	Schulordnung für die Grundschulen in Bayern (Grundschulordnung)
GUV	Gemeindeunfallversicherungsverband
HS	Hauptschule (z. T. noch in älteren Zitaten vorkommend)
i. d. F. v.	in der Fassung vom ... (gibt den jeweils aktuellen Stand eines Gesetzes oder einer Verordnung an)
ISB	Staatsinstitut für Schulqualität und Bildungsforschung, München
KM	Kultusministerium
KMK	Kultusministerkonferenz
KMS bzw. KMBek	Schreiben bzw. Bekanntmachung des Bayerischen Staatsministeriums für Unterricht und Kultus
LDO	Dienstordnung für Lehrer an staatlichen Schulen in Bayern
LP-PLUS	Lehrplan PLUS für die bayerische Grundschule (Homepage des ISB - Stand: 18.05.2014) Lehrplan PLUS Mittelschule Lehrplan für die bayerische Mittelschule (Stand: 16.05.2016)

LPO I bzw. LPO II	Ordnung der Ersten bzw. Zweiten Staatsprüfung für ein Lehramt an öffentlichen Schulen
MS	Mittelschule
MSO	Schulordnung für die Mittelschulen in Bayern (Mittelschulordnung)
PW	Pädagogische Welt, Zeitschrift für Unterricht und Erziehung, Pädagogische Stiftung Cassaneum
ZALGM	Zulassungs- und Ausbildungsordnung für das Lehramt an Grundschulen und das Lehramt an Mittelschulen

Bewusst wurde den einzelnen Themenkomplexen keine „Musterlösung" beigefügt, da die Fragestellungen sehr unterschiedlich sind und unter Umständen die Gefahr besteht, dass die Einzelfrage vielleicht nicht im vollen Umfang erfasst wird. Eine Grobstruktur kann jedoch jeweils dem Teil „Sachinformation" entnommen werden. Die „Prüfungstipps" geben Hinweise auf mögliche Praxisbezüge, Querverbindungen zu anderen Themenbereichen, aktuellen Tendenzen usw.

Bei der Beantwortung der Fragen wird es aber immer auf folgende wichtige Gesichtspunkte ankommen:
- gründliches und schnelles Erfassen der Aufgabenstellung und des thematischen Schwerpunkts;
- sachlogische Gliederung und Strukturierung;
- zusammenhängende Verbalisierung unter Verwendung der Fachterminologie;
- Flexibilität (z. B. zum Eingehen auf Impulse der Prüfer) und Darstellung eines eigenen, fundierten Standpunktes.

Auswendig gelernte Paragraphen, Artikel, Lehrplanzitate usw. sind in den meisten Fällen entbehrlich – es kommt auf das Verständnis und die Fähigkeit zur praktischen Umsetzung an. Deshalb sollten immer praktische Beispiele aufgeführt werden.

Wir hoffen, dass dieses Buch bei der Prüfungsvorbereitung hilfreich ist und wünschen Ihnen viel Erfolg!

Anmerkung:
Ab Schuljahr 2016/2017 gilt LP-PLUS Grundschule für alle Jahrgangsstufen (1 – 4)
Beginnend mit der Jahrgangsstufe 5 wird LP-PLUS Mittelschule ab Schuljahr 2017/2018 eingeführt.

III Oberste Bildungsziele

1 Oberste Bildungsziele und ihre Verwirklichung

Oberste Bildungsziele und ihre Verwirklichung

a) **Rechtsgrundlagen**
- Art. 128–131 BV
- Art. 1 u. 2 BayEUG
- Lehrpläne für GS und MS

b) **Einzeldarstellung der obersten Bildungsziele:**
- Ehrfurcht vor Gott; Achtung vor der religiösen Überzeugung
- Achtung vor der Würde des Menschen
  - Entfaltung der eigenen Person
  - Leben mit anderen; soziale Verantwortung
- Aufgeschlossenheit für alles Wahre, Gute und Schöne
- Verantwortungsbewusstsein für Natur und Umwelt
- Bekenntnis zum Geist der Demokratie
- Liebe zur bayerischen Heimat und zum deutschen Volk
- Bekenntnis zum Geist der Völkerverständigung

c) **Hinweise zur Umsetzung der obersten Bildungsziele** in
- Erziehung
- Unterricht
- Schulleben

1.1 Fundstellen

- Art. 7 Grundgesetz (GG)
- Art. 128 bis 131 BV
- Art. 1 und 2 BayEUG i. d. F. v. 24. Juli 2013
- „Leitsätze für den Unterricht und die Erziehung nach gemeinsamen Grundsätzen der christlichen Bekenntnisse an Grund-, Haupt- und Sonderschulen", KMBek vom 6. Dezember 1988
- Staatsinstitut für Schulpädagogik und Bildungsforschung (Hrsg.): „Oberste Bildungsziele in Bayern", München, 1988, 3. Auflage (auch im Internet abrufbar)
- Kozdon, B.: „Die Obersten Bildungsziele und ihre schulische Verwirklichung", Zeitschriftenaufsatz (genaue Quelle nicht bekannt)
- Dreikurs/Grunwald/Pepper: „Lehrer und Schüler lösen Disziplinprobleme", 9., neu ausgestattete Auflage 2003, Weinheim, S. 72/73
- „Richtlinien für die Umweltbildung an den bayerischen Schulen", KMBek vom 22. Januar 2003

1.2 Sachinformationen

a) Rechtsgrundlagen zur Thematik „Oberste Bildungsziele"

Die Obersten Bildungsziele sind in Art. 131 Abs. 1 bis 3 der Bayerischen Verfassung niedergelegt:

> „Art. 131 BV (Bildungsaufgabe, Oberste Bildungsziele)
> (1) Die Schulen sollen nicht nur Wissen und Können vermitteln, sondern auch Herz und Charakter bilden.
> (2) Oberste Bildungsziele sind Ehrfurcht vor Gott, Achtung vor religiöser Überzeugung und vor der Würde des Menschen, Selbstbeherrschung, Verantwortungsgefühl und Verantwortungsfreude, Hilfsbereitschaft, Aufgeschlossenheit für alles Wahre, Gute und Schöne und Verantwortungsbewusstsein für Natur und Umwelt.
> (3) Die Schüler sind im Geiste der Demokratie, in der Liebe zur bayerischen Heimat und zum deutschen Volk und im Sinne der Völkerversöhnung zu erziehen."

Der Begriff „Bildungs- und Erziehungsauftrag" deutet auf die doppelte Aufgabe der Schule hin, nämlich die Schüler zu unterrichten und zu erziehen. Der Begriff Bildung geht über den Begriff Unterricht oder Unterrichtung hinaus. Er umfasst nicht nur die Vermittlung von Kenntnissen und Fertigkeiten, sondern auch die Entwicklung von Fähigkeiten und Werthaltungen und ein Aufschließen für geistige, sittliche und soziale Orientierungen. Die Tätigkeit der Schule und jedes einzelnen Lehrers schließt Unterricht und Erziehung mit ein. Da der bayerische Gesetzgeber den Bildungs- und Erziehungsauftrag der Schule als eine Einheit ansieht, ist die Schule, d. h. der Lehrer als Gestalter des Erziehungs- und Bildungsauftrages, sowohl bei der Unterrichtung wie in der Erziehung der Kinder verpflichtet, die Obersten Bildungsziele konkret umzusetzen. Die Aufgabe der Erziehung, verstanden als Förderung und Entwicklung der Persönlichkeit des Kindes, liegt im Aufbau von Bereitschaft zu einsichtigem, wertorientiertem Handeln. Demokratischer Rechtsstaat und Schule wirken also hier gleichsinnig.

Erziehungsziele sind im demokratischen Verfassungsstaat sozusagen die andere Seite der juristischen Grundprinzipien, auf denen er beruht, nämlich Menschenwürde und Pluralismus, Persönlichkeitsentfaltung und Verantwortungsgefühl, Offenheit und Toleranz, demokratischer Minderheitenschutz und Achtung des Rechts, Völkerverständigung bzw. Offenheit nach außen.

Ihre Eigenart liegt nicht so sehr in einer juristischen Geltung als vielmehr in ihrer glaubwürdigen erzieherischen Vermittlung. Die Schule wird in diesem Sinne zum Lern- und Lebensraum der Schüler, der Lehrer zum Erzieher, der dem Lernenden Hilfen zur persönlichen Entfaltung und zur Selbstbestimmung gibt und Möglichkeiten zu freiem, verantwortlichem und zugleich sozial orientiertem Handeln eröffnet.

Bei der nachfolgenden Einzelbetrachtung der obersten Bildungsziele wurde sehr oft auf die wichtigen Ausführungen der ISB-Handreichung zurückgegriffen. Diese Broschüre ist an jeder Schule bzw. in der Seminarbücherei vorhanden – sie ist ausgesprochen wichtig und lesenswert.

b) Einzeldarstellung der Obersten Bildungsziele
1) Ehrfurcht vor Gott, Achtung vor religiöser Überzeugung
Die Religion ist ein Ausdruck für die Möglichkeit des Menschen, sich selbst und die Welt sinnerfüllt zu erfahren. Ehrfurcht vor Gott bedeutet eine Haltung, in der der Mensch eine letzte Instanz anerkennt. Die Bayerische Verfassung zählt diese Haltung ausdrücklich zu den obersten Bildungszielen „angesichts des Trümmerfeldes, zu dem eine Staats- und Gesellschaftsordnung ohne Gott geführt hat" (Präambel).

„Ehrfurcht vor Gott", die Formulierung des Art. 131 BV wird nicht als Bekenntnis zu einer bestimmten Religion verstanden. Erst der Art. 135 BV legt Unterricht und Erziehung auf die „Grundsätze der christlichen Bekenntnisse" fest.

Die Achtung vor religiöser Überzeugung gebietet, die Ehrfurcht eines Menschen vor Gott zu respektieren. Deshalb bedeutet Toleranz in einer pluralen Gesellschaft, sich gegenseitig die Freiheit zur Religionsausübung wie auch die Freiheit von ihr zu gewähren. Also dürfen Erziehungsberechtigte und religionsmündige Schüler, die Atheisten sind, für ihre Person eine Erziehung zur Ehrfurcht vor Gott ablehnen.

Für die schulische Erziehung folgt aus dem Gebot der Toleranz der Verzicht auf Indoktrination. Die Schule darf religiöse Überzeugungen nicht aufdrängen oder gar missionarisch wirken und die Verbindlichkeit christlicher Glaubensinhalte für alle festlegen. Sie muss auch für andere weltanschauliche und religiöse Inhalte und Werte in der Weise offen sein, dass deren Anhänger nicht isoliert, sondern gleichberechtigt in die Schulgemeinschaft integriert werden und weder rechtlich noch faktisch einem

Zwang ausgesetzt sind. Die Schule muss die Frage nach dem Sinn des Lebens und nach Gott stellen, weil dem Schüler die Chance geboten werden soll, die Sinnerfüllung seines Lebens aus einer Glaubenshaltung heraus zu gewinnen. Mit der Ehrfurcht vor Gott unvereinbare oder atheistische Auffassungen dürfen nicht verbreitet werden.

Schulische Maßnahmen zur Unterstützung dieses Bildungsziels:
- Durchführung von Schulgottesdiensten und -andachten;
- Schulgebet;
- Anbringen eines Kreuzes in jedem Klassenraum (Art. 7 Abs. 3 BayEUG);
- Religionsunterricht als ordentliches Lehrfach (Pflicht- bzw. Vorrückungsfach; vgl. dazu Art. 46 BayEUG);
- Beurlaubung von Schülern zur Erfüllung ihrer religiösen Pflichten nach den Bestimmungen der jeweiligen Kirche (auch z. B. zur Teilnahme an Einkehrtagen, für den sog. „Kommunionsausflug" usw.).

2) Achtung vor der Würde des Menschen

Dieser Forderung liegt ein Menschenbild zugrunde, das nicht das isolierte Individuum, sondern die gemeinschaftsgebundene Persönlichkeit zum Inhalt hat. Die Würde der menschlichen Persönlichkeit gilt es in der schulischen Erziehung angesichts der Gefahren einer Konsumgesellschaft, eher zurückgehender familiärer Bindungen und einer zunehmend technisierten Umwelt, in der der Mensch zu einer Funktion, einer Sache erniedrigt werden könnte, „neu zu entdecken".

Die Würde des Menschen ist unantastbar. Sie kann nicht verwirkt und darf nicht eingeschränkt werden. Die Würde des Menschen wird nur dann geachtet, wenn der Mensch sein Leben in Freiheit gestalten kann und wenn er jedem anderen diese Freiheit zu lassen bereit ist.

Jeder Mensch ist unverwechselbare und einmalige Person. Bei der Behauptung und Entfaltung seiner Person ist der Mensch auf die Hilfe anderer angewiesen. Selbstentfaltung darf nicht verwechselt werden mit egoistischer Verabsolutierung des eigenen Ichs. Selbstentfaltung kann auch erfahren werden in Verzicht und Opfer. Wie der Einzelne die Balance zwischen Selbstbehauptung und Verzicht findet und hält, darin zeigt sich das Maß seiner Mündigkeit.

3) Selbstbeherrschung, Verantwortungsgefühl, Verantwortungsfreudigkeit und Hilfsbereitschaft

Diese Bildungsziele zielen auf charakterliche Eigenschaften, die vor allem zu sozialem Handeln befähigen sollen. Soziale Verantwortung und soziales Handeln sind Ausdruck der gemeinschaftsgebundenen Persönlichkeit, wie sie dem vorangestellten Ziel der Achtung vor der Menschenwürde entspricht.

Jeder Mensch ist auf Gemeinschaft angewiesen. Nur in ihr ist die ganze Entfaltung des Einzelnen von der Befriedigung vitaler Bedürfnisse bis hin zur Verwirklichung von Idealen möglich.

Aus der Einsicht, dass Menschen aufeinander angewiesen sind, erwächst Verantwortungsgefühl für den Mitmenschen und für die Qualität des menschlichen Zusammenlebens. Die soziale Verantwortung zeigt sich im gegenseitigen Vertrauen, in Aufgeschlossenheit und Verständnis füreinander.

Das Leben mit anderen wird gefährdet durch eine Überbewertung des eigenen Ichs, durch Flucht in Anonymität, durch Gleichgültigkeit und Trägheit und durch kritiklose Anpassung an andere. Die Schule muss diesen Gefahren entgegenwirken und ihren Beitrag dazu leisten, dass die Jugend zum Leben miteinander befähigt wird.

4) Aufgeschlossenheit für alles Wahre, Gute und Schöne

Dieses Bildungsziel betrifft ethische und ästhetische Wertvorstellungen, die sich in der abendländischen Geschichte entwickelt haben. Wegen der großen Vielfalt heutiger Meinungen und Werthaltungen steht die Schule hier vor einer besonders schwierigen Aufgabe. Angesichts dieser Pluralität hat man sich in vielen Bereichen der Wissenschaft und Philosophie, der Ästhetik und selbst der Moral von einer wertenden Auseinandersetzung auf eine rein beschreibende Behandlung der Gegenstände zurückgezogen. Dies erschwert eine sinnbezogene Orientierung des jungen Menschen. Die Schule soll sich dieser Situation stellen. In der Auseinandersetzung mit Gegenwart und Tradition soll gezeigt werden, dass auch unsere Generation wie jede vor ihr vor die Aufgabe gestellt wird, im wissenschaftlichen, philosophischen, ästhetischen und ethischen Bereich ein Wertbewusstsein zu entwickeln und Maßstäbe zu finden.

5) Verantwortungsbewusstsein für Natur und Umwelt

Dieses Bildungsziel entspricht dem in Art. 3 Abs. 2 BV niedergelegten Ziel, die natürlichen Lebensgrundlagen zu schützen. Diesem Erziehungsziel muss in der Schule angesichts der zunehmenden Bedrohung der natürlichen Lebensgrundlagen erhöhte Bedeutung zugemessen werden. Erklärtes Ziel dieser Umwelterziehung muss es daher sein, eine grundlegende Neuorientierung der menschlichen Denkgewohnheiten gegenüber der natürlichen, sozialen und kulturellen Mitwelt anzustreben. Die Verwirklichung dieses Zieles vollzieht sich auf drei Ebenen:
- Sensibilität für Gottes Schöpfung,
- Anerkennung und Achtung ihres Eigenwertes,
- Verantwortung und Fürsorge für die Belange der äußeren Umwelt.

Die „Richtlinien für die Umweltbildung an den bayerischen Schulen" vom 22. Januar 2003 nennen – hier nur in Auswahl zitiert – folgende Aufgaben und Ziele:

> **„Bildung für eine nachhaltige Entwicklung**
> *Der neue Ansatz der Umweltbildung besteht darin, dass sie das zentrale Anliegen der Bildung für eine nachhaltige Entwicklung ist. In ihr überschneiden sich ökologische Fragen, ökonomische Problemstellungen und Aspekte sozialer Entwicklungen in der ‚Einen Welt'. Diese Teilbereiche hängen zusammen und sollten deshalb als Gesamtheit betrachtet werden. Eine wichtige Basis ist*

III Oberste Bildungsziele

der verantwortungsbewusste Umgang mit Natur und Umwelt, der von den Kindern und Jugendlichen selbst erlernt werden muss. Wie bei jedem Lernen verknüpfen sie ihre Vorerfahrungen mit neuen Anforderungen und müssen Wissen, Verständnis und Haltungen letztlich selbst aufbauen."

"Zentrale Ziele von Umweltbildung
Es geht nicht in erster Linie um die Vermittlung eines wünschenswerten Umweltverhaltens oder um moralische Appelle. Zu den zentralen neuen Zielen von Umweltbildung gehört es vielmehr, Kinder und Jugendliche zu befähigen, dass sie altersangemessen aktiv am gesellschaftlichen Geschehen teilhaben (Partizipation) und es mitgestalten können (Gestaltungskompetenz). Damit ist die Umweltbildung ein Teil der politischen Bildung."

"Bildung von ,Herz, Hand und Kopf'
Die Kinder und Jugendlichen sollen Verständnis für die vielfachen, wechselseitigen Abhängigkeiten zwischen Mensch und Umwelt erwerben. Die Entwicklung von problemlösendem, flexiblem Denken geht damit Hand in Hand. Sachwissen bleibt aber folgenlos, wenn die Schülerinnen und Schüler seinen Sinn für ihr persönliches Leben nicht erkennen, sich emotional nicht angesprochen fühlen und sich nicht in die Lage anderer versetzen können. Kreativer und ästhetischer Zugang zu Umwelt und Natur sind ebenso Säulen einer Bildung für Nachhaltigkeit. Umweltbildung hat also den ganzen Menschen mit seinem Gefühl, seinem praktischen Können und seinem Sachverstand im Blick (,Herz, Hand und Kopf')."

"Trennung von Lernen und Handeln überwinden
Hervorgehobenes Ziel ist es, die Trennung von Lernen und Handeln und die beklagte Kluft zwischen verbal geäußertem Umweltbewusstsein und dem praktischen Handeln zu überwinden. Deshalb sollen die jungen Menschen über ihre Konsumgewohnheiten und Interessen nachdenken. Sie sollen Lebensstile hinterfragen und Lebensformen kennenlernen, die umweltgerecht und zukunftsfähig, also nachhaltig sind. Dazu sollen sie erkennen, dass sie Umweltschäden sowohl selbst verursachen als auch von ihnen betroffen sind und dass eine intakte Umwelt zum persönlichen Wohlbefinden beiträgt sowie Gesundheitsgefährdungen vermeidet. Ihnen muss bewusst werden, dass es bei der Verwirklichung einer nachhaltigen Entwicklung zu Ziel- und Interessenskonflikten kommt. Sie sollen einsehen, dass die gesamte Gesellschaft, die Politik, die Wirtschaft und die Industrie für eine nachhaltige Entwicklung verantwortlich sind."

"Lokale – globale Perspektive
Der Einzelne nimmt Umwelt zunächst im lokalen und regionalen Umfeld wahr. Deshalb soll Umweltbildung dazu anleiten, durch demokratische Mitwirkung im heimatlichen Umfeld an einer Lösung von Umweltproblemen mitzuarbeiten. Darüber hinaus sollen sich die jungen Menschen bewusst werden, dass sie von weltweiten Problemen, z. B. von Klimaveränderungen oder Schäden der Ozonschicht, persönlich betroffen sind. Zu dieser globalen Sicht gehört, dass sie sich der Verantwortung für Gerechtigkeit in der ,Einen Welt' bewusst werden und sich mit ihren Mitteln für gerechte Lösungen einsetzen."

„Ehrfurcht vor der Schöpfung
Letztlich können sie begreifen, dass die Grundlage einer nachhaltigen Entwicklung das respektvolle, emotional verankerte Verständnis für Natur und Mitwelt sowie die Ehrfurcht vor der Schöpfung ist."

„Umweltbildung im Schulalltag
In der Gestaltung des Schulalltags, im persönlichen Verhalten der Erwachsenen und im zwischenmenschlichen Umgang sollen Schülerinnen und Schüler die Verwirklichung von Umweltbildungszielen im Alltag ganz selbstverständlich erleben und erfahren. Wichtig sind Tätigkeiten und Vorhaben, die sie selbst oder mit Unterstützung der Lehrkräfte anregen, planen und durchführen."
   („Richtlinien für die Umweltbildung an den bayerischen Schulen", KMBek vom 22. Januar 2003)

Zentrales Anliegen der Umweltbildung:

„Die Schätze der Natur, die vom Menschen oft einseitig ökonomisch genutzt werden, haben für sich einen eigenen Wert. Sie sind uns Menschen anvertraut, damit wir sie pflegen, sorgsam behandeln und vor Missbrauch und Zerstörung bewahren. Umweltbildung braucht deshalb wie jede Bildung eine ethische Fundierung und ist in einen gesamtgesellschaftlichen Prozess eingebettet, in dem die Schule eine wichtige Aufgabe zu übernehmen hat."   (KMBek vom 22. Januar 2003)

6) Erziehung im Geiste der Demokratie

Im Geiste der Demokratie zu erziehen, bedeutet die Erziehung zu einer positiven Einstellung zur freiheitlichen demokratischen Grundordnung im Sinne des Grundgesetzes und der Bayerischen Verfassung. Freiheitliche demokratische Grundordnung ist eine Ordnung, die unter Ausschluss jeglicher Gewalt- und Willkürherrschaft eine rechtsstaatliche Herrschaftsordnung auf der Grundlage der Selbstbestimmung des Volkes nach dem Willen der jeweiligen Mehrheit und der Freiheit und Gleichheit darstellt. Zu den grundlegenden Prinzipien dieser Ordnung sind zu rechnen: „die Achtung vor den im Grundgesetz konkretisierten Menschenrechten (Recht der Persönlichkeit auf Leben und freie Entfaltung), die Volkssouveränität, die Gewaltenteilung, die Verantwortlichkeit der Regierung, die Gesetzmäßigkeit der Verwaltung, die Unabhängigkeit der Gerichte, das Mehrparteienprinzip und die Chancengleichheit für alle politischen Parteien mit dem Recht auf verfassungsgemäße Bildung und Ausübung einer Opposition".

Demokratisches Zusammenleben beginnt in Familie, Kindergarten und Schule und muss im wahrsten Sinne des Wortes „erlebt" werden. Dreikurs u. a. nennen zwölf bemerkenswerte Ideen zur Demokratisierung der Schule und des Lebens in der Klasse:

III Oberste Bildungsziele

„1. Ordnung ist unter allen Umständen notwendig, d. h. auch in einem demokratischen System. Ohne Ordnung und Grundregeln kann eine Gruppe keinen demokratischen Weg verfolgen.
2. Grenzen sind notwendig. Schulregeln und Verwaltungsakte können verkehrt und unangemessen sein oder der Revision bedürfen; man muß ihnen trotzdem Folge leisten. Sie sind Realität.
3. Kinder sollten bei der Aufstellung und Durchführung der Regeln beteiligt sein, die für eine ordentliche, funktionsfähige Gruppe notwendig sind.
4. Die Gruppe braucht Führung, und der Lehrer muß wissen, wie er eine demokratische Führung ausüben kann.
5. Ohne Vertrauen und gegenseitige Achtung der Gruppenmitglieder untereinander kann eine Klasse nicht demokratisch funktionieren. Es kann Anstrengungen erfordern, dieses Vertrauen zwischen Lehrer und Schüler herzustellen.
6. Der Lehrer muß es verstehen, die Mitarbeit seiner Schüler zu gewinnen. Er darf sie nicht fordern.
7. Teamgeist muß den Wettbewerb im Klassenzimmer ersetzen.
8. Eine Klassenatmosphäre, die das Lernen von Kooperation und gegenseitiger Hilfe ermöglicht, ist notwendig, wenn man Probleme durch demokratische Verfahrensweisen lösen will.
9. Der Lehrer braucht das Geschick, die Klasse in der Verfolgung eines gemeinsamen Zieles zu einigen; jedes Kind muß das Empfinden haben, zu einer Klassengemeinschaft zu gehören.
10. Die Beziehungsstruktur, die in einer Klasse herrscht, bildet sich gewöhnlich in den ersten Tagen. Es erfordert die ganze Aufmerksamkeit des Lehrers, jedem Kind das Gefühl der Zugehörigkeit zu geben.
11. Das Gruppengespräch ist ein wesentlicher Bestandteil des demokratischen Stils. Es besteht nicht aus Geschwätz, sondern bedeutet, aufeinander zu hören, einander zu verstehen, einander zu helfen und die gemeinsamen Probleme im Klassenzimmer zu lösen.
12. Das demokratische Schulsystem braucht eine Schülermitverwaltung, Elternbeiräte und die Repräsentanz aller an der Schule Beteiligten."

(Dreikurs u. a.: „Schülern gerecht werden", München, 1976)

Zusammenfassend kann festgestellt werden: Der Schüler muss in der Schule zur Teilnahme am politischen Prozess motiviert und befähigt werden.

7) Erziehung in der Liebe zur bayerischen Heimat und zum deutschen Volk

Dieses Bildungsziel ist Ausdruck einer inneren Bindung, die der Mensch zu größeren Lebenskreisen eingeht, denen er seit seiner Kindheit oder durch späteren Zuzug angehört. Diese Lebenskreise umgreifen die Heimat im engeren Sinne, also die überschaubare, durch Natur und Menschen geprägte Umwelt, aber auch Bayern als geschichtlich gewachsene kulturelle und politische Einheit und das deutsche Volk als eine Lebensgemeinschaft von Menschen, denen das kulturelle Erbe, insbesondere die Sprache, und das historische Schicksal gemeinsam sind.

Die deutsche Wiedervereinigung hat diesem Bildungsziel sicher viele neue Aspekte gebracht, die es nun umzusetzen gilt.

8) Erziehung im Geiste der Völkerversöhnung
Den Ausführungen zu diesem obersten Bildungsziel sei vorangestellt:

> „Trotz aller Unterschiede und Gegensätze sind Europas Völker eine einzige Familie, mit tausend Banden aneinandergebunden, während zwei Jahrtausenden gemeinsamer Geschichte kulturell und religiös einander angeglichen, entscheidend geprägt durch das christliche Bild des Menschen, das Achtung vor jedem menschlichen Wesen fordert." (Papst Paul VI., Oktober 1973)

Die Erziehung zur Völkerversöhnung als staatsbürgerliche Tugend wurzelt in der Einsicht, dass jedem einzelnen Volk ein Recht auf Individualität und Selbstverwirklichung zukommt. Dieses Recht darf allerdings nur unter Beachtung der Bedürfnisse der Mitvölker wahrgenommen werden.

Zur Sicherung einer menschenwürdigen Zukunft ist die Verständigung aller Nationen unbedingt notwendig. Die Sicherung des Friedens ist Voraussetzung unserer weiteren Existenz. Im friedlichen Zusammenleben müssen sich die Völker für die Erhaltung unserer aufs Äußerste bedrohten natürlichen Umwelt, die Bekämpfung von Hunger und Not sowie für den behutsamen Umgang mit den Möglichkeiten von Wissenschaft und Technik einsetzen.

c) Hinweise zur Umsetzung der Obersten Bildungsziele in den Bereichen Erziehung, Unterricht und Schulleben

Oberste Bildungsziele sind nach ihrem Selbstverständnis und ihrem Stellenwert keine Lernziele, die sich einer Unterrichtsstunde, einer Sequenz, einem Thema oder einem Fach zuordnen lassen. Das würde ihrem Anspruch nicht gerecht werden. Oberste Bildungsziele dürfen auch nicht in einem eigens dafür geschaffenen Fach „abgearbeitet" werden. Sie sind ein grundlegendes Unterrichtsprinzip, das den Lehrer in seiner gesamten Arbeit prägt; zur Umsetzung haben alle Fächer und alle denkbaren unterrichtlichen und erziehlichen Situationen und Gelegenheiten beizutragen (z. B. auch die Bereiche der Umwelterziehung, der interkulturellen Erziehung, der Familien- und Sexualerziehung usw.). Baldur Kozdon merkt dazu an:

> „Vielleicht sollte ich zur Vorbeugung eines weiteren möglichen Missverständnisses noch erwähnen, dass ich die Obersten Bildungsziele für ein zentrales pädagogisches Thema erachte, das aber nicht expressis verbis im Unterricht thematisiert zu werden braucht. Es handelt sich hier um eine Aufgabe, die alles Bildungsgut diskret übergreift und überhöht; es erschiene mir abwegig, sie ausschließlich an die Sozialkunde (beispielsweise) zu delegieren. Unzweifelhaft verweisen die Obersten Bildungsziele auf ein Anliegen von fachlich nicht durchgängig spezifizierbarer Geltung, das als solches in alle Bereiche des Schullebens hineinwirkt. Seine Einlösung ist demgemäß ein zeitintensives Unterfangen und darf nicht vordergründig nach ‚Effizienz'-Kriterien im Sinne eines quantifizierbaren ‚Output' bemessen werden.

III Oberste Bildungsziele

Der in den Obersten Bildungszielen eingefangene geistige Gehalt vertrüge es nach meinem Dafürhalten nicht, einen überdimensionalen Rahmen für deren schulische Verwirklichung bereitzustellen. Ich hielte es für verfehlt, wollte man jedem Lehrgang, jeder Unterrichtseinheit, jeder Lektion den Katalog der Bildungsziele quasi spruchbandartig, in leuchtenden Lettern, voranstellen. Was wohlfundiert, aber ohne penetrante Absicht in die Wege geleitet wird, lässt einen gediegeneren Bildungserfolg erwarten als vielleicht wohlgemeinte, aber doch allzu durchsichtige Aufpfropfungsmanöver."

(Kozdon, B.: „Die Obersten Bildungsziele und ihre schulische Verwirklung")

1.3 MÖGLICHE FRAGESTELLUNGEN

- Erläutern Sie die Stellung der Schulen in der Demokratie und zeigen Sie auf, welche Grundrechte und staatlichen Grundprinzipien den verbindlichen Rahmen für Schulpolitik und Schulrecht bestimmen!
- Die Obersten Bildungsziele gemäß Art. 131 der Bayerischen Verfassung sind auch für Ihre konkrete Schulpraxis von Bedeutung. Nennen Sie Beispiele!
- Warum steht das Schul- und Bildungswesen unter der Aufsicht des Staates? Welche Absicht wird damit verfolgt?
- Nehmen Sie zur folgenden Aussage Stellung: „Die Schulen sollen nicht nur Wissen und Können vermitteln, sondern auch Herz und Charakter bilden!" und belegen Sie dies an Beispielen aus Ihrer Unterrichtspraxis!

1.4 PRÜFUNGSTIPPS

Bei den genannten Fragestellungen können Sie sicherlich Aussagen zu den Grundlagen von Bildung und Erziehung machen. Ebenfalls von Bedeutung sind Ihre Kenntnisse in „Staatsbürgerlicher Bildung", wenn es um die Interpretation des Grundgesetzes und der Bayerischen Verfassung geht. Sie sollten für alle Obersten Bildungsziele nach Art. 131 BV konkrete Beispiele aus Ihrer Unterrichtspraxis haben.

IV Grundlagen des Schulbetriebs

2 Auftrag bzw. Aufgabe der Schulen – dargestellt am Beispiel der Grund- und Mittelschule

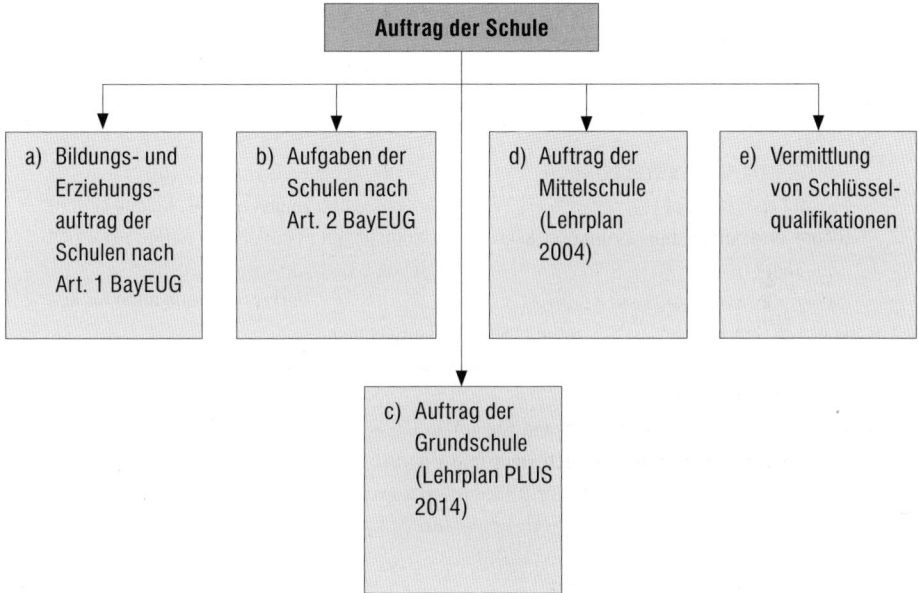

2.1 Fundstellen
- Lehrplan PLUS für die bayerische Grundschule (Entwurfsfassung 2014)
- Lehrplan für die bayerische Hauptschule (2004; gültig auch für die Mittelschule)
- BayEUG i. d. F. v. 24. Juli 2013
- Mandl in Krapp/Weidenmann (Hrsg.): „Pädagogische Psychologie", Weinheim 2001
- Ingendahl, W.: „Schlüsselqualifikationen", Schulmagazin 5 bis 10, Heft 9/1997
- Faltblatt der Industrie- und Handelskammern in Nordrhein-Westfalen: „Was erwartet die Wirtschaft von Schulabgängern?" (1995)
- Kaiser/Mahler (Hrsg.): „Die Schulordnungen der Volksschule" (Lose-Blattkommentar, Kronach)

2.2 Sachinformationen

a) Der Bildungs- und Erziehungsauftrag der Schulen nach Art. 1 BayEUG

> „Art. 1 BayEUG (Bildungs- und Erziehungsauftrag)
> (1) Die Schulen haben den in der Verfassung verankerten Bildungs- und Erziehungsauftrag zu verwirklichen. Sie sollen Wissen und Können vermitteln sowie Geist und Körper, Herz und Charakter bilden. Oberste Bildungsziele sind Ehrfurcht vor Gott, Achtung vor religiöser Überzeugung, vor der Würde des Menschen und vor der Gleichberechtigung von Männern und Frauen, Selbstbeherrschung, Verantwortungsgefühl und Verantwortungsfreudigkeit, Hilfsbereitschaft, Aufgeschlossenheit für alles Wahre, Gute und Schöne und Verantwortungsbewusstsein für Natur und Umwelt. Die Schüler sind im Geist der Demokratie, in der Liebe zur bayerischen Heimat und zum deutschen Volk und im Sinn der Völkerversöhnung zu erziehen.
> (2) Bei der Erfüllung ihres Auftrages haben die Schulen das verfassungsmäßige Recht der Eltern auf Erziehung ihrer Kinder zu achten."

Beim Durchlesen dieses Artikels 1 des BayEUG ist Ihnen sicherlich aufgefallen, dass sich das Gesetz voll und ganz auf die Obersten Bildungsziele der Bayerischen Verfassung bezieht.

In Abs. 2 wird auf die gemeinsame Erziehungsaufgabe von Elternhaus und Schule, dem Nebeneinander von elterlichem und staatlichem Erziehungsrecht, hingewiesen (vgl. dazu auch Art. 2 Abs. 4 und Art. 74 und 76 BayEUG).

b) Aufgaben der Schulen nach Art. 2 BayEUG

> „Art. 2 BayEUG (Aufgaben der Schulen)
> (1) Die Schulen haben insbesondere die Aufgabe, Kenntnisse und Fertigkeiten zu vermitteln und Fähigkeiten zu entwickeln, zu selbstständigem Urteil und eigenverantwortlichem Handeln zu befähigen, zu verantwortlichem Gebrauch der Freiheit, zu Toleranz, friedlicher Gesinnung und Achtung vor anderen Menschen zu erziehen, zur Anerkennung kultureller und religiöser Werte zu erziehen, Kenntnisse von Geschichte, Kultur, Tradition und Brauchtum unter besonderer Berücksichtigung Bayerns zu vermitteln und die Liebe zur Heimat zu wecken, zur Förderung des europäischen Bewusstseins beizutragen, im Geist der Völkerverständigung zu erziehen, die Bereitschaft zum Einsatz für den freiheitlich-demokratischen und sozialen Rechtsstaat und zu seiner Verteidigung nach innen und außen zu fördern, die Durchsetzung der Gleichberechtigung von Frauen und Männern zu fördern und auf die Beseitigung bestehender Nachteile hinzuwirken, die Schülerinnen und Schüler zur gleichberechtigten Wahrnehmung ihrer Rechte und Pflichten in Familie, Staat und Gesellschaft zu befähigen, insbesondere Buben und junge Männer zu ermutigen, ihre

künftige Vaterrolle verantwortlich anzunehmen sowie Familien- und Hausarbeit partnerschaftlich zu teilen, auf Arbeitswelt und Beruf vorzubereiten, in der Berufswahl zu unterstützen und dabei insbesondere Mädchen und Frauen zu ermutigen, ihr Berufsspektrum zu erweitern, Verantwortungsbewusstsein für die Umwelt zu wecken.
(2) Inklusiver Unterricht ist Aufgabe aller Schulen.
(3) Die Schulen erschließen den Schülerinnen und Schülern das überlieferte bewährte Bildungsgut und machen sie mit Neuem vertraut.
(4) Die Schulleiterin oder der Schulleiter, die Lehrkräfte, die Schülerinnen und Schüler und ihre Erziehungsberechtigten (Schulgemeinschaft) arbeiten vertrauensvoll zusammen. Die Schulgemeinschaft ist bestrebt, im Rahmen der gestärkten Eigenverantwortung der Schule das Lernklima und das Schulleben positiv und transparent zu gestalten und Meinungsverschiedenheiten im Rahmen der in der Schulgemeinschaft Verantwortlichen zu lösen.
(5) Die Öffnung der Schule gegenüber ihrem Umfeld ist zu fördern. Die Öffnung erfolgt durch die Zusammenarbeit der Schulen mit außerschulischen Einrichtungen, insbesondere mit Betrieben, Sport- und anderen Vereinen, Kunst- und Musikschulen, freien Trägern der Jugendhilfe, kommunalen und kirchlichen Einrichtungen sowie mit Einrichtungen der Weiterbildung.

Art. 2 erweitert, vertieft und präzisiert die Bestimmungen des Art. 1. Die Aufzählung der Aufgaben ist aber nicht vollständig und abschließend; dies ergibt sich aus dem Wort „insbesondere" in der Eingangsformulierung. Die Reihenfolge der einzelnen Aufgaben bedeutet auch keine Rangfolge oder eine Aussage über die Bedeutsamkeit.

c) Der Bildungs- und Erziehungsauftrag der Grundschule nach dem Lehrplan PLUS 2014

Nach einer ausdrücklichen Bezugnahme auf den Artikel 131 der Bayerischen Verfassung („Oberste Bildungsziele") wird der Bildungs- und Erziehungsauftrag der GS sehr strukturiert dargestellt. Aus Platzgründen ist es nicht möglich, hier den ganzen Text abzudrucken, ein gründliches Studium dieser Ausführungen ist aber unabdingbar.

1. Grundlagen der Bildung als Auftrag der Grundschule
- Wertorientierung in einer demokratischen Gesellschaft (achtsamer, toleranter und respektvoller Umgang mit anderen)
- Grundlegung der Bildung (ausgehend von der kindlichen Erfahrungswelt wird ein umfassender Bildungsbegriff dargestellt)
- Sprachliche Bildung und Mehrsprachigkeit (einschließlich Umgangssprache, Dialekt und Familiensprache)
- Inklusion als Beitrag zur gesellschaftlichen Teilhabe (Recht aller Kinder auf gemeinsame und bestmögliche Bildung sowie gleichberechtigte Teilhabe)
- Partizipation als Grundlage für Demokratie und Verantwortungsbewusstsein (Beteiligung der Schüler im Rahmen ihrer Möglichkeiten am Schulalltag und am Schulleben)
- Erwerb von Alltagskompetenzen (Erwerb von Grundfähigkeiten und -fertigkeiten)

2. Kinder in der Grundschule
- Entwicklung der Kinder in der Grundschulzeit (Begleitung durch die Schule bei ihrer emotionalen, körperlichen, kognitiven, sozialen und persönlichen Entwicklung)
- Lernen als aktive Konstruktion von Wissen und Dialog (Ausgangspunkt des Lehrplans ist der konstruktivistische Lernbegriff)
- Lebensraum und Heimat (Kennenlernen des eigenen Lebensraumes mit seiner historischen, geografischen, natürlichen, kulturellen und sozialen Besonderheit und Herstellung von Bezügen zu Europa und der Welt)

3. Lernen und Leistung in der Grundschule
Hier werden in zwölf Unterpunkten (von der Rolle der Lehrkraft im Unterricht, der Bedeutung von Umwegen und Fehlern bis hin zum pädagogischen Freiraum) wesentliche Aussagen über die Gestaltung von Unterricht und Schulleben gemacht – ein für ein aktuelles Verständnis von Grundschule ganz wichtiger Text!

4. Schulgemeinschaft und kommunale Bildungslandschaft
- Schule als wohnortnahe Schule (Ort gemeinsamen Lebens und Lernens im jeweiligen Lebensumfeld)
- Schule und Eltern als Bildungspartner (in gemeinsamer Verantwortung für die Kinder und deren erfolgreiche Lernprozesse)
- Vernetzung mit weiteren Bildungspartnern (eine sinnvolle Öffnung der Schule bereichert das schulische Angebot)

5. Übergänge gestalten
- bei der Einschulung
- bei Lehrer-, Klassen- oder Schulwechsel oder
- am Ende der Grundschulzeit (Übergang in eine andere Schulart)

6. Qualitätsentwicklung in der GS (interne und externe Evaluation, Vergleichsarbeiten, schulinterne Lehrerfortbildung, Teambesprechungen, kollegiale Beratung, Hospitation und andere Instrumente werden hier vorgestellt und empfohlen)

d) Der Auftrag der Mittelschule (Kapitel 2 des Lehrplans 2004)
Der Hauptschullehrplan beschreibt in sieben Punkten die Aufgaben dieser Schulart:
1. Grundlage für Erziehung und Unterricht in der Mittelschule ist das vom Grundgesetz und der Verfassung formulierte Menschen- und Gesellschaftsbild.
2. Im Sinne einer Allgemeinbildung vermittelt die Mittelschule einen Grundbestand an Wissen und Können, fördert die individuellen Begabungen und Neigungen ihrer Schüler, erschließt ihnen wesentliche Bereiche der Kultur und bietet ihnen so die Möglichkeit zur persönlichen Entfaltung.
3. Die Mittelschule hilft ihren Schülern bei Wertorientierung und Sinnfindung; sie richtet sich dabei am christlichen Menschenbild der Bayerischen Verfassung aus.
4. Die Mittelschule setzt sich nachdrücklich mit den Fragen und Herausforderungen unserer Zeit auseinander und befasst sich fächerübergreifend mit folgenden Fragen:
    - Menschenwürde, Menschenrechte, soziale Ordnung und Gerechtigkeit, Zusammenleben mit Kranken und Behinderten …;

- Frieden in der Welt, gerechte Weltordnung, gewaltfreie Konfliktlösung im persönlichen und im öffentlichen Leben …;
- Bejahung der freiheitlich-demokratischen Grundordnung und persönlicher Einsatz dafür …;
- Bedeutung der deutschen Einheit und der europäischen Einigung, internationale Zusammenarbeit, Probleme der Entwicklungsländer …;
- interkulturelle Erziehung, Offenheit für Wertvorstellungen verschiedener Kulturen und Religionen; Toleranz; Zusammenleben mit ausländischen Mitbürgern …;
- Umweltschutz und Bereitschaft zur Mitverantwortung für die Erhaltung der Lebensgrundlagen auf der Erde …

5. Die Mittelschule vermittelt Hilfen zur persönlichen Lebensgestaltung, besonders auf folgenden Gebieten:
   - Gesundheit (gesunde Lebensführung, Umgang mit Krankheit und Behinderung, Suchtgefährdung usw.);
   - Sexualität, Partnerschaft, Elternschaft, Familie;
   - Verbrauchererziehung (reflektiertes Verhalten als Konsument, verantwortlicher Umgang mit Geld, Gütern und Ressourcen);
   - Freizeit (sinnvolle, eigenverantwortliche Freizeitgestaltung);
   - Medien (Orientierung in der Medienwelt; sinnvolle Nutzung des Medienangebotes);
   - Verkehrserziehung und Sicherheitserziehung (Vorbereitung auf die verantwortungsbewusste Teilnahme am Straßenverkehr).
6. Ganzheitliche Bildung (weiter Bildungsbegriff, der über reine Wissensvermittlung hinausgeht – praktisches, musisches, sportliches, kreatives Tätigwerden …).
7. Vorbereitung auf das Arbeits- und Wirtschaftsleben.

Dieser letzte Punkt ist für das Profil der bayerischen Mittelschule ganz besonders wesentlich und soll deshalb in voller Länge zitiert werden:

> Eine wichtige Aufgabe der Hauptschule (nun Mittelschule – Anm. d. Verf.) ist die Hinführung zur Arbeits- und Wirtschaftswelt. Die Schüler erwerben wirtschaftliche, soziale, technische und rechtliche Grundkenntnisse, werden zu gezielter Erkundung, praktischer Erprobung und gedanklicher Klärung ihrer Erfahrungen angeleitet. Sie orientieren sich in der Welt der Berufe, erfahren Unterstützung und Beratung bei der Wahl ihres Berufes. Sie gewinnen auch ein erstes Verständnis für die Grundprinzipien, Chancen und Gefahren unserer von der Technik bestimmten Arbeitswelt und bereiten sich auf die Teilnahme am Arbeits- und Wirtschaftsleben als umworbene Konsumenten und als Produzenten von Gütern und Dienstleistungen vor.

e) **Die Vermittlung von Schlüsselqualifikationen als besondere Aufgabe der Mittelschule**

1) *Was versteht man unter „Schlüsselqualifikationen"?*
   „Unter einer Schlüsselqualifikation versteht man im Allgemeinen ein dekontextualisiertes, entspezialisiertes, funktional-autonomes Wissen und Können. Der Begriff stammt aus den 70er-Jahren

(Mertens 1974) und hat vor allem in der Arbeitswelt einen hohen Stellenwert. Didi, Fay, Kloft und Vogt (1993) haben die neuere berufspädagogische Literatur nach dem Schlüsselqualifikationsbegriff ausgewertet und fanden dabei 654 Verwendungsvarianten. Schlüsselqualifikationen sind folglich kein einheitliches Konstrukt; vielmehr handelt es sich um einen Begriff, unter den unterschiedliche psychologische Dispositionen subsumiert werden, nämlich intellektuelle Fähigkeiten mit relativ stabilen interindividuellen Fähigkeiten (z. B. Urteilsfähigkeit und Kreativität), generell erlernbare Kenntnisse (z. B. Fremdsprachen), strukturelle Persönlichkeitsmerkmale (z. B. Verantwortungsgefühl), Arbeitstugenden (z. B. Zuverlässigkeit) und soziale Kompetenzen. Zu diesem Problem der unpräzisen und inflationären Verwendung des Schlüsselqualifikationsbegriffs gesellt sich ein bekanntes Dilemma: eine Schlüsselqualifikation ist einerseits umso nützlicher, je allgemeiner und formaler sie ist; andererseits ist die Wirksamkeit einer Schlüsselqualifikation bei anspruchsvollen, inhaltsspezifischen Aufgaben umso geringer, je genereller sie ist (vgl. Weinert 1998 f.)."

(Mandl in Krapp/Weidenmann (Hrsg.): „Pädagogische Psychologie", Weinheim, 2001)

2) *Beispiele für Schlüsselqualifikationen*

Werner Ingendahl listet in seiner Tabelle eine ganze Reihe von Schlüsselqualifikationen auf. Es sei darauf hingewiesen, dass dieser Katalog nicht von einem Schüler, der soeben aus der Schule entlassen wird, verlangt oder erwartet werden kann. Viele Kompetenzen entfalten sich erst nach längerer Bewährung im Beruf.

Können	Handeln
Kulturtechniken, prozedurale Fertigkeiten:	Selbstständige und verantwortete Tätigkeiten in Situationen mit Konsequenzen:
denken	*organisieren und kooperieren*
▸ sich konzentrieren	▸ planen
▸ sich orientieren	▸ Zeit und Mittel einteilen
▸ sich erinnern	▸ sich und anderen Ziele setzen
▸ etwas als Etwas wahrnehmen: erfahren	▸ rational Konflikte austragen
▸ verknüpfen	▸ mit Fremden zusammenarbeiten
▸ folgern	
▸ antizipieren	*planvoll, reflektiert kommunizieren*
▸ lernen	a) verstehen
	▸ Inhalte/Teilinhalte von Äußerungen/Texten wiedergeben
verstehen	▸ Erfahrungshorizonte vermitteln
▸ Situationen	▸ das Beziehungsverhältnis erkennen
▸ Äußerungen/Texte	▸ sprachliche Besonderheiten erkennen und deuten
▸ Medien	▸ Äußerungen/Texte auswerten und stellungnehmend interpretieren

Quelle: W. Ingendahl/Oldenbourg

sprechen
- in verschiedenen Lebensbereichen
- in verschiedenen Situationstypen
- in Soziolekten/evtl. Dialekten

schreiben
- Hoch-/Schriftsprache
- in verschiedenen Textsorten
- in verschiedenen Medien

die eigene Sprache kennen
- im Sprechen, Schreiben, Verstehen
- korrigieren, variieren, wiederholen, spielen
- herausstellen
- kommentieren: befragen, beschreiben
- erklären, bewerten, generalisieren

komplexe Fertigkeiten
- Arbeitsformen des Erschließens neuer Informationen: Exploration
- Umgangsformen für Medien, allein – interaktiv, offen – programmiert
- Umgangsformen für Bibliotheken, Mediotheken, Kulturinstitutionen
- Darstellungsformen zur Vermittlung von Informationen: Präsentation, selbstständige und verantwortete Tätigkeiten in Situationen mit Konsequenzen

b) sprechen/schreiben
- alte und neue Informationen für Situationen aufbereiten
- die Produktion von Äußerungen/Texten planen
- sich über kommunikative Bedingungen klar werden
- sich zu einer Strategie sprachlichen Handelns entscheiden
- mögliche Formulierungen unter situativen Bedingungen erproben
- Texte korrigierend überarbeiten

c) Reflexionen in die Tätigkeit integrieren
- Verstehensprozesse antizipieren
- Sprech- und Schreibprozesse antizipierend überblicken
- begleitend auswerten

Problem lösen
- Probleme erkennen und formulieren
- Probleme assoziativ oder logisch-analytisch bearbeiten
- Methoden anwenden

Quelle: W. Ingendahl/Oldenbourg

Wissen	Reflektieren	Wollen
aneignen – lernen - handlungsintegriertes Erfahrungslernen - abstrahiertes Belehrungslernen, jeweils: induktiv – deduktiv angeleitet – selbst gesteuert - in komplexen Aufgabenstellungen	**Metakognitionen – Reflexionen – Metareflexionen** *alltagspraktisch* routiniert, handlungsintegriert, nutzenorientiert Ziel: Verständigungsprobleme lösen	*eigene Ziele und Absichten entwickeln* - eigene Motivationen aufbauen und durchschauen - gesellschaftliche Bedingungen durchschauen: Rollen, Positionen, Beziehungen, Institutionen

Quelle: W. Ingendahl/Oldenbourg

verarbeiten ▸ Struktur- und Schemabildung ▸ versprachlichen: Begriffsbildung durchgliedern ▸ in verschiedenen Darstellungsformen und Medien vertexten ▸ memorieren ▸ schlussfolgern ▸ systematisieren zu komplexen Systemen ▸ fantasieren *einsetzen – nutzen* ▸ im Denken: erinnern – transferieren – dekontextualisieren – Hypothesen bilden – simulieren – experimentieren – probehandeln: Verknüpfung von Theorie und Praxis ▸ im Handeln: automatisch-borniert als einzige Möglichkeit, als Alternative	*theoretisch* logisch-analytisch, systematisch, verallgemeinernd Ziel: distanziertes Erarbeiten wahrer Erkenntnis oder von Erfahrungs- oder Handlungsmöglichkeiten *ästhetisch* spielen, fantasieren, inszenieren, künstlerisch tätig sein Ziel: aneignendes Erkunden noch irrealer Möglichkeiten *ethisch – politisch* bewerten, urteilen, rechtfertigen, kritisieren Ziel: lebenslange Suche nach vertretbarer Moral	▸ sozial-empathisch – sich orientieren ▸ Lust, Triebe wahrnehmen und selbstständig lenken, sich selbst subjektiv erleben ▸ Wissensbereiche, Lebensbereiche differenziert überblicken und eigene Schwerpunkte setzen *Kontrolle eigenen Denkens und Handelns sowie dessen Konsequenzen* ▸ vorausschauend – begleitend – auswertend ▸ revidierend – erneuernd authentisch, wahrhaftig handeln ▸ zu seinen Fähigkeiten/ Schwächen stehen ▸ gemäß den Fähigkeiten leben ▸ Verantwortung übernehmen ▸ Sozialität aufbauen und behalten ▸ Konfliktlösungen anstreben, die vor allen zu rechtfertigen sind

Quelle: W. Ingendahl/Oldenbourg

3) Was erwartet die Wirtschaft von Schulabgängern?
Die Industrie- und Handelskammern des Landes Nordrhein-Westfalen haben in einem Merkblatt die
▸ fachlichen,
▸ personalen und
▸ sozialen Kompetenzen

zusammengestellt, die sie von Schulabgängern bzw. Berufsanfängern erwarten. Die Kenntnis dieser Kompetenzen dürfte vor allem für Lehrer der Abschlussklassen interessant sein:

2 Auftrag bzw. Aufgabe der Schulen – dargestellt am Beispiel der Grund- und Mittelschule

Fachliche Kompetenzen	
1. Grundlegende Beherrschung der deutschen Sprache	Einfache Sachverhalte aufnehmen und in Wort und Schrift wiedergeben: ▸ Klare Sprache, verständliche Formulierungen Einfache Texte fehlerfrei schreiben ▸ Rechtschreibung und Grammatik Verschiedene Sprachebenen und -stile unterscheiden und korrekt anwenden (Fachsprache und gehobene Sprache; Alltags- und Umgangssprache; Jargon) ▸ Situationsgerechte Sprache
2. Beherrschung einfacher Rechentechniken	– Grundrechenarten – Dezimalzahlen und Brüche – Maßeinheiten – Dreisatz und Prozentrechnen – Berechnung von Fläche, Volumen und Masse – Grundlagen der Geometrie ▸ Textaufgaben verstehen ▸ Die wichtigsten Formeln kennen und anwenden ▸ Mit dem Taschenrechner umgehen können
3. Grundlegende naturwissenschaftliche Kenntnisse	Schulform- und altersgerechte Grundkenntnisse in Physik, Chemie, Biologie und Technik ▸ Naturwissenschaftliche Phänomene erkennen und auch in Zusammenhängen verstehen ▸ Moderne Technik verstehen und eine positive Grundeinstellung dazu entwickeln
4. Grundkenntnisse wirtschaftlicher Zusammenhänge	Hinführung zur Arbeitswelt – auch durch Schülerbetriebspraktika ▸ Wie funktioniert das marktwirtschaftliche System? ▸ Welche Rolle spielen die Unternehmen, der Staat, die Tarifparteien und die privaten Haushalte als wesentliche Akteure im Rahmen unserer Wirtschaftsordnung?
5. Grundkenntnisse in Englisch	Englisch ist Weltsprache. Schulabgänger sollten wenigstens über Grundkenntnisse verfügen: – Einfache Sachverhalte in Englisch ausdrücken – Die Fremdsprache in normalen – auch beruflichen – Alltagssituationen zur Verständigung anwenden
6. Grundkenntnisse im IT-Bereich	Die modernen Informations- und (Tele-)Kommunikationstechniken haben inzwischen ihren festen Platz in der Lebens- und Arbeitswelt. Daher sollten speziell junge Menschen – frühzeitig ein Verständnis für moderne Technik und Technologie entwickeln; – über Grundkenntnisse in der PC-Anwendung verfügen; – zu einem reflektierten Umgang mit Technik und Medien angeleitet werden.

Quelle: IHK NRW e. V.

IV Grundlagen des Schulbetriebs

7. Kenntnisse und Verständnis über die Grundlagen unserer Kultur	– Wurzeln und Entwicklung der deutschen (Kultur-)Geschichte kennen und verstehen ▸ die wichtigsten Etappen der deutschen und der europäischen Geschichte sowie der Weltgeschichte ▸ gesellschaftliche und politische Rahmenbedingungen und Systeme ▸ ethische Grundsätze ▸ Grundzüge der Weltreligionen und religiöse Ursprünge unserer Kultur.

Soziale Kompetenzen	
1. Kooperationsbereitschaft – Teamfähigkeit	Der Erfolg des Unternehmens hängt immer auch vom Willen der Beschäftigen zur Zusammenarbeit ab. Jeder einzelne Mitarbeiter ist aufgefordert, Informationen auszutauschen, Erfahrungen weiterzugeben und Verbesserungsvorschläge zu unterbreiten. In der Schule sind z. B. Gruppen- und Projektarbeit wichtig, um das Miteinander zu fördern und Teamgeist zu entwickeln.
2. Höflichkeit – Freundlichkeit	Wer freundlich ist, hat schneller und leichter Erfolg. Dies gilt für die Beziehungen des Unternehmens nach außen (Kunden, Lieferanten, Öffentlichkeit) natürlich genauso wie für ein gutes Betriebsklima im Innern. Schon auf dem Schulhof und im Klassenzimmer sollte kein Raum sein für ruppiges, aggressives oder in anderer Weise unhöfliches Verhalten.
3. Konfliktfähigkeit	Unterschiedliche Meinungen, Haltungen und Ansichten werden immer auch zu Differenzen führen. Sie sollten jedoch friedlich und konstruktiv bewältigt werden. Das setzt Sprach- und Argumentationsvermögen ebenso voraus wie die Fähigkeit, mit persönlicher Verärgerung und mit Widersprüchen umgehen zu können. Der Schulunterricht bietet ideale Voraussetzungen, um das Diskutieren und Argumentieren an wechselnden Themen und Inhalten zu üben.
4. Toleranz	Für ein offenes Miteinander von Menschen ist es wichtig, auch Meinungen und Ansichten gelten zu lassen, die von der eigenen Haltung abweichen. Allerdings müssen sie mit der demokratischen Grundordnung und den Menschenrechten vereinbar sein. Im Unternehmen sind Toleranzgrenzen z. B. dann erreicht, wenn der Betriebsfriede gefährdet ist oder wenn Produktivität und Leistung verweigert werden. Elternhaus und Schule sind gleichermaßen verantwortlich, Kinder und Jugendliche bei der Entwicklung einer gesunden, reflektierenden Toleranz anzuleiten.

Quelle: IHK NRW e. V.

Persönliche Kompetenzen	
1. Zuverlässigkeit	▸ Wichtige Voraussetzung für erfolgreiche Zusammenarbeit und das Erreichen von Zielen. Man muss sich darauf verlassen können, dass die Jugendlichen die ihnen übertragenen Aufgaben ihrer Leistungsfähigkeit entsprechend wahrnehmen – auch unter widrigen Umständen und ohne ständige Überwachung oder Kontrolle.
2. Lern- und Leistungsbereitschaft	▸ Grundbedingung für eine erfolgreiche Ausbildung. Ausbildung, Beruf und Arbeit sind nicht notwendige Übel, sondern wichtige Bausteine des eigenen Lebens. Freude an der Arbeit und Erfolg im Beruf tragen zu einer positiven Lebenseinstellung und individueller Zufriedenheit bei. Jugendliche sollten von der Schule Neugier und Lust auf Neues mitbringen und diese Eigenschaften in der Ausbildung weiter entwickeln.
3. Ausdauer – Durchhaltevermögen – Belastbarkeit	▸ Wichtig, um mit Misserfolgen fertig zu werden. Im (Berufs-)Leben kann nicht immer alles glatt gehen. Aber auch Belastungen und Enttäuschung muss man aushalten können. Nicht zuletzt stärkt dies das Selbstvertrauen. In Elternhaus und Schule sollten die Jugendlichen gelernt haben, nicht gleich aufzugeben, wenn sich der gewünschte Erfolg nicht sofort oder gar nicht einstellt.
4. Sorgfalt – Gewissenhaftigkeit	▸ Man kann nicht immer „Fünfe gerade sein lassen". Die Aufgaben und Tätigkeiten im Unternehmen erfordern Genauigkeit und Ernsthaftigkeit. Durch Flüchtigkeit kann großer Schaden entstehen. Wer dagegen mit Disziplin und Ordnungssinn pünktlich an die Arbeit geht, der ist gut gerüstet und braucht sich keine Sorgen zu machen.
5. Konzentrationsfähigkeit	▸ Keine Leistung ohne Konzentration. Es ist so einfach, sich ablenken zu lassen. Aber es ist auch notwendig, sich auf eine Sache zu konzentrieren. Das muss man wollen und können. Beides lässt sich mit gutem Erfolg trainieren. Die Schule ist dabei ein wichtiger Partner.

Quelle: IHK NRW e. V.

IV Grundlagen des Schulbetriebs

6. Verantwortungsbereitschaft – Selbstständigkeit	▶ Man muss für das, was man tut, einstehen – auch dann, wenn es einmal misslingt. Erfahrung gibt Sicherheit für selbstständiges Denken und Handeln. Die Bereitschaft, Verantwortung zu übernehmen, wächst mit zunehmender Reife. Ansätze müssen jedoch mit dem Eintritt in die Ausbildung schon vorhanden sein. Wo kämen wir hin, wenn jeder das, was ihm unangenehm oder lästig ist, auf andere abschieben würde?!
7. Fähigkeit zu Kritik und Selbstkritik	▶ Nobody is perfect. Wer die Fähigkeit zur Kritik hat, kann z. B. relativ schnell Wichtiges von Unwichtigem unterscheiden. Er erkennt aus der Sache heraus, ob etwas zu befürworten oder abzulehnen ist. Genauso wichtig ist auch die Fähigkeit, das eigene Tun kritisch zu hinterfragen, Fehler einzusehen und sie korrigieren zu wollen.
8. Kreativität und Flexibilität	▶ Wichtige Helfer in allen Lebenslagen. Im Beruf muss jeder mitdenken. Wer ideenreich und aufgeschlossen ist, hat es einfacher – auch und gerade bei der Lösung von Problemen. „Frischer Wind" hilft z. B. die täglichen Aufgaben oder die Organisation des eigenen Arbeitsplatzes positiv zu verändern. Übrigens: Wer kreativ und flexibel ist, kann sich leichter und schneller in neue Aufgaben einarbeiten.

Quelle: IHK NRW e. V.

2.3 MÖGLICHE FRAGESTELLUNGEN
▶ Welche Aufgaben hat die Grundschule in Bayern?
▶ Welche Aufgaben hat die Mittelschule in Bayern?
▶ Nehmen Sie zu folgenden Aussagen Stellung: „Die Schulen sollen nicht nur Wissen und Können vermitteln, sondern auch Herz und Charakter bilden!" und belegen Sie dies an Beispielen aus Ihrer Unterrichtspraxis!

2.4 PRÜFUNGSTIPPS
Bei den genannten Fragestellungen können Sie auch auf Ihr Wissen aus dem Studium zurückgreifen, denn dort mussten Sie sich mit den Grundlagen von Bildung, Unterricht und Erziehung gründlich auseinandersetzen. Ebenfalls von Bedeutung sind Ihre Kenntnisse in „Staatsbürgerlicher Bildung", wenn es um die Interpretation des GG und der BV geht. Vernetztes Denken ist also angesagt.

3 Leitsätze für den Unterricht und die Erziehung nach den gemeinsamen Grundsätzen der christlichen Bekenntnisse

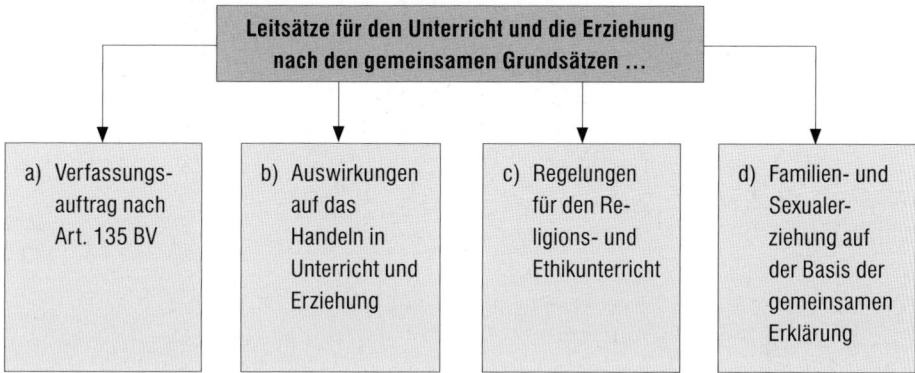

3.1 Fundstellen
- Art. 135, 136, 137 BV
- Art. 7 Abs. 2, Art. 45 bis 48 BayEUG i. d. F. v. 24. Juli 2013
- „Leitsätze für den Unterricht und die Erziehung nach gemeinsamen Grundsätzen der christlichen Bekenntnisse an Grund-, Haupt- und Sonderschulen", KMBek vom 6. Dezember 1988
- „Richtlinien für die Familien- und Sexualerziehung in den bayerischen Schulen", KMBek vom 12. August 2002

3.2 Sachinformationen
a) Der Verfassungsauftrag nach Art. 135 BV

> „Art. 135 BV (Volksschulen)
> (1) Die öffentlichen Volksschulen sind gemeinsame Schulen für alle volksschulpflichtigen Kinder. In ihnen werden die Schüler nach den Grundsätzen der christlichen Bekenntnisse unterrichtet und erzogen. Das Nähere bestimmt das Volksschulgesetz."

> **„Art. 136 BV (Achtung religiöser Empfindungen)**
> (1) An allen Schulen sind beim Unterricht die religiösen Empfindungen aller zu achten.
> (2) Der Religionsunterricht ist ordentliches Lehrfach aller Volksschulen, Berufsschulen, mittleren und höheren Lehranstalten. Er wird erteilt in Übereinstimmung mit den Grundsätzen der betreffenden Religionsgemeinschaft.
> (3) Kein Lehrer kann gezwungen oder gehindert werden, Religionsunterricht zu erteilen.
> (4) Die Lehrer bedürfen der Bevollmächtigung durch die Religionsgemeinschaften zur Erteilung des Religionsunterrichts.
> (5) Die erforderlichen Schulräume sind zur Verfügung zu stellen."

Artikel 135 BV schreibt vor, dass alle volksschulpflichtigen Kinder nach den Grundsätzen der christlichen Bekenntnisse unterrichtet werden.
Artikel 136 präzisiert diese Aussage im Hinblick auf den Religionsunterricht:
In einer KMBek „Leitsätze für den Unterricht ... " vom 6. Dezember 1988 hat das Bayerische Kultusministerium die am 29. November 1988 von den Vertretern der zwei großen Kirchen unterzeichnete Leitsätze als verbindlich erklärt:

> *„Nach Art. 135 BV sind die öffentlichen Volksschulen gemeinsame Schulen für alle volksschulpflichtigen Kinder. In ihnen werden die Schüler nach den Grundsätzen der christlichen Bekenntnisse unterrichtet und erzogen.*
> *Die vom Vorsitzenden der Freisinger Bischofskonferenz und vom Landesbischof der Evang.-Luth. Kirche in Bayern herausgegebenen Leitsätze für den Unterricht und die Erziehung nach gemeinsamen Grundsätzen der christlichen Bekenntnisse an Grund-, Haupt- und Sondervolksschulen sind als Konkretisierung der genannten Verfassungsbestimmung der pädagogischen Umsetzung des Verfassungsauftrages zugrundezulegen."* (KMBek vom 6. Dezember 1988)

b) Auswirkungen der Leitsätze auf das Handeln in Unterricht und Erziehung
Die verbindlichen Leitsätze haben Auswirkungen
- auf die Gestaltung und die Inhalte des Unterrichts,
- auf das alltägliche Zusammenleben in der Schule und
- eine entsprechende Gestaltung des Schullebens.

Der nachstehende Auszug aus den Leitsätzen kann das verdeutlichen:

> 1. Für einen Unterricht, der christlichen Grundsätzen verpflichtet ist, gelten die gleichen didaktischen und pädagogischen Anforderungen wie für jeden Unterricht. Zugleich gewinnt er durch die biblische Sicht von Welt und Mensch wesentliche Perspektiven.
> Im soziokulturellen Lernbereich, wo es immer wieder um Sinn- und Wertfragen geht – z. B. Fragen nach der Menschenwürde, nach Freiheit, Gerechtigkeit, Solidarität, Toleranz –, bietet das biblische Bild vom Menschen wichtige Orientierungshilfen und Impulse.

In den mathematisch-naturwissenschaftlichen Fächern ist es sachgemäß, die Möglichkeiten und Grenzen einer wissenschaftlichen Welterforschung zu verdeutlichen. Damit bleibt Raum für die Betrachtung der Natur als Schöpfung Gottes.
Musische Erziehung und Sportunterricht bieten die Möglichkeit, Musik, bildende Kunst sowie sportliche Betätigung als Ausdruck der von Gott gegebenen schöpferischen Fähigkeiten erfahrbar zu machen und Freude am Leben und am Schöpfer des Lebens zu wecken.

2. Eine Erziehung nach christlichen Grundsätzen wirkt sich auch im alltäglichen Zusammenleben in der Schule aus. Jeder, der zur Schule gehört, darf erwarten, in seiner Würde als Mensch geachtet zu werden. Das schließt auch die Toleranz gegenüber den Angehörigen anderer Religionen und Kulturen ein, von denen ihrerseits Toleranz erwartet wird. Christlich miteinander umgehen heißt, sich im Raum der Schule am Gebot der Nächstenliebe orientieren, z. B. im Bemühen um Rücksichtnahme aufeinander, Verständnis füreinander und Vertrauen zueinander. Dies ist auch Voraussetzung dafür, dass dem Einzelnen in seinen persönlichen Lebensproblemen Hilfe zuteil werden kann. Ebenso sind Einstellungen wie Verständnis und Vertrauen unerlässlich im Umgang mit Konflikten, die zum Schulalltag gehören.

3. Eine Erziehung nach christlichen Grundsätzen verlangt schließlich eine entsprechende Gestaltung des Schullebens. Es soll den Schülern Anregungen geben, sich in Lebens- und Ausdrucksformen christlichen Glaubens einzuüben. Dazu gehören Ruhe und Sammlung, Gebet und Besinnung, Schulgottesdienste und Schulandachten sowie Einkehrtage bzw. Rüstzeiten. Das Kirchenjahr gibt Anlässe zu Fest und Feier in der Schule. Veranstaltungen und Projekte im Zusammenhang mit kirchlichen oder gesellschaftlichen Anliegen fördern das Verantwortungsbewusstsein der Schüler und die Schulgemeinschaft.
Für diese religiöse Gestaltung des Schullebens hat der Religionsunterricht einen unverzichtbaren Beitrag zu leisten.

c) Regelungen für den Religions- und Ethikunterricht
Stichwortartig sind in der Abbildung auf der nachstehenden Seite die wichtigsten Punkte zusammengefasst. Weitere Informationen enthalten die angegebenen Artikel des BV und des BayEUG.

IV Grundlagen des Schulbetriebs

Unterricht und Erziehung nach Grundsätzen christlicher Bekenntnisse (Art. 135 Satz 2 BV)

Art. 136 BV
- Achtung der religiösen Empfindungen aller
- Religionsunterricht ist ordentliches Lehrfach
- Kein Zwang oder Hinderung zur Erteilung von Religionsunterricht
- Bevollmächtigung der Lehrkräfte durch die Religionsgemeinschaften
- Bereitstellung erforderlicher Schulräume

Art. 137 BV
- Teilnahme am Religionsunterricht, kirchlichen Handlungen und Feierlichkeiten bleibt bis 18 Jahre der Willenserklärung der Erziehungsberechtigten, ab 18 Jahre der Willenserklärung der Schüler überlassen.
- Ersatz: Unterricht über anerkannte Grundsätze der Sittlichkeit (Ethikunterricht; vgl. Art. 47 BayEUG)

Das gesamte Schul- und Bildungswesen steht unter der Aufsicht des Staates (Art. 130 Abs. 1 BV)

Grundlage für Erziehung und Unterricht bilden die Lehrpläne, die Stundentafeln und sonstige Richtlinien (Art. 45 Abs. 1 Satz 1 BayEUG)

Religionsunterricht (Art. 46 BayEUG)
- Pflichtfach
- Unterrichtserteilung getrennt nach Bekenntnissen
- Bevollmächtigung der Lehrer durch Kirche
- Kein Zwang zur Erteilung für Lehrer
- Abmeldung vom Religionsunterricht möglich

Ethikunterricht (Art. 47 BayEUG)
- Pflichtfach für Schüler, die nicht am Religionsunterricht teilnehmen
- Erziehung zu werteinsichtigem Urteilen und Handeln
- Orientierung an sittlichen Grundsätzen (BV, GG); Pluralität berücksichtigen

Familien- und Sexualerziehung (Art. 48 BayEUG)
- Auch Aufgabe der Schule
- Orientierung an Art. 124.1; 131.1 und 2; 135 Satz 2 BV
- Beachtung der Richtlinien für Familien- und Sexualerziehung vom 12. August 2002

d) Familien- und Sexualerziehung auf der Basis der gemeinsamen Erklärung

1) Familien- und Sexualerziehung als Aufgabe von Elternhaus und Schule
Familien- und Sexualerziehung ist Teil der Gesamterziehung in Elternhaus und Schule. Art. 48 Abs. 1 bis 3 des Bayerischen Gesetzes über das Erziehungs- und Unterrichtswesen (BayEUG) bestimmt hierzu Folgendes:

> **„Art. 48 Abs. 1 bis 3 BayEUG**
> (1) Unbeschadet des natürlichen Erziehungsrechts der Eltern gehört Familien- und Sexualerziehung zu den Aufgaben der Schulen gemäß Art. 1 und 2. Sie ist als altersgemäße Erziehung zu verantwortlichem geschlechtlichen Verhalten Teil der Gesamterziehung mit dem vorrangigen Ziel der Förderung von Ehe und Familie. Familien- und Sexualerziehung wird im Rahmen mehrerer Fächer durchgeführt.
> (2) Familien- und Sexualerziehung richtet sich nach den in der Verfassung, insbesondere in Art. 118 Abs. 2, Art. 124, Art. 131 sowie Art. 135 Satz 2 festgelegten Wertentscheidungen und Bildungszielen unter Wahrung der Toleranz für unterschiedliche Wertvorstellungen.
> (3) Ziel, Inhalt und Form der Familien- und Sexualerziehung sind den Erziehungsberechtigten rechtzeitig mitzuteilen und mit ihnen zu besprechen."

Die Zusammenarbeit von Elternhaus und Schule:

„Aus dem Ineinandergreifen von Erziehungsrecht der Eltern, Erziehungsrecht des Staates und Persönlichkeitsrecht der Schüler ergibt sich die Notwendigkeit einer engen und sinnvollen Zusammenarbeit zwischen Elternhaus und Schule.
Das verpflichtet die Schule zu rechtzeitiger und ausreichender Information der Eltern und zur Aussprache mit ihnen über Ziele, Inhalte und Form der Durchführung der Familien- und Sexualerziehung in der Schule."
(„Richtlinien für die Familien- und Sexualerziehung in den bayerischen Schulen",
KMBek vom 12. August 2002, Ziffer 1.1.2)

2) Aufgaben und Ziele der Familien- und Sexualerziehung (Ziff. 1.2 KMBek)

„Familien- und Sexualerziehung in der Schule unterstützt den seelischen und körperlichen Reifungsprozess der Kinder und Jugendlichen. Sie vermittelt eine angemessene und ausgewogene Information zu Fragen der menschlichen Sexualität und fördert Einstellungen, die zur Entwicklung einer verantwortlichen Partnerschaft in einer künftigen Ehe und Familie erforderlich sind."
„Familien- und Sexualerziehung trägt dazu bei, dass die Schüler ihre eigene körperliche und seelische Entwicklung nicht unvorbereitet erleben und ihre Geschlechtlichkeit annehmen und bejahen. Sie soll die Schüler auch befähigen, Gefahren für Leib und Seele früh genug zu erkennen und abzuwehren."
(KMBek vom 12. August 2002, s. o.)

IV Grundlagen des Schulbetriebs

3) Inhaltliche Grundsätze für die Familien- und Sexualerziehung und organisatorische Hinweise

Dazu sollten Sie unbedingt die zitierte Bekanntmachung des Kultusministerium (KM) (abgedruckt im KWMBl. I Nr. 17/2002) sorgfältig studieren; der nachstehende Text kann aus Platzgründen nur einen groben Überblick geben:

„Die individuelle Sexualerziehung eines Schülers gehört in erster Linie zu dem natürlichen Erziehungsrecht der Eltern im Sinne des Art. 6 Abs. 2 Grundgesetz. Doch ist der Staat zur Sexualerziehung in der Schule aufgrund seines Bildungs- und Erziehungsauftrages berechtigt. Bei der Gestaltung des Unterrichts muss die jeweilige Altersstufe berücksichtigt werden, wobei der geistige, charakterliche und körperliche Entwicklungsstand maßgebend ist. Für die Ziele der Sexualerziehung ist der fächerübergreifende Unterricht maßgeblich (Biologie, Religionsunterricht, Geschichte, Deutsch, Kunsterziehung). Die Sexualerziehung dient vorrangig der Förderung von Ehe und Familie (Art. 124 Abs. 1 BV). Diese Wertentscheidung muss auch im Unterricht deutlich werden; der Lehrer darf ihr gegenüber nicht ‚neutral' oder ‚offen' sein. Die Gestaltung dieses Unterrichts verlangt auch eine Berücksichtigung der ethischen Gebote der großen christlichen Konfessionen. Doch auch die Gebote der Toleranz gegenüber unterschiedlichen Wertvorstellungen im Hinblick auf das Grundrecht der Eltern und das Persönlichkeitsrecht des Kindes müssen beachtet werden. Auf die religiösen oder weltanschaulichen Überzeugungen der Eltern muss Rücksicht genommen werden. Jeder Versuch einer Indoktrinierung der Schüler ist verboten. Das natürliche Schamgefühl der Kinder ist zu achten.

Deshalb soll eine Abstimmung zwischen Eltern und Schule über Planung und Durchführung des Unterrichts vorgenommen werden. Die Eltern sind rechtzeitig über Unterrichtsinhalte und -verfahren und über die Lehrmittel (Medien, Filme, Broschüren) zu informieren. Vor allem für Grundschüler sind hierzu Elternversammlungen notwendig, in denen zu einem Meinungsaustausch Gelegenheit bestehen muss. Dieser Informationsaustausch muss ‚rechtzeitig' erfolgen, damit es den Eltern ermöglicht wird, vor oder gleichzeitig mit der Behandlung grundsätzlicher Themen im Unterricht im Sinne ihrer eigenen Überzeugungen auf ihre Kinder einzuwirken und so ihr individuelles Erziehungsrecht zur Geltung bringen zu können.

Eine Nichtteilnahme von Kindern am Unterricht in Familien- und Sexualerziehung (‚Befreiung') ist, auch bei nachdrücklichem Wunsch der Eltern aus welchen Gründen auch immer, nicht möglich."

(KMBek vom 12. August 2002)

Dies ist besonders wichtig, da Familien- und Sexualerziehung auch die Prävention von sexuellem Missbrauch als Aufgabe hat; die KMBek führt dazu aus:

„Es ist eine gesamtgesellschaftliche Aufgabe, sexuelle Gewalt einzudämmen. Die Schule muss sich bemühen, Eltern und Kindern ein Wissen über den Schutz vor sexuellen Übergriffen zu vermitteln. Damit kann sie einen Beitrag zur Vorbeugung leisten. Durch das Ansprechen des Problems des sexuellen Missbrauchs besteht auch die Chance, Kindern die Schule als einen Ort nahe zu bringen, von dem in einer schwierigen Lebenslage Hilfe zu erwarten ist und sie zu ermutigen, diese in Anspruch zu nehmen."

(KMBek vom 12. August 2002, Ziffer 6)

3.3 MÖGLICHE FRAGESTELLUNGEN

▸ Die bayerische Grund- und Mittelschule ist eine christliche Gemeinschaftsschule, in der die Schüler nach den Grundsätzen der christlichen Bekenntnisse unterrichtet und erzogen werden. Welche Folgerungen ergeben sich für den Lehrer daraus auch im Hinblick darauf, die religiösen Empfindungen aller zu achten?
▸ Die Schule unterstützt die Erziehungsberechtigten bei der religiösen Erziehung der Kinder. Erläutern Sie aus schulrechtlicher Sicht Grundsätze und Realisierungsformen zur religiösen Erziehung und zum Religionsunterricht!
▸ Obwohl Art. 48 BayEUG den Eltern die individuelle Sexualerziehung zuerkennt, gehört die Familien- und Sexualerziehung zu den Aufgaben der Schulen. Erörtern Sie Grundsätze und Möglichkeiten der Familien- und Sexualerziehung im Rahmen der schulischen Bildungs- und Erziehungsarbeit!

3.4 PRÜFUNGSTIPPS

Wenn Sie Religion studiert haben, wird es Ihnen nicht schwerfallen, über den Religionsunterricht Aussagen zu machen. Die Problematik einer religiösen Erziehung in einer säkularisierten Welt, in der die Lebenswelten der Kinder und Jugendlichen kaum noch christlich orientiert sind, werden Sie aus eigenen Schul- und Unterrichtserfahrungen „am eigenen Leib" erfahren haben.
Erinnern Sie sich auch an die Elternabende, an denen über die Sexualerziehung in Ihrer Klasse mit den Eltern diskutiert wurde. Verwenden Sie bei Ihrer Antwort nie den Begriff „Sexualkunde" – das würde der bayerischen Rechtslage nicht entsprechen.

IV Grundlagen des Schulbetriebs

4 Darstellung des gegliederten Schulwesens in Bayern

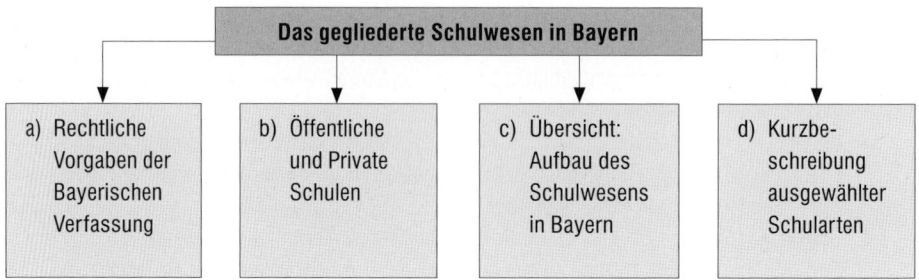

4.1 Fundstellen
- Art. 132, 133, 134 BV
- Art. 3, 6 bis 34 BayEUG i. d. F. v. 24. Juli 2013
- Bayerisches Staatsministerium für Unterricht und Kultus (Hrsg.): „Der beste Bildungsweg für mein Kind" (München, Schuljahr 2010/2011)
- Bayerisches Staatsministerium für Unterricht und Kultus (Hrsg.): „Das bayerische Schulsystem – viele Wege führen zum Ziel" (München, Januar 2012)

4.2 Sachinformationen
a) Rechtliche Vorgaben der Bayerischen Verfassung (bes. Art. 132 bis 134)

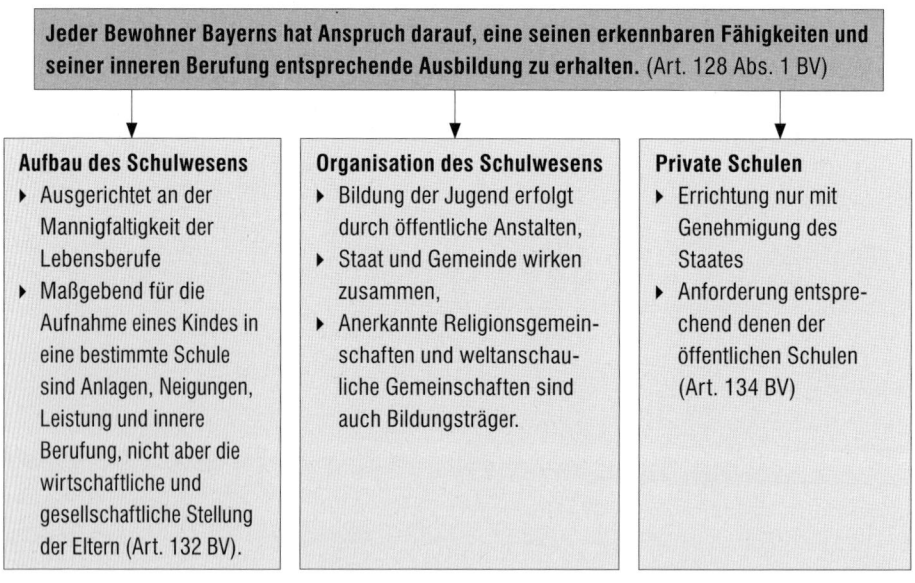

b) Öffentliche und private Schulen (Zusammenstellung aus der Broschüre des Kultusministeriums)

Die Schulen in Bayern gliedern sich in öffentliche und private Schulen. Die Eltern können in eigener Verantwortung die Wahl zwischen öffentlichen und privaten Schulen treffen. Einzelheiten sind aus der tabellarischen Aufstellung auf der folgenden Seite zu entnehmen.

Öffentliche und Private Schulen

Öffentliche Schulen
unterteilen sich in
- staatliche und
- kommunale Schulen.

Gemeinsam sind für beide
- Lehrpläne,
- die Stundentafeln,
- die Vorrückungsbestimmungen,
- die Kriterien der Leistungsmessung und
- die Prüfungsanforderungen, die vom Staatsministerium für Unterricht und Kultus festgelegt werden.
- Zeugnisse: staatliche und kommunale Schulen verleihen die gleichen Berechtigungen.
- Staatliche und kommunale Schulen unterscheiden sich durch den Dienstherrn der jeweiligen Lehrkräfte.

Private Schulen
Neben den öffentlichen gibt es die privaten Schulen. Sie dienen dazu, das öffentliche Schulwesen zu vervollständigen und zu bereichern. Sie sind im Rahmen der Gesetze frei in der Entscheidung über eine besondere pädagogische, religiöse oder weltanschauliche Unterrichtsorganisation. Das Recht, private Schulen zu errichten, ist im Grundgesetz und in der Bayerischen Verfassung verankert. Träger einer Privatschule kann z. B. sein
- eine Stiftung,
- ein eingetragener Verein,
- eine Kirche oder Religionsgemeinschaft,
- ein Orden oder
- eine Privatperson.

IV Grundlagen des Schulbetriebs

> **Jeder Bewohner Bayerns hat Anspruch darauf, eine seinen erkennbaren Fähigkeiten und seiner inneren Berufung entsprechende Ausbildung zu erhalten.** (Art. 128 Abs. 1 BV)

Staatlich genehmigte Ersatzschulen

Sie entsprechen in ihren Bildungs- und Erziehungszielen den öffentlichen Schulen. Die Ausbildung muss mit der an öffentlichen Schulen vergleichbar sein. Ersatzschulen dürfen nur mit Genehmigung des Staates errichtet und betrieben werden.
Die Genehmigung setzt u. a. voraus, dass die Schulen
- in ihren Lehrzielen,
- in ihren Einrichtungen und
- in der wissenschaftlichen Ausbildung der Lehrer nicht hinter den öffentlichen Schulen zurückstehen.
- Zeugnisse der staatlich genehmigten Ersatzschulen verleihen jedoch nicht dieselben Berechtigungen wie die der öffentlichen Schulen. Diese können nur durch eine zusätzliche staatliche Prüfung erreicht werden.

Staatlich anerkannte Ersatzschulen

Eine staatlich genehmigte Ersatzschule kann auf Antrag staatlich anerkannt werden.
An diesen Schulen gelten für die Aufnahme, das Vorrücken und beim Schulwechsel sowie bei der Abhaltung von Prüfungen die gleichen Bestimmungen wie an den öffentlichen Schulen.
- Zeugnisse der staatlich anerkannten Ersatzschulen verleihen daher die gleichen Berechtigungen wie die der öffentlichen Schulen.

Anzeigepflichtige Ergänzungsschulen

Sie sind in Aufgabe, Zielsetzung und Organisation nicht mit einer öffentlichen Schule vergleichbar. Sie müssen nicht genehmigt, sondern den staatlichen Behörden nur angezeigt werden. Die Zeugnisse von diesen Schulen sind nicht mit denen öffentlicher Schulen vergleichbar.
An diesen Schulen kann die Schulpflicht nicht erfüllt werden.

c) Der Aufbau des Schulwesens in Bayern

Art. 132 BV schreibt vor, dass für den Aufbau des Schulwesens die „Mannigfaltigkeit der Lebensberufe" maßgebend ist. Diese Vorgabe führte in Bayern zu einem hochdifferenzierten Schulsystem mit hoher Spezialisierung und großer Durchlässigkeit. Die Bezeichnung „dreigliedriges Schulsystem" trifft sicher nicht voll zu, sondern beschreibt nur eine Grobgliederung:

Die Broschüre „Das bayerische Schulsystem" gibt zu der auf der nächsten Seite abgedruckten Übersicht folgende Hinweise bzw. Erläuterungen:

> Die Grundschule ist die 1. gemeinsame Schule. Am Ende der Grundschule erfolgt der Übertritt auf die weiterführenden Schulen: Mittelschule, Realschule oder Gymnasium. Ab der 7. Jahrgangsstufe ist ein Wechsel in die Wirtschaftsschule möglich. Ein Wechsel zwischen den Schularten ist bei entsprechender Leistungsentwicklung des Kindes möglich. Jeder erreichte Schulabschluss eröffnet neue Wege und Anschlüsse.
>
> **Nach einem Mittelschulabschluss**
> Berufsausbildung:
> - Im dualen System: Berufsschule
> - Vollzeitschulisch: Berufsfachschule
> - Im Anschluss: Fachschule bzw. Fachakademie oder Berufliche Oberschule (BOS)
>
> **Nach dem mittleren Schulabschluss**
> - Berufsausbildung:
>   - Im dualen System: Berufsschule

IV Grundlagen des Schulbetriebs

- Vollzeitschulisch: Berufsfachschule
- Im Anschluss: Fachschule bzw. Fachakademie oder Berufliche Oberschule (BOS)
▸ Berufliche Oberschule (FOS)
▸ Gymnasium (Oberstufe)

Die Förderschule besuchen Kinder und Jugendliche mit sonderpädagogischem Förderbedarf mit einem der Förderschwerpunkte Sprache, Lernen, emotionale und soziale Entwicklung, Hören, Sehen, körperliche und motorische Entwicklung oder geistige Entwicklung.
Die Schulen für Kranke unterrichten Schülerinnen und Schüler, die sich in Krankenhäusern oder vergleichbaren Einrichtungen befinden." („Das bayerische Schulsystem", Broschüre des Bayerischen Staatsministeriums, München, S. 3)

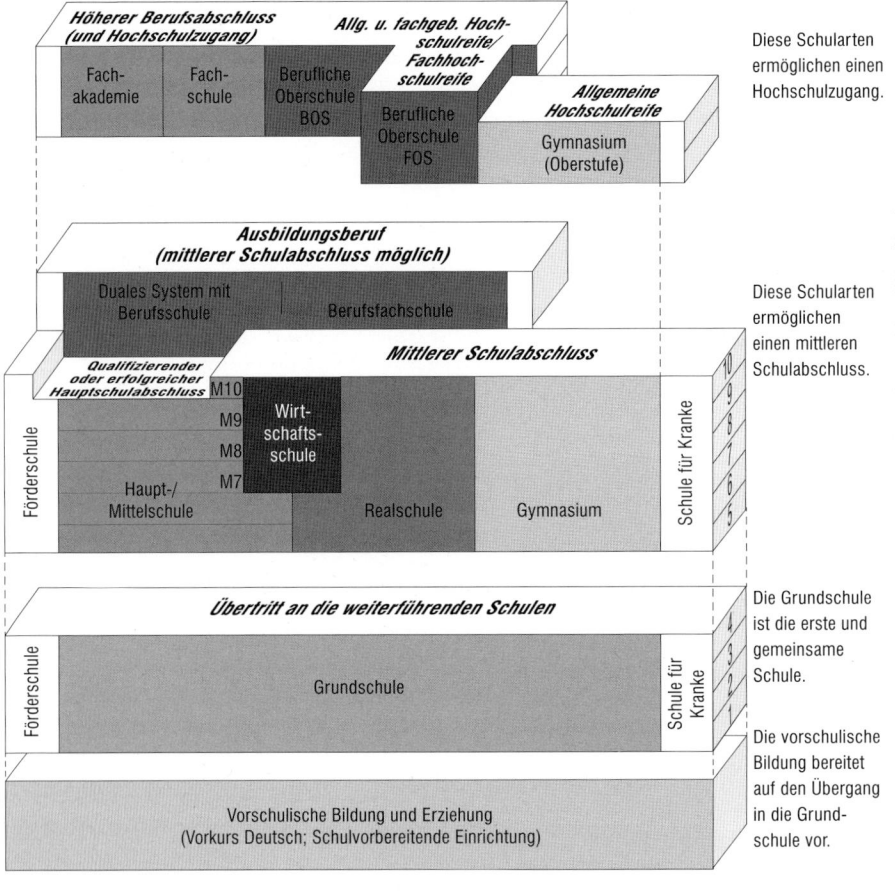

d) Kurzbeschreibung ausgewählter Schularten

Es ist nicht möglich, hier alle Aufgaben und Eigenschaften der einzelnen Schularten darzustellen. Die folgende Tabelle gibt nur einen groben Überblick:

Grundschule (Art. 7 BayEUG)	▸ erste und gemeinsame Schule für alle Kinder ▸ umfasst die Jahrgangsstufen 1 bis 4 ▸ vermittelt grundlegende Bildung als Voraussetzung für jede weitere schulische Bildung
Mittelschule (Art. 7 BayEUG)	▸ umfasst die Jahrgangsstufen 5 bis 9 oder 5 bis 10 ▸ Unterricht ist stark auf berufsbezogene Inhalte ausgerichtet ▸ Abschlüsse: Mittelschulabschluss, Quali, mittlerer Schulabschluss
Realschule (Art. 8 BayEUG)	▸ umfasst die Jahrgangsstufen 5 bis 10 ▸ sie vermittelt neben einer fundierten allgemeinen Bildung auch Grundkenntnisse für die Berufsausbildung ▸ Abschluss: mittlerer Schulabschluss
Gymnasium (Art. 9 BayEUG)	▸ umfasst die Jahrgangsstufen 5 bis 12 und vermittelt eine vertiefte allgemeine Bildung, die für ein Hochschulstudium vorausgesetzt wird ▸ Abschluss: Abitur (allgemeine Hochschulreife)
Förderschule (Art. 19 bis 24 BayEUG)	▸ besuchen Kinder und Jugendliche mit sonderpädagogischem Förderbedarf, der nicht durch andere Schulen erfüllt werden kann ▸ die Förderschule umfasst alle Schularten
Berufsschule (Art. 11 BayEUG)	▸ umfasst die Jahrgangsstufen 10 bis 12 bzw. 10 bis 13 und vermittelt eine allgemeine Bildung sowie theoretische berufliche Kenntnisse im dualen System ▸ Abschlüsse: Berufsschulabschluss, mittlerer Schulabschluss
Berufsfachschule (Art. 13 BayEUG)	▸ vermittelt auf schulischem Weg eine abgeschlossene Berufsausbildung ▸ sie dauert in der Regel 2 bis 3 Jahre ▸ Abschlüsse: Berufsschulabschluss, mittlerer Schulabschluss, Vorbereitung auf eine Berufstätigkeit
Wirtschaftsschule (Art. 14 BayEUG)	▸ umfasst die Jahrgangsstufen 7 bis 10, 8 bis 10 oder 10 bis 11 ▸ sie vermittelt eine allgemeine Bildung und eine berufliche Grundbildung ▸ Abschluss: mittlerer Schulabschluss
Fachoberschule (Art. 16 BayEUG)	▸ führt innerhalb der Jahrgangsstufen 11 und 12 zum Fachabitur, im Schulversuch zur Erprobung der Jahrgangsstufe 13 (FOS 13) zum Abitur (fachgebundene oder allgemeine [2. Fremdsprache] Hochschulreife) und vermittelt eine allgemeine, fachtheoretische und fachpraktische Bildung

IV Grundlagen des Schulbetriebs

	▸ Aufnahmebedingungen: mittlerer Schulabschluss und Erfüllen der Eignungsvoraussetzung ▸ Abschluss: Fachabitur = Fachhochschulreife, Abitur = fachgebundene oder allgemeine Hochschulreife (Schulversuch)
Fachschule (Art. 15 BayEUG)	▸ dauert 1 bis 4 Schuljahre, teilweise in Teilzeitunterricht, in verschiedenen Ausbildungsrichtungen ▸ Aufnahmebedingungen: abgeschlossene Berufsausbildung und/oder Berufstätigkeit ▸ Abschlüsse: staatliche Abschlussprüfung oder Meisterprüfung, mittlerer Schulabschluss, Fachhochschulreife (Ergänzungsprüfung)
Fachakademie (Art. 18 BayEUG)	▸ dauert 2 bis 5 Schuljahre und bereitet auf eine gehobene Berufslaufbahn vor ▸ Aufnahmebedingungen: mittlerer Schulabschluss und in der Regel eine abgeschlossene Berufsausbildung und/oder Berufstätigkeit ▸ Abschlüsse: staatliche Abschlussprüfung, nach bestandener Ergänzungsprüfung Fachhochschulreife, bei sehr guter Gesamtnote in beiden Zeugnissen fachgebundene Hochschulreife
Berufsoberschule (Art. 17 BayEUG)	▸ führt in einem Schuljahr zum Fachabitur (freiwillige Prüfung), in zwei Schuljahren zum Abitur (fachgebundene oder allgemeine Hochschulreife) ▸ Aufnahmebedingungen: mittlerer Schulabschluss, abgeschlossene Berufsausbildung oder mindestens 5-jährige Berufserfahrung und das Erfüllen der Eignungsvoraussetzungen ▸ Abschlüsse: Fachabitur (nach Jgst. 12), Abitur (fachgebundene oder allgemeine Hochschulreife, Nachweis der notwendigen Kenntnisse in einer zweiten Fremdsprache)
Abendrealschule (siehe Anmerkung)	▸ führt Berufstätige im Abendunterricht in drei oder vier Jahren zum mittleren Schulabschluss der Realschule ▸ Aufnahmebedingungen: Mindestalter 17 Jahre, abgeschlossene Berufsausbildung oder mindestens zweijährige Berufstätigkeit, mindestens Erfüllung der Vollzeitschulpflicht und berufliche Tätigkeit während des Schulbesuchs
Kolleg (siehe Anmerkung)	▸ führt Erwachsene in drei Jahren zur allgemeinen Hochschulreife ▸ Aufnahmebedingungen: Mindestalter 19 Jahre, mittlerer Schulabschluss oder erfolgreicher Abschluss eines Vorkurses, abgeschlossene Berufsausbildung oder mindestens dreijährige Berufstätigkeit
Abendgymnasium (siehe Anmerkung)	▸ führt berufstätige Erwachsene im vierjährigen Abendunterricht zum Abitur (allgemeine Hochschulreife) ▸ Aufnahmebedingungen: Mindestalter 18 Jahre, abgeschlossene Berufsausbildung oder mindestens zweijährige Berufstätigkeit und berufliche Tätigkeit während des Schulbesuchs

Anmerkung: Informationen zu den hier dargestellten Schularten finden sich u. a.
- im BayEUG in den Artikeln 6 bis 24
- im Internet auf der Seite www.km.bayern.de/zu-schularten
- in den zahlreichen Informationsbroschüren des KM zu den einzelnen Schularten, den Übergängen, den Bildungswegen usw.

e) **Zusammenfassende Würdigung (Kultusminister Dr. Ludwig Spänle im Editorial der Zeitschrift „Lehrerinfo", Heft 1/2012, Seite 2)**

„Bildungsgerechtigkeit bietet nur ein Bildungswesen, das vom einzelnen Kind ausgeht, es individuell fördert und vielfältige Wege zu einem hochwertigen Schulabschluss eröffnet. So wie unser bayerisches Schulwesen – es ist nicht nur differenziert, es verbindet die Bildungswege auch schlüssig miteinander. Mit anderen Worten: Es ist durchlässig und dynamisch. Bei uns gilt: Jeder Abschluss mit Anschluss!"

Eine genaue Darstellung der Aufgaben der einzelnen Schularten finden Sie in den Art. 7 bis 24 BayEUG und in den Lehrplänen der betreffenden Schulart.

4.3 MÖGLICHE FRAGESTELLUNGEN
- Die Grundschule stellt das Fundament des gesamten Schulwesens dar. Erläutern Sie den spezifischen Auftrag der Grundschule im Hinblick auf die Vorbereitung auf die nachfolgenden Bildungseinrichtungen!
- Interpretieren Sie aus der Sicht des BayEUG die Aufgaben und die Eigenart der Mittelschule!
- Erläutern Sie den Auftrag der Förderschulen!
- Nennen Sie die maßgeblichen Kriterien für den Aufbau des Schulwesens und die Aufnahme des Kindes in eine bestimmte Schulart!

4.4 PRÜFUNGSTIPPS
Besuchen Sie Informationsveranstaltungen und Elternversammlungen zum Übertritts- und Aufnahmeverfahren in Mittelschule, Gymnasium, Realschule und Wirtschaftsschule. Studieren Sie die ISB-Handreichungen zu Übertritt und Aufnahme (Informationen für Beratungslehrer).
Bei Seminarveranstaltungen an anderen Schularten (besonders in der Förderschule oder im Gymnasium) konnten Sie sicher auch wertvolle Eindrücke und Informationen sammeln.
Stellen Sie in Ihren Ausführungen ggf. klar, dass der Begriff „dreigliedriges Schulsystem" zu kurz greift und weisen Sie auch auf die stets möglichen Anschlüsse hin (Motto: „Kein Abschluss ohne Anschluss").

5 Festlegung des Unterrichtsangebotes an den Schulen

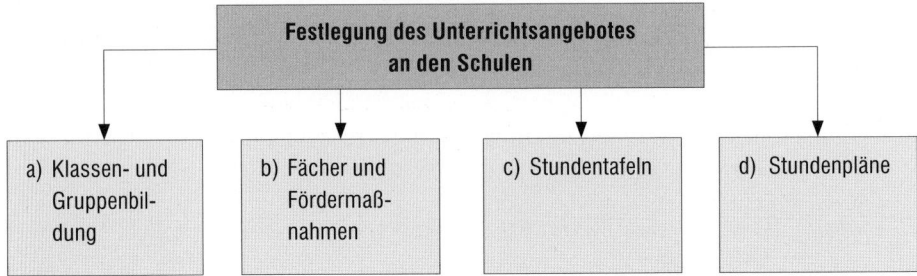

5.1 Fundstellen
- Art. 45 und 49 BayEUG i. d. F. v. 24. Juli 2013
- §§ 27–29 und 33–35 sowie Anlage 2 (Stundentafel) der GrSO i. d. F. v. 4. März 2013
- §§ 36–38 und 42–44 sowie Anlagen 2 bis 4 (Stundentafel) der MSO i. d. F. vom 4. März 2013

5.2 Sachinformationen

a) Wie erfolgt in jedem Schuljahr die Klassenbildung?

Im Frühjahr eines jeden Jahres erscheint das sog. „Klassenbildungs-KMS", das für das kommende Schuljahr den Organisationsrahmen vorschreibt. Insbesondere legt dieses Schreiben fest:
- die Schülerhöchstzahl pro Klasse (d. h. die Teilungsgrenze),
- die Richtzahlen für die Bildung von Klassen und Lerngruppen,
- die zur Verfügung stehenden Lehrerstunden, die in Form eines Stundenbudgets (z. B. 1,3 Lehrerstd. pro Grundschüler oder 1,8 Std. pro Mittelschüler) dem Staatl. Schulamt zur Verteilung zugewiesen werden sowie
- die Beschulung von Schülern nichtdeutscher Muttersprache.

Nach diesen Vorgaben können dann an den einzelnen Schulen die Klassen, Gruppen, Arbeitsgemeinschaften usw. gebildet werden. Grundsätzlich werden Jahrgangsklassen angestrebt. Die Bildung jahrgangskombinierter Klassen in der GS ist möglich. Die Mittelschulen sollen soweit möglich mehrzügig geführt werden. Der Unterricht in den Wahlpflichtfächern und Wahlfächern, Arbeitsgemeinschaften sowie Fördermaßnahmen kann klassenübergreifend, in gewissen Fällen auch jahrgangsstufenübergreifend eingerichtet werden (sogar für Schüler mehrerer Schulen ist dies möglich).

Über die Einrichtung von jahrgangsübergreifendem Unterricht in den Pflichtfächern Religionslehre, Ethik und Sport entscheidet der Schulleiter, ebenso über klassenübergreifenden Unterricht in den Pflichtfächern (Beispiele: wenige Schüler im Fach Ethik aus den Klassen 5 bis 7 werden in einer Gruppe unterrichtet oder aus drei Klassen der Jahrgangsstufe 7 werden vier Lerngruppen im Fach Englisch gebildet).

Außerdem sind folgende Aspekte bei der Klassenbildung zu beachten:
- es gilt (außer im Sportunterricht der HS) das Prinzip der Koedukation;
- die Zuweisung von Schülern in die einzelnen Klassen bei mehrzügigen Schulen ist Aufgabe des Schulleiters (häufig unter Beachtung schulinterner Notwendigkeiten wie z. B. Schülertransport o. Ä.);
- an Volksschulen können bei Parallelklassen mit Zustimmung der Eltern Schüler gleichen Bekenntnisses einer Klasse zugewiesen werden, wenn pädagogische und schulorganisatorische Gründe dies erfordern (z. B. um Religionslehre leichter im Stundenplan unterzubringen).

In der LDO legt § 6 noch fest, dass der Klassenleiter vom Schulleiter bestimmt wird.

b) Fächer und Fördermaßnahmen
Die Unterrichtsfächer lassen sich in folgende Kategorien einteilen:
- **Pflichtfächer** (daran müssen grundsätzlich alle Schüler teilnehmen, außer es sind in den Rechtsvorschriften Ausnahmen vorgesehen, z. B. bezüglich Religionslehre und Ethik oder die Befreiung vom Sportunterricht unter bestimmten Bedingungen);
- **Wahlpflichtfächer** (hier muss der Schüler aus einem vorgegebenen Kanon bestimmte Fächer auswählen, die er dann besuchen muss). Die Stundentafel schreibt den Besuch mit einer Mindeststundenzahl in diesem Wahlpflichtbereich vor;
- **Wahlfächer** (hier entscheiden Schüler und Eltern gemeinsam über den Besuch; die Teilnahme an Wahlfächern wird nicht benotet, sondern im Zeugnis durch eine Bestätigung vermerkt; für Kurzschrift und Informatik als Wahlfächer können Noten erteilt werden);
- **Arbeitsgemeinschaften** (ein- bis zweistündige Arbeitsgemeinschaften können angeboten werden, wenn sie für Unterricht und Erziehung in der HS förderlich sind und die personellen, räumlichen und organisatorischen Voraussetzungen gegeben sind; typische Arbeitsgemeinschaften sind z. B. die Umwelt-, Schulgarten- oder Fotogruppe);
- **besonderer Förderunterricht** kann eingerichtet werden für Schüler mit besonderen Schwierigkeiten beim Erlernen des Lesens und Rechtschreibens, für sprachbehinderte Kinder und für Schüler, die des Sportförderunterrichts bedürfen (Voraussetzungen dafür beachten!). Dieser „besondere Förderunterricht" darf nicht mit dem für alle Schüler verpflichtenden Förderunterricht in der GS verwechselt werden;
- **muttersprachlicher Ergänzungsunterricht** lief zum Schuljahr 2008/2009 aus. Die Vertretungen der davon betroffenen Staaten haben nun die Möglichkeit, einen eigenen konsularischen muttersprachlichen Unterricht zu organisieren (freiwillige Teilnahme der Kinder, Einverständnis der Eltern).

Nähere Informationen zu dieser Thematik können Sie den Stundentafeln und den zugehörigen Erläuterungen entnehmen (für GS und MS als Anlagen zu den Schulordnungen abgedruckt).

c) Die rechtliche Bedeutung der Stundentafel

Die LDO legt in § 3 Abs. 1 fest, dass der Lehrer bei seinem Unterricht an die geltenden Lehrpläne und Stundentafeln gebunden ist. Diese Stundentafeln sind als Anhang zu den Schulordnungen abgedruckt und haben somit rechtlich den Charakter und die Verbindlichkeit einer Verordnung.

Nach Art. 45 BayEUG legen sie fest:
- die Unterrichtsfächer;
- die Verbindlichkeit der Unterrichtsfächer (Pflichtfach, Wahlpflichtfach, Wahlfach);
- die Mindest- und Höchstsumme der wöchentlichen Unterrichtsstunden aller Unterrichtsfächer;
- die Zahl der wöchentlichen Unterrichtsstunden, die auf jedes Unterrichtsfach entfallen und
- die mögliche Bildung von Gruppen und Kursen.

Die Bedeutung der Stundentafeln lässt sich folgendermaßen charakterisieren:
- sie sind die Grundlage für die Erstellung der amtlichen Lehrpläne, der Stoffverteilungspläne und der Stundenpläne und
- sie beschreiben genau die unterrichtliche Belastung des Schülers durch die Vorgabe von Höchst- und Mindeststundenzahlen pro Woche.

Die Stundentafel für die MS macht auch Vorgaben zur Unterrichtserteilung; unter Ziffer 5 wird u. a. festgelegt:
- der Klassenleiter unterrichtet nach Möglichkeit überwiegend in seiner Klasse; dabei hält er grundsätzlich an jedem Unterrichtstag Unterricht in seiner Klasse;
- die Lehrkräfte in Arbeitslehre und den praktischen Fächern arbeiten intensiv zusammen.

Es sei noch erwähnt, dass es im Bereich der Grund- und Mittelschulen spezielle Stundentafeln für zweisprachige Klassen, Übergangs- und Eingliederungsklassen, sowie M- und P-Klassen gibt. Die gültigen Stundentafeln finden Sie, wie oben erwähnt, als Anlagen in den Schulordnungen.

d) Die Bedeutung des Stundenplans

Die Schulordnungen für die GS (§ 33) und für die MS (§ 42) machen bezüglich des Stundenplans gleiche Aussagen; hier das entsprechende Zitat aus der GrSO:

> „§ 33 Abs. 2 und 3 GrSO
> (2) Der Hauptstundenplan wird von der Schulleiterin oder vom Schulleiter, der Klassenstundenplan wird von der Klassenleiterin oder vom Klassenleiter im Einvernehmen mit der Schulleiterin oder dem Schulleiter festgesetzt. Der Klassenstundenplan ist den Schülern zur Unterrichtung der Erziehungsberechtigten bekannt zu geben. Die Stundenpläne werden dem Staatlichen Schulamt vorgelegt.
> (3) Änderungen des Klassenstundenplans bedürfen der Zustimmung der Schulleiterin oder des Schulleiters und sind den Schülerinnen und Schülern bekannt zu geben. Auf Dauer beabsichtigte Stundenplanänderungen werden dem Staatlichen Schulamt vorgelegt."

Georg Hahn gibt zur Erstellung des Stundenplans noch folgende Hinweise:

> *„Die volle Verantwortung für die Stundenpläne liegt beim Schulleiter. Bei der Gestaltung der Stundenpläne haben pädagogische und lernpsychologische Gesichtspunkte Vorrang vor organisatorischen Überlegungen und den persönlichen Wünschen von Lehrkräften. Das Staatliche Schulamt kann Änderungen veranlassen, wenn grundsätzliche Planungskriterien nicht eingehalten werden."*
>
> (Hahn, G.: Kommentar zur VSO)

5.3 MÖGLICHE FRAGESTELLUNGEN

- Welche Aspekte sind bei der Klassenbildung zu beachten?
- Was müssen Sie bei der Stundenplangestaltung berücksichtigen?
- Welche Fächer werden in der Grund- bzw. Mittelschule unterrichtet? In welche Gruppen lassen sie sich einteilen?

5.4 PRÜFUNGSTIPPS

Aufgabenstellungen zu dieser Thematik lassen sich von einem Lehramtsanwärter mit knapp zweijähriger Dienstzeit sicher nicht „aus dem Ärmel" beantworten. Ein genaues Studium der Vorschriften ist hier anzuraten.
Vielleicht verfolgen Sie an Ihrer Schule einmal ab Ostern den Prozess der „Klassenbildung" für das nächste Schuljahr.

IV Grundlagen des Schulbetriebs

6 Teilnahme am Unterricht und an sonstigen Schulveranstaltungen

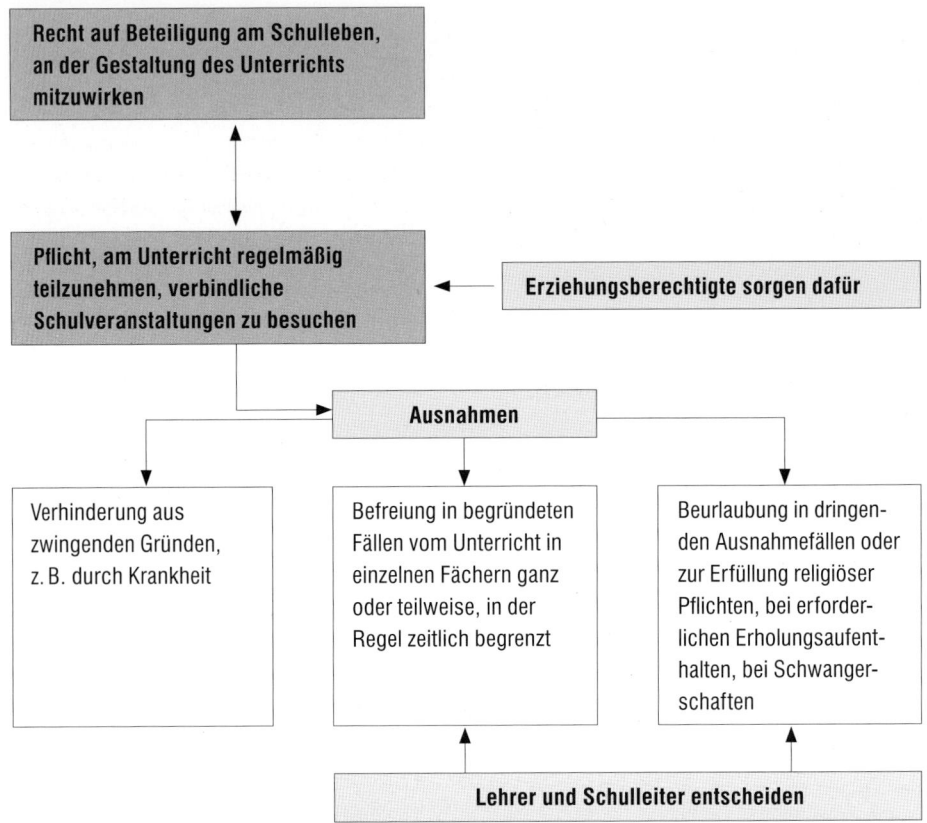

6.1 Fundstellen
- Art. 56, 76 und 118, 119 BayEUG i. d. F. v. 24. Juli 2013
- § 30 GrSO; § 39 MSO
- § 4 LDO i. d. F. v. 31. Januar 2008

6.2 Sachinformationen
Gemäß Art. 56 Abs. 4 Satz 2 BayEUG haben die Schüler die Pflicht, regelmäßig am Unterricht teilzunehmen und die sonstigen verbindlichen Schulveranstaltungen zu besuchen. Die entsprechende Elternpflicht, bei minderjährigen Schulpflichtigen dafür Sorge zu tragen, ergibt sich aus Art. 76 Satz 1 BayEUG. Art. 118 in Verbindung mit Art. 119 Abs. 1 Nr. 2 BayEUG regelt den sog. Schulzwang bei nachhaltiger Pflichtverletzung. § 30 GrSO und §39 MSO erläutern die Verfahrensweise bei Ausnahmen.

a) Teilnahme am Unterricht und an sonstigen Schulveranstaltungen
- Teilnahme am Unterricht pünktlich und regelmäßig;
- Teilnahme an verbindlichen Schulveranstaltungen verpflichtend, vorausgesetzt, die Auslagen dafür sind zumutbar; Auslagen gelten in der Regel als zumutbar, wenn sie ohne anfallende Kosten für Verpflegung den Betrag von etwa 20 bis 30 Euro pro Schuljahr nicht übersteigen. Schulische Veranstaltungen, für die wesentlich höhere Auslagen entstehen, können nicht als verbindlich angeordnet werden. Schüler, die an einer sonstigen verbindlichen Schulveranstaltung aus besonderen Gründen nicht teilnehmen, besuchen während dieser Zeit den Unterricht einer anderen Klasse; zumindest müssen sie beaufsichtigt werden (§ 31 GrSO; § 40 MSO).
- Schulleiter entscheidet über Durchführung und Verbindlichkeit von Schulveranstaltungen (§ 4 Abs. 2 GrSO; § 4 Abs. 2 Nr. 4 MSO);
- „Die Entscheidung über die Durchführung und Verbindlichkeit von schulübergreifenden sonstigen Schulveranstaltungen treffen die unmittelbar zuständigen Schulaufsichtsbehörden im Einvernehmen." (§ 4 Abs. 2 Satz 2, 2. Halbsatz GrSO; § 4 Abs. 2 Satz 1 MSO);
- Zustimmung des Elternbeirats erforderlich bei: Schullandheimaufenthalten, Skikursen, Studienfahrten sowie Fahrten des internationalen Schüleraustauschs (§ 16 Abs. 5 Satz 2 GrSO; § 21 Abs. 5 Satz 2 MSO);
- Information der Eltern bei zeitlicher Änderung des Unterrichts; (§ 20 Abs. 5 Satz 2 VSO);
- Schulgottesdienst: die Schüler sollen teilnehmen (je nach Bekenntnis).

b) Verhinderung regeln § 30 Abs. 1 und 2 GrSO und § 39 Abs. 1 und 2 MSO
- schriftliche Entschuldigung (telefonisch nicht ausreichend);
- unverzüglich (d.h. ohne Verzögerung);
- Angaben des Grundes erforderlich (wobei z.B. die Angabe „Erkrankung" genügt);
- bei Erkrankung an mehr als drei Unterrichtstagen, Häufung der Versäumnisse oder Zweifel an der Erkrankung kann die Schule die Vorlage eines ärztlichen bzw. schulärztlichen Zeugnisses verlangen.

c) Befreiung regeln § 30 Abs. 3 Satz 1, 1. Halbsatz GrSO und § 39 Abs. 3 Satz 1, 1. Halbsatz MSO
Der Antrag muss schriftlich von den Erziehungsberechtigten gestellt werden:
- in begründeten Fällen zeitlich begrenzt, teilweise oder ganze Befreiung von einzelnen Fächern (inklusive Sport, musische oder praktische Fächer);
- Sonderregelung für das Fach Sport, musische und praktische Fächer: Befreiung bei körperlicher Beeinträchtigung bei Vorlage eines ärztlichen Zeugnisses; Ausnahme: offensichtliche Beeinträchtigung;
- Befreiung längstens für ein Schuljahr (Entscheidung durch die Schule).

d) Beurlaubung regeln § 30 Abs. 3 Satz 1, 2. Halbsatz GrSO und § 39 Abs. 3 Satz 1, 2. Halbsatz MSO
- Schriftlicher Antrag des Erziehungsberechtigten;
- Anerkennung eines dringenden und begründeten Ausnahmefalles im Ermessen des Schulleiters; bei längerer Beurlaubung muss der Klassenleiter zur Frage der pädagogischen Vertretbarkeit gehört werden;
- mögliche Gründe: Erfüllung religiöser Pflichten, Erholungsurlaub, vorübergehende Beurlaubung bei Schwangerschaft oder Mutterschutz;
- Zuständigkeit für die Beurlaubung liegt ausschließlich beim Schulleiter, wobei bei längerer Beurlaubung der Klassenleiter gehört werden muss.

6.3 MÖGLICHE FRAGESTELLUNGEN
- Stellen Sie die rechtlichen Regelungen bezüglich der Schulpflicht und Teilnahme am Unterricht dar!
- Zeigen Sie die Unterschiede von Verhinderung, Befreiung und Beurlaubung auf!

7 Unterricht für Schüler mit nichtdeutscher Muttersprache

7.1 Fundstellen
- § 29 GrSO; § 38 MSO; Art. 36 Abs. 3 BayEUG; Art. 37a BayEUG;
- „Fachlehrplan für den Schulversuch Islamunterricht an der bayerischen Hauptschule", KMS vom 7. November 2006 Nr. III. 6-504344-6.89430 und „Fachlehrplan für den Schulversuch Islamunterricht an der bayerischen Grundschule"; KMS vom 12. Juli 2004;
- „Medien und interkulturelle Bildung". Eine kommentierte Linksammlung. Staatsinstitut für Schulqualität und Bildungsforschung, München, 2011, aktualisierte Neuauflage;
- Deutschförderung an bayerischen Grund- und Haupt-/Mittelschulen (www.km.bayern.de/schueler/lernen/foerderung/sprachfoerderung/html)
- „Schulische Hilfen für Schüler aus dem Ausland", Staatliche Schulberatungsstelle München, Oktober 2011;
- Deutschfördermaßnahmen für Schülerinnen und Schüler mit nichtdeutscher Muttersprache (www.regierung.oberbayern.bayern.de/aufgaben/schulen)

7.2 Sachinformationen
a) Kinder mit nichtdeutscher Herkunftssprache
Die GrSO und MSO verwenden den Begriff „Schüler mit nichtdeutscher Muttersprache". Darunter sind ausländische Kinder, Kinder von Aussiedlern, Kinder von Asylanten, Asylbewerbern und Asylberechtigten zu verstehen.

Schüler mit nichtdeutscher Herkunftssprache ist der umfassendere Begriff, da zwischen Kindern zu differenzieren ist, die in Deutschland geboren wurden – hier bereits in der zweiten oder gar dritten Generation leben – und solchen, die erst im schulpflichtigen Alter mit unserer Kultur und Sprache in Berührung kamen oder die zum Beispiel in Bulgarien geboren wurden, türkisch sprechen, sich als Türken fühlen und als Asylanten/Asylbewerber bulgarischer Staatsangehörigkeit nach Deutschland kamen. Welche Sprache ist die Muttersprache dieser Kinder?

▸ *Ausländische Schüler:*
Als größte Gruppe Schüler aus den ehemaligen Anwerbestaaten (sechs Entsendestaaten): Griechenland, Italien, ehemaliges Jugoslawien, Portugal, Spanien und Türkei.

▸ *Kinder von Aussiedlern:*
– mit deutscher Staatsangehörigkeit und
– mit deutscher Volkszugehörigkeit.

▸ *Asylbewerber:*
Nichtdeutschstämmige Personen, die illegal (z. B. durch Flucht aus dem Heimatland) in die Bundesrepublik Deutschland gekommen sind.

▸ *Asylanten:*
Nichtdeutschstämmige Personen (z. B. aus Vietnam, Ruanda oder Syrien), denen aus politischen, rassischen oder religiösen Gründen das Asylrecht zugestanden worden ist.

b) Schulaufnahme
Alle Kinder und Jugendlichen, die in Bayern ihren Wohnsitz oder ihren gewöhnlichen Aufenthalt haben, unterliegen ohne Rücksicht auf die Staatsangehörigkeit der Schulpflicht. Diese besteht für ausländische Jugendliche auch dann, wenn sie nach dem Recht ihres Heimatlandes nicht oder nicht mehr schulpflichtig sind.

1) Verfahren der Schulaufnahme
Der Schulleiter stellt auf der Grundlage des Art. 35 BayEUG fest, in welche Jahrgangsstufe der Schule der Schüler grundsätzlich einzuweisen ist (Art. 36 Abs. 3 BayEUG). Das ist im Normalfall die Jahrgangsstufe, in die deutsche Kinder gleichen Alters gehen. Grundlage zur Feststellung der Jahrgangsstufe sind das Alter des Schülers und die bisherige Schullaufbahn im Ausland.

2) Entscheidung für eine bestimmte Klasse
Der Schulleiter entscheidet sodann, in welche Jahrgangsstufe der Schüler aufgrund seines Leistungsstandes tatsächlich einzuweisen ist. Hier kann (Art. 36 Abs. 3 Satz 4 BayEUG) eine um bis zu zwei Jahrgangsstufen tiefere Einstufung in Frage kommen. Dies darf aber nur wegen mangelnden Bildungsstandes geschehen, nicht aber wegen sprachlicher Probleme.

7 Unterricht für Schüler mit nichtdeutscher Muttersprache

Ausländische Schüler	Deutschförderkurse
in besonderen Klassen	Die Zusammenfassung von Intensivkursen (IK) und Deutschförderunterricht (FöU) zu Deutschförderkursen bedeutet, dass eine Intensivmaßnahme und eine Begleitmaßnahme fortan mit einem Begriff bezeichnet werden. *Bildung von Kursen* Die bisherige Regelung, dass die Bildung von Kursen und die Gewährung von Wochenstunden an bestimmte Schülerzahlen gebunden sind, entfällt. Fortan legt eine Schule, die in diesem Bereich Kurse anbieten möchte, beim zuständigen Staatlichen Schulamt ein kurzes Förderkonzept vor. Dabei sind verbindlich folgende Angaben darzustellen:
Übergangsklassen (vor allem für Mittelschüler): Schüler werden auf den Unterricht in der Regelklasse vorbereitet (Eintritt in die Mittelschule) (§ 29 Abs. 1 GrSO; § 38 Abs. 1 MSO) Übergangsklassen werden durch das Staatliche Schulamt für Schüler mit nichtdeutscher Muttersprache eingerichtet, die dem Unterricht in einer deutschsprachigen Klasse nicht folgen können. Im Gegensatz zur Deutschlerngruppe (Deutschförderklasse) erfolgt dieses Lernangebot immer dann, wenn während des Schuljahres mit einem Zustrom ausländischer Schüler – teilweise aus verschiedenen Wohnortgemeinden – zu rechnen ist und ein kontinuierlich angelegter Unterricht nicht möglich ist.	a) allgemeiner Förderzusammenhang (z. B. Notwendigkeit einer Anschlussförderung nach erfolgter Intensivförderung; Notwendigkeit einer intensiven Förderung von Schülern, die nicht in Deutschintensivgruppen oder Übergangsklassen gefördert werden können, Diagnose- oder Testergebnisse als Beleg für Förderbedürftigkeit) b) namentliche Auflistung der zu fördernden Schüler c) Qualifizierung der Lehrkräfte (Erfahrungen, Aus- und Fortbildung) d) beantragte Stundenzahl pro Kurs e) Förderplan (z. B. inhaltliche Schwerpunkte)

IV Grundlagen des Schulbetriebs

Der Unterricht erfolgt durch eine deutsche Lehrkraft nach eigener Stundentafel und eigenem Lehrplan. **Deutschförderklassen** für Schüler der Regelklasse mit keinen oder sehr geringen Deutschkenntnissen (bis zu ca. zwölf Schüler) können in allen Jahrgangsstufen der Grund- und Mittelschulen eingerichtet werden. Der Unterricht erfolgt in ausgewählten Fächern, getrennt von der sog. Stammklasse. Je nach individuellem Fortschritt können die Schüler auch während des Schuljahres in die Stammklasse aufgenommen werden, was auch das Ziel der Maßnahme ist (Jgst. 1 bis 7).	
Deutschsprachige Klassen für ausländische Schüler (KMS-Klassen): Dies sind sprachhomogene Regelklassen mit der Unterrichtssprache Deutsch, dazu fünf Wochenstunden in der Muttersprache der Schüler. Sie werden von Schülern besucht, die zweisprachige Klassen bis zur 6. Jahrgangsstufe durchlaufen haben und ausreichende Deutschkenntnisse besitzen.	Das Staatliche Schulamt entscheidet auf Grundlage dieses Konzeptes und der insgesamt zur Verfügung stehenden Stunden über die Stundenzuteilung an die einzelnen Schulen. Sofern sich an einer Schule während des Schuljahres eine Veränderung des Förderbedarfs für Schülerinnen und Schüler mit Migrationsbedarf ergibt (z. B. intensive Förderung für neu zugezogene Schülerinnen und Schüler), ist die Schule berechtigt, das zugewiesene Stundenkontingent flexibel umzuwidmen.
Übergangsklassen (Förderklassen) für Späteinsteiger: Für Schüler der 8. und 9. Klasse besteht die Möglichkeit, den erfolgreichen bzw. qualifizierenden Mittelschulabschluss zu erwerben (§ 58 MSO).	Deutschförderkurse im Umfang von einer bis vier Wochenstunden finden grundsätzlich ergänzend zum regulären Deutschunterricht statt. Für Deutschförderkurse im Umfang von fünf oder mehr Stunden ist eine Befreiung vom übrigen Unterricht möglich (§ 29 Abs. 2 GrSO; § 38 Abs. 2 MSO). Die Schüler erhalten im Zeugnis eine Bewertung im Fach Deutsch als Zweitsprache, wobei die Leistungen des regulären Deutschunterrichts einbezogen werden. Auf Antrag der Erziehungsberechtigten kann aber umgekehrt auch eine Deutschnote unter Einbeziehung der Leistungen des Deutsch-Förderkurses erteilt werden.

c) Möglichkeiten der Beschulung und Förderung ausländischer Schüler
Daneben gibt es noch außerschulische Fördermöglichkeiten (Nachhilfeunterricht) für Aussiedlerkinder nach dem Garantiefonds und nach dem Lernhilfeförderungsgesetz.

d) Deutschlerngruppen
Das Bayerische Staatsministerium für Unterricht und Kultus schreibt:

„Erfahrungen aus der Schulpraxis und die Erkenntnisse aus der PISA-Studie zeigen, dass Schülerinnen und Schüler mit Migrationshintergrund große Probleme haben, ihre Schullaufbahnen erfolgreich zu gestalten. Drei Gruppen von Kindern haben besonders große Startprobleme, die im Laufe der Schulzeit zumeist nicht mehr aufgeholt werden können:
- *im Ausland geborene Kinder, die als ‚Späteinsteiger' nach Bayern kommen;*
- *in Deutschland geborene Kinder, deren Eltern kein Interesse an Integration, deutscher Sprache und Bildung zeigen;*
- *Aussiedlerkinder, die zwar die deutsche Staatsangehörigkeit haben, aber kein Wort Deutsch sprechen.*

Dieser Entwicklung tritt das Staatsministerium für Unterricht und Kultus (im Zusammenwirken mit dem StMAS) mit den Deutschlerngruppen entgegen. Schulanfänger mit fehlenden oder immer noch sehr geringen Deutschkenntnissen besuchen die Deutschfördergruppen für Schulanfänger. Es handelt sich dabei um eine Gruppe mit ca. 12–15 Schülern, die mit hoher Stundenzahl (ca. 14 Wochenstunden des grundlegenden Unterrichts) von dafür ausgebildeten Lehrkräften intensiv Deutschunterricht (Deutsch als Zweitsprache) erhalten. Den Unterricht in den musischen und praktischen Fächern besuchen diese Kinder zusammen mit den deutschsprachigen Kindern jeweils in ihrer parallel geführten Stammklasse (Kooperationsklasse).

Dieses Modell stellt sicher, dass
- *auf der einen Seite der kompakte Deutschunterricht in der Deutschfördergruppe die Schülerinnen und Schüler zügig an den erforderlichen Leistungsstand heranführt*
- *und auf der anderen Seite die Isolation und Gettoisierung dieser Kinder überwunden wird.*

Ziel ist es, die Kinder soweit zu fördern, dass sie je nach ihrer Leistungsentwicklung nach einem oder nach zwei Jahren ohne Zeitverlust voll in ihre Regelklasse eingegliedert werden können und dort ihre Schullaufbahn erfolgreich fortsetzen."

("Deutschförderklassen", www.km.bayern.de)

Der Lehrplan für das Fach „Deutsch als Zweitsprache" ist in allen Schularten seit dem 1. August 2002 verbindlich.

Während des Schuleinschreibungsverfahrens soll eine Sprachstandsdiagnose erfolgen, mit der eine genaue Einschätzung der Sprachkenntnisse bei Schülern nichtdeutscher Muttersprache möglich ist.

Eine weitere Maßnahme sind sog. Vorkurse, die helfen sollen, schon vor Eintritt in die Grundschule, z. B. im Kindergarten, sprachliche Defizite auszugleichen.

Der Vorkurs Deutsch umfasst 240 Stunden Deutschunterricht. In der zweiten Hälfte des vorletzten Jahres vor der Einschulung erhalten die Kinder zwei Stunden Deutsch pro Woche durch die Fachkräfte der Kindertageseinrichtungen. Im letzten Jahr vor der Einschulung erhalten die Kinder drei Unterrichtsstunden pro Woche von Lehrkräften der Grundschule. Zwei Stunden pro Woche durch die Kindertageseinrichtung bleiben bestehen.

Die Grundlage für die Feststellung des Sprachstands ergibt sich aus dem sog. „SISMIK-Bogen" (Sprachverhalten und Interesse an Sprache bei Migrantenkindern in Kindertageseinrichtungen).

Besucht das Kind keine Kindertageseinrichtung, führt die Sprachstandserhebung die Grundschule durch, in der die Schulpflicht voraussichtlich zu erfüllen ist. Auf Grund der Beobachtungen erfolgt bei „dringendem speziellen" Förderbedarf die Zuweisung zu einem Vorkurs. Bei „speziellem" Förderbedarf wird eine Empfehlung ausgesprochen.

Gemäß § 37a Abs. 3 BayEUG kann im Rahmen der Schuleinschreibung eine Zurückstellung vom Schulbesuch erfolgen mit der Maßgabe, dass das Kind im nächsten Schuljahr eine Kindertageseinrichtung mit Vorkurs verpflichtend besuchen muss. Das betrifft nur die Kinder, die keinen Deutsch-Vorkurs besucht haben.

Zur methodisch-didaktischen Optimierung der Vorkurse führen das Bayerische Staatsministerium für Arbeit und Sozialordnung, Familie und Frauen (StMAS) und das Bayerische Staatsministerium für Unterricht und Kultus seit dem Kindergarten- bzw. Schuljahr 2010/2011 die Fortbildungskampagne „Vorkurs Deutsch 240" mit speziell geschulten Referententeams durch. Die Fortbildungskampagne wird durch das Institut für Frühpädagogik evaluiert. Deutschkurse für Mütter an den Schulen ihrer Kinder, die am Vormittag stattfinden, sollen sprachliche Defizite beheben und die Zusammenarbeit mit der Schule fördern.

e) Muttersprachlicher Unterricht

Anstelle des früheren sog. Muttersprachlichen Ergänzungsunterrichts besteht nunmehr bei Bedarf die Möglichkeit, einen sog. konsularischen muttersprachlichen Unterricht zu besuchen. Dieser wird von der Schulaufsicht und den Schulen organisatorisch unterstützt, ist aber keine schulische Veranstaltung.

Das Bayerische Staatsministerium führt dazu aus:

> Fehlende Deutschkenntnisse sind bei Kindern und Jugendlichen mit nichtdeutscher Muttersprache die häufigste Ursache für schulischen Misserfolg.
> Gleichzeitig ist festzustellen, dass die ursprüngliche Intention des MEU, Kindern von ausländischen Arbeitnehmern die Rückkehr in das Heimatland und das dortige Schulwesen zu erleichtern, nicht mehr greift. Die überwiegende Mehrheit der ausländischen Kinder und Jugendlichen sehen ihre langfristige Zukunft in Deutschland.
> Dafür hat die Bayerische Staatsregierung am 14. September 2004 beschlossen, die Deutschförderung an den Schulen zu intensivieren und den MEU schrittweise binnen fünf Jahren auf Null zu reduzieren.
> Stattdessen können, wie in anderen Bundesländern auch, die Vertretungen der betroffenen Länder eigenständigen konsularischen muttersprachlichen Unterricht anbieten. Die Schulbehörden leisten dazu logistische Hilfestellung.

Laut Informationen des Staatsministeriums bietet sich für die Organisation eines konsularischen Unterrichts folgendes Vorgehen an:
- Der Bedarf für muttersprachlichen Unterricht wird wie bisher von den Schulen durch eine Anfrage bei den Erziehungsberechtigten erhoben. Dabei sind die Eltern auch zu fragen, ob sie der Weitergabe der auf ihr Kind bezogenen Daten an das Generalkonsulat oder die Botschaft ihres Herkunftslandes zustimmen, für den Fall, dass dieser muttersprachliche Unterricht mit staatlichem Lehrpersonal nicht abgedeckt werden kann.
- Die staatlichen Schulämter richten die Lerngruppen ein (vgl. KMS vom 23. März 2005).
- Wenn eine Lerngruppe nicht mit einer Lehrkraft versorgt werden kann, sind die Namen der betroffenen Kinder – vorbehaltlich der Zustimmung durch die Erziehungsberechtigten – der zuständigen Regierung zu melden; diese verständigt das Generalkonsulat/Konsulat, damit diese konsularischen Unterricht einrichten können.

Die Schulleiter werden gebeten, den ausländischen Vertretungen bei der Einrichtung dieses konsularischen Unterrichts behilflich zu sein. Hinsichtlich der kostenfreien Benutzung von Klassenräumen werden mit den Vertretern der kommunalen Spitzenverbände Gespräche geführt, um einen Konsens herbeizuführen.

Der Besuch eines konsularischen muttersprachlichen Unterrichts kann in den Zeugnisbemerkungen aufgenommen werden, z. B. durch die Formulierung: „… hat am konsularischen muttersprachlichen Unterricht mit … Erfolg teilgenommen".

Das Staatsministerium weist jedoch darauf hin, dass der Besuch des konsularischen Unterrichts nicht zur Wahl des Faches „Muttersprache" im Rahmen der besonderen Leistungsfeststellung zum Erwerb des qualifizierenden Mittelschulabschlusses berechtigt.

Mit Beginn des Schuljahres 2003/2004 startete in Bayern der Modellversuch „Islamunterricht".

„Der Erlanger Islamunterricht soll neben der Vermittlung von Wissen über die Religion Islam auch Elemente der Glaubenserziehung enthalten und Kinder über kulturelle und historische Hintergründe ihres Glaubens aufklären."

(Pressemitteilung der Staatsministeriums Nr. 25 vom 6. Februar 2003)

f) Interkulturelle Erziehung

Wirtschaftliche Globalisierung, Öffnung der Grenzen und soziale Mobilität haben zur Folge, dass die interkulturelle Perspektive von Erziehung und Unterricht in Zukunft einen höheren Stellenwert einnehmen wird. Die interkulturelle Bildung wird als genuiner Bildungsauftrag aufgewertet, wobei die Sprache ein zentrales Mittel zur Integration darstellt.

In der Schule von heute sind inzwischen Klassen mit ausschließlich Kindern deutscher Verkehrssprache die Ausnahme. Der teilweise hohe Anteil ausländischer Schüler bringt pädagogische Herausforderungen mit sich und verpflichtet die Schule, sich den Veränderungen zu stellen und organisatorische, erziehliche und didaktische Konsequenzen zu ziehen. Gerade in der Schule ist die Möglichkeit gegeben, Vorurteile gegenüber Fremden zu erkennen und abbauen zu helfen. Interkultureller Unterricht bedeutet nicht abstrakte Wissensvermittlung, sondern Erfahren und Erleben humaner Wertmaßstäbe. Die Achtung der Menschenwürde stellt dabei ein fundamentales Prinzip dar.

Im Grundgesetz und in den Obersten Bildungszielen der Bayerischen Verfassung sind die Rahmenbedingungen fixiert. So spricht Art. 131 BV ausdrücklich von der Erziehung der Schüler im „Geiste der Demokratie" und „im Sinne der Völkerversöhnung". Dieser Gedanke zeigt sich auch im Lehrplan, der die Mittelschule als interkulturellen Begegnungsort bezeichnet.

Verfassungsinhalte und Leitgedanken der Lehrpläne werden erst im Umgang zwischen Lehrern und Schülern wirksam und erfahrbar. Hier kommt dem Lehrer eine zentrale Rolle zu, indem er durch reversible Sprachhaltung, durch positive Konfliktlösungsstrategien, durch fördernde, kooperative Tätigkeiten, durch einen repressionsfreien, demokratischen Führungsstil dem Schüler Wertschätzung entgegenbringt. Deutsche und ausländische Schüler lernen, sich gegenseitig zu respektieren, zu achten und können täglich voneinander lernen. Die zeitgemäße Schule muss den interkulturellen Unterricht als Chance erkennen und nutzen, die das Zusammenleben von Menschen mit verschiedener kultureller Herkunft bietet.

7.3 MÖGLICHE FRAGESTELLUNGEN

- Der Unterricht für Schüler mit nichtdeutscher Muttersprache ist ein fester Bestandteil des bayerischen Schulwesens. Welche besonderen Maßnahmen werden ergriffen, um diese Schüler zu beschulen und zu fördern?
- In allen Bildungseinrichtungen für Schüler mit nichtdeutscher Muttersprache wird auf die Integration der Schüler in das schulische und außerschulische Leben hingearbeitet. Welche Maßnahmen helfen dabei?
- Eine wesentliche Aufgabe der Schulen besteht in der interkulturellen Erziehung deutscher und ausländischer Schüler. Zeigen Sie Möglichkeiten, wie deutsche und ausländische Schüler miteinander und voneinander lernen können!

7.4 PRÜFUNGSTIPPS

An den meisten Schulen werden Schüler mit nichtdeutscher Ausgangssprache beschult. Deshalb werden auch dort die entsprechenden Fördermaßnahmen durchgeführt. Erkundigen Sie sich bei Ihrem Schulleiter!

8 Rechtliche Grundlagen für die Erteilung von Religionsunterricht

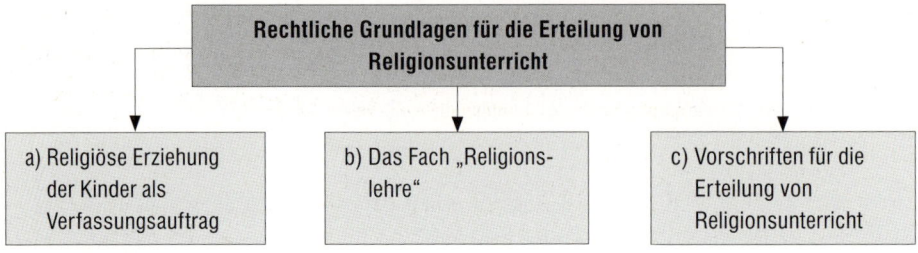

8.1 Fundstellen
- Art. 7 Abs. 3 GG
- Art. 131, 136 und 137 BV
- Konkordat zwischen dem Heiligen Stuhl und dem Bayerischen Staat vom 29. März 1924
- Evangelischer Kirchenvertrag
- Art. 7, 46 und 112 BayEUG i. d. F. v. 24. Juli 2013
- §§ 35 und 40 der GrSO i. d. F. vom 4. März 2013
- §§ 44 und 49 der MSO i. d. F. vom 4. März 2013
- Wenger, O.: „Religiöse Erziehung in der Schule", PW 9/92, S. 427 ff.
- § 7 LDO

8.2 Sachinformationen

a) Die Verankerung des Religionsunterrichts und der religiösen Erziehung in der Schule

Religionsunterricht und religiöse Erziehung der Kinder sind sowohl im Grundgesetz als auch in der Bayerischen Verfassung verankert. Wegen der Zuständigkeit der Bundesländer für das Schulwesen sind hier die beiden einschlägigen Artikel der Bayerischen Verfassung abgedruckt:

> „Artikel 136 BV
> (1) An allen Schulen sind beim Unterricht die religiösen Empfindungen aller zu achten.
> (2) Der Religionsunterricht ist ordentliches Lehrfach aller Volksschulen, Berufsschulen, mittleren und höheren Lehranstalten. Er wird erteilt in Übereinstimmung mit den Grundsätzen der betreffenden Religionsgemeinschaft.
> (3) Kein Lehrer kann gezwungen oder gehindert werden, Religionsunterricht zu erteilen.
> (4) Die Lehrer bedürfen der Bevollmächtigung durch die Religionsgemeinschaften zur Erteilung des Religionsunterrichts.
> (5) Die erforderlichen Schulräume sind zur Verfügung zu stellen."

> **„Artikel 137 BV**
> (1) Die Teilnahme am Religionsunterricht und an kirchlichen Handlungen und Feierlichkeiten bleibt der Willenserklärung der Erziehungsberechtigten, vom vollendeten 18. Lebensjahr ab der Willenserklärung der Schüler überlassen.
> (2) Für Schüler, die nicht am Religionsunterricht teilnehmen, ist ein Unterricht über die allgemein anerkannten Grundsätze der Sittlichkeit einzurichten."

Durch diese verfassungsmäßige Verankerung und Vorgabe ist auch zu erklären, warum im BayEUG und in den Schulordnungen gleichlautende Aussagen zu finden sind.

Zur Erteilung von Religionsunterricht sind Verträge zwischen den Kirchen und dem Staat abgeschlossen worden, z.B. auf katholischer Seite das Konkordat (d.h. ein Vertrag zwischen dem Heiligen Stuhl und dem Land Bayern) aus dem Jahre 1924 oder der evangelische Kirchenvertrag.

Eine noch immer aktuelle Veröffentlichung zu dieser Thematik sind die „Leitsätze für den Unterricht und die Erziehung nach gemeinsamen Grundsätzen der christlichen Bekenntnisse an Grund-, Haupt- und Sondervolksschulen" aus dem Jahre 1988, unterzeichnet vom Vorsitzenden der Freisinger Bischofskonferenz, Friedrich Kardinal Wetter, und dem Landesbischof der Evangelisch-Lutherischen Kirche in Bayern, Johannes Hanselmann.

b) Religionsunterricht als Lehrfach

Art. 136 BV definiert den Religionsunterricht als ordentliches Lehrfach; die Stundentafel führt ihn unter der Kategorie der Pflichtfächer. Damit besteht für jeden Schüler der in der Verfassung erwähnten Schularten Teilnahmepflicht. Für Schüler, die nicht am Religionsunterricht teilnehmen, ist gemäß Art. 137 Abs. 2 BV ein Unterricht „über die allgemein anerkannten Grundsätze der Sittlichkeit" einzurichten, der Ethikunterricht (gleiche Wochenstundenzahl wie der Religionsunterricht; Vorrückungsfach in der Mittelschule nach § 49 Abs. 4 Satz 2 der MSO). Religionslehre und Ethikunterricht sind Pflichtfächer und werden somit benotet; deswegen müssen auch Leistungsnachweise erbracht werden.

Die katholische und die evangelische Kirche erteilen ihren Religionsunterricht im Normalfall in der Schule. Einige andere Kirchen (z.B. neuapostolisches, altkatholisches, israelitisches Bekenntnis) erteilen ihren Unterricht meist außerhalb der Schule, aber regelmäßig und durch pädagogisch-fachlich ausgebildete Lehrkräfte und geben auch Noten, die in das Schulzeugnis übernommen werden. Für diese Schüler entfällt der Besuch des Ethikunterrichts. Daran teilnehmen müssen aber Schüler ohne Bekenntnis oder Mitglieder von Glaubensgemeinschaften, deren Unterweisung vom Ministerium nicht als Religionsunterricht anerkannt ist.

Auf die Teilnahme von Schülern fremder Religionsgemeinschaften am katholischen oder evangelischen Religionsunterricht lt. § 35 Abs. 3 GrSO bzw. § 44 Abs. 3

MSO wird hingewiesen. Damit würde für diese Schüler die Pflicht zur Teilnahme am Ethikunterricht entfallen. § 35 GrSO und § 44 MSO sind inhaltlich gleich und lauten:

> **Religiöse Erziehung, Religionsunterricht**
> (1) Die Schule unterstützt die Erziehungsberechtigten bei der religiösen Erziehung der Kinder: Schulgebet, Schulgottesdienst und Schulandacht sind Möglichkeiten dieser Unterstützung; die Teilnahme der Schülerinnen und Schüler ist zu ermöglichen und zu fördern. Die Mitglieder der Schulgemeinschaft sind verpflichtet, die religiösen Empfindungen aller zu achten.
> (2) Die Abmeldung vom Religionsunterricht muss schriftlich und spätestens am letzten Unterrichtstag des Schuljahres mit Wirkung ab dem folgenden Schuljahr erfolgen; eine spätere Abmeldung ist nur aus wichtigem Grund zulässig. Die Abmeldung gilt für die Zeit des Verbleibens an der betreffenden Schule, solange sie nicht widerrufen wird.
> (3) Auf schriftlichen Antrag der Erziehungsberechtigten lässt die Schule Schülerinnen und Schüler, die keiner Religionsgemeinschaft angehören, zur Teilnahme am Religionsunterricht eines Bekenntnisses als Pflichtfach zu, wenn die Religionsgemeinschaft, für deren Bekenntnis der betreffende Religionsunterricht eingerichtet ist, zustimmt und zwingende schulorganisatorische Gründe nicht entgegenstehen. Dies gilt entsprechend für Schülerinnen und Schüler, für deren Religionsgemeinschaft Religionsunterricht als ordentliches Lehrfach für die betreffende Schulart an öffentlichen Schulen in Bayern nicht eingerichtet ist; in diesem Fall ist dem Antrag die Zustimmung dieser Religionsgemeinschaft beizufügen. Für den Zeitpunkt des Antrags und für die Abmeldung gilt Abs. 2 entsprechend. Die Zulassung gilt für die Dauer des Besuchs der betreffenden Schulart, soweit nicht die Zustimmung einer beteiligten Religionsgemeinschaft widerrufen wird.

c) Vorschriften für die Erteilung des Religionsunterrichts durch Lehrer
Staatliche Lehrer bedürfen lt. Verfassung für die Erteilung von Religionsunterricht der Bevollmächtigung durch die entsprechende Religionsgemeinschaft.

Diese Zustimmung heißt im katholischen Bereich „Missio Canonica", in der evangelischen Kirche „Vocatio". Die Kirchen schreiben die zur Erlangung dieser Lehrerlaubnis zu erfüllenden Voraussetzungen vor (z. B. Ausbildung, Prüfung, Engagement im kirchlichen Raum) und können unter bestimmten Voraussetzungen die Erlaubnis auch widerrufen (z. B. wird bei der Wiederverheiratung Geschiedener die „Missio" aberkannt). Ohne diese kirchliche Zustimmung darf kein Lehrer Religionsunterricht erteilen; für Lehramtsanwärter gibt es eine zeitlich befristete „vorläufige Unterrichtserlaubnis" für die Dauer des Vorbereitungsdienstes.

Nach Art. 136 Abs. 3 BV kann kein Lehrer gezwungen werden, Religionsunterricht zu erteilen. Diese Bestimmung gilt jedoch nicht für den Ethikunterricht. Eine Ablehnung durch den Lehrer muss schriftlich erfolgen.

Die Schulaufsicht über den Religionsunterricht erfolgt gemeinsam durch Kirche (z. B. durch Schuldekane oder andere Beauftragte) und Staat (Schulräte):

„Die staatliche Schulaufsicht über die im Staatsdienst stehenden Lehrer hinsichtlich des Religionsunterrichts besteht daneben. Das bedeutet u. a., daß die Schulaufsicht darüber zu wachen hat, daß der von staatlichen Lehrern übernommene Religionsunterricht tatsächlich gehalten wird, ferner, daß der Schulrat bei seinen Beratungs- und Beurteilungsbesuchen insbesondere überprüfen kann und soll, ob die kirchliche Bevollmächtigung vorliegt und ob der Religionsunterricht entsprechend den Festlegungen des Lehrplans erteilt wird.
Der zuständige kirchliche Beauftragte kann dazu zu Beratungs- und Beurteilungsbesuchen beigezogen werden, wenn er oder der Lehrer es von sich aus gewünscht hat und an dem für den Schulbesuch vorgesehenen Tag stundenplanmäßig Religionsunterricht anfällt."

(Wenger, O.: „Religiöse Erziehung in der Schule", PW 9/92)

(Vgl. dazu die KMS „Beaufsichtigung des Religionsunterrichts" vom 26. März 1981, BaySchRS 10.15.)

8.3 MÖGLICHE FRAGESTELLUNGEN
- Welche Voraussetzungen sind bei der Erteilung von Religionsunterricht zu beachten?
- Wie ist die Schulaufsicht über den Religionsunterricht geregelt?

8.4 PRÜFUNGSTIPPS
- Sehen Sie diese Frage nicht zu eng nur als schulrechtliches Problem. Immerhin geht es hier um die religiöse Erziehung der Kinder und um eines der Obersten Bildungsziele!
- Aktuelle Aspekte dazu sind unter anderem das sog. „Kruzifix-Urteil" oder die steigende Anzahl von Kirchenaustritten und damit verbunden der verstärkte Zulauf zum Ethikunterricht.

9 Lehr- und Lernmittel

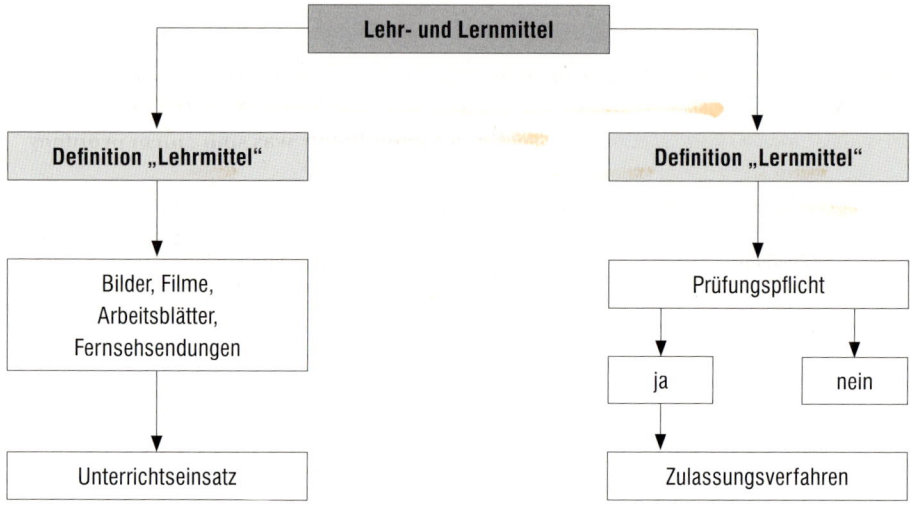

9.1 Fundstellen

- Art. 130 BV
- Art. 51 BayEUG i. d. F. v. 24. Juli 2013
- Verordnung über die Zulassung von Lernmitteln (ZLV)
- G. Liepold: „Schulbuchzulassung in Bayern", Päd. Welt, Heft 7/86, S. 318ff.
- G. Hahn/E. Karl: „Schulbuchzulassung ...", Ehrenwirth Grundschulmagazin, Heft 1/79, S. 5ff.
- „Schulrechtliche Bestimmungen zum Medieneinsatz", KMS vom 11. November 1996

9.2 Sachinformationen

a) Definition „Lehrmittel – Lernmittel"

„Lehrmittel sind Hilfsmittel des Unterrichts, deren sich die Schule bzw. der Lehrer im Unterricht bedient, die in der Schule vorhanden sind, von der Schule gestellt und dort von Lehrern oder auch von Schülern benutzt werden, also z. B. Film- und Diaprojektoren, Videorecorder, Fernsehgeräte, Wandkarten, Demonstrationsgeräte im naturwissenschaftlichen Unterricht, Sportgeräte, aber auch die Experimentiergeräte und das Material für naturwissenschaftliche Schülerübungen.
Lernmittel dagegen sind jene für den Gebrauch durch den Schüler bestimmten, im Unterricht, bei Hausaufgaben oder bei der sonstigen häuslichen Unterrichtsvorbereitung benutzten persönlichen Hilfsmittel, wie z. B. Schulbücher, Arbeitshefte, Arbeitsblätter, Lexika, Lektüren, Schreibzeug,

Schreib- und Zeichenstifte, Zeichengeräte, Taschenrechner, Sportkleidung, aber auch die in Schülerskikursen verwendeten Skier."

(Liepold: „Schulbuchzulassung in Bayern", Pädagogische Welt, Heft 7/86, S. 318 ff.)

Im folgenden Text wird nur noch auf die Aspekte der „Lernmittel" eingegangen.

b) **Was gehört zu den „prüfungspflichtigen Lernmitteln", was sind „nicht prüfungspflichtige Lernmittel"?**

Prüfungspflichtige Lernmittel	Nicht prüfungspflichtige Lernmittel
▸ Schulbücher aller Art ▸ Arbeitshefte ▸ Arbeitsblätter und Kopiervorlagen ▸ Bibeln ▸ Gebetbücher ▸ Gesangbücher ▸ Lesebücher	▸ Ganzschriften ▸ Taschenrechner ▸ Gesetzestexte ▸ Lexika ▸ Wörterbücher ▸ Zeichenplatte ▸ Arbeitsmittel für den Mathematikunterricht ▸ u. Ä.

Zu beachten ist, dass nicht alle schulaufsichtlich genehmigten Lernmittel automatisch auch unter die Lernmittelfreiheit fallen und unentgeltlich von der Schule zur Verfügung gestellt werden. Solche Ausnahmen sind z. B. Atlanten für den Erdkundeunterricht oder Formelsammlungen für Mathematik und Physik/Chemie. Texte der Bayerischen Verfassung und des Grundgesetzes werden den Schülern kostenlos überlassen. Die Schule kann die Anschaffung bestimmter Lernmittel (im Einvernehmen mit dem Elternbeirat und in finanziell zumutbarem Rahmen) anordnen.

c) **Begründung der Prüfpflicht durch die Schulaufsicht**

- „*Verfassungsrechtlicher Auftrag nach Art. 7 GG und Art. 130 BV (Aufsicht des Staates);*
- *schulpolitischer Auftrag (die Lehrmittel müssen dazu beitragen, die Aufgaben und Ziele der Schule zu erfüllen; vgl. Art. 131 BV);*
- *pädagogischer Auftrag (Übereinstimmung mit den Lehrplänen, didaktisch-methodische Gestaltung, Kindgemäßheit, Illustrationen usw.) und*
- *finanzpolitische Aspekte (wegen der Bezahlung aus öffentlicher Kasse sind z. B. mehrjährige Verwendbarkeit, gute Bindung usw. wesentlich)."*

(Hahn, G./Karl, E.: „Schulbuchzulassung", Ehrenwirth Grundschulmagazin, Heft 1/79, S. 5 ff.)

d) Welche Aspekte umfasst das Prüfungsverfahren?
Der Kriterienkatalog des Ministeriums umfasst folgende Punkte:

> *„Übergeordnete inhaltliche Gesichtspunkte (z. B. Übereinstimmung mit den in Art. 131 BV festgelegten Obersten Bildungszielen);*
> *Übereinstimmung mit den Lehrplänen (z. B. dürfen keine verpflichtenden Inhalte fehlen);*
> *allgemeine fachliche und didaktische Gesichtspunkte (z. B. Sachrichtigkeit, Altersgemäßheit, passende Sprache, Motivation, sinnvolle Struktur usw.);*
> *Ausstattung und drucktechnische Qualität (Bilder und Fotos, Stichwortverzeichnis, Verwendung von Farbe, Druckbild, Textanordnung usw.);*
> *fachspezifische Gesichtspunkte (z. B. Textauswahl in Lesebüchern, Übungsaufgaben in Mathematikbüchern, Orientierung am Heimatraum der Schüler usw.)."*
> („Schulrechtliche Bestimmungen zu Medieneinsatz im Unterricht",
> Kriterienkatalog des KMS vom 11. November 1996)

Die zugelassenen Lernmittel bekommen vom Ministerium eine Zulassungsnummer; erst dann darf das Buch o. Ä. angeschafft und unterrichtlich verwendet werden.

e) Welche Filme und Bildreihen dürfen im Unterricht eingesetzt werden?
Die Voraussetzungen für den Medieneinsatz haben sich stark geändert; die alten Bestimmungen erwiesen sich als nicht zeitgemäß. Das KMS vom 11. November 1996 schreibt für den Medieneinsatz im stundenplanmäßigen Unterricht vor:

> *„Der Einsatz von Medien dient der Erreichung der Lernziele und der Ergänzung, Veranschaulichung und Bereicherung des lehrplanmäßigen Unterrichts, nicht aber dem Ersatz der zulassungspflichtigen Lernmittel. Die Lehrkräfte haben hierbei die ihnen obliegende unmittelbare pädagogische Verantwortung für den Unterricht und die Erziehung der Schüler, den im BayEUG niedergelegten Bildungs- und Erziehungsauftrag sowie die Lehrpläne und Richtlinien für den Unterricht und die Erziehung zu beachten (vgl. Art. 59 Abs. 1 BayEUG).*
>
> *Voraussetzung für den Einsatz sind:*
> - *unterrichtliche Eignung und*
> - *unmittelbare Unterstützung des lehrplanmäßigen Unterrichts.*
>
> *Die unterrichtliche Eignung ist entsprechend den Empfehlungen zu Schulart und Jahrgangsstufe gegeben bei Medien, die angeboten oder empfohlen werden*
> - *vom FWU Institut für Film und Bild in Wissenschaft und Unterricht (siehe die beim FWU oder den Bildstellen erhältlichen Informationen über jährliche Neuproduktionen, Fachkataloge, Gesamtkatalog);*
> - *von der Staatlichen Landesbildstelle Südbayern und der Staatlichen Landesbildstelle Nordbayern (Verleihkatalog und Rundschreiben) oder den Stadt- und Kreisbildstellen in Bayern;*
> - *vom Staatsministerium – Landeszentrale für politische Bildungsarbeit;*

9 Lehr- und Lernmittel

- von der Zentralstelle für Computer im Unterricht oder
- die im Rahmen von Schulfunk- und Schulfernsehsendungen vom Bayerischen Rundfunk ausgestrahlt werden." („Schulrechtliche Bestimmungen zum Medieneinsatz im Unterricht", KMS vom 11. November 1996)

Aufzeichnungen von Schulfunk- und Schulfernsehsendungen dürfen nur im Unterricht („nicht öffentlich") verwendet werden und müssen spätestens am Ende des auf die Ausstrahlung der Sendung folgenden Schuljahres gelöscht werden.

Andere Sendungen dürfen von Schulen nur dann aufgenommen und eingesetzt werden, wenn es sich um „Sendungen zur Unterrichtung über Tagesfragen" (§ 53 Abs. 2 Urheberrechtsgesetz) handelt (z. B. Nachrichten, Bundestagsdebatten usw.).

f) Welche Vorgaben gelten für vom Lehrer selbst hergestellte und beschaffte Lehr- und Lernmittel?

Hier ist vor allem an Arbeitsblätter, kopierte Lesetexte, Dias für den Erdkundeunterricht, Folien usw. zu denken. Das bereits zitierte KMS vom 11. November 1996 führt dazu aus:

„Bei allen anderen Medien muß die Lehrkraft in eigener Verantwortung über die Eignung für den Einsatz im Unterricht entscheiden. Die Lehrkraft hat daher das Medium vor einer Verwendung im Unterricht sorgfältig zu überprüfen. Das gilt auch, wenn die Informationen erst (z. B. über Telekommunikation) abgerufen werden müssen. Medien, deren Inhalt gegen die verfassungsmäßigen Bildungsziele, gegen Gesetze oder gegen Jugendschutzbestimmungen verstoßen, dürfen nicht im Unterricht eingesetzt werden." (KMS vom 11. November 1996)

In diesem Zusammenhang ist auch auf die Bestimmungen des Urheberrechts zu achten („Raubkopien").

9.3 MÖGLICHE FRAGESTELLUNGEN

- Was ist beim Einsatz selbst angefertigter Lernmittel zu beachten?
- Unter welchen Voraussetzungen dürfen Filme und Schulfernsehsendungen eingesetzt werden?
- Was ist bei der Beschaffung von Schulbüchern zu beachten?

9.4 PRÜFUNGSTIPPS

Sehen Sie sich an Ihrer Schule das Verzeichnis der zugelassenen Schulbücher und der genehmigten audiovisuellen Medien an – vielleicht finden Sie gute Anregungen für Ihre Unterrichtsgestaltung (z. B. einen Film gleich an entsprechender Stelle im Lehrplan vermerken und gelegentlich auf Einsatzmöglichkeit prüfen).

V Aufnahme und Schulwechsel

10 Einschulung und Schulpflicht

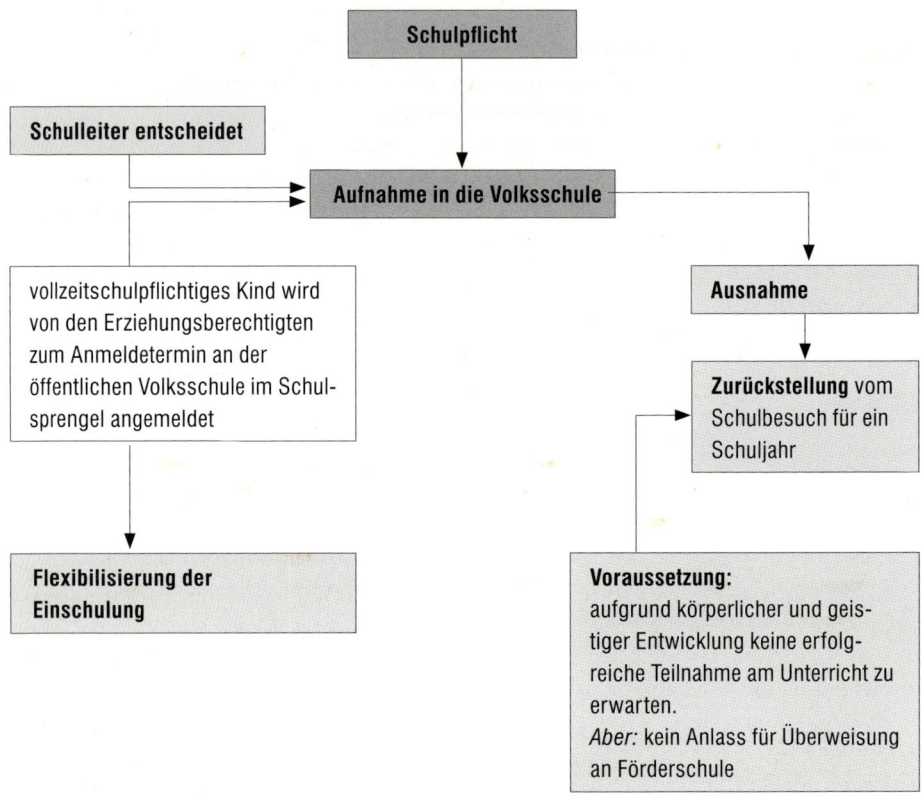

10.1 Fundstellen
- Art. 129 BV
- Art. 35 bis 38, 41 bis 44, 49 Abs. 2 Sätze 2 und 3 BayEUG; Art. 80 BayEUG (Schulgesundheit) i. d. F. v. 24. Juli 2013
- § 21 GrSO

10.2 Sachinformationen
a) Schulpflicht
Art. 129 BV legt die Volksschul- und Berufsschulpflicht fest. Die Schulpflicht dauert in der Regel 12 Jahre (Art. 35 Abs. 2 BayEUG).

1) Wer unterliegt der Schulpflicht?
Gemäß Art. 35 Abs. 1 BayEUG unterliegt der allgemeinen Schulpflicht
- wer die altersmäßigen Voraussetzungen erfüllt,
- seinen gewöhnlichen Aufenthalt in Bayern hat oder
- in einem Berufsausbildungs- oder Beschäftigungsverhältnis steht.

Für ausländische Schüler gelten die gleichen Rechte und Pflichten wie für deutsche Schüler (Art. 35 Abs. 1 Sätze 2 und 3 BayEUG).

2) Wie wird die Schulpflicht erfüllt?
Gemäß Art. 35 Abs. 3 BayEUG gliedert sich die Schulpflicht in die sog. Vollzeitschulpflicht und die Berufsschulpflicht, die die Schüler mit sonderpädagogischem Förderbedarf ggf. an einer für sie geeigneten Schule für Behinderte oder für Kranke erfüllen. Art. 36 BayEUG regelt die Erfüllung der Schulpflicht.

Die Schulpflicht wird erfüllt z. B. durch den Besuch einer Pflichtschule (Grundschule, Mittelschule, Berufsschule einschließlich der entsprechenden Förderschule, Schule für Kranke): 9 Jahre Vollzeitschulpflicht und 3 Jahre Berufsschulpflicht.

Gemäß Art. 37 Abs. 3 Satz 2 BayEUG kann die Vollzeitschulpflicht durch Überspringen von Jahrgangsstufen verkürzt werden, wobei die Details für den Grundschulbereich in § 41 Abs. 2 Satz 1 GrSO geregelt sind. Auf Antrag der Erziehungsberechtigten und nach Entscheidung des Schulleiters kann besonders befähigten Schülern das Überspringen einer Jahrgangsstufe gestattet werden.

Nach § 41 Abs. 2 Satz 2 GrSO ist bei einem zweiten Überspringen, das den Übertritt an Gymnasium oder Realschule zur Folge hat, ein schulpsychologisches Gutachten erforderlich. § 51 MSO regelt das Überspringen einer Jahrgangsstufe in der Mittelschule.

Die Volksschule umfasst die für alle Schüler gemeinsame Grundschule (Jahrgangsstufe 1 bis 4) und die auf der Grundschule aufbauende Mittelschule (Jahrgangsstufe 5 bis 9).

b) Flexibilisierung der Einschulung
Um das Einschulungsalter dem europäischen Standard anzupassen, beschloss der Ministerrat in seiner Kabinettssitzung vom 18. Januar 2005 das Bayerische Erziehungs- und Unterrichtsgesetz zu ändern.

Gemäß Art. 37 Abs. 1 Satz 1 BayEUG werden mit Beginn des Schuljahres alle Kinder schulpflichtig, die bis zum. 30. September sechs Jahre alt werden oder bereits einmal von der Aufnahme in die Grundschule zurückgestellt wurden.

Gem. Art. 37 Abs. 2 Satz 1 BayEUG kann ein Kind, das am 30. September mindestens sechs Jahre alt ist, für ein Jahr von der Aufnahme in die Grundschule zurückgestellt werden, wenn zu erwarten ist, dass das Kind voraussichtlich erst ein Schuljahr später mit Erfolg am Unterricht teilnehmen kann, ggf. auch im Rahmen der „sozialen Teilhabe" bei Kindern mit sonderpädagogischem Förderbedarf (Art. 41 Abs. 5 BayEUG).

Die Zurückstellung soll vor Aufnahme des Unterrichts verfügt werden, sie ist noch bis zum 30. November zulässig, wenn sich erst innerhalb dieser Frist herausstellt, dass die Voraussetzungen für eine Zurückstellung gegeben sind. Die Zurückstellung ist nur einmal zulässig. Vor der Entscheidung sind die Erziehungsberechtigten zu hören (Art. 37 Abs. 2 Satz 4 BayEUG).

> **„Art. 37 Abs. 1 und 2 BayEUG (Vollzeitschulpflicht)**
> (1) Mit Beginn des Schuljahres werden alle Kinder schulpflichtig, die bis zum 30. September sechs Jahre alt werden oder bereits einmal von der Aufnahme in die Grundschule zurückgestellt wurden. Ferner wird auf Antrag der Erziehungsberechtigten ein Kind schulpflichtig, wenn zu erwarten ist, dass das Kind voraussichtlich mit Erfolg am Unterricht teilnehmen kann.
> (2) Ein Kind, das am 30. September mindestens sechs Jahre alt ist, kann für ein Schuljahr von der Aufnahme in die Grundschule zurückgestellt werden, wenn zu erwarten ist, dass das Kind voraussichtlich erst ein Schuljahr später mit Erfolg oder nach Maßgabe von Art. 41 Abs. 5 am Unterricht der Grundschule teilnehmen kann. Die Zurückstellung soll vor Aufnahme des Unterrichts verfügt werden; sie ist noch bis zum 30. November zulässig, wenn sich erst innerhalb dieser Frist herausstellt, dass die Voraussetzungen für eine Zurückstellung gegeben sind. Die Zurückstellung ist nur einmal zulässig, Art. 41 Abs. 7 bleibt unberührt. …"

Zur Veranschaulichung hier als Beispiel das Schuljahr 2014/2015

Aufnahme in die Grundschule zum Schuljahr 2014/2015			
im Vorjahr zurückgestellt	regulär schulpflichtig	auf Antrag schulpflichtig	auf Antrag mit Gutachten schulpflichtig
Geburtsdatum 1. Oktober 2006 bis 30. September 2007	Geburtsdatum 1. Oktober 2007 bis 30. September 2008	Geburtsdatum 1. Oktober 2008 bis 31. Dezember 2008	Geburtsdatum ab 1. Januar 2009

siehe BayEUG Art. 37 Abs. 2	siehe BayEUG Art. 37 Abs. 1	siehe BayEUG Art. 37 Abs. 1	siehe BayEUG Art. 37 Abs. 1
Bitte beachten: Keine weitere Zurückstellung möglich, ggf. Überprüfung auf sonderpädagogischen Förderbedarf veranlassen	*Bitte beachten:* Zurückstellung ist nur einmal möglich. Die Schulfähigkeit wird nur im Zweifelsfall überprüft. Neuregelung bei Kindern mit zu geringen Deutschkenntnissen. Art. 37a BayEUG	*Bitte beachten:* Schulfähigkeit kann überprüft werden. Nach dem 31. Juli kann ein vorzeitig aufgenommenes Kind nicht mehr abgemeldet werden.	*Bitte beachten:* Schulfähigkeit wird überprüft, schulpsychologisches Gutachten erforderlich
	§ 21 Abs. 3 GrSO besagt, dass über die Aufnahme in eine öffentliche Volksschule die Schule (Schulleiter) entscheidet. Die Schule kann die Teilnahme an einem Verfahren zur Feststellung der Schulfähigkeit verlangen. Die Erziehungsberechtigten können ein auf Antrag aufgenommenes Kind nach dem 31. Juli nicht mehr abmelden.		

c) Schulanmeldung und Schulaufnahme

Die Schulanmeldung soll nach § 21 Abs. 2 Satz 1 GrSO im April erfolgen, der genaue Termin wird von der Schulleiterin oder dem Schulleiter festgelegt und ortsüblich bekannt gemacht. Mindestens eine Erziehungsberechtigte oder ein Erziehungsberechtigter soll persönlich mit dem Kind zur Schulanmeldung kommen und dabei auch die notwendigen Unterlagen und Urkunden vorlegen (Geburtsurkunde oder Familienstammbuch, Bestätigung der Schuleingangsuntersuchung und des Seh- und Hörtests, bei Kindern mit nichtdeutscher Muttersprache auch Angaben über den Besuch eines Kindergartens oder eines Vorkurses).

Letztlich entscheidet die Schule (die Schulleiterin/der Schulleiter) über die Aufnahme eines Kindes in die Schule. Er kann verlangen, dass das Kind an einem Verfahren zur Feststellung der Schulfähigkeit (nicht „Schulreife"; dieser Begriff ist irreführend und wird nicht mehr verwendet) teilnimmt. In der Regel werden das Kieler Einschulungsverfahren oder von schulpsychologischen Beratungsstellen entwickelte Einschulungsmodelle, z.B. das „Freisinger Einschulungsmodell", durchgeführt. Es sollte aber nicht so sein, dass grundsätzlich alle Kinder an diesem Verfahren teilnehmen müssen. Ein Kind gilt als schulfähig, wenn es
- körperlich,
- geistig (kognitiv) und
- sozial

soweit entwickelt ist, dass es am Unterricht erfolgreich teilnehmen kann bzw. „zu erwarten ist, dass das Kind voraussichtlich mit Erfolg am Unterricht teilnehmen kann", ggf. auch unter „Berücksichtigung des Gedankens der sozialen Teilhabe mit Ausschöpfung der an der jeweiligen Schule vorhandenen Unterstützungsmöglichkeiten" oder an einer Schule mit dem Schulprofil „Inklusion" (siehe Art. 41 Abs. 4 u. 5 BayEUG).

Eine Handreichung der Akademie Dillingen empfiehlt für eine fundierte Entscheidung folgende Schritte:
▸ Ein Gespräch mit den Eltern bringt Klarheit über die Beobachtungen bzgl. des Entwicklungsstandes. Warum wünschen die Eltern eine vorzeitige Einschulung? Ist eine häusliche Unterstützung möglich oder muss das Kind in den Schulhort? Sind ältere Geschwister da, an denen sich das Kind orientiert? Wie schätzen die Eltern die intellektuelle, die soziale und die emotionale Entwicklung ein?
▸ Das informelle Gespräch mit dem Kindergarten ist von der Zustimmung der Eltern abhängig. Der Kindergarten gibt in der Regel keine schriftlichen Informationen an die Schule. Schwerpunkt des informellen Gesprächs mit der Erzieherin/dem Erzieher ist ebenfalls die Einschätzung der intellektuellen, sozialen und emotionalen Entwicklung des Kindes. Ab dem Schuljahr 2008/2009 wurde bayernweit ein einheitlicher Informationsbogen eingeführt, der zu mehr Klarheit bezüglich der Informationsübermittlung zwischen Kindertageseinrichtungen und Grundschulen beitragen soll. Die Vorlage des Bogens im Rahmen der Schuleinschreibung liegt in der Entscheidung der Eltern und erfolgt freiwillig.
▸ Die Teilnahme an einem Einschulungsverfahren wird vom Schulleiter festgelegt. Dieser entscheidet auch über das Verfahren, das an der Schule verwendet wird. In der Regel nehmen die Kinder an einem Gruppentest teil, der in der Einschreibungswoche an einem Vormittag in der Schule durchgeführt wird.
▸ Die Untersuchung bei der Schulärztin gibt Aufschluss über den körperlichen Entwicklungsstand und die physische Belastbarkeit eines Kindes.

Für vorzeitig einzuschulende (d. h. nach dem 31. Dezember geborene) Kinder muss ein schulpsychologisches Gutachten erstellt werden, um eine eventuelle Überforderung auszuschließen.

Bei der Schulanmeldung geben die Eltern ggf. eine Erklärung bezüglich der Zuweisung in bekenntnishomogene Klassen ab (Art. 49 Abs. 2 BayEUG).
Der Besuch einer Schule im Schulsprengel ist verpflichtend (Art. 42 Abs. 1 BayEUG). Bei Anmeldung an einer privaten Volksschule muss vom Schulträger eine Mitteilung an die öffentliche Volksschule erfolgen (siehe auch § 21 Abs. 6 GrSO).
Gemäß Art. 43 Abs. 1 BayEUG kann auf Antrag der Erziehungsberechtigten aus zwingenden persönlichen Gründen der Besuch einer anderen Volksschule gestattet werden (Gastschulverhältnis). Den Bescheid erlässt die für die Sprengelschule zuständige Gemeinde im Einvernehmen mit dem Schulaufwandsträger der aufnehmenden Schule, wobei Gastschule und abgebende Schule eine Stellungnahme abgeben.

d) Zurückstellung vom Schulbesuch

Gemäß Art. 37 Abs. 2 Satz 1 BayEUG kann ein schulpflichtiges Kind (Stichtag 1. Oktober) für ein Schuljahr von der Aufnahme in die Grundschule zurückgestellt werden, wenn aufgrund der körperlichen oder geistigen Entwicklung zu erwarten ist, dass es erst ein Jahr später voraussichtlich mit Erfolg am Unterricht teilnehmen kann.

Für ein zurückgestelltes Kind beginnt die Volksschulpflicht mit dem folgenden Schuljahr erneut. Eine nochmalige Zurückstellung ist nicht mehr möglich.

Gemäß Art. 37 Abs. 2 Satz 2 BayEUG soll die Entscheidung vor Unterrichtsbeginn verfügt werden, kann aber noch bis zum 30. November erfolgen, wenn sich erst in diesem Zeitraum herausstellt, dass die Voraussetzungen für eine Zurückstellung gegeben sind. Außerdem muss sichergestellt sein, dass kein Anlass für eine Überweisung an eine Förderschule besteht.

Den Erziehungsberechtigten ist eine intensive Beratung über erkannte Defizite, Fördermöglichkeiten und -notwendigkeit, mögliche Institutionen und Hilfen usw. anzubieten, damit das nun folgende Jahr bis zur erneuten Schulanmeldung sinnvoll genutzt werden kann.

e) Gastschulverhältnisse, Zuweisungen

Unter dem Begriff „Gastschulverhältnisse" sind in Art. 43 BayEUG zwei unterschiedliche Formen von Gastschulverhältnissen geregelt.

Gemäß Art. 43 Abs. 1 BayEUG können Erziehungsberechtigte aus zwingenden persönlichen Gründen beantragen, dass ihr Kind gastweise eine andere Volksschule besuchen kann.

Nach Art. 43 Abs. 2 BayEUG kann das Staatliche Schulamt einen Schüler/eine Schülerin zum gastweisen Besuch einer anderen Volksschule mit einem anderen Sprengel zuweisen. Die Voraussetzungen für die Zuweisung sind in Art. 43 Abs. 2 Nr. 1 bis 5 und Abs. 3 abschließend aufgezählt.

Mögliche Voraussetzungen liegen vor z. B. beim gastweisen Besuch einer Mittlere-Reife-Klasse an einer anderen Mittelschule oder beim Besuch von Klassen mit besonderen pädagogischen Aufgaben (Praxisklassen, zweisprachige Klassen, Übergangsklassen, Aussiedlerklassen, Kooperationsklassen).

10.3 MÖGLICHE FRAGESTELLUNGEN

Erläutern Sie die einschlägigen Rechtsgrundlagen des BayEUG, der GrSO und der MSO bezüglich der Aufnahme in die Grund- und Mittelschule!

10.4 PRÜFUNGSTIPPS

Als Lehramtsanwärter für das Lehramt an Grundschulen sollten Sie sich unbedingt aktiv am Einschulungsverfahren an Ihrer Schule beteiligen – so lernen Sie das Procedere am besten kennen.

V Aufnahme und Schulwechsel

11 Überweisung an ein Förderzentrum zur sonderpädagogischen Förderung

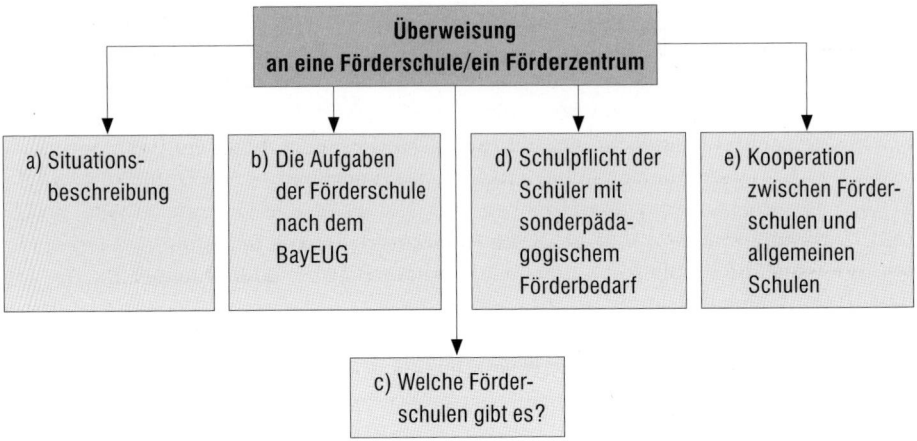

11.1 Fundstellen
- Art. 19 bis 24, 33 und 41 BayEUG i. d. F. v. 24. Juli 2013
- § 24 GrSO; § 31 MSO
- Lott/Pirner/Unger: „Schulleiter-ABC Bayern", Buch- und Fachverlage GmbH & Co. KG, Kulmbach
- Pressemitteilung des Kultusministeriums Nr. 58 vom 12. März 2003
- Die Förderschule in Bayern. Die wichtigsten Fragen und Antworten zur Förderschule (www.km.bayern.de/inklusion)
- Bayerisches Staatsministerium für Unterricht und Kultus: „Miteinander Lernen. Die Aussenklasse einer Förderschule an einer Allgemeinen Schule."
  Anmerkung: „Partnerklasse" löste mit der Änderung des BayEUG zum 20. Juli 2011 den bisherigen Begriff „Aussenklasse" ab.
- Weigl, Erich: „Vielfalt sonderpädagogischer Förderung", Zeitschrift „Christ und Bildung", Heft 3/2003, S. 4 ff.
- Bayerisches Staatsministerium für Unterricht und Kultur; Inklusion durch eine Vielfalt schulischer Angebote in Bayern. Broschüre, Stand Januar 2012.

11.2 Sachinformationen
a) Situationsbeschreibung nach Änderung des BayEUG
Am 12. März 2003 wurde vom Bayerischen Landtag das BayEUG vor allem im Hinblick auf das gesamte Konzept der Förderschulen geändert; damit fand die Diskussion über den „Paradigmenwechsel" auch rechtlich ihren Abschluss. In einer Pressemitteilung des KM wurde die neue Situation so umschrieben:

„‚Bei der schulischen Förderung von Kindern mit Behinderungen stehen Integration und Kooperation gleichberechtigt nebeneinander', erklärte die ehemalige Kultusministerin Monika Hohlmeier anlässlich der heute vom Bayerischen Landtag verabschiedeten Änderung des Bayerischen Erziehungs- und Unterrichtsgesetzes."

(Pressemitteilung Nr. 58 des KM vom 12. März 2003)

Mit der neuen Regelung ist es möglich, Schülerinnen und Schüler mit Behinderungen verstärkt an Regelschulen zu integrieren. Bislang konnte ein Kind nur dann die allgemeine Schule besuchen, wenn zu erwarten war, dass die Lernziele dieser Schulart erreicht werden konnten. Jetzt genügt die Fähigkeit zu aktiver Teilnahme am Unterricht als Voraussetzung für die Aufnahme in die reguläre Grund- oder Mittelschule.

„‚Die Fördermöglichkeiten werden damit noch vielfältiger und können flexibler auf das einzelne Kind zugeschnitten werden', erläuterte die ehemalige Ministerin Hohlmeier. ‚Unser Ziel ist es, sonderpädagogische Förderung so weit wie möglich zur Aufgabe aller Schularten zu machen. Mit den neuen Bestimmungen gehen wir einen entscheidenden Schritt in diese Richtung.'"

(Pressemitteilung Nr. 58 des KM vom 12. März 2003)

Durch das neue Gesetz wird abgesichert, dass persönliche Entwicklung und Förderbedarf der Kinder über den Einschulungsort bestimmen und nicht primär die Art der Behinderung ausschlaggebend ist.

Bayernweit gibt es momentan 600 Kooperationsklassen, die vom MSD unterstützt werden. In der Regel erteilt eine Sonderpädagogin 5 UZE/Woche. Aktuell besucht jedes 5. Kind mit Förderbedarf eine Regelschule. Der Anteil dieser Kinder mit Förderbedarf, die eine Regelschule besuchen, hat sich vom Jahr 2000 bis 2012 verdoppelt. Die Tendenz ist steigend, denn durch das neue Schulprofil „Inklusion" sollen auch Kinder mit geistiger Behinderung und Mehrfachbehinderungen in den Klassen der Grund- und Mittelschulen nach dem Zwei-Lehrer-Prinzip, d.h. durch den Klassenlehrer und einen Sonderpädagogen unterrichtet werden (KM-Video: Inklusion Konkret).

b) Die Aufgaben der Förderschulen nach dem BayEUG

Artikel 19 des BayEUG beschreibt präzise die Aufgaben der Förderschulen und führt dazu aus (Abs. 4 ist hier nicht abgedruckt):

> „Artikel 19 BayEUG Abs. 1 bis 3
> (1) Die Förderschulen diagnostizieren, erziehen, unterrichten, beraten und fördern Kinder und Jugendliche, die der sonderpädagogischen Förderung bedürfen und deswegen an einer allgemeinen Schule (allgemein bildende oder berufliche Schule) nicht oder nicht ausreichend gefördert und unterrichtet werden können.

▼

V Aufnahme und Schulwechsel

> (2) Zu den Aufgaben der Förderschulen gehören:
> 1. die schulische Unterrichtung und Förderung in Klassen mit bestimmten Förderschwerpunkten,
> 2. die vorschulische Förderung durch die schulvorbereitenden Einrichtungen,
> 3. im Rahmen der verfügbaren Stellen und Mittel
>   a) die vorschulische Förderung durch die Mobile Sonderpädagogische Hilfe und
>   b) die Mobilen Sonderpädagogischen Dienste zur Unterstützung förderbedürftiger Schülerinnen und Schüler in allgemeinen Schulen oder in Förderschulen.
> (3) Die Förderschulen erfüllen den sonderpädagogischen Förderbedarf, indem sie eine den Anlagen und der individuellen Eigenart der Kinder und Jugendlichen gemäße Bildung und Erziehung vermitteln. Sie tragen zur Persönlichkeitsentwicklung bei und unterstützen die soziale und berufliche Entwicklung. Bei Kindern und Jugendlichen, die ständig auf fremde Hilfe angewiesen sind, können Erziehung und Unterricht pflegerische Aufgaben beinhalten."

Für die Prüfung erscheint es besonders wichtig, die fünf Kernbegriffe „diagnostizieren – erziehen – unterrichten – beraten – fördern" aus dem Abs. 1 zu kennen und mit praktischen Beispielen darzustellen.

c) Welche Förderschulen gibt es?
Die Schulbezeichnungen sind in Art. 20 BayEUG aufgelistet.

> „Artikel 20 Bay EUG (Förderschwerpunkte, Aufbau und Gliederung der Förderschulen)
> (1) Förderschulen können gebildet werden für
>   1. den Förderschwerpunkt Sehen,
>   2. den Förderschwerpunkt Hören,
>   3. den Förderschwerpunkt körperliche und motorische Entwicklung,
>   4. den Förderschwerpunkt geistige Entwicklung,
>   5. den Förderschwerpunkt Sprache,
>   6. den Förderschwerpunkt Lernen,
>   7. den Förderschwerpunkt emotionale und soziale Entwicklung.
> (2) Die Schulen umfassen
>   1. Förderzentren mit Klassen
>   a) der Grundschulstufe mit den Jahrgangsstufen 1 bis 4, wobei die Klassen der Jahrgangsstufen 1 und 2 als Sonderpädagogische Diagnose- und Förderklassen geführt und um eine Jahrgangsstufe 1 A erweitert werden können, wenn die Diagnose- und Fördermaßnahmen für die Jahrgangsstufen 1 und 2 ein drittes Schulbesuchsjahr erfordern; bei Schulen mit den Förderschwerpunkten Sehen und Hören ist die Jahrgangsstufe 1 A verpflichtend,

b) der Mittelschulstufe mit den Jahrgangsstufen 5 bis 9 oder Teilstufen davon und, sofern Mittlere-Reife-Klassen gebildet werden können, auch mit der Jahrgangsstufe 10, wobei zur Vorbereitung auf die berufliche Ausbildung die Jahrgangsstufen 7 bis 9 als Sonderpädagogische Diagnose- und Werkstattklassen ausgebildet werden können,
c) der Berufsschulstufe mit den Jahrgangsstufen 10 bis 12 bei Schulen mit dem Förderschwerpunkt geistige Entwicklung, wobei die Berufsschulstufe auch die Aufgaben der Berufsschule für Schülerinnen und Schüler mit diesem Förderschwerpunkt erfüllt,
d) mit Zustimmung der Schulaufsichtsbehörde – des Berufsvorbereitungsjahres bei Schulen mit dem Förderschwerpunkt Sehen, Hören oder körperliche und motorische Entwicklung,
2. sonstige allgemein bildende Schulen zur sonderpädagogischen Förderung,
3. berufliche Schulen zur sonderpädagogischen Förderung.

d) Schulpflicht der Schülerinnen und Schüler mit sonderpädagogischem Förderbedarf
Art. 41 regelt die Beschulung von Schülern mit sonderpädagogischem Förderbedarf. Abs. 1, 2, 4 beschreiben die allgemeinen Voraussetzungen für den Besuch einer Förderschule, Abs. 5 u. 6 die Vorgehensweise und Schritte beim Überweisungsverfahren.

„Art. 41 BayEUG
(1) Schulpflichtige mit sonderpädagogischem Förderbedarf erfüllen ihre Schulpflicht durch den Besuch der allgemeinen Schule oder der Förderschule. Die Förderschule kann besucht werden, sofern die Schülerin oder der Schüler einer besonderen sonderpädagogischen Förderung bedarf, ansonsten nur im Rahmen der offenen Klassen nach Art. 30a Abs. 7 Nr. 3. Die Erziehungsberechtigten entscheiden, an welchem der im Einzelfall rechtlich und tatsächlich zur Verfügung stehenden schulischen Lernorte ihr Kind unterrichtet werden soll; bei Volljährigkeit und Vorliegen der notwendigen Einsichtsfähigkeit entscheiden die Schülerinnen und Schüler mit sonderpädagogischem Förderbedarf selbst.
(2) Schulpflichtige, die sich wegen einer Krankheit längere Zeit in Einrichtungen aufhalten, an denen Schulen oder Klassen für Kranke gebildet sind, haben die jeweilige Schule oder Klasse für Kranke zu besuchen, soweit dies nicht aus medizinischen Gründen ausgeschlossen ist.
(3) Die Erziehungsberechtigten eines Kindes mit festgestelltem oder vermutetem sonderpädagogischem Förderbedarf sollen sich rechtzeitig über die möglichen schulischen Lernorte an einer schulischen Beratungsstelle informieren. Zu der Beratung können weitere Personen, z. B. der Schulen, der Mobilen Sonderpädagogischen Dienste sowie der Sozial- oder Jugendhilfe, beigezogen werden.

(4) Die Erziehungsberechtigten melden ihr Kind unter Beachtung der schulartspezifischen Regelungen für Aufnahme und Schulwechsel (Art. 30a Abs. 5 Satz 2, Art. 30b Abs. 2 Satz 3 und Abs. 3 Satz 2) an der Sprengelschule, einer Schule mit dem Schulprofil ‚Inklusion' oder an der Förderschule an. Die Aufnahme an der Förderschule setzt die Erstellung eines sonderpädagogischen Gutachtens voraus. Sofern nach Einschätzung der Schule ein Ausnahmefall des Abs. 5 vorliegt oder die Voraussetzungen der Art. 30a Abs. 4, Art. 30b Abs. 2 Satz 3 und Abs. 3 Satz 2 oder Art. 43 Abs. 2 und 4 nicht erfüllt sind, unterrichtet die Schule die Erziehungsberechtigten darüber, das Kind nicht aufzunehmen.

(5) Kann der individuelle sonderpädagogische Förderbedarf an der allgemeinen Schule auch unter Berücksichtigung des Gedankens der sozialen Teilhabe nach Ausschöpfung der an der Schule vorhandenen Unterstützungsmöglichkeiten sowie der Möglichkeit des Besuchs einer Schule mit dem Schulprofil ‚Inklusion' nicht hinreichend gedeckt werden und
  a) ist die Schülerin oder der Schüler dadurch in der Entwicklung gefährdet oder
  b) beeinträchtigt sie oder er die Rechte von Mitgliedern der Schulgemeinschaft erheblich, besucht die Schülerin oder der Schüler die geeignete Förderschule.

(6) Kommt keine einvernehmliche Aufnahme zustande, entscheidet die zuständige Schulaufsichtsbehörde nach Anhörung der Erziehungsberechtigten und der betroffenen Schulen über den schulischen Lernort. Sie kann ihre Lernortentscheidung auch zeitlich begrenzt aussprechen. Das Nähere einschließlich der Einholung eines sonderpädagogischen, ärztlichen oder schulpsychologischen Gutachtens sowie der Beauftragung einer Fachkommission regeln die Schulordnungen."

§ 24 der GrSO und § 31 MSO beschreiben das Vorgehen zur Erstellung eines sonderpädagogischen Gutachtens bei der Überweisung an ein Förderzentrum:

„Die Klassenleiterin oder der Klassenleiter
- *meldet nach eingehender Erörterung mit den Erziehungsberechtigten der Schulleitung schriftlich die Schülerin oder den Schüler, der für eine Überweisung an ein Förderzentrum in Betracht kommt;*
- *die Meldung enthält: Beobachtungen über Schulleistungen, Lernverhalten und Sozialverhalten, den vermuteten besonderen Förderbedarf und die bisher durchgeführten Fördermaßnahmen, eine vorhandene Stellungnahme der Mobilen Sonderpädagogischen Dienste ist beizufügen.*

Die Schulleiterin oder der Schulleiter
- *benachrichtigt die Erziehungsberechtigten über die geplante Überprüfung ihres Kindes und weist darauf hin, dass auf Verlangen der Erziehungsberechtigten ein Beratungslehrer oder Schulpsychologe gehört wird;*
- *fordert von der voraussichtlich zuständigen Förderschule ein Gutachten ein.*
- *Nach Vorliegen des Gutachtens erhalten die Erziehungsberechtigten Gelegenheit zu einer Stellungnahme.*

11 Überweisung an ein Förderzentrum zur sonderpädagogischen Förderung

Wichtige Informationen für die Förderschule:
- *Unterlagen des Klassenleiters,*
- *Kopie des letzten Schulzeugnisses,*
- *Benachrichtigung der Erziehungsberechtigten (ggf. Vermerk ihrer Reaktion),*
- *Übersicht über die Schullaufbahn,*
- *wenn möglich auch über bereits durchgeführte Untersuchungen (z. B. Schuljugendberatung, Kinderarzt, Therapeut).*

Die Förderschule
- *führt die Überprüfung durch;*
- *veranlasst die Überprüfung, ob Seh- oder Hörschäden vorliegen (soweit nötig);*
- *sorgt bei Schülern mit nicht-deutscher Muttersprache nach Möglichkeit für die Beiziehung eines der Muttersprache des Kindes kundigen Lehrers (oder Dolmetschers);*
- *erstellt das Gutachten;*
- *bespricht das Gutachten mit den Erziehungsberechtigten;*
- *übermittelt das Gutachten an die Volksschule."*

(Rundschreiben des Staatlichen Schulamtes im Landkreis Aichach-Friedberg, ergänzt vom Bearbeiter)

Aus dem obigen Verlaufsdiagramm sind zwei wichtige Punkte ersichtlich:
- frühzeitiger und regelmäßiger Kontakt mit dem Elternhaus und
- genaue Schülerbeobachtung und präzise Aufzeichnungen sind unabdingbar.

Wenn das sonderpädagogische Gutachten vorliegt, geht es darum, den richtigen Förderort zu finden. Die Skizze auf der nächsten Seite verdeutlicht den Weg (aus dem KMS vom 19. März 2003):

> „Die Entscheidung darüber, welche Schule einem Kind mit besonderem Förderbedarf am besten gerecht wird, muss immer individuell auf dieses Kind zugeschnitten sein. In den allermeisten Fällen kommen Pädagogen und Eltern zu einer einvernehmlichen Auffassung darüber, ob ein Kind an der allgemeinen Schule, an der Förderschule oder in einer der zahlreichen kooperativen Formen am besten gefördert werden kann."
>
> (Pressemitteilung des KM vom 12. März 2003)

Mögliche Förderorte sind:
- Schulvorbereitende Einrichtungen (SVE; vgl. dazu Art. 22 BayEUG);
- Kindergarten in Verbindung mit mobilen sonderpädagogischen Hilfen;
- Förderschule (Art. 19 ff. BayEUG);
- Sonderpädagogisches Förderzentrum;
- Grundschule bzw. Mittelschule in Verbindung mit Mobilen Sonderpädagogischen Diensten (MSD; vgl. dazu Art. 21 BayEUG).

V Aufnahme und Schulwechsel

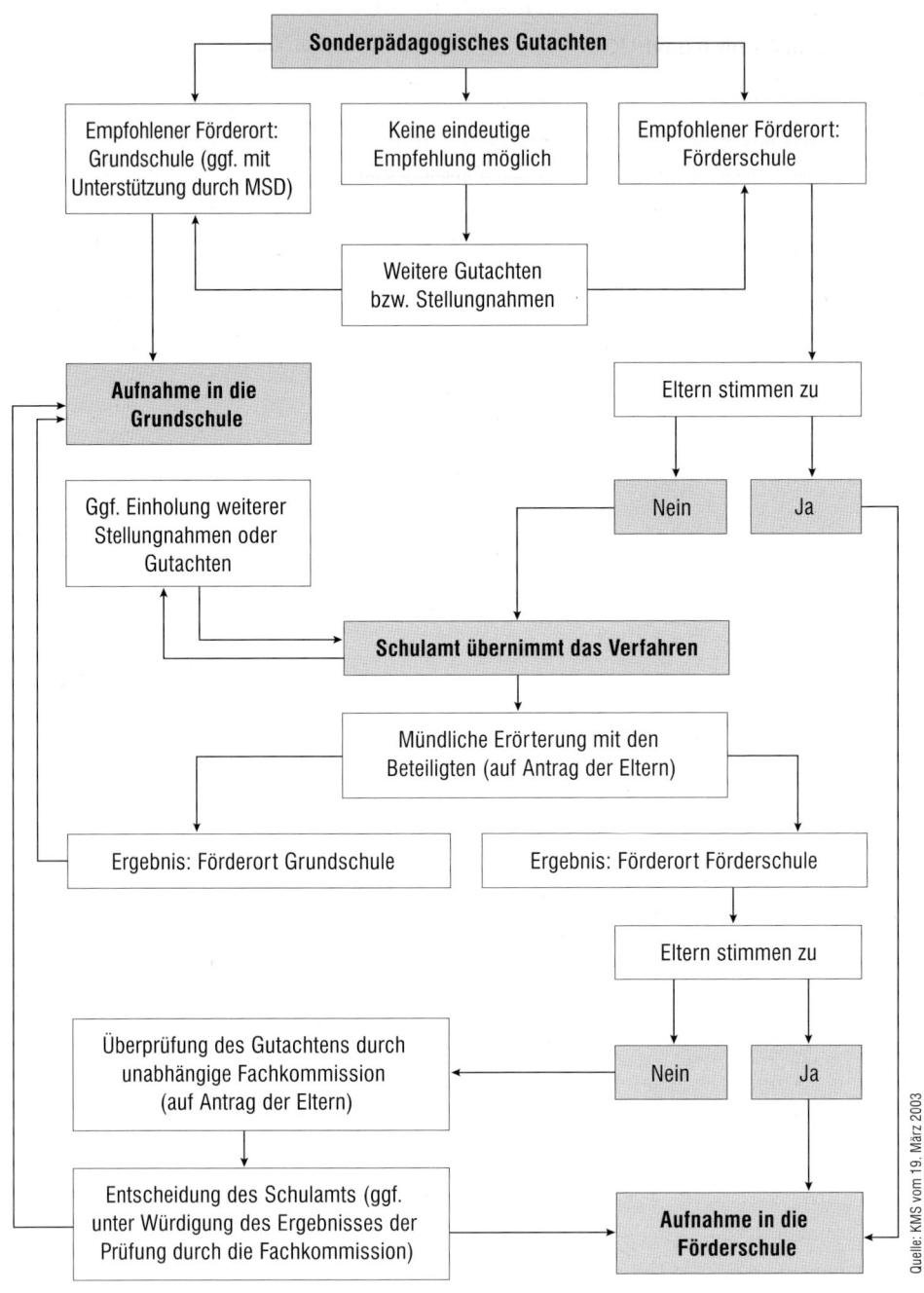

11 Überweisung an ein Förderzentrum zur sonderpädagogischen Förderung

e) Kooperation zwischen Förderschulen und allgemeinen Schulen

Art. 30a Abs. 1 bis 6 BayEUG schreibt die Zusammenarbeit aller Schularten vor.

> **„Art. 30a Abs. 1 BayEUG (Zusammenarbeit von Schulen, kooperatives Lernen)**
> (1) Die Schulen aller Schularten haben zusammenzuarbeiten. Dies gilt insbesondere für Schulen im gleichen Einzugsbereich zur Ergänzung des Unterrichtsangebots und zur Abstimmung der Unterrichtszeiten. Schulübergreifende Schulveranstaltungen können durchgeführt werden.
> (3) Schülerinnen und Schüler mit und ohne sonderpädagogischen Förderbedarf können gemeinsam in Schulen aller Schularten unterrichtet werden. Die allgemeinen Schulen werden bei ihrer Aufgabe, Schülerinnen und Schüler mit sonderpädagogischem Förderbedarf zu unterrichten, von den Förderschulen unterstützt."

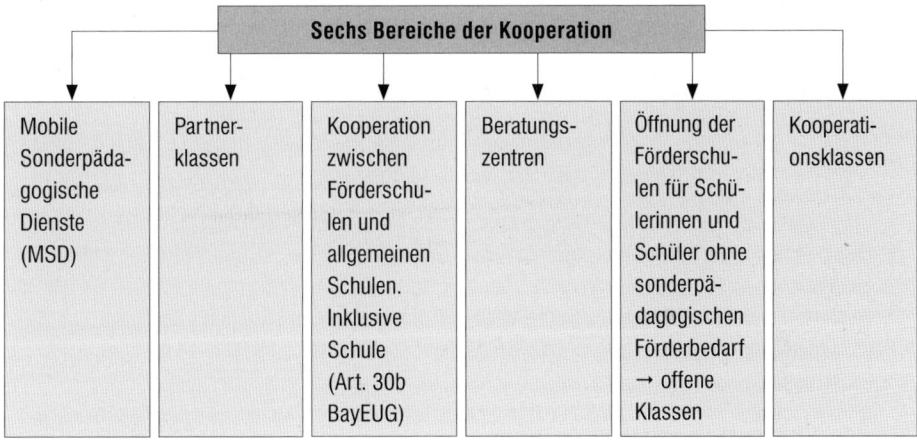

Formen des kooperativen Arbeitens und Lernens (Art. 30a Abs. 7 BayEUG):

1. Mobile Sonderpädagogische Dienste (MSD)	Vgl. dazu Kap. 12 in diesem Buch
2. Partnerklassen	„Partnerklassen der Förderschule oder der allgemeinen Schule kooperieren mit einer Partnerklasse der jeweils anderen Schulart. Formen des gemeinsamen, regelmäßig lernzieldifferenten Unterrichts sind darin enthalten. Gleiches gilt für Partnerklassen verschiedener Förderschularten." (Art. 30a Abs. 7 Nr. 2 BayEUG) In den Partnerklassen ermöglicht die direkte räumliche Nähe eine tägliche intensive Zusammenarbeit in Schulleben und Unterricht.

3. Kooperation zwischen Förderschulen und allgemeinen Schulen – Inklusive Schule	„Die inklusive Schule ist ein Ziel der Schulentwicklung aller Schulen" (Art. 30b Abs. 1 BayEUG) *Möglichkeiten:* a) intensive Zusammenarbeit im Bereich des Schullebens (gemeinsame Projekte, Wanderungen, Fahrten, Ausstellungen, Schulveranstaltungen, Feste, Feiern …) b) Zusammenarbeit im Bereich des Unterrichts (teilweise gemeinsamer Sportunterricht, Musikunterricht, Sachunterricht, Kunsterziehungsunterricht)
4. Sonderpädagogische Beratungszentren	„Sonderpädagogische Beratungszentren stellen eine Variante der Mobilen Sonderpädagogischen Dienste dar. Sie werden z. B. an einem Sonderpädagogischen Förderzentrum eingerichtet. Mit ihren Angeboten der Diagnose und der Förderung sowie der Beratung von Eltern und Lehrkräften insbesondere der allgemeinen Schulen und der Koordinierung und Weiterentwicklung der Fördermaßnahmen wenden sie sich vor allem an Lehrkräfte, Erzieher, Eltern, Schüler sowie Vorschulkinder. Sie stehen in enger Kooperation mit psychologischen und sozialen Fachdiensten, Therapeuten und Ärzten. Aufgabenschwerpunkte liegen in der Förderung, z. B. bei Wahrnehmungs- oder Aufmerksamkeitsschwächen, Sprachentwicklungsstörungen oder Lernschwächen usw."
5. Öffnung der Förderschulen für Schüler ohne sonderpädagogischen Förderbedarf: Offene Klassen der Förderschule	„In offenen Klassen der Förderschule, in denen auf der Grundlage der Lehrpläne der allgemeinen Schule unterrichtet wird, können Schülerinnen und Schüler ohne sonderpädagogischen Förderbedarf unterrichtet werden. Voraussetzung ist, dass kein Mehrbedarf hinsichtlich des benötigten Personals und der benötigten Räume entsteht. Im Rahmen der zur Verfügung stehenden Mittel können die Schulaufsichtsbehörden bei Förderzentren mit den Förderschwerpunkten Sehen, Hören oder körperliche und motorische Entwicklung in Abweichung von Satz 2 Schülerinnen und Schüler ohne Förderbedarf bis zu 20 v. H. der vom Staatsministerium festgelegten Schülerhöchstzahl je Klasse bei der Klassenbildung berücksichtigen." (Art. 30a Abs. 7 Nr. 3 BayEUG)
6. Kooperationsklassen	„In Kooperationsklassen der Grundschulen, Mittelschulen und Berufsschulen wird eine Gruppe von Schülerinnen und Schülern mit sonderpädagogischem Förderbedarf zusammen mit Schülerinnen und Schülern ohne sonderpädagogischen Förderbedarf gemeinsam unterrichtet. Dabei erfolgt eine stundenweise Unterstützung durch die Mobilen Sonderpädagogischen Dienste." (Art. 30a Abs. 7 Nr. 1 BayEUG)

Realistischerweise sah der Autor (Erich Weigl) Probleme und nennt sehr deutlich einige Voraussetzungen, die bei einer kooperativen Unterrichtung erfüllt sein müssen:

- *„Erweiterung des Verständnisses von Lehren und Lernen im Bereich der allgemeinen Schulen, d. h. Akzeptanz unterschiedlicher Formen und Möglichkeiten von Lernen und Verhalten;*
- *Öffnung des Unterrichts für individuelles, bedürfnisorientiertes Lernen aller Schüler, d. h. Einbeziehung lern-, leistungs-, sprach- und verhaltensauffälliger Kinder sowie aller Schüler mit sonderpädagogischem Förderbedarf, welchem nicht ausschließlich an einer Förderschule entsprochen werden muss;*
- *erweiterte Ausbildung für alle Lehramtsstudierenden, d. h. Vermittlung elementarer wissenschaftlicher sonderpädagogischer Erkenntnisse und Inhalte sowie entsprechende Fortbildungsangebote für bereits tätige Lehrkräfte an allgemeinen Schulen (vgl. § 36 Didaktik der Grundschule und § 110 Psychologie mit schulpsychologischem Schwerpunkt Lehramtsprüfungsordnung I – LPO I neu);*
- *Erwerb kooperativer Formen der Unterrichtung in Aus- und Fortbildung;*
- *Verwirklichung einer Kooperation in Unterricht, Erziehung und Förderung zwischen allgemeiner Schule und Förderschule;*
- *Akzeptanz integrativer Unterrichtung von Seiten der Eltern von Schülern mit und ohne sonderpädagogischem Förderbedarf und der übrigen Schüler einer Klasse.*

Fazit:
Die Aufnahme eines Kindes mit sonderpädagogischem Förderbedarf in eine Klasse der allgemeinen Schule ist pädagogisch dann verantwortbar, wenn die Lern- und Lebensbedingungen in dieser Klasse den spezifischen Bedürfnissen dieses Kindes bzw. Jugendlichen entsprechen oder angepasst werden können."

(Weigl, E.: „Vielfalt sonderpädagogischer Förderung",
Zeitschrift „Christ und Bildung", Heft 3/2003

f) Einige pädagogische Hinweise zum Thema

Eine mögliche Überweisung eines Kindes an eine Förderschule ist für alle Beteiligten häufig eine schmerzhafte Angelegenheit. Von besonderer Wichtigkeit ist hier das Gespräch der Lehrkraft und des Schulleiters mit den Erziehungsberechtigten. Ihnen sollte unbedingt klargemacht werden, dass dieser Schultyp für die Entwicklung ihres Kindes notwendig und wertvoll ist. Nur hier erfährt das Kind die Förderung, die es braucht; nur hier sind Lernfortschritte und positive Erlebnisse für den Schüler möglich. Ein Verbleiben an der bisherigen Schule würde vermutlich nur Frustrationen, Enttäuschungen und Misserfolge bringen.

Man darf hier nicht auf die Nachbarn schauen, deren Kinder in „andere" Schulen gehen, sondern muss die Bedürfnisse des Schülers im Auge haben. Die Bedeutung einer guten Elternarbeit kann nicht stark genug betont werden. Vielleicht ist es den Eltern auch ein Trost, wenn sie erfahren, dass eine Rückkehr an die Grund- und

Mittelschule und die Teilnahme an der qualifizierenden Mittelschulabschluss-Prüfung stets möglich ist.

11.3 MÖGLICHE FRAGESTELLUNGEN
- Wann besteht bei einem Schüler begründeter Verdacht auf Vorhandensein einer Lernbehinderung?
- Was muss ein Lehrer unternehmen, wenn bei einem seiner Schüler eine Lernbehinderung vermutet wird?
- Welche Förderschulen gibt es laut BayEUG und für welche Schüler sind sie vorgesehen?
- Beschreiben Sie die nötigen Schritte zur Festlegung eines geeigneten Förderortes für ein Kind!

11.4 PRÜFUNGSTIPPS
Vergessen Sie bei Fragen aus diesem Bereich nicht, auf die Bedeutung und Möglichkeiten der Elternarbeit hinzuweisen.

Vielleicht hat auch Ihr Betreuungslehrer praktische Erfahrungen mit dem Überweisungsverfahren gesammelt, die er an Sie weitergeben kann. Natürlich sollten Sie die Erfahrungen aus einer eventuellen Hospitation während der Seminarzeit an einer Förderschule einbringen.

12 Die „Mobilen Sonderpädagogischen Dienste"

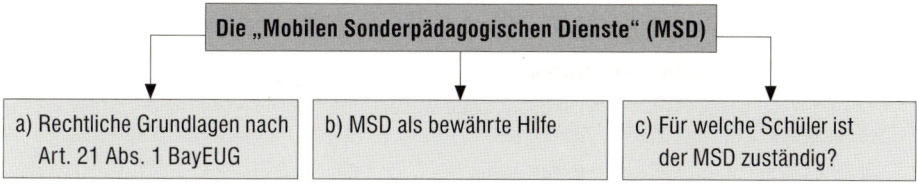

12.1 Fundstellen

- Art. 21 Abs. 1 BayEUG i. d. F. v. 24. Juli 2013
- Edith-Stein-Schule Aichach und Vinzenz-Palotti-Schule Friedberg: „Mobile Sonderpädagogische Dienste", Informationsbroschüre der beiden Förderzentren für die Schulen im Landkreis Aichach-Friedberg
- Dürr, Hans Gerhard: „Mobile Sonderpädagogische Dienste und Hilfen", „gee-spectrum", Heft 3/96, S. 2 ff.
- Weber, R. in Lemnitzer/Wiater (Hrsg.): „Leistungsbereitschaft und Leistungsfähigkeit", Seelze-Velber, 2002; S. 184 ff.

12.2 Sachinformationen
a) Rechtliche Grundlagen für die MSD im BayEUG

> **„Art. 21 BayEUG (Mobile Sonderpädagogische Dienste)**
> (1) Die Mobilen Sonderpädagogischen Dienste unterstützen die Unterrichtung von Schülerinnen und Schülern mit sonderpädagogischem Förderbedarf, die nach Maßgabe des Art. 41 eine allgemeine Schule besuchen können; sie können auch an einer anderen Förderschule eingesetzt werden, wenn eine Schülerin oder ein Schüler in mehreren Förderschwerpunkten sonderpädagogischen Förderbedarf hat und vom Lehrpersonal der besuchten Förderschule nicht in allen Schwerpunkten gefördert werden kann. Mobile Sonderpädagogische Dienste diagnostizieren und fördern die Schülerinnen und Schüler, sie beraten Lehrkräfte, Erziehungsberechtigte und Schülerinnen und Schüler, koordinieren sonderpädagogische Förderung und führen Fortbildungen für Lehrkräfte durch. Mobile Sonderpädagogische Dienste werden von den nächstgelegenen Förderschulen mit entsprechenden Förderschwerpunkt geleistet, soweit nicht nach Art. 30 a Abs. 9 Satz 3 etwas anderes durch die Regierung bestimmt wurde.
> (2) Für die Fördermaßnahmen können einschließlich des anteiligen Lehrstundeneinsatzes je Schülerin bzw. Schüler in der besuchten allgemeinen Schule im längerfristigen Durchschnitt nicht mehr Lehrerstunden aufgewendet werden, als in der entsprechenden Förderschule je Schülerin bzw. Schüler eingesetzt werden."

b) Die „Mobilen Sonderpädagogischen Dienste" als bewährte Hilfe

1) Was ist der Mobile Sonderpädagogische Dienst?

Der MSD ist ein präventiv-integratives Angebot (...) für Schüler mit sonderpädagogischem Förderbedarf an der allgemeinen Schule. Durch diese Hilfe kann eventuell eine Überweisung an das Förderzentrum vermieden werden. Ziel dieses Dienstes ist es (...), durch zusätzliche sonderpädagogische Betreuung bei vielfältigen Beeinträchtigungen, beratend und unterstützend tätig zu werden, um eine fortschreitende negative Entwicklung aufzuhalten. Den Schülern soll durch Beratung, Intervention und durch gezielte kollegiale Zusammenarbeit (...) der Verbleib an der allgemeinen Schule ermöglicht werden. Die Tätigkeit des MSD erstreckt sich auf das gesamte, mit der Schule in Zusammenhang stehende Umfeld des Schülers.

2) Wer arbeitet im MSD?

Die Mitarbeiter/-innen des MSD sind ausgebildete Sonderschullehrer/-innen der verschiedenen sonderpädagogischen Fachrichtungen. Sie sind im Auftrag der jeweiligen Förderschule an allgemeinen Schulen tätig.

3) Wie arbeitet der MSD?

Die Sonderschullehrer/-innen besuchen den Schüler nach Absprache während der Unterrichtszeit an der allgemeinen Schule. Die Dauer und die Häufigkeit sind vor allem orientiert an den individuellen Bedürfnissen des Schülers, den Gegebenheiten des Umfelds und den zur Verfügung stehenden Förderstunden des MSD.

Schwerpunkte der Arbeit liegen in der
- prozessorientierten, fachspezifischen Diagnostik,
- Beratung des beteiligten Personenkreises,
- Förderung des Schülers,
- Zusammenarbeit mit anderen Einrichtungen.

4) Für welche Bereiche ist der MSD zuständig?

„Unter dem Dach des MSD vereinigen sich folgende Bereiche:
- *Mobile Sprachbehindertenhilfe / Mobile Schwerhörigenhilfe*
- *Mobile Erziehungshilfe*
- *Mobile Körperbehindertenhilfe*
- *Mobiler Dienst der Schule zur individuellen Lebensbewältigung*
- *Mobile Sehgeschädigtenhilfe*
- *Mobiler Dienst für Kinder mit autistischen Verhaltensweisen"*
(Dürr, H. G.: „Mobile Sonderpädagogische Dienste und Hilfen", in „gee-spectrum", Heft 3/96)

c) Für welche Schüler ist der MSD zuständig?

Der MSD wendet sich an Schülerinnen und Schüler mit Beeinträchtigungen in folgenden Bereichen:

Lern- und Leistungsbereich	Sozialer Bereich	Emotionaler Bereich	Psychomotorischer Bereich
▸ Leistungsverweigerung ▸ Schuleschwänzen ▸ massive Störungen des Unterrichts ▸ Schulangst ▸ Prüfungsangst ▸ Konzentrationsstörungen ▸ Aufmerksamkeitsstörungen	▸ aggressive Verhaltensweisen ▸ Außenseiterposition ▸ Clownerien ▸ Verwahrlosung ▸ delinquentes Verhalten ▸ sexuelle Auffälligkeiten	▸ regressive Verhaltensweisen ▸ Beziehungsstörungen ▸ psychosomatische Störungen ▸ zwanghaftes Verhalten	▸ Wahrnehmungsstörungen (visuell, auditiv, kinästhetisch, taktil) ▸ Aufmerksamkeitsstörung und Hyperaktivität ▸ Auffälligkeiten in der Grob- und Feinmotorik

Aber: Nicht jedes Kind, das eines dieser Symptome zeigt, darf gleich als verhaltensauffällig eingestuft werden. Ausschlaggebend für eine Betreuung durch die mobile Erziehungshilfe sind Ausprägung, Dauer, Intensität, Häufigkeit und Kombination der Auffälligkeiten.

12.3 MÖGLICHE FRAGESTELLUNGEN

Es kann entweder direkt nach dem „MSD" gefragt werden oder die Thematik lässt sich in folgende Fragenbereiche einbauen:
▸ Förderschulen allgemein
▸ Hilfs- bzw. Fördermöglichkeiten für Schüler
▸ Paradigmenwechsel der Förderschulpädagogik
▸ Zusammenarbeit zwischen allgemeiner Schule und Förderschule
▸ Inklusion

12.4 PRÜFUNGSTIPPS

Vielleicht konnten Sie sich bei einer Hospitation an der Förderschule auch mit den MSD auseinandersetzen. Hilfreich wäre auch ein Gespräch mit einer Lehrkraft des MSD, die an Ihrer Schule einen Schüler betreut.

V Aufnahme und Schulwechsel

13 Übertrittsverfahren

3.1 Fundstellen
- Art. 44 Abs. 1 und Abs. 2 Satz 1 BayEUG i. d. F. v. 24. Juli 2013
- § 25 GrSO; §§ 32 bis 34 MSO
- Schulordnung für die Grundschulen in Bayern – GrSO. Ausgabe mit kurzen Kommentaren und Erläuterungen von Georg Hahn/Ulrike Fahrendorf. 1. Auflage 2013, Verlag J. Maiss, München
- Schulordnung für die Mittelschulen in Bayern (MSO). Ausgabe mit kurzen Kommentaren und Erläuterungen von Georg Hahn. 1. Auflage 2013, Verlag J. Maiss, München
- Veröffentlichungen der bayerischen Schulberatungsinstitutionen und des Bayerischen Staatsministeriums für Unterricht und Kultus, z. B.: „Der beste Bildungsweg für mein Kind 2012" – Informationen zum Übertritt von der Grundschule an weiterführende Schulen (mit Links für weitere Informationen: www.meinbildungsweg.de; www.schulberatung.bayern.de;www.km.bayern.de)
- „Beratung und Transparenz in der Übertrittsphase" (KM-Bek. vom 22. Juli 2009)
- Staatsinstitut für Schulqualität und Bildungsforschung München (ISB): „Leitfaden für Lotsen in der Übertrittsphase", München 2011
- Gelenkklasse – ISB (www.foerdern-individuell.de)

13.2 Sachinformationen
a) Organisatorische Hinweise zum Übertrittsverfahren
Gemäß § 25 Abs. 1 GrSO führt die Grundschule in den Jahrgangsstufen 3 und 4 Informationsveranstaltungen zur Wahl des schulischen Bildungsweges und zum Übertrittsverfahren durch. Lehrkräfte mit Erfahrungen an weiterführenden Schulen sollen zu den Informationsveranstaltungen herangezogen werden. Außerdem wird den Erziehungsberechtigten eine eingehende Beratung angeboten.

Gemäß § 25 Abs. 2 GrSO erhalten alle Schülerinnen und Schüler der Jahrgangsstufe 4 öffentlich oder staatlich anerkannter Grundschulen am ersten Unterrichtstag des Monats Mai ein Übertrittszeugnis, das feststellt, für welche Schulart die Schülerin oder der Schüler geeignet ist. Das Übertrittszeugnis gilt nur für den Übertritt im jeweils folgenden Schuljahr. Erfolgt kein Übertritt, muss die Eignung für einen späteren Zeitpunkt neu erworben werden (vgl. hierzu Hahn, G.: Kurzkommentar). § 32 MSO regelt in analoger Form Übertritte in der Mittelschule.

Die Aufnahme in die zwei-, drei- und vierstufige Wirtschaftsschule richtet sich nach Art. 44 BayEUG und der Schulordnung für die Wirtschaftsschule in Bayern (WSO):
- Schüler, die in die unterste Jahrgangsstufe der drei- bzw. vierstufigen Wirtschaftsschule übertreten wollen, legen bei der Anmeldung im März das Original des Zwischenzeugnisses der Mittelschule vor.
- Schüler, die in die zweistufige Wirtschaftsschule übertreten wollen, legen bei der Anmeldung das Zeugnis über den qualifizierenden Mittelschulabschluss vor.

b) Was enthält das Übertrittszeugnis?

1) in der Jahrgangsstufe 4
- die Jahresfortgangsnoten in allen Fächern, in den Fächern Deutsch und Mathematik mit zusätzlichen Erläuterungen;
- die Gesamtdurchschnittsnote aus den Fächern Deutsch, Mathematik und Heimat- und Sachunterricht;
- eine zusammenfassende Beurteilung zur Eignung für den weiteren Bildungsweg;
- eine Bewertung des Sozial- sowie des Lern- und Arbeitsverhaltens gemäß § 43 Abs. 1 Satz 2 GrSO, ggf. auch einen Hinweis entsprechend § 43 Abs. 4 Satz 3 GrSO (Gefährdung des Vorrückens).

2) In der Jahrgangsstufe 5
- wird eine Eignung für die Bildungswege des Gymnasiums und der Realschule (Übertritt in die Jahrgangsstufe 5!) im Jahreszeugnis festgestellt.
- Die Gesamtdurchschnittsnote aus den Fächern Deutsch und Mathematik ist entscheidend (Gymnasium: mindestens 2,00; Realschule: mindestens 2,50).

3) In der Jahrgangsstufe 6
- wird eine Eignung für den Bildungsweg der Realschule im Jahreszeugnis (Übertritt in die Jahrgangsstufe 6!) festgestellt.
- Die Gesamtdurchschnittsnote aus den Fächern Deutsch, Mathematik und Englisch ist entscheidend (Realschule: mindestens 2,00).

c) Übertritt an das Gymnasium, die Realschule oder Wirtschaftsschule

Hat ein Schüler der 4. Jahrgangsstufe einen Gesamtdurchschnitt bis 2,33 erreicht, sind die leistungsmäßigen Voraussetzungen für den Bildungsgang Gymnasium gegeben.

In der 5. Jahrgangsstufe beträgt die Gesamtdurchschnittsnote für den Besuch des Gymnasiums 2,0; für die Realschule mindestens 2,5. Für den Bildungsweg der Wirtschaftsschule (nach der 6. oder 7. Jgst.) beträgt die Gesamtdurchschnittsnote aus Deutsch, Mathematik und Englisch mindestens 2,66. Gem. § 25 Abs. 5 GrSO bzw. § 32 Abs. 3 MSO gelten Sonderregelungen für Schülerinnen und Schüler mit nichtdeutscher Muttersprache.

Bei Schülern, die einen Gesamtdurchschnitt von 2,33 nicht erreicht haben, setzt der Übertritt an das Gymnasium die erfolgreiche Teilnahme am Probeunterricht voraus. Der Probeunterricht wird ausschließlich von Lehrkräften des Gymnasiums durchgeführt.

Hat ein Schüler einen Gesamtdurchschnitt bis 2,66 erreicht, sind die leistungsmäßigen Voraussetzungen für einen Übertritt an eine Realschule gegeben.

Erziehungsberechtigte, deren Kinder mit einem Notendurchschnitt von 2,66 den Probeunterricht am Gymnasium besucht und nicht bestanden haben, müssen ein Beratungsgespräch an der Realschule führen, falls nunmehr der Übertritt an die Realschule gewünscht wird.

V Aufnahme und Schulwechsel

Bei Schülern, die den Notendurchschnitt von 2,66 nicht erreicht haben, setzt der Übertritt an eine Realschule die erfolgreiche Teilnahme am Probeunterricht voraus. Der Probeunterricht wird ausschließlich von Lehrkräften der Realschule durchgeführt.

d) Probeunterricht
Ist die Gesamtdurchschnittsnote schlechter als 2,33 für den Übertritt an das Gymnasium bzw. 2,66 für den Übertritt an die Realschule und/oder bestätigt die zusammenfassende Beurteilung keine Eignung für den Bildungsweg des Gymnasiums oder der Realschule, erfolgt der Vermerk „geeignet für die Mittelschule".

Diese Schüler müssen einen dreitägigen Probeunterricht an der aufnehmenden Schule besuchen und sich einer schriftlichen und mündlichen Leistungsmessung in Deutsch (Aufsatz, Rechtschreiben, Textverständnis, Sprachbetrachtung) und Mathematik (Formales Rechnen, Lösen von Sachaufgaben, Geometrie) unterziehen.

Mit KM-Schreiben vom 5. Dezember 2005 und 5. Mai 2009 wurden die für den Probeunterricht nicht relevanten Bereiche dargestellt.

Sowohl das Unterrichtsgespräch als auch der schriftliche Teil des Probeunterrichts sollen zu genauen Schülerbeobachtungen genutzt werden (z. B. Auffassungsvermögen, sprachliche Fertigkeiten).

Schüler, die ohne Erfolg am Probeunterricht der Realschule teilgenommen haben, können nicht am Probeunterricht des Gymnasiums teilnehmen.

Die Teilnahme am Probeunterricht ist erfolgreich, wenn in einem Fach mindestens die Note 3 und im anderen Fach mindestens die Note 4 erreicht wurde (§ 27 Abs. 2 GSO).

Wenn in beiden Fächern die Note 4 erreicht wurde, kann nach individueller Beratung auf Wunsch der Eltern trotzdem eine Aufnahme in das Gymnasium bzw. die Realschule erfolgen.

Sind mehrere Gymnasien oder Realschulen am Ort, wird jeweils ein Gymnasium oder im Turnus eine Realschule beauftragt, den Probeunterricht für alle übertrittswilligen Schüler auszurichten. Bei Bestehen des sog. Probeunterrichts wird der Schüler im Herbst für die Eingangsklasse des Gymnasiums bzw. der Realschule oder Wirtschaftsschule zugelassen. Für die Durchführung des Probeunterrichts gelten folgende Bestimmungen (entnommen aus den „Informationen zur Schulberatung"):

> Für die Vorbereitung und Durchführung des Probeunterrichts beruft der Schulleiter jeder aufnehmenden Schule bzw. bei gemeinsamer Durchführung des Probeunterrichts für mehrere Schulen der Schulleiter der damit beauftragten Schule einen Aufnahmeausschuss aus besonders erfahrenen, mit der Pädagogik dieser Altersstufe vertrauten Lehrern. (…)
>
> Der Probeunterricht beginnt an allen Schulen für die Schüler aus der Grund- bzw. Mittelschule an einem vom Staatsministerium für Unterricht und Kultus jedes Jahr bekanntzugebenden Tag im letzten Drittel des Schuljahres.
>
> Für den Probeunterricht werden kleinere Unterrichtsgruppen gebildet, wobei auf die bisherige Klassen- und Schulzugehörigkeit möglichst Rücksicht zu nehmen ist. Für jede Unterrichtsgruppe sind mindestens zwei Mitglieder des Aufnahmeausschusses verantwortlich (…) Sie unterrichten

und beobachten abwechselnd, besprechen ihre Eindrücke und halten wesentliche Beobachtungen schriftlich fest.
Der Probeunterricht beginnt mit einem Unterrichtsgespräch, das auf die an der Grund- bzw. Mittelschule gewohnte Unterrichtsart abgestimmt ist. Aus diesem Unterrichtsgespräch herauswachsend, werden gemeinsam Arbeiten aus den Stoffgebieten Deutsch und Mathematik geschrieben. Bei der Festlegung der Arbeitszeit ist auf langsam schreibende Schüler Rücksicht zu nehmen. Die schriftlichen Arbeiten werden von je zwei Mitgliedern des Aufnahmeausschusses korrigiert und benotet; die Note im Fach Deutsch ist kurz zu begründen.
Dem Probeunterricht einschließlich der schriftlichen Arbeiten werden die Anforderungen der zuletzt besuchten Jahrgangsstufe unter Berücksichtigung der Aufgabe der jeweils angestrebten Schulart zugrunde gelegt. Fragestellungen, die sich an der Aufgabe dieser Schulart orientieren, sind daher in den Probeunterricht einzubeziehen.
Die Entscheidung über die Aufnahme eines Schülers trifft der Schulleiter der aufnehmenden Schule auf der Grundlage einer Empfehlung des Aufnahmeausschusses, in die auch die pädagogische Wertung der Gesamtpersönlichkeit des Schülers einzubeziehen ist. Im Hinblick auf die Aufgabe des Gymnasiums, der Realschule und der Wirtschaftsschule ist an diesen Schularten die Aufnahme eines Schülers, dem die Grund- bzw. Mittelschule eine entsprechende Eignung nicht bestätigt hat, nur zulässig, wenn der Schüler im Probeunterricht der betreffenden Schulart in dem einen Fach (Deutsch und Mathematik) mindestens die Note 3 und im anderen Fach die Note 4 erreicht hat. (Sonderregelung siehe oben!) Weicht der Schulleiter eines Gymnasiums, einer Realschule oder einer Wirtschaftsschule bei seiner Aufnahmeentscheidung von der Empfehlung des Aufnahmeausschusses ab, so ist der zuständigen Schulaufsichtsbehörde (Ministerialbeauftragter oder Regierung) eine schriftliche Begründung vorzulegen.
Die Entscheidung über die Aufnahme wird den Erziehungsberechtigten in verschlossenem Umschlag mitgeteilt. Die erfolglose Teilnahme am Probeunterricht wird auf dem Übertrittszeugnis der Grund- bzw. Mittelschule, das den Erziehungsberechtigten zurückgegeben wird, vermerkt; die Grund- bzw. Mittelschule wird von der getroffenen Entscheidung schriftlich unterrichtet. Schüler und ihre Erziehungsberechtigten können nach Abschluss des Probeunterrichts Einsicht in die schriftlichen Arbeiten nehmen (§§ 6 ff. WSO, §§ 27 ff. RSO, §§ 27 ff. GSO).
Schüler, die ohne Erfolg am Probeunterricht teilgenommen haben, dürfen für das gleiche Schuljahr nicht nochmals am Probeunterricht der gleichen Schulart oder einer Schulart mit gleicher Ausbildungsdauer teilnehmen.

e) Übertritt an die Mittelschule
Schüler, die nach Beendigung der Grundschule an die Mittelschule übertreten wollen, können dies ohne weitere Formalitäten. Die Grundschüler erfahren rechtzeitig, zu welcher Mittelschule sie sprengelmäßig gehören. Es ist keine Anmeldung erforderlich. Die Grundschule übersendet der Mittelschule die Schülerakten.

f) Übertritt an eine Wirtschaftsschule (drei- oder vierstufig)
In der drei- oder vierstufigen Wirtschaftsschule erfolgt die Aufnahme aus der Mittelschule ohne Aufnahmeprüfung, wenn im Zwischenzeugnis oder Jahreszeugnis die

Durchschnittsnote aus den Fächern Deutsch, Mathematik und Englisch 2,66 oder besser ist. Alle anderen Antragsteller müssen am dreitägigen Probeunterricht teilnehmen. Geprüft werden die Fächer Deutsch und Mathematik.

g) Besonderheiten
Bei Rückkehr an die Mittelschule im Schuljahr des Übertritts und erneuter Anmeldung zum Übertritt in einem späteren Schuljahr muss eine neue Eignung erworben werden. Kehrt ein Schüler zum Ende des laufenden Schuljahres in die Mittelschule zurück, besucht er in der Regel die nächsthöhere Jahrgangsstufe. Tritt er während des laufenden Schuljahres in die Mittelschule über, besucht er in der Regel die Jahrgangsstufe, die er auch an der weiterführenden Schule besucht hat. (Ausnahme: Bei Übertritt nach der 5. Jahrgangsstufe in die Eingangsklasse des Gymnasiums wird bei Rückkehr in die Volksschule in der Regel die nächsthöhere Jahrgangsstufe besucht.)

h) Die Gelenkklasse
Nach der Schullaufbahnwahl in Jahrgangsstufe 4 setzen die Schülerinnen und Schüler in Jahrgangsstufe 5 der jeweiligen weiterführenden Schulart ihren Bildungsweg fort.

Mit Bekanntmachungen des Bayerischen Staatsministeriums für Unterricht und Kultus vom 22. Juli 2009 und vom 27. Mai 2010 wurde die Übertrittsphase unter pädagogischen Aspekten strukturiert. Hierbei wurden die einschlägigen Verordnungen bezüglich Übertritt (§ 25 GrSO; § 32 MSO) und Probearbeiten (§ 37 GrSO; § 46 MSO) mit Blick auf eine „kind- und begabungsgerechte Übertrittsphase" modifiziert. Insbesondere die Aspekte Förderung und Elternmitwirkung sollen verstärkt zum Tragen kommen.

Vier Bereiche sind wesentlich:
▸ Verstärkte Elterninformation und Individualberatung bezüglich Wahl des schulischen Bildungsweges, beginnend bereits in Jgst. 3
▸ Spezielle Beratung durch weitere Fachkräfte, z. B. sog. „Lotsen im Übertrittsverfahren". Dies sind Grundschullehrkräfte, die an staatliche Realschulen und Gymnasien abgeordnet sind bzw. als Fachlehrer an Mittelschulen unterrichten
▸ Erhöhung der Transparenz durch allgemein gültige Richtzahlen für Leistungsnachweise, Ankündigung von Probearbeiten, Ausweisung von probenfreien Lernphasen
▸ Förderelemente

> *„Die Jahrgangsstufe 5 bildet den Abschluss der Übertrittsphase von der Grundschule an die weiterführenden Schularten und unterstützt neben der Begleitung des Übertritts und der Überprüfung der getroffenen Schullaufbahnwahl im Verlauf der Jgst. 5 auch die Anbahnung individueller Bildungswechsel im Anschluss an die Jgst. 5."*
> (ISB-Staatsinstitut für Schulqualität und Bildungsforschung München, www.foerdern-individuell.de)

13 Übertrittsverfahren

Bayerisches Staatsministerium für Unterricht und Kultus

Kindgerechte Übertrittsphase

Gesamtkonzept des kind- und begabungsgerechten Übertrittsverfahrens

3. Jgst.

Zeit	Maßnahme
gesamtes Schuljahr	Erweiterte Elternberatung und –begleitung im Übertritt
	Individualberatung an beiden Elternsprechtagen/Sprechstunden, ein Element dabei sind auch die Ergebnisse der Orientierungsarbeiten/VERA
	Allgemeine schulsystembezogene Beratung an GS

4. Jahrgangsstufe

Zeit	Maßnahme
gesamtes Schuljahr	**Maßnahmen zur Reduzierung des Zeitdrucks und zur höheren Transparenz**
	Einführung einer Richtzahl von Leistungsnachweisen
	Ansage der Termine von Leistungsnachweisen
	Stärkere Ausweisung von Lernphasen
gesamtes Schuljahr	Erweiterte Elternberatung und –begleitung im Übertritt
	Individualberatung an beiden Elternsprechtagen/Sprechstunden
	Allgemeine schulsystembezogene Beratung an GS
	Allgemeine Beratung an weiterführenden Schularten
Januar	Schriftliche Zwischeninformation zum Leistungsstand
Mai	**Übertrittszeugnis für alle Schüler mit Schullaufbahnempfehlung**
	Schullaufbahnempfehlung GY bis Ø 2,33 (Deutsch, Mathematik, HSU) / Klare Schullaufbahnempfehlung RS bis Ø 2,66 (Deutsch, Mathematik, HSU)
Juni	Probeunterricht an RS und GY (Fächer Deutsch und Mathematik)
Mai	Probeunterricht bestanden, wenn in den Fächern D und M mindestens die Noten 3 und 4 oder 4 und 3 erreicht werden
	Freigabe des Elternwillens bis zur Notenkonstellation 4/4 in D und M

5. Jahrgangsstufe

Zeit	Maßnahme
gesamtes Schuljahr	„Gelenkklasse" an allen 5. Klassen der weiterführenden Schularten (HS, RS, GY), das bedeutet:
	Individuelle Fördermaßnahmen für alle 5. Klassen an Mittelschulen, Realschulen und Gymnasien (z.B. in neuen Intensivierungskursen an HS und RS, in Intensivierungsstunden am GY) mit Zielsetzung aufsteigender Übertritt für leistungsstarke Schüler bzw. Förderung für Schüler mit Leistungsschwächen.
ab Halbjahr	**Beratung zu einem leistungsbezogenen Schulartwechsel im Einzelfall**

© Eigengrafik nach „Gesamtkonzept des kind- und begabungsgerechten Übertrittsverfahrens", Bayerisches Staatsministerium für Unterricht und Kultus/München

13.3 MÖGLICHE FRAGESTELLUNGEN

Stellen Sie die rechtlichen Grundlagen des Übertrittsverfahrens dar!

13.4 PRÜFUNGSTIPPS

Folgende Aspekte lassen sich thematisch zur Übertrittsproblematik im Sinne einer „vernetzten Prüfungsvorbereitung" einbringen:

- Leistungsmessung und -bewertung
- Sinn einer gründlichen Schülerbeobachtung
- Zusammenarbeit „Elternhaus – Schule"
- Aufbau des gegliederten Schulwesens
- Kenntnis anderer Schularten
- Informationspflicht der Schule
- Schulberatung/Schullaufbahnberatung

Es wäre sicherlich auch sehr nützlich, wenn Sie an einem Informationsabend zum Thema „Übertritte" an Ihrer Schule teilnehmen würden.

VI Hausaufgaben, Probearbeiten, Vorrücken, Wiederholen und Zeugnisse

14 Hausaufgaben

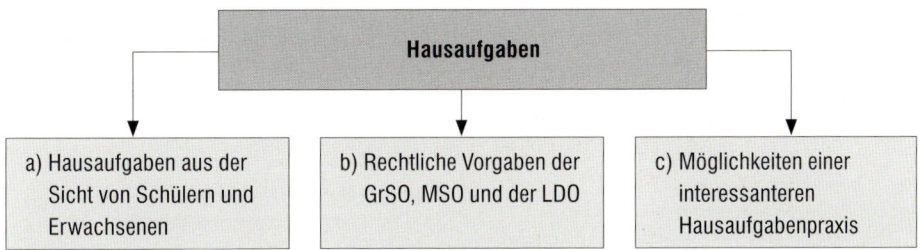

14.1 Fundstellen
- § 36 GrSO; § 45 MSO
- § 3 LDO i. d. F. v. 31. Januar 2008
- Art. 76 Satz 3 BayEUG i. d. F. v. 24. Juli 2013
- Lehrplan PLUS, Bayerische Leitlinien für die Bildung und Erziehung von Kindern bis zum Ende der Grundschulzeit: 3.1 … Nachhaltige Bildung
Lehrplan PLUS, Bildungs- und Erziehungsauftrag der Grundschule: 3 Lernen und Leistung in der Grundschule. Reflexion und weitere Planung des eigenen Lernens
- ISB-Staatsinstitut für Schulqualität und Bildungsforschung München: Hausaufgaben 1; Hausaufgaben 2; Impulse zur Beratung; Hausaufgaben; Checkliste; Elternbrief
- ISB-Staatsinstitut für Schulqualität und Bildungsforschung München: Pädagogisch diagnostizieren im Schulalltag, München 2008 (siehe 3.1 Aufgaben zur Diagnose nutzen).
- Staatliche Schulberatung in Bayern. Typische Beratungsfälle Grundschule: Hausaufgaben (www.schulberatung.bayern.de)

14.2 Sachinformationen
a) Hausaufgaben aus der Sicht von Schülern und Erwachsenen
„Die Hausaufgaben zählen zu den bis heute nicht geklärten pädagogischen Fragen", Wittmann, H.: „Neues Lexikon der Pädagogik". Vor einigen Jahren befragte eine Elternzeitschrift Schüler nach ihrer Einstellung gegenüber Hausaufgaben und erhielt u. a. folgende Antworten:

Hausaufgaben sind schrecklich,	Hausaufgaben sind prima,
▸ weil sie einem die ganze Freizeit stehlen; ▸ weil man sie oft nicht lösen kann; ▸ weil der Lehrer sie nur zur Schikane gibt; ▸ weil einem die Eltern dazwischenreden; ▸ weil man viel zu viel aufbekommt; ▸ weil einem niemand sagt, wie man sie macht; ▸ weil sie stures Büffeln verlangen; ▸ weil sie so uninteressant sind.	▸ weil sie einem das Gefühl geben, etwas geleistet zu haben; ▸ weil man danach die Freizeit wirklich als freie Zeit genießen kann; ▸ weil sie einem zeigen, dass man wieder etwas dazugelernt hat; ▸ weil man an ihnen seine geistige Beweglichkeit, Geschicklichkeit und Kraft ausprobieren kann; ▸ weil man kontrollieren kann, ob man das, was man im Unterricht gelernt hat, wirklich begriffen hat; ▸ weil man am nächsten Tag mit besserem Gefühl in die Schule geht; ▸ weil man die Erfahrung macht, dass man auch selbstständig etwas erarbeiten kann.

Auch bei Eltern und Lehrern ist die Haltung zu den Hausaufgaben widersprüchlich; nachfolgend einige Argumente pro und kontra:

Befürworter von Hausaufgaben	Gegner von Hausaufgaben
1. Hausaufgaben haben erzieherischen Wert. 2. Hausaufgaben bringen zeitliche Entlastungen für den Unterricht. 3. Tragen bei zur Individualisierung im Unterricht. 4. Hausaufgaben ermöglichen Leistungssteigerungen. 5. Hausaufgaben ermöglichen dem Lehrer eine Kontrolle des individuellen Lernfortschritts. 6. Hausaufgaben sind sinnvolle Freizeitbeschäftigungen. 7. Hausaufgaben sind eine Verbindung von Schule und Elternhaus.	1. Hausaufgaben sind oft sinnlose Routine. 2. Sie sind dann ohne pädagogischen und didaktischen Sinn. 3. Kontrolle und Besprechung der Hausaufgaben kosten Unterrichtszeit. 4. Es gibt keine nachweisliche Leistungssteigerung durch Hausaufgaben. 5. Hausaufgaben belasten neben dem Schüler auch Eltern und Angehörige. 6. Die Elternhilfe verstärkt und vertieft soziale Schichtenspezifika. 7. Hausaufgaben erzeugen negative erzieherische Wirkungen (Angst, Druck, Lügen, Abschreiben ...).

14 Hausaufgaben

b) Rechtliche Vorgaben zum Thema „Hausaufgaben"
Gemäß § 36 GrSO und § 45 MSO sollen Hausaufgaben gestellt werden, „um den Lehrstoff einzuüben und die Schülerinnen und Schüler zu eigener Tätigkeit anzuregen". Im Sinne des Lehrplans PLUS kommen hierbei der „Reflexion und Bewertung der eigenen Lern- und Denkwege" besondere Bedeutung zu. Insbesondere sog. vorbereitende Hausaufgaben unterstützen die Kompetenzerwartungen des Lehrplan PLUS.

In altersangemessenem Umfang und Anspruch dienen Hausaufgaben der Vor- oder Nachbereitung des Unterrichts.
Sie stehen in sinnvoller Beziehung zum aktuellen Unterrichtsthema und sollen von den Schülern im Allgemeinen ohne fremde Hilfe bewältigt werden können.
Die regelmäßige Würdigung der Hausaufgaben verbindet Schul- und Hausarbeit und unterstützt die Lernmotivation.

Nachstehende Grafik des ISB verdeutlicht Erziehungsziele und didaktisch-methodische Aspekte bei der Erteilung von Hausaufgaben:

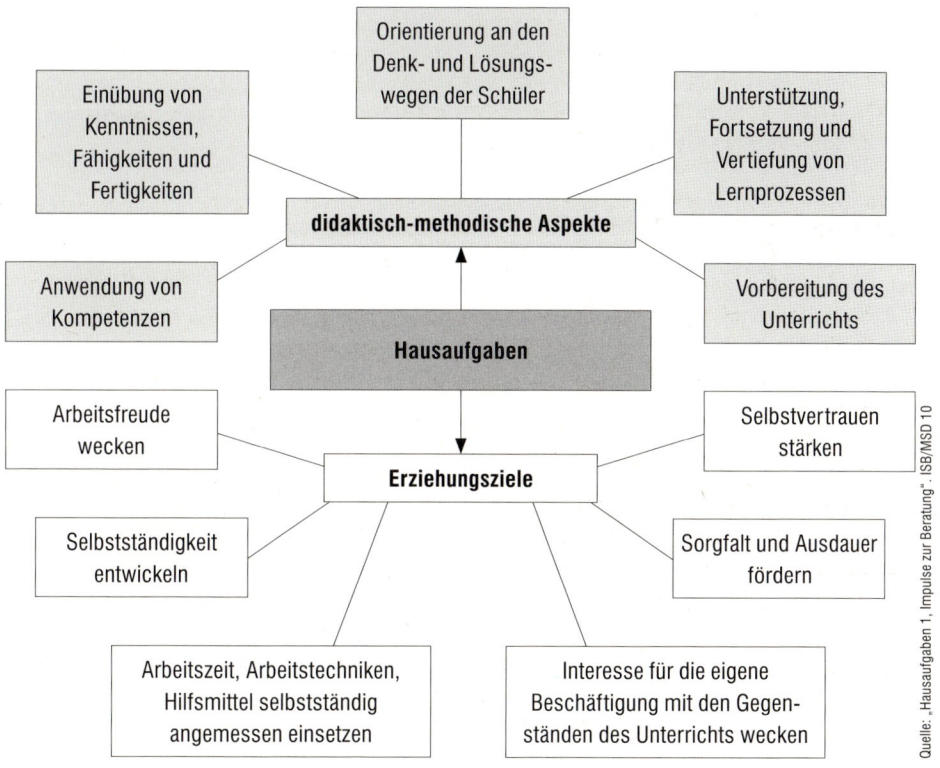

Quelle: „Hausaufgaben 1, Impulse zur Beratung", ISB/MSD 10

101

VI Hausaufgaben, Probearbeiten, Vorrücken, Wiederholen und Zeugnisse

Mit dem Ausbau offener und gebundener Ganztagsschulen, die Hausaufgabenbegleitung, Hausaufgabenbetreuung mit Hilfestellung und Kontrolle, aber auch spezielle Förderzeiten anbieten, wird der Bereich des Wiederholens und Übens von Lernstoffen zunehmend in die Obhut der Schule überführt.

Obwohl ständiger Konfliktherd und in seiner Effizienz umstritten, werden dennoch verpflichtende Hausaufgaben von Lehrern und Eltern befürwortet. Allerdings verlangen die Veränderungen der Schullandschaft und wissenschaftliche Untersuchungen zur Wirksamkeit von Hausaufgaben eine modifizierte Sichtweise.

Vorschläge des ISB für einen veränderten Umgang mit Hausaufgaben:

- Differenzierung nach Leistungsstand und Interesse der Schüler;
- Überdenken der Hausaufgabenmenge;
- den Unterricht vorbereitende und praktische Hausaufgaben sind pädagogisch wertvoller als den Unterricht nachbereitende;
- Berücksichtigung des Lösungsweges (z. B. Lernen am Fehler, offene Aufgabenstellung, Orientierung an den Denk- und Lösungswegen der Schüler);
- Einbeziehung der Hausaufgaben in die Unterrichtsplanung;
- Abwechslung der Arbeitsformen;
- Hausaufgaben vorher und nachher besprechen;
- inhaltliche Rückmeldungsprozesse an Schüler und Eltern;
- Tipps zum Anfertigen von Hausaufgaben erarbeiten;
- Möglichkeiten der Selbstkontrolle geben;
- Eltern den richtigen Umgang mit der Hausaufgabensituation vermitteln.

Im Kontext der Ganztagsschule und anderer Formen ganztägiger Betreuung:
- „Hausaufgaben" werden zu Schulaufgaben;
- Aufgabenbetreuung durch Fachkräfte;
- Integration der „Hausaufgaben" in den Schulalltag, z. B. in Kleingruppen, Schülerarbeitsstunden einrichten;
- Integration der „Hausaufgaben" in den Unterricht, z. B. Verlängerung der Unterrichtsstunde zum Einüben und Anwenden von Kenntnissen, Fähigkeiten und Fertigkeiten, Formen von Freiarbeit.

Die „Richtlinien für die Erteilung von Aufgaben zur häuslichen Bearbeitung" (mit KMBek vom 21. Februar 1997 aufgehoben) erfahren somit, was die Bedeutung der Hausaufgaben mit Blick auf Unterricht und Erziehung betrifft, eine Akzentuierung:
- Vertiefung von Einsichten und Erfahrungen;
- Anwendung von fach- und sachgerechten Arbeitsweisen;
- Gewöhnung an Pflichterfüllung;
- Erfolgsrückmeldung für den Lehrer.

Der Lehrer muss grundsätzlich und regelmäßig Hausaufgaben aufgeben. Hausaufgaben dürfen nie als Disziplinierungsmittel dienen. Diese Forderungen müssen beachtet werden:
- sorgfältige Planung von Hausaufgaben;
- Hausaufgaben müssen aus dem Unterricht erwachsen;
- Hausaufgaben müssen klar formuliert sein;
- Hausaufgaben sollen abwechslungsreich gestaltet sein (siehe Punkt c);
- regelmäßige Überprüfung der Hausaufgaben durch den Lehrer (siehe § 3 Abs. 3 Satz 2 LDO).

Gemäß Art. 76 BayEUG sind die Erziehungsberechtigten verpflichtet, bei minderjährigen Schulpflichtigen für pünktlich und gewissenhaft angefertigte Hausaufgaben zu sorgen.

Gemäß Art. 58 Abs. 3 BayEUG, § 3 Abs. 3 und 4 LDO und § 6 Abs. 2 LDO haben sich die Lehrer einer Klasse über das Maß der Hausaufgaben und die zur Erledigung notwendige Arbeitszeit jeweils zu verständigen. In der Grundschule sollen die Hausaufgaben von einem Schüler mit durchschnittlichem Leistungsvermögen in einer Stunde, in der Mittelschule in ein bis zwei Stunden bearbeitet werden können, wobei an Tagen mit verpflichtendem Nachmittagsunterricht keine schriftlichen Hausaufgaben für den nächsten Tag gestellt werden. Gemäß § 36 Satz 2 GrSO und § 45 Satz 2 MSO sind Abweichungen möglich. Samstage sind für Hausaufgaben nicht freizuhalten, wohl aber Sonn- und Feiertage und Ferien.

c) Möglichkeiten einer interessanten Hausaufgabenpraxis

Hausaufgaben müssen nicht langweilig und eintönig sein. Das in der Tabelle (S. 104 bis 107) abgedruckte Suchraster gibt viele Hinweise für die Gestaltung abwechslungsreicher und interessanter Hausaufgaben.

Die (leicht gekürzte) Aufstellung wurde entnommen aus PW (Pädagogische Welt), 12/1984, S. 757 und kann weiterhin verwendet werden, insbesondere unter dem Aspekt sog. vorbereitender Hausaufgaben.

14.3 MÖGLICHE FRAGESTELLUNGEN
- Nennen Sie die rechtlichen Vorgaben für die Erteilung von Hausarbeiten!
- Welche Gesichtspunkte berücksichtigen Sie beim Stellen von Hausaufgaben!

14.4 PRÜFUNGSTIPP
Bei allen Fragestellungen zum Thema Hausaufgaben sollten Sie auch pädagogische und didaktische Aspekte und Ihre eigenen Erfahrungen einfließen lassen.

VI Hausaufgaben, Probearbeiten, Vorrücken, Wiederholen und Zeugnisse

Motivierende Tätigkeiten	Schülerbezogene Hausaufgabeninhalte	Greifbare und konkrete Ziele	Flexible Hausaufgaben-Modi
a) Tätigkeiten zur Informationsgewinnung ▸ suchen, sammeln und ausschneiden ▸ interviewen ▸ besuchen und erkunden ▸ anfragen und sich erkundigen ▸ bestellen von Informationsmaterial ▸ nachschlagen und lesen ▸ gezielt fernsehen und Radio hören ▸ Versuche machen, beobachten, messen und zählen b) Kreativ-produktive Tätigkeiten ▸ basteln, bauen und handarbeiten ▸ zeichnen, malen und fotografieren ▸ erfinden und zusammenstellen ▸ rätseln, knobeln und spielen	a) Einzelne Schüler bringen ihre speziellen Interessen und Fähigkeiten ein, z. B. der ▸ Tierexperte ▸ Sammler von … ▸ Musikspezialist ▸ geborene Schauspieler ▸ Techniker, Bastler und „Tüftler" b) Schüler bringen sich selbst ein, z. B. über ▸ Briefe als persönliche Stellungnahmen ▸ Erlebniserzählungen ▸ Tagebuchaufzeichnungen ▸ Ferien- und Wochenendberichte	a) Hausaufgaben als Beitrag zu Gemeinschaftsaktivitäten ▸ Briefwechsel mit Partnerklassen ▸ Briefe an Institutionen ▸ Aufsätze für ein Klassenbuch ▸ gemeinschaftlich erstellte Referate, Wandzeitungen etc. ▸ gemeinschaftlich vorbereitete Unterrichtsstunden, Projekte, Feste, Theaterstücke ▸ Beiträge zur Selbstdarstellung von Klasse und Schule b) individuelle Bereicherung bzw. Anerkennung der eigenen Arbeit ▸ sich selbst als „Fachmann" erleben ▸ als „Fachmann" anerkannt werden ▸ an Wettbewerben teilnehmen ▸ Aufgaben für einzelne Schüler mit hohem Anreiz- und Schwierigkeitsgrad	a) Hausaufgaben nicht nur vom Lehrer und aus dem Buch ▸ Schüler erfinden Aufgaben ▸ Planungsgruppen für Hausaufgaben ▸ Auswahl aus dem Hausaufgabenkasten b) Verbindlichkeit der Hausaufgaben ▸ freiwillige Hausaufgaben ▸ verbindliche Hausaufgaben mit frei zu wählenden Inhalten – Auswahlhausaufgaben ▸ Aufgaben über mehrere Tage aufgeben

Quelle: Pädagogische Welt 12/1984

14 Hausaufgaben

Motivierende Tätigkeiten	Schülerbezogene Hausaufgaben-inhalte	Greifbare und konkrete Ziele	Flexible Hausaufgaben-Modi
		▲ sich engagieren durch Leserbriefe, Basare, Veranstaltungen ▲ Arbeitstechniken zur Informationsgewinnung anwenden und erproben ▲ Techniken zur aktuellen Lebensbewältigung einüben	
	c) Schüler bringen ihre unmittelbare Umgebung mit ein, z. B.: ▲ Geschehnisse im Schuleinzugsbereich ▲ Probleme im Schuleinzugsbereich ▲ Erforschung der Geschichte des Heimatraumes ▲ Natur im Heimatbereich ▲ Einrichtung in der Umgebung erkunden ▲ bekannte Gebäude, Gegenstände, Flächen, u. a. als Grundlage für Beschreibungen, Messungen und Berechnungen verwenden	c) Hausaufgaben mit dem Ziel direkt ablesbarer Leistungssteigerung in Verbindung mit vorbereitenden und stützenden Maßnahmen wie: ▲ klare, begrenzte und erreichbare Lernziele ▲ rasch erkennbarer Lerngewinn ▲ Vermittlung von Lern- und Arbeitstechniken	c) Differenzierte Hausaufgaben ▲ nach Schwierigkeitsgrad ▲ nach Umfang ▲ nach Interesse ▲ nach Lerninhalten ▲ Verdeutlichung des erreichten Lernzuwachses

Quelle: Pädagogische Welt 12/1984

VI Hausaufgaben, Probearbeiten, Vorrücken, Wiederholen und Zeugnisse

d) Soziale Formen als Alternative zur Alleinarbeit
- Hausaufgabengruppen
- Tutorensystem
- Hausaufgaben, Nachbarschaftshilfe
- Lehrer und Schüler machen gemeinsam Hausaufgaben

e) Variationen der Hausaufgabenkontrolle
- Schüler schreiben auf Folien
- Aushang oder Ausstellung von Hausaufgaben
- Hausaufgaben als Vorträge oder mündliche Berichte
- Hausaufgaben als notwendige Voraussetzungen für den folgenden Unterricht

d) Schüler bringen aktuelle Bezüge und Tagesthemen ein, indem sie
- sich in Nachrichten über aktuelle Geschehnisse aus Politik, Sport, Kultur … informieren
- in Zeitungen nachlesen
- gezielt Fernsehsendungen (oder das Internet) zur Informationsentnahme nutzen
- Berichte zusammenfassen
- aktuelle Texte statt Lesebuchtexte bearbeiten

Quelle: Pädagogische Welt 12/1984

15 Leistungsnachweise, Probearbeiten und Bewertung der Leistungen

```
                    ┌─────────────────────────┐
                    │ Begriffserklärung       │
                    │ „schulische Leistung"   │
                    └─────────────────────────┘
                                ▲
┌──────────────────────┐        │       ┌──────────────────────────┐
│ Grundsätze für eine  │        │       │ Teilbereiche der         │
│ sinnvolle            │        │       │ Schulleistung und        │
│ Leistungsbewertung   │        │       │ Anforderungsstufen       │
└──────────────────────┘        │       └──────────────────────────┘
           ▲        ┌───────────────────────────┐       ▲
           └────────│ Leistung und              │───────┘
                    │ Leistungsbewertung        │
           ┌────────└───────────────────────────┘───────┐
           ▼                    │                       ▼
┌──────────────────────┐        │       ┌──────────────────────────┐
│ Probearbeiten als    │        │       │ Notenstufen nach         │
│ schriftliche         │        │       │ Art. 52 Abs. 2 BayEUG    │
│ Leistungsnachweise   │        │       │                          │
└──────────────────────┘        │       └──────────────────────────┘
                                ▼
                    ┌─────────────────────────┐
                    │ Hinweise zur Benotung   │
                    │ von Schülerleistungen   │
                    └─────────────────────────┘
```

15.1 Fundstellen

- Art. 52, 75 BayEUG i. d. F. v. 24. Juli 2013
- §§ 37 bis 39 GrSO; §§ 46 bis 48 MSO
- § 3 Abs. 3 und 6 LDO i. d. F. v. 31. Januar 2008
- div. Veröffentlichungen des ISB, z. B. „Leistung neu denken", 2. Auflage 2008
- Lott/Pirner/Unger: „Schulleiter-ABC Bayern", Buch- und Fachverlage GmbH & Co. KG, Kulmbach
- Lemnitzer/Wiater (Hrsg.): „Leistungsbereitschaft und Leistungsfähigkeit", Seelze-Velber, 2002
- Staatliche Schulberatung in Bayern: „Typische Beratungsfälle Grundschule" (www.schulberatung.bayern.de/schulberatung/bayern/)

15.2 Sachinformationen

a) Was versteht man unter „schulischer Leistung"? Eine Begriffsklärung

1) Die heutige Sicht von Schulleistung

- *„Der Leistungsbegriff im engeren Sinne, der die Berufswelt der Erwachsenen beherrscht, ist ausschließlich produktorientiert und erfordert rückhaltlosen geistigen und/oder körperlichen Einsatz hinsichtlich einer Äquivalenz von Leistung und Gegenleistung.*

- *Da die Schule auch die Aufgabe der Vorbereitung auf das Erwachsenenleben hat, muss sie junge Menschen altersentsprechend in wachsendem Maße auch mit dem Leistungsbegriff i. e. S. konfrontieren.*
- *Der Leistungsbegriff im weiteren Sinne ist ein pädagogischer: er ist prozess- und produktorientiert, zielt auf den kognitiven Bereich ebenso wie auf den emotionalen, motorischen und lebenspraktischen. Dabei ist der jeweilige Entwicklungsstand und die Belastbarkeit der Schüler zu berücksichtigen. Darüber hinaus hat der Leistungsbegriff i. e. S. eine diagnostische Funktion: Fordern und Fördern gehören in der Schule untrennbar zusammen.*
- *Der pädagogische Leistungsbegriff zielt auf verschiedene Aspekte menschlichen Leistungsvermögens; dementsprechend unterschiedlich sind die jeweiligen Leistungsforderungen."*

(Beckmann, H.-K.: „Leistungsbereitschaft und Leistungsfähigkeit",
zit. aus Lemnitzer/Wiater, S. 174)

2) *Der vertieft pädagogische Leistungsbegriff nach Ramseger*

„... *versucht, gezielt an die individuell vorhandene Leistungsfähigkeit und Leistungsbereitschaft des Kindes anzuknüpfen, und zwar nicht, um künftig auf Leistung zu verzichten, sondern umgekehrt: um in Wahrnehmung pädagogischer Verantwortung das vorhandene Repertoire an Einsicht, Kompetenz und Fähigkeiten zu differenzieren und erweitern. Das heißt natürlich auch: um die Leistungen des Kindes – allerdings nicht mehr gemessen an der der anderen Kinder, sondern gemessen an seinen eigenen individuellen Leistungsmöglichkeiten – optimal zu steigern."*

(Beckmann, H.-K.: „Leistungsbereitschaft und Leistungsfähigkeit",
zit. aus Lemnitzer/Wiater, S. 174)

Zusammenfassend kann gesagt werden: Die Leistungsbeurteilung in der Grundschule beinhaltet drei wesentliche Aspekte, nämlich die Leistungserziehung, die Diagnosefunktion und die Hinführung zu einer kriteriumsbezogenen Leistungsbeurteilung und realistischen Selbsteinschätzung (siehe: Staatliche Schulberatung in Bayern ...).

b) Teilbereiche der Schulleistung und Anforderungsstufen

1) *praktische Leistungen (z. B. Umgang mit Geräten);*
Je nach Fach ist die Gewichtung der Teilbereiche sicher sehr unterschiedlich. Meistens ohne Ziffernnoten, aber in der Zeugnisbewertung erwähnt, sind weitere Teilbereiche denkbar (siehe 4. und 5. nächste Seite)
2) *schriftliche Leistungen (z. B. in Form angekündigter Probearbeiten);*
3) *mündliche Leistungen auf unterschiedlichen Anforderungsstufen*

„Einfache Anforderungen:
- *Wiederholen von Unterrichtsergebnissen;*
- *Beschreiben durchgeführter Arbeitsaufträge und Versuche;*
- *Erklären bekannter Skizzen, Bilder, Modelle, Beschriften von Tafelbildern;*
- *auswendiges Memorieren.*

Gesteigerter Anforderungsgrad:
- *Vergleichen alter und neuer Sachverhalte;*
- *Erschließen von Regeln;*
- *Erläutern von (schwierigen) Begriffen;*
- *Begründen;*
- *Interpretieren von Bildern;*
- *Erstellen von Übersichten;*
- *Auswerten von Prospekten und Plakaten.*

Hoher Anforderungsgrad:
- *Umsetzen von sachlichen Informationen (grafisch oder szenisch-dramatisch, als Pantomime, als Rollen- oder Planspiel);*
- *Vortragen von Kurzreferaten;*
- *Erarbeiten von Fragenkatalogen;*
- *Verallgemeinern und Schlussfolgern;*
- *Transferieren, Abstrahieren und Problemlösen."*

(„Leistung neu denken", ISB-Handreichung, 2007)

4) *organisatorische Leistungen;*

5) *soziale* und *kommunikative Leistungen;* z. B. (…) kooperativ im Team arbeiten, sich konzentrieren können, im Chor, im Orchester mitwirken, ausdauernd/geduldig arbeiten, Durchhaltevermögen zeigen, eigenverantwortlich arbeiten, Konfliktlösungen suchen, Gespräche führen …

c) Niveau- oder Anforderungsstufen der Schulleistung

Die vom Schüler geforderte schulische Leistung ist durch die gesetzten Lernziele definiert und kann sich auf verschiedenen Niveaustufen bewegen. Werden z. B. nur Fragen gestellt, die mithilfe der gesicherten Hefteinträge beantwortet werden können, ist die Schülerleistung auf einem niedrigeren Anforderungsniveau, als wenn vom Schüler die Übertragung des Gelernten auf ähnliche Situationen oder die Lösung eines ähnlichen Problems gefordert werden. Bereits 1970 hat der Deutsche Bildungsrat im Strukturplan des Bildungswesens eine Stufung der Lernziele nach dem Grad der Selbstständigkeit der Leistung empfohlen:

1. Reproduktion	Der Schüler gibt gedächtnismäßig verankerte Sachverhalte wieder. Sämtliche Fragen und Antworten stehen analog im Schnellhefter oder im Heft.
2. Reorganisation	Der Schüler verarbeitet selbstständig den vorher gelernten Stoff, wobei er Kürzungen, Ergänzungen, Vergleiche und Akzentuierungen durchführt.

3. Transfer	Der Schüler überträgt Grundprinzipien des Gelernten auf neue, wenn auch ähnliche Aufgabenstellungen.
4. Problemlösendes Denken	Der Schüler löst in kreativer Weise Aufgaben mit relativ neuen Strukturen.

Diese Differenzierung ist bis heute bekannt und gebräuchlich. Eine trennscharfe Unterscheidung der einzelnen Bereiche ist nicht immer möglich; eine Einteilung nach einfachen Anforderungen (I/II) und erhöhten Anforderungen (III/IV) aber.

Der Begriff „Anforderungen" bezieht sich auf den Umfang sowie auf die selbständige und richtige Anwendung der Kenntnisse, Fähigkeiten und Fertigkeiten sowie auf die Art der Darstellung. Der Zusammenhang zwischen den vier Anforderungsstufen und den Notenwerten wird unter den Buchstaben d) und e) aufgezeigt.

d) Die Notenstufen nach Art. 52 BayEUG

Das BayEUG umschreibt die Notenstufen von 1 bis 6 genauer:

„1. sehr gut (1)
    Die Note „sehr gut" soll erteilt werden, wenn die Leistung den Anforderungen in besonderem Maße entspricht.
2. gut (2)
    Die Note „gut" soll erteilt werden, wenn die Leistung den Anforderungen voll entspricht.
3. befriedigend (3)
    Die Note „befriedigend" soll erteilt werden, wenn die Leistung im Allgemeinen den Anforderungen entspricht.
4. ausreichend (4)
    Die Note „ausreichend" soll erteilt werden, wenn die Leistung zwar Mängel aufweist, aber im Ganzen den Anforderungen noch entspricht.
5. mangelhaft (5)
    Die Note „mangelhaft" soll erteilt werden, wenn die Leistung den Anforderungen nicht entspricht, jedoch erkennen lässt, dass trotz deutlicher Verständnislücken die notwendigen Grundkenntnisse vorhanden sind.
6. ungenügend (6)
    Die Note „ungenügend" soll erteilt werden, wenn die Leistung den Anforderungen nicht entspricht und selbst die notwendigen Grundkenntnisse nicht erkennen lässt."

(Art. 52 BayEUG)

§ 37 Abs. 1 Satz 3 GrSO und § 47 Abs. 1 Satz 3 MSO legen zudem noch fest, dass keine Zwischennoten (z. B. 2+; 3–4; 2– oder Ähnliche) erteilt werden. In einer Schlussbemerkung zu einer schriftlichen Arbeit können jedoch solche Tendenzen ausgedrückt werden. In den privaten Aufzeichnungen der Lehrkraft ist gegen Zwischen- und Kommanoten sicher nichts einzuwenden.

e) Hinweise zur Benotung von Schülerleistungen

Das „Schulleiter-ABC" gibt auf der Karte „Benotung" wichtige und beachtenswerte Hinweise zur Festsetzung von Noten und stellt dabei den wichtigen Bezug zwischen den Notenstufen und den bereits dargestellten Anforderungsstufen her:

„Bezugsnormen für die Benotung sind die im Unterricht angestrebten Lernziele:
Note 1: Die Note „sehr gut" trifft nur auf Leistungen zu, die über die in Note 2 erfüllten Voraussetzungen hinaus noch Besonderes im positiven Sinn aufweisen, z. B. sehr große Sicherheit beim Lösen qualitativ unterschiedlicher Aufgaben, besonders rasch und zugleich richtig gelöste Aufgaben, elegante Lösungen (z. B. Sachaufgaben) und tadellose sachadäquate Darstellung.
Note 2: Für die Note „gut" sind sichere Leistungen auf allen vier Stufen der Leistungsanforderungen, also auch im Bereich des Transfers und Problemlösens notwendig.
Note 3: Als zentrale Notenstufe ist daher die Note „befriedigend" anzusehen. Sie soll dann erteilt werden, wenn die Leistungen den Anforderungen „im Allgemeinen" entsprechen. Schüler, die zwar reproduzieren und reorganisieren können, aber Schwierigkeiten beim altersgemäßen Transferieren und Problemlösen haben, erhalten die Note „befriedigend", wenn ihre Reproduktions- und Reorganisationsleistungen weitgehend fehlerfrei sind.
Note 4: Enthalten die Reproduktions- und Reorganisationsleistungen auch noch Fehler, ergibt sich die Note „ausreichend", weil dann die Leistungen nur „noch den Anforderungen" entsprechen.
Note 5: Schüler mit erheblichen Schwierigkeiten in den Grundkenntnissen erhalten die Note „mangelhaft", vorausgesetzt, die Lücken können in absehbarer Zeit geschlossen werden.
Note 6: Sind selbst die Grundkenntnisse so lückenhaft, dass sie in absehbarer Zeit nicht geschlossen werden können, ist die Note „ungenügend" zu erteilen.

Somit kann Schülern, die nur Gelerntes wiedergeben können, allenfalls eine befriedigende Leistung bescheinigt werden.
Das heißt auf die Praxis bezogen: Schüler, die im Sachunterricht nur auswendig gelerntes Wissen wiedergeben, in Deutsch nur geübte Nachschriften fehlerlos schreiben oder in der Mathematik keine schwierigen Sachaufgaben lösen können, erhalten bestenfalls die Note „befriedigend". Die Notenstufen „gut" und „sehr gut" sind nur dann zu erteilen, wenn vom Schüler auch Denk- und Transferleistungen erbracht werden."

(Lott/Pirner/Unger: „Schulleiter-ABC Bayern", Buch- und Fachverlage GmbH & Co. KG, Kulmbach)

In diesem Zusammenhang muss auf die pädagogische Verantwortung des Lehrers und die Forderung nach Gleichbehandlung aller Schüler hingewiesen werden. Noten sind auch keine Strafen oder Disziplinierungsmittel.

Die folgende Grafik zeigt das begriffliche Umfeld im Zusammenhang mit „schulischer Leistung":

VI Hausaufgaben, Probearbeiten, Vorrücken, Wiederholen und Zeugnisse

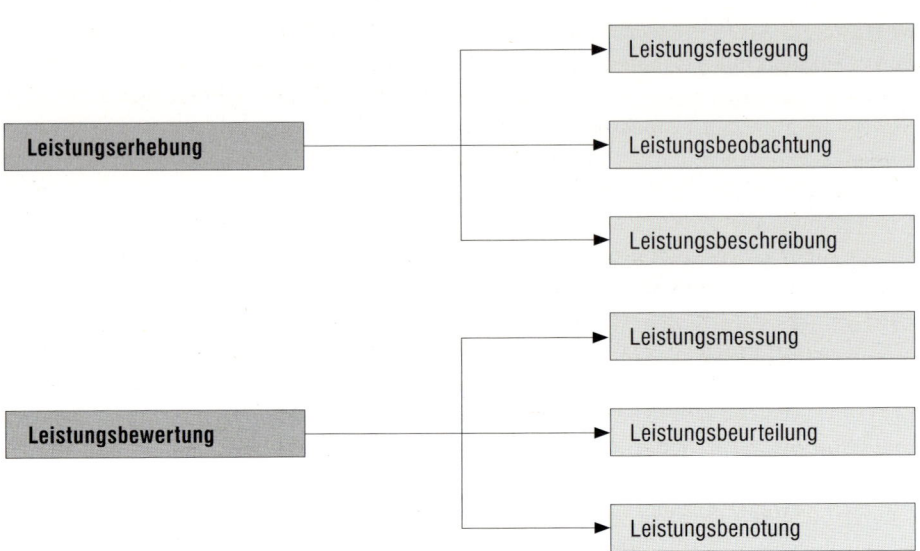

Gemäß Art. 41 Abs. 1 Satz 1 BayEUG erfüllen Schulpflichtige mit sonderpädagogischem Förderbedarf ihre Schulpflicht durch Besuch der allgemeinen Schule oder der Förderschule. § 39 Abs. 2 GrSO und § 48 Abs. 2 MSO regeln die verpflichtende Handhabung individueller Förderpläne (wichtig!).

Gemäß Art. 21 Abs. 1, Satz 1 BayEUG unterstützen die Mobilen Sonderpädagogischen Dienste die Unterrichtung von Schülerinnen und Schülern mit sonderpädagogischem Förderbedarf, die nach Maßgabe des Art. 41 BayEUG eine allgemeine Schule besuchen können und dort aktiv am Unterricht teilnehmen können.

Nach Art. 52 Abs. 2 Satz 3 BayEUG können die Schulordnungen vorsehen, dass bei Schülern mit sonderpädagogischem Förderbedarf in Volksschulen (= Grund- und Mittelschulen) und Berufsschulen die Noten durch eine allgemeine Bewertung ersetzt werden.

Gemäß § 38 Abs. 3 GrSO und § 47 Abs. 3 MSO kann die Lehrerkonferenz mit Zustimmung der Erziehungsberechtigten entscheiden, dass bei Schülerinnen und Schülern mit sonderpädagogischem Förderbedarf, die im Rahmen von Art. 41 Abs. 1 Satz 1 BayEUG die Volksschule besuchen, bei Leistungsnachweisen bzw. in Zeugnissen anstelle von Noten eine allgemeine (verbale) Bewertung erhalten (wie es derzeit in den Jahrgangsstufen 1 und 2 gehandhabt wird). (Lott/Pirner/Unger: „Schulleiter-ABC Bayern", Buch- und Fachverlage GmbH & Co. KG, Kulmbach)

f) Probearbeiten als schriftliche Leistungsnachweise
Nach Art. 52 Abs. 1 Satz 1 BayEUG erbringen die Schülerinnen und Schüler in angemessenen Zeitabständen entsprechend der Art des Faches schriftliche, mündliche und praktische Leistungen.

Gemäß § 37 Abs. 2 GrSO und § 46 Abs. 2 MSO werden schriftliche Leistungsnachweise durch Probearbeiten erbracht, die sich in der Grundschule aus dem unmittelbaren Unterrichtsablauf ergeben und in Jahrgangsstufe 4 angekündigt werden müssen. In der Mittelschule können Probearbeiten je nach Art und Umfang angekündigt werden. Sie müssen angekündigt werden, wenn größere Lernabschnitte bearbeitet werden sollen.

Nach § 37 Abs. 2 Satz 5 GrSO und § 46 Abs. 2 Satz 5 MSO kann die Lehrkraft das Nachholen von Probearbeiten anordnen, wenn der Leistungsstand eines Schülers wegen nicht zu vertretender Versäumnisse nicht hinreichend beurteilt werden kann. § 37 Abs. 2 GrSO und § 46 Abs. 2 MSO stellen eine Konkretisierung des Art. 52 Abs. 1 BayEUG dar.

Der Begriff „Probearbeiten" wird flexibel gehandhabt. In jedem Fall handelt es sich um einen schriftlichen Leistungsnachweis unterschiedlicher Ausgestaltung, wobei im Sinne einer Professionalisierung und pädagogischen Verantwortung unterschiedliche Evaluationsniveaus zu berücksichtigen sind (siehe Buchst. b) u. c)). Stets zu beachten ist, dass der Stoff der Probearbeiten aus dem Unterricht erwächst.

Leistungserhebungen bezogen auf den Stoff der letzten Stunde dürfen nicht von Schülern verlangt werden, die in dieser Stunde entschuldigt gefehlt haben.

Dies gilt nicht für Probearbeiten über den Stoff eines größeren Zeitraums. Hier besteht Teilnahmepflicht, wobei der Lehrer jedoch Rücksicht auf unverschuldete Versäumnisse nehmen kann.

Gemäß § 37 Abs. 3 Satz 1 GrSO werden in der Jahrgangsstufe 1 keine Probearbeiten geschrieben.

Nach § 37 Abs. 3 Satz 2 GrSO werden die Probearbeiten im ersten Halbjahr der 2. Klasse nicht benotet, jedoch mit Bemerkungen versehen, die den Leistungsstand der Schülerin oder des Schülers beschreiben.

Gemäß § 37 Abs. 3 Satz 3 GrSO sollen in der Jahrgangsstufe 4 bis zum Erhalt des Übertrittszeugnisses in den Fächern Deutsch, Mathematik und Heimat- und Sachkunde eine angemessene Zahl von Probearbeiten abgehalten werden, wobei Richtwerte benannt werden: Im Fach Deutsch zwölf, im Fach Mathematik und im Fach Heimat- und Sachunterricht je Fach fünf bewertete Probearbeiten.

Gemäß § 3 Abs. 6 LDO hat die Lehrkraft über die Leistungen der Schüler Aufzeichnungen zu führen, die mindestens zwei Jahre nach Ablauf des Schuljahres aufzubewahren sind und beim Ausscheiden aus dem Dienst, längerer Dienstverhinderung oder auf Anforderung dem Schulleiter zugänglich zu machen sind.

Wichtige Anmerkung: Auch für mündliche und praktische Leistungen gelten die Grundsätze des Art. 52 BayEUG. Leistungsaufzeichnungen müssen Tag, Art und Stoffgebiet dieser Leistungen erkennbar werden lassen.

Gemäß Art. 52 Abs. 1 Satz 2 BayEUG hängen Art, Zahl (für die 4. Jgst. ist die Anzahl der Probearbeiten vorgeschrieben), Umfang, Schwierigkeitsgrad und Gewichtung der Leistung

VI Hausaufgaben, Probearbeiten, Vorrücken, Wiederholen und Zeugnisse

- vom jeweiligen Fach,
- der Schulart und
- der Jahrgangsstufe (d. h. vom Alter der Schüler) ab .

Der Lehrer trägt diese unmittelbare pädagogische Verantwortung. Schüler und Erziehungsberechtigte haben hierbei keine Rechtsansprüche bzw. Mitsprachemöglichkeiten. Erhebung und Ausgestaltung von Leistungsnachweisen sind wesentlicher Bestandteil der Tätigkeit des Lehrers.

g) Grundsätze für eine pädagogisch sinnvolle Leistungsbeurteilung

- *„Nicht alle Schülerleistungen müssen gemessen, bewertet und auch noch benotet werden. Gelegentlich kann auch einmal die Angabe der erreichten Punkte im Verhältnis zu den erreichbaren Punkten genügen.*
- *Sinnvolle Kombination sowohl eher subjektiver als auch objektiver Verfahren!*
- *Lerntechniken und Lernhilfen lernen und üben!*
- *Angstfreie Lern- und Prüfungsatmosphäre!*
- *Kein übertriebenes Wettbewerbs- und Konkurrenzdenken aufbauen!*
- *Nicht nur punktuelle Ergebnisse, sondern auch den Lernprozess, den Weg, die Art des Vorgehens zum Erreichen des angestrebten Lernziels bewerten!*
- *Selbstkontrolle und Selbsteinschätzung des Schülers anstreben!*
- *Im Vordergrund stehen nicht Kontrolle und Auslese, sondern individuelle Förderung und Verbesserung des Lernprozesses des Schülers!*
- *Individuelle Lernfortschritte des Schülers aufzeigen und anerkennen!*
- *Bei der Rückgabe nicht nur Notenbekanntgabe, sondern individuelle, persönliche Bemerkungen und Kommentare, möglichst aufmunternd und aufbauend!*
- *Transparenz des Beurteilungsverfahrens für Schüler und Eltern!*
- *Möglichst kurzer Zeitraum zwischen Leistungsfeststellung und Rückgabe und Besprechung der Ergebnisse!*
- *Ein Zuviel an leistungsbezogener Beobachtung und Beurteilung schadet dem einzelnen Kind, verschlechtert das Lern- und Klassenklima, hemmt Spontaneität!"*

(Hofmann, G.: „Leistungsmessung", Referat vom 6. November 2002 in Dasing)

Der Wert einer jeden Schülerpersönlichkeit erschöpft sich nicht allein in den gezeigten Leistungen!

15.3 MÖGLICHE FRAGESTELLUNGEN

- Erläutern Sie die rechtlichen Grundlagen für die schriftliche Leistungserhebung und die Leistungsbewertung!
- Erläutern Sie an praktischen Beispielen den Zusammenhang zwischen den Notenstufen nach Art. 52 BayEUG und den Niveaustufen!

16 Orientierungs- und Vergleichsarbeiten/Lernstandserhebungen

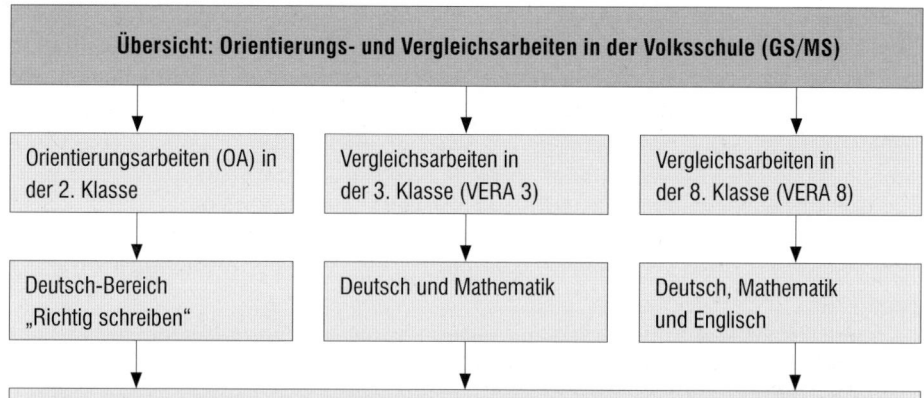

16.1 Fundstellen

- § 3 LDO (Leistungserhebungen) i. d. F. v. 31. Januar 2008
- Art. 111 Abs. 4 BayEUG i. d. F. v. 24. Juli 2013
- Lehrplan PLUS für die bayerische Grundschule (Entwurf 2014)
- „Mathematik konkret", Bildungsstandards für die Grundschule, Cornelsen/Scriptor 2006
- „Konkret, Sekundarstufe 1", Bildungsstandards Mathematik, Cornelsen/Scriptor 2006
- „Qualitätssicherung an Bayerns Schulen", Dokumentation zum Fachkongress am 25./26. November 2005 in Eichstätt. Bayerisches Staatsministerium für Unterricht und Kultus, München, 2006
- „Handreichung zum Umgang mit den Lernstandardserhebungen der Grundschule/Orientierungsarbeiten 2, Vergleichsarbeiten 3", KMS vom 29. Februar 2008
- „Expertise zur Entwicklung nationaler Bildungsstandards", Bundesministerium für Bildung und Forschung, 2. Auflage 2003
- Internetadresse: www.vergleichsabeiten.isb-qa.de

16.2 Sachinformationen

a) Allgemeines zur Thematik

Gemäß Art. 111 Abs. 4 BayEUG kann das zuständige Staatsministerium Schülerinnen, Schüler und Lehrkräfte verpflichten, an Leistungsvergleichen teilzunehmen, die Zwecken der Qualitätssicherung und -steigerung dienen.

Nach § 3 Abs. 3 LDO überprüft die Lehrkraft, ob die Lernziele erreicht worden sind und die Schüler den Lehrstoff in der Schule und zu Hause verarbeitet haben. Im Nachhall der Ergebnisse internationaler Schulleistungsstudien (z. B. TIMSS, PISA, IGLU) beschloss die deutsche Kultusministerkonferenz im Jahre 2003 für einige zentrale Fächer sogenannte Bildungsstandards einzuführen. Grundlage des Beschlusses war die Expertise „Zur Entwicklung nationaler Bildungsstandards".

Bildungsstandards formulieren, laut dieser Expertise, Anforderungen an das Lehren und Lernen in der Schule. Sie benennen Ziele für die pädagogische Arbeit, ausgedrückt als erwünschte Lernergebnisse der Schülerinnen und Schüler. Damit konkretisieren Standards den Bildungsauftrag, den allgemein bildende Schulen zu erfüllen haben.

Bildungsstandards greifen allgemeine Bildungsziele auf. Sie benennen die Kompetenzen, welche die Schule ihren Schülerinnen und Schülern vermitteln muss, damit bestimmte zentrale Bildungsziele erreicht werden. Die Bildungsstandards legen fest, welche Kompetenzen die Kinder oder Jugendlichen bis zu einer bestimmten Jahrgangsstufe erworben haben sollen. Die Kompetenzen werden so konkret beschrieben, dass sie in Aufgabenstellungen umgesetzt und prinzipiell mit Hilfe von Testverfahren erfasst werden können.

Bildungsstandards stellen damit innerhalb der Gesamtheit der Anstrengungen zur Sicherung und Steigerung der Qualität schulischer Arbeit ein zentrales Gelenkstück dar. Schule und Unterricht können sich an den Standards orientieren. Den Lehrerinnen und Lehrern geben Bildungsstandards ein Referenzsystem für ihr professionelles Handeln. Die Kompetenzanforderungen einzulösen, so gut dies unter den Ausgangsbedingungen der Schülerinnen und Schüler und der Situation in den Schulen möglich ist, ist der Auftrag der Schulen. Mit Bezug auf die Bildungsstandards kann man die Einlösung der Anforderungen überprüfen. So lässt sich feststellen, inwieweit das Bildungssystem seinen Auftrag erfüllt hat; die Schulen erhalten eine Rückmeldung.

Die bundesweit geltenden Bildungsstandards bilden die Grundlage für die Orientierungs- bzw. Vergleichsarbeiten.

Mit diesen Lernstandserhebungen wird das Ziel verfolgt, Schülerleistungen in einem zwar länderübergreifenden, aber nicht ländervergleichenden Bildungsmonitoring zu erfassen. Im Sinne der KMK-Bildungsstandards geht es dabei nicht vordergründig um eine Überprüfung von Wissens- und Könnenselementen, sondern um den Entwicklungsstand bestimmter Kompetenzen.

b) Die Orientierungsarbeiten in der 2. Jahrgangsstufe (OA 2)
Hierbei handelt es sich um einen zentralen Test im Bereich „Deutsch – richtig schreiben" (Rechtschreiben), der in allen zweiten Klassen in Bayern zeitgleich (jeweils im Mai, Arbeitszeit 20 Minuten) durchgeführt wird. Die gestellten Aufgaben sind von Wissenschaftlern und Schulpraktikern entwickelt und erprobt. Die Auswertung erfolgt anonym, d. h. ohne Angabe von Schülerdaten.

Der Einbezug der Eltern ist durch folgende Maßnahmen sichergestellt:
- ein Elternbrief informiert rechtzeitig und umfassend über die OA;
- die Eltern erhalten nach erfolgter Auswertung einen Rückmeldebogen über die Leistung ihres Kindes im Test;
- nach Abschluss der OA können die Eltern das Testheft ihres Kindes einsehen;
- die Tests der Vorjahre sind für die Erziehungsberechtigten im Internet veröffentlicht (Homepage des ISB bzw. der Qualitätsagentur Bayern)

c) Die Vergleichsarbeiten in der 3. bzw. 8. Jahrgangsstufe (VERA 3 und VERA 8)
Die nachfolgenden Tabellen geben einen Überblick über die Inhalte der VERA-Arbeiten.

Kompetenzbereiche nach den Bildungsstandards	Exemplarisch: VERA 3 in Bayern im Schuljahr 2013/2014
Deutsch - Lesen – mit Texten und Medien umgehen - Sprache und Sprachgebrauch untersuchen - Schreiben – Texte erfassen - Rechtschreiben In den Vergleichsarbeiten Deutsch werden aus den vier Inhaltsbereichen jeweils zwei Bereiche behandelt, wobei „Lesen – mit Texten und Medien umgehen" jedes Jahr dabei ist und im Wechsel durch jeweils einen weiteren Bereich ergänzt wird.	Deutsch I am 20. Mai 2014: „Lesen" (Arbeitsdauer: 40 Minuten) Deutsch II am 22. Mai 2014: „Rechtschreiben" (Arbeitsdauer: 30 Minuten)
Mathematik - Zahlen und Operationen - Raum und Form - Muster und Strukturen - Größen und Messen - Daten, Häufigkeit, Wahrscheinlichkeit In den Vergleichsarbeiten Mathematik werden aus diesen fünf Inhaltsbereichen jeweils zwei Bereiche im Wechsel getestet.	13. Mai 2014: - Raum und Form - Daten, Häufigkeit und Wahrscheinlichkeit

Kompetenzbereiche nach den Bildungsstandards	Exemplarisch: VERA 8 in Bayern im Schuljahr 2013/2014
Deutsch ▸ Sprechen und Zuhören ▸ Schreiben ▸ Lesen ▸ Sprache und Sprachgebrauch untersuchen	21. März 2014: ▸ Lesen ▸ Sprache und Sprachgebrauch untersuchen
Mathematik 5 Leitideen der Bildungsstandards: ▸ Zahl ▸ Messen ▸ Raum und Form ▸ Funktionaler Zusammenhang ▸ Daten und Zufall	28. März 2014: „alle 5 Leitideen der Bildungsstandards …"
Englisch Kompetenzbereiche: ▸ Listening * ▸ Reading * ▸ Writing * ▸ Speaking ▸ interkulturelle Kompetenz ▸ Language in use* (die mit * gekennzeichneten Kompetenzbereiche werden von VERA geprüft)	25. März 2014: ▸ Reading ▸ Listening

Bei VERA geht es nicht um einen Vergleich der Bundesländer. VERA dient ausschließlich der Unterrichtsentwicklung an Schulen. Die zentrale Überprüfung der Bildungsstandards in einem Ländervergleich erfolgt zu einem anderen Zeitpunkt über eine Stichprobe des Instituts zur Qualitätsentwicklung im Bildungswesen (IQB). Selbstverständlich sind die VERA-Ergebnisse auch kein Instrument für die dienstliche Beurteilung der Lehrkräfte.

Die VERA-Arbeiten werden nicht benotet und „erbringen" auch keine Noten. Die Leistungen der Schüler werden in drei Fähigkeitsniveaus eingeteilt (diese Niveaus können nicht in Notenstufen umgerechnet werden).

16 Orientierungs- und Vergleichsarbeiten/Lernstandserhebungen

Fähigkeitsniveau 1	Grundlegende Fähigkeiten, d. h. „einfache Aufgaben mit grundlegenden Anforderungen werden hinreichend sicher gelöst".
Fähigkeitsniveau 2	Erweiterte Fähigkeiten, d. h. „Aufgaben mittleren Anspruchsniveaus werden hinreichend sicher gelöst".
Fähigkeitsniveau 3	Fortgeschrittene Fähigkeiten, d. h. „es werden auch anspruchsvollere Aufgaben hinreichend sicher gelöst".

16.3 MÖGLICHE FRAGESTELLUNGEN
▸ Warum werden Vergleichsarbeiten durchgeführt?
▸ Was wird bei Vergleichsarbeiten überprüft?
▸ Einleitung von Fördermaßnahmen für Schülerinnen und Schüler der Gruppe „Kein hinreichender Nachweis für die Erreichung von Fähigkeitsniveau 1"?

16.4 PRÜFUNGSTIPPS
Schauen Sie sich Orientierungs- oder Vergleichsarbeiten der letzten Jahre an (Internetadresse unter Nr. 16.1 auf Seite 115)

17 Zeugnisse

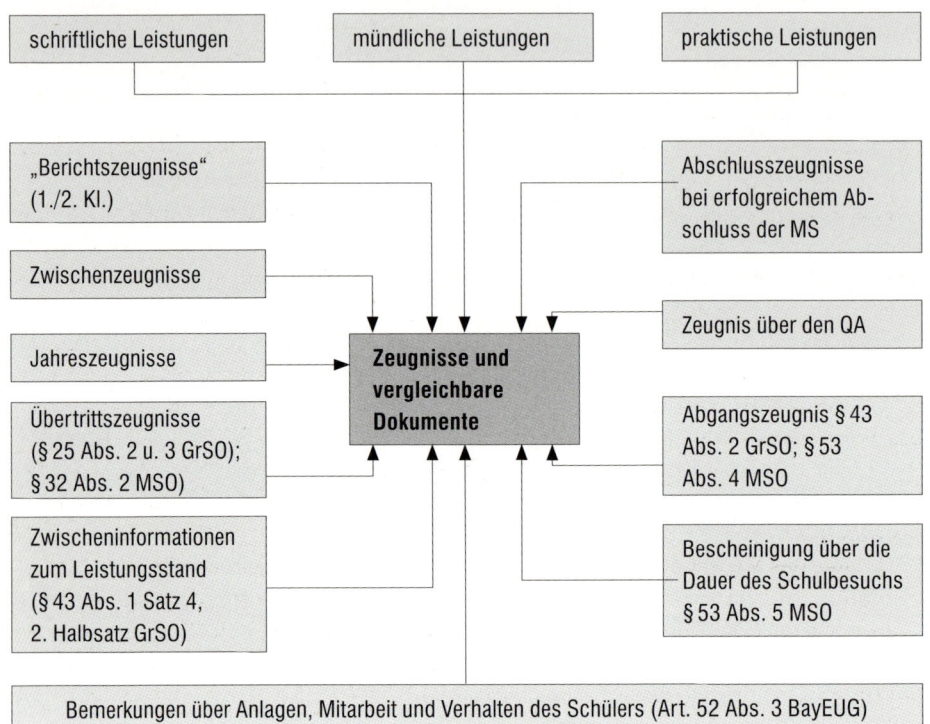

17.1 Fundstellen
- Art. 52 Abs. 3 BayEUG i. d. F. v. 24. Juli 2013
- §§ 27 Abs. 6 GrSO; § 36 Abs. 9 MSO; § 43 GrSO und §§ 53 bis 69 MSO
- „Förderung von Schülern mit besonderen Schwierigkeiten beim Erlernen des Lesens und Rechtschreibens", KMBek vom 16. November 1999
- Lott/Pirner/Unger: „Schulleiter-ABC Bayern", Buch- und Fachverlag GmbH & Co. KG, Kulmbach
- Bayerischer Schulserver (Zeugnisprogramme und Muster aller Zeugnisformulare)

17.2 Sachinformationen

„Zeugnisse sind der urkundliche Nachweis über Schulbesuch und Leistungen des Schülers. Eine Urkunde im Rechtssinn ist jedoch nur ein Schulzeugnis, soweit es mit Berechtigungen verknüpft ist, also das Übertrittszeugnis, das Jahrgangszeugnis, das Entlassungszeugnis, das Abschluss-

zeugnis und das Zeugnis über den qualifizierten Hauptschulabschluss. Zwischenzeugnis und Abgangszeugnis sind keine Urkunden, sondern nur ‚Ausweispapiere'."

(Lott/Pirner/Unger: „Schulleiter-ABC Bayern", Buch- und Fachverlage GmbH & Co. KG, Kulmbach)

a) Welche Zeugnisse werden erteilt?

Gemäß Art. 52 Abs. 3 BayEUG werden „unter Berücksichtigung der einzelnen schriftlichen, mündlichen und praktischen Leistungen Zeugnisse erteilt", wobei „die gesamten Leistungen eines Schülers unter Wahrung der Gleichbehandlung aller Schüler in pädagogischer Verantwortung der Lehrkraft bewertet werden". § 43 GrSO und § 53 Abs. 1 bis 14 MSO differenzieren je nach Schulsituation unterschiedliche Zeugnisarten bzw. Bescheinigungen.

Zwischenzeugnisse sollen Schüler und Eltern über den Leistungsstand informieren und haben beratende Funktion. In der Regel werden die Zwischenzeugnisse am letzten Unterrichtstag der zweiten vollen Februarwoche ausgehändigt. Eine Gefährdung des Vorrückens soll vermerkt werden.

Gemäß § 53 Abs. 7 Satz 2, 2. Halbsatz MSO werden die Erziehungsberechtigten in den Jahrgangsstufen 9 und 10 von der Gefährdung des erfolgreichen Abschlusses durch ein gesondertes Schreiben benachrichtigt. In der 1. und 2. Jahrgangsstufe beinhaltet das Zwischenzeugnis keine Ziffernnoten, sondern einen Bericht mit Beobachtungen zum sozialen Verhalten, Lernverhalten und Leistungsstand. In der 4. Jahrgangsstufe werden Zwischen- und Übertrittszeugnis kombiniert. Zwischen- und Übertrittszeugnis werden zusammengefasst zu einem Übertrittszeugnis, das am ersten Unterrichtstag des Monats Mai ausgegeben wird.

Das Übertrittszeugnis wird nicht mehr auf Antrag, sondern für alle Schülerinnen und Schüler der 4. Jahrgangsstufe ausgestellt. Anstelle des Zwischenzeugnisses erhalten die Schüler der 4. Jahrgangsstufe eine schriftliche „Zwischeninformation zum Leistungsstand". Diese wird am letzten Unterrichtstag der zweiten vollen Unterrichtswoche des Monats Januar ausgegeben (§ 43 Abs. 1 Satz 4 i. V. m. § 43 Abs. 4 Satz 3 GrSO).

Jahreszeugnisse entscheiden darüber, ob ein Schüler vorrücken darf. Sie werden am letzten Schultag eines Schuljahres ausgehändigt. Ein Jahreszeugnis gilt als sogenannter „Verwaltungsakt" und ist damit anfechtbar (ggf. vor dem Verwaltungsgericht).

Bis zum Zwischenzeugnis der Jahrgangsstufe 2 wird auf Ziffernnoten verzichtet. Dafür enthält das Zeugnis einen Bericht über das beobachtete Sozialverhalten, das Lernverhalten und den aktuellen Leistungsstand des Schülers.

Ab dem Jahreszeugnis der 2. Jahrgangsstufe erfolgt die Leistungsbewertung in den Pflichtfächern, Wahlpflichtfächern (und im Wahlfach Kurzschrift) stets durch Ziffernnoten und gem. Art. 52 Abs. 3 Satz 3 BayEUG durch Bemerkungen oder Bewertungen nach Abs. 2 Satz 1 oder in anderer Form bezüglich Anlagen, Mitarbeit und Verhalten des Schülers.

Die Jahreszeugnisse in den Jahrgangsstufen 2 bis 4 sowie die Zwischenzeugnisse in der Jahrgangsstufe 3 enthalten Noten in den Pflichtfächern, zusätzlich Erläuterungen zu den Noten in den Fächern Deutsch und Mathematik, eine Bewertung des Sozialverhaltens sowie des Lern- und Arbeitsverhaltens nach den vier Stufen „sehr gut, gut, befriedigend, nicht befriedigend", wobei diese Bewertungen zusätzlich erläutert sind.

Auf Antrag eines Schülers (bereits am Schuljahrsbeginn) wird für die besuchten Wahlfächer ebenfalls eine Ziffernnote festgelegt, was aber entsprechende Leistungserhebungen voraussetzt. Leistungen in den Fächern, die nicht mit einer Ziffernnote bewertet werden, hat der Lehrer mit einer qualifizierten Bemerkung zu würdigen. Auch die Teilnahme an Arbeitsgemeinschaften wird vermerkt.

Gemäß § 53 Abs. 1 Satz 2 MSO darf in den Jahrgangsstufen 8, 9 und 10 das Zeugnis (insbesondere das Jahreszeugnis) keine Formulierungen enthalten, die den Übertritt in das Berufsleben erschweren. Gleichwohl muss auf inhaltliche Richtigkeit geachtet werden, da Jahreszeugnisse Urkundencharakter besitzen.

Art. 52 Abs. 2 Satz 3 BayEUG eröffnet die Möglichkeit, dass „in bestimmten Jahrgangsstufen der Grundschule und der Förderzentren, in Wahlfächern sowie bei ausländischen Schülerinnen und Schülern in Pflichtschulen und bei Schülerinnen und Schülern mit sonderpädagogischem Förderbedarf in Pflichtschulen die Noten durch eine allgemeine Bewertung ersetzt werden". Auf Antrag der Eltern erhalten diese Schüler bei Leistungsnachweisen bzw. in Zeugnissen anstelle von Noten eine allgemeine (verbale) Bewertung (ähnlich wie im „Berichtszeugnis" in den Jahrgangsstufen 1 und 2).

Im Zeugnis muss ein Vermerk über den sonderpädagogischen Förderbedarf angebracht werden. Damit wird verhindert, dass Schüler wegen Nichterreichens des Klassenziels Jahrgangsstufen wiederholen müssen (vergl. § 38 Abs. 3 GrSO; § 47 Abs. 3 MSO; § 40 Abs. 5 GrSO und § 49 Abs. 5 MSO).

Abschlusszeugnisse erhalten Schüler, die erfolgreich die 9. oder 10. Jahrgangsstufe der Mittelschule besucht oder nachträglich den erfolgreichen Mittelschulabschluss erworben haben (z. B. durch eine Leistungsfeststellung). Gemäß § 54 MSO ist der erfolgreiche Mittelschulabschluss erreicht, wenn die Gesamtdurchschnittsnote aus allen Vorrückungsfächern mindestens die Note 4,00 beträgt und in höchstens drei Fächern eine schlechtere Note als die Note 4 erzielt wurde (die Note 6 zählt dabei wie zweimal die Note 5).

Bei nicht erreichtem qualifizierten Abschluss oder bei Teilnahme an der besonderen Leistungsfeststellung wird die in Englisch, in den praktisch/musischen Fächern oder in Informatik jeweils erzielte Gesamtnote in das Abschlusszeugnis aufgenommen, falls es nicht zu einer Verschlechterung der Jahresfortgangsnote führt. Für den späteren Erwerb eines sogenannten mittleren Schulabschlusses wird ein Zeugnis über den Nachweis erforderlicher Englischkenntnisse ausgestellt, falls die Schüler bei der besonderen Leistungsfeststellung mindestens die Gesamtnote 3 erzielt haben.

Schüler, die altersmäßig die Vollzeitschulpflicht erfüllt, jedoch den erfolgreichen Mittelschulabschluss nicht erreicht haben, erhalten ein Jahreszeugnis mit dem entsprechenden Vermerk.

Wurde die Jahrgangsstufe 10 ohne Erfolg besucht, wird ein Jahreszeugnis mit einem Vermerk bezüglich der nicht erfolgreichen Abschlussprüfung ausgestellt.

Schüler, die während des Schuljahres die Grund- und Mittelschule verlassen, erhalten ein Zwischenzeugnis, das als Abgangszeugnis zu kennzeichnen ist. (Ausnahme: Bei Entlassung eines Schülers, der die Mittelschule in einem 10. oder 11. Schuljahr freiwillig besucht, wird im Fall einer Ordnungsmaßnahme gemäß Art. 86 Abs. 2 Nr. 9 BayEUG kein Abgangszeugnis ausgestellt.)

Ein Übertrittszeugnis erhalten Schüler öffentlicher oder staatlich anerkannter Grundschulen für den Übertritt in die unterste Jahrgangsstufe des Gymnasiums und der Realschule. Für den Übertritt an eine Wirtschaftsschule ist die Vorlage des Zwischenzeugnisses oder des Jahreszeugnisses erforderlich.

Der qualifizierte Mittelschulabschluss (vgl. § 58 MSO) stellt einen besonderen Abschluss dar, den nur die Mittelschule anbietet. Dieser ist erreicht, wenn der Prüfungsteilnehmer in den Fächern der besonderen Leistungsfeststellung eine Gesamtbewertung von mindestens 3,0 (nur mit erster Dezimalstelle!) erreicht hat (§ 60 Abs. 5 MSO). Dann erhält der Schüler zusätzlich zum Abschluss der Mittelschule ein Zeugnis über den qualifizierenden Mittelschulabschluss. Für den späteren Erwerb des sog. Qualifizierten Beruflichen Bildungsabschlusses (= Mittlerer Schulabschluss) sind mindestens befriedigende Kenntnisse in Englisch Voraussetzung.

Bei Entlassung von der Mittelschule als Ordnungsmaßnahme während des laufenden Schuljahres erhält der Schüler anstelle eines Zeugnisses eine Bescheinigung über die Dauer des Schulbesuches.

b) Was ist bei der Erstellung von Zeugnissen zu beachten?
Zeugnisse können handschriftlich, mit Schreibmaschine oder mit dem PC gefertigt werden, wobei ein Zeugnisprogramm zur Anwendung kommt (z. B. WINZD).
   Wichtig ist, dass beim Original auf die Urkundensicherheit geachtet wird (urkundensichere Farbbänder, ggf. auch fälschungssichere Formulare). Das Original wird gesiegelt und vom Klassenleiter und Schulleiter eigenhändig unterschrieben. Das 2. Blatt (= Entwurf in Form einer Durchschrift, einer Kopie, eines Ausdrucks) wird der Schülerakte beigefügt. Die Namen von Klassenleiter und Schulleiter sind entweder in Kopie ersichtlich oder werden mit Maschine oder Druckbuchstaben eingesetzt.

Wichtige Hinweise zum Ausfüllen der Zeugnisformulare (*Wichtig:* Vordrucke gem. § 43 Abs. 6 GrSO, § 53 Abs. 9 MSO verwenden):
- Vorname des Schülers vor den Familiennamen setzen;
- keine erkennbaren Berichtigungen (Radierungen, Verbesserungen) am Namen, dem Geburtsdatum, einzelnen Notenziffern;
- Sonderregelungen beachten, wo Noten durch Zeugnisbemerkungen ersetzt werden (z. B. § 43 Abs. 7, 8 GrSO; § 53 Abs. 11, 12 MSO);
- falls die Rechtschreibleistungen aufgrund von Legasthenie oder Lese-Rechtschreib-Schwäche nicht oder zurückhaltend gewertet wurden, wird dies mit einer Zeugnisbemerkung festgehalten;
- eigenhändige Unterschrift des Klassenleiters und des Schulleiters (wegen Fäl-

schungssicherheit keine digitalisierte Form), Dienstsiegel auf dem Original der Jahreszeugnisse;
- Abschluss- und Entlassungszeugnisse werden in doppelter Fertigung erstellt. Der Schüler erhält zwei Originale, das dritte Blatt wird zu den Schülerakten gelegt. Bei Verlust des Originalzeugnisses kann anhand des Entwurfes in der Schülerakte eine Zweitschrift erstellt werden;
- Der Besuch des konsularischen muttersprachlichen Unterrichts für ausländische Schülerinnen und Schüler kann in die Zeugnisbemerkungen aufgenommen werden. Spezielle Rechte, z. B. die Muttersprache anstelle von Deutsch als Prüfungsfach zu wählen, können hieraus nicht hergeleitet werden.
- auf Antrag wird über die bestandene Prüfung in Kurzschrift bzw. Maschinenschreiben ein eigenes Zeugnis ausgestellt;
- auf Antrag des Erziehungsberechtigten und nach Entscheidung des Schulleiters erhält ein Schüler auf einem Beiblatt zum Jahreszeugnis eine Würdigung seiner ehrenamtlichen Tätigkeit in unterschiedlichen Aufgabenbereichen (siehe auch Schulleiter-ABC);
- neben der Ziffernbenotung oder ersatzweise der Anfügung von Bemerkungen bei Sonderfällen (wenn z. B. keine Leistungen im entsprechenden Fach erbracht wurden oder bei Befreiung von Unterrichtsfächern) sollen in das Zeugnis stets Bemerkungen über Anlagen, Mitarbeit und Verhalten des Schülers aufgenommen werden;
- Zwischenzeugnisse in den Jahrgangsstufen 1 und 2 sowie die Jahreszeugnisse der Jahrgangsstufe 1 enthalten einen Bericht mit Beobachtungen insbesondere zum Sozialverhalten, zum Lern- und Arbeitsverhalten und zum Leistungsstand in den einzelnen Fächern, ebenfalls zu den individuellen Lernfortschritten. Dieser Bericht ist kein Gutachten, keine Würdigung oder Wertung! Der Akzent liegt auf der sorgfältig differenzierten Schülerbeobachtung bezüglich Selbstständigkeit, Initiative, Aktivität, besonderen Fähigkeiten, Lernfortschritten, Schwierigkeiten und Hilfen;
- auf schulische Leistungen in Fächern, die nicht mit Ziffernnoten bewertet werden, hat der Lehrer mit einer qualifizierten, pädagogischen Bemerkung hinzuweisen (Jahrgangsstufen 3–9). Hat der Schüler in einem Fach keine Leistungsnachweise erbracht, so erhält er anstelle einer Zeugnisnote eine Bemerkung (§ 43 Abs. 7, Satz 2 und 3 u. Abs. 8 GrSO; § 53 Abs. 10 Satz 2 und 3 und Abs. 12 Satz 1 MSO);
- Zeugnisbemerkungen gem. Art. 52 Abs. 3 Satz 3 BayEUG bezüglich Anlagen, Mitarbeit und Verhalten des Schülers formuliert der Lehrer in pädagogischer Verantwortung ggf. in Absprache mit den in der Klasse in einzelnen Fächern unterrichtenden Lehrern. Diese Bemerkungen sind für Zwischenzeugnisse der 1. und 2. Jahrgangsstufe und Jahreszeugnisse der Jahrgangsstufe 1 nicht vorgesehen, weil sie durch den Bericht nach § 43 Abs. 1 GrSO ersetzt werden;
- gemäß § 53 Abs. 2 MSO enthalten die Zwischen- und Jahreszeugnisse der Jahrgangsstufen 5 bis 8 Noten in den Pflichtfächern und Wahlpflichtfächern. Die Teilnahme am Unterricht in anderen Wahlfächern wird durch eine allgemeine Bewertung bestätigt. Auf Antrag wird auch hier eine Note erteilt. Auch für Deutsch als

Zweitsprache werden Noten erteilt. Art. 52 Abs. 2 BayEUG legt die Notenstufen fest und umschreibt deren Wortbedeutungen. Bis zum Jahreszeugnis der Jahrgangsstufe 2 werden Noten jeweils durch eine allgemeine Bewertung ersetzt, die schulpädagogischen Grundsätzen unterliegt (z. B. Gleichheitsprinzip;

▸ § 53 Abs. 11 MSO regelt die Benotung für das Fach Englisch bei Rückkehr aus dem Gymnasium sowie für Schüler, die aus einer zweisprachigen Klasse in eine Regelklasse übertreten.

c) Beobachtungsberichte

Berichte mit bewertenden Beobachtungen (z. B. zum Sozialverhalten oder Lern- und Arbeitsverhalten allgemein oder in bestimmten Fächern) unterscheiden sich von bloßen Lernstandbeschreibungen dadurch, dass sie auf Wertungen aufgrund eines objektiven Maßstabes nicht verzichten und haben gegenüber Ziffernnoten den Vorteil, dass detaillierter auf Vorzüge und Schwächen des Schülers z. B. in den einzelnen Fächern und in seinem Sozial- und Arbeitsverhalten hingewiesen werden kann.

Gemäß § 25 Abs. 3 GrSO umfasst das Übertrittszeugnis, die Jahresfortgangsnoten in allen Fächern, in den Fächern Deutsch und Mathematik mit zusätzlichen Erläuterungen, die Gesamtdurchschnittsnote aus den Fächern Deutsch, Mathematik und Heimat- und Sachunterricht, eine zusammenfassende Beurteilung zur Übertrittseignung, und eine Bewertung des Sozial- sowie des Lern- und Arbeitsverhaltens gem. § 43 Abs. 1 Satz 2 GrSO.

d) Benotung von Schülern mit Legasthenie und anerkannter Lese-Rechtschreib-Schwäche (LRS)

Die Bekanntmachung vom 16. November 1999 unterscheidet zwei Fallgruppen. Die besonderen Schwierigkeiten beim Erlernen des Lesens und Rechtschreibens werden wie in der auf der folgenden Seite abgedruckten Tabelle beschrieben. Die Auswirkungen auf die Leistungsbewertung in den übrigen Fächern (besonders in den Fremdsprachen), auf mögliche und zulässige Hilfen bei den Leistungsfeststellungen, auf das Vorrücken und die Übertrittsmöglichkeiten können der o. a. KMBek (KWMBl. I, Nr. 23/1999, S. 379 ff.) entnommen werden.

Für den sog. Nachteilsausgleich bei LRS und Legasthenie empfiehlt die Zentrale Beratungsstelle beim Staatlichen Schulamt Pfaffenhofen/Ilm:

▸ Gleichbehandlung von LRS und Legasthenie
▸ Lese- und Rechtschreibleistungen nicht notenmäßig bewerten
▸ Rechtschreiben: Teilnahme an schriftlichen Leistungsfeststellungen nur mit verbaler Beurteilung oder Lückendiktaten
▸ Lesen: Lautes Vorlesen vermeiden; Vorlesen von Aufgabenstellungen
▸ Zeitzuschlag bis zu 50 %
▸ Mündliche Leistungen stärker gewichten
▸ Fremdsprachen: Keine Bewertung des Lesens und Rechtschreibens; mündliche Leistungen stärker gewichten

1. Lese- und Rechtschreibstörung (Legasthenie)

Legasthenie ist eine Störung des Lesens und Rechtschreibens, die entwicklungsbiologisch und zentralnervös begründet ist. Die Lernstörung besteht trotz normaler oder auch überdurchschnittlicher Intelligenz und trotz normaler familiärer und schulischer Lernanregungen. Die Beeinträchtigung oder Verzögerung beim Erlernen grundlegender Funktionen, die mit der Reifung des zentralen Nervensystems verbunden ist, hat demnach biologische Ursachen, deren Entwicklung lange vor der Geburt des Kindes angelegt oder durch eine Schädigung im zeitlichen Umkreis der Geburt bedingt ist. Legasthenie ist eine nur schwer therapierbare Krankheit, die zu teilweise erheblichen Störungen bei der zentralen Aufnahme, Verarbeitung und Wiedergabe von Sprache und Schriftsprache führt. Individuelle Ausprägungen und Schweregrade dieser Lernschwierigkeit ergeben sich durch unterschiedliche Kombinationen von Teilleistungsschwächen der Wahrnehmung, der Motorik und der sensorischen Integration. Von Legasthenie sind rund 4 % aller Menschen betroffen.

Auswirkungen auf die Leistungsbewertung und die Zeugniserstellung im Fach Deutsch:

Bei Schülern mit einer gutachterlich festgestellten Legasthenie entfällt eine notenmäßige Bewertung des Lesens und Rechtschreibens. Diese Bereiche fließen in die Deutschnote nicht mit ein. In das Zeugnis ist die Bemerkung aufzunehmen: „Aufgrund einer fachärztlich festgestellten Legasthenie wurden Rechtschreibleistungen nicht bewertet." Die Erziehungsberechtigten betroffener Schüler sind bei der Antragstellung auf Berücksichtigung einer gutachterlich festgestellten Legasthenie auf diese Zeugnisbemerkung hinzuweisen.

2. Lese-Rechtschreib-Schwäche (LRS)

Im Gegensatz zur anhaltenden Lese- und Rechtschreibstörung können Schüler ein vorübergehendes legasthenes Erscheinungsbild aufweisen, das auf unterschiedliche Ursachen zurückzuführen ist. Ursache dafür kann z. B. eine Erkrankung, eine besondere seelische Belastung oder ein Schulwechsel sein. Rund 7 bis 10 % aller Schüler im Einschulungsalter haben Schwierigkeiten beim Erlernen des Lesens.

Auswirkungen auf die Leistungsbewertung und die Zeugniserstellung im Fach Deutsch:

Bei Schülern mit einer Lese- und Rechtschreib-Schwäche können die Leistungen im Lesen und Rechtschreiben zurückhaltend gewichtet werden. In das Zeugnis ist die Bemerkung aufzunehmen: „Aufgrund einer vorübergehenden Lese- und Rechtschreibschwäche wurden die Leistungen im Lesen und Rechtschreiben zurückhaltend bewertet." Grundsätzlich darf bei diesen Schülern die Rechtschreibleistung nur bei Leistungserhebungen, die der Feststellung der Rechtschreibkenntnisse dienen (z. B. Diktate), notenmäßig bewertet werden. Bei allen anderen Arbeiten, z. B. bei Aufsätzen, Niederschriften, Protokollen u. a. ist eine fehlerhafte Rechtschreibung zwar zu kennzeichnen, darf aber nicht in die Bewertung einfließen.

Quelle: KMBek vom 16. November 1999

17.3 MÖGLICHE FRAGESTELLUNGEN

- Formaler Aufbau eines Zeugnisses?
- Welche Zeugnisse werden in der Grund- bzw. Mittelschule ausgestellt?
- Welche rechtlichen Vorgaben sind bei der Festlegung von Zeugnisnoten und -bemerkungen zu beachten?
- Sonderfälle der Leistungsbewertung in der 1. und 2. Jahrgangsstufe!

18 Vorrücken und Wiederholen

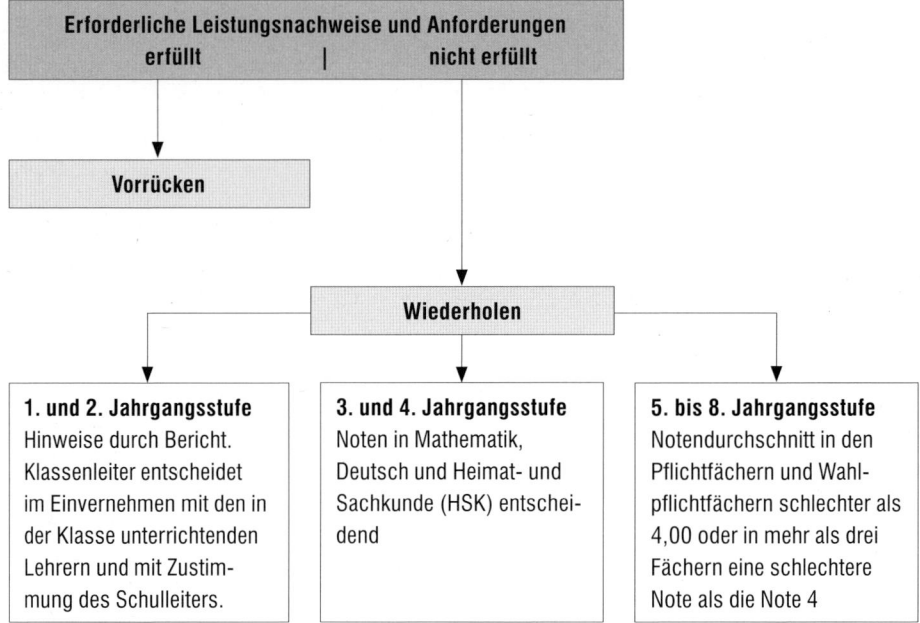

18.1 Fundstellen
▸ Art. 53 BayEUG in Verbindung mit Art. 75 BayEUG (= Pflichten der Schule)
▸ §§ 43 Abs. 4 und 40 bis 41 GrSO; §§ 53 Abs. 7 und 49 bis 51 MSO

18.2 Sachinformationen

Gemäß § 43 Abs. 4 GrSO wird in den Jahreszeugnissen der Jahrgangsstufen 3 und 4 vermerkt, ob der Schüler in die nächsthöhere Jahrgangsstufe vorrückt. Gemäß § 53 Abs. 7 MSO gilt Gleiches für die Jahreszeugnisse der Regelklassen in den Jahrgangsstufen 5 bis 8 und in den Jahreszeugnissen der Mittlere-Reife-Klassen in den Jahrgangsstufen 7 bis 9. In das Jahreszeugnis der Jahrgangsstufen 1 und 2 wird ein Vermerk nur aufgenommen, wenn der Schüler nicht vorrückt, wobei diese Entscheidung in schriftlicher Form ausführlich und belegbar begründet werden muss. Falls diese Entwicklung anhand der Leistungsfeststellungen absehbar ist, kann eine Gefährdung des Vorrückens im Zwischenzeugnis vermerkt werden.

Gemäß Art. 75 BayEUG ist die Schule verpflichtet, die Erziehungsberechtigten möglichst frühzeitig über ein auffallendes Absinken des Leistungsstandes und sonstige wesentliche, den Schüler betreffende Vorgänge schriftlich zu unterrichten und bei Nichtvorrücken bzw. Nichtbestehen der Abschlussprüfung eine Beratung über den weiteren Bildungsweg anzubieten.

In der 9. und 10. Jahrgangsstufe wird die Gefährdung des Vorrückens nicht im Zeugnis vermerkt. Die Erziehungsberechtigten erhalten ein gesondertes Schreiben.

Gemäß Art. 53 Abs. 1 BayEUG rücken die Schüler in die nächsthöhere Jahrgangsstufe vor, die während des laufenden Schuljahres die erforderlichen Leistungsnachweise erbracht und dabei den Anforderungen genügt haben. Vorrücken auf Probe im Sinne von Art. 53 Abs. 6 Satz 1 BayEUG, d. h. nach Ablegen einer „Nachprüfung", sehen Grund- und Mittelschulordnung nicht vor. Wohl aber darf ein Schüler nach krankheitsbedingter Leistungsminderung mit einer günstigen pädagogischen Prognose nach Entscheidung des Klassenleiters – im Einvernehmen mit den jeweiligen Fachlehrern – in die nächsthöhere Klasse „auf Probe" vorrücken.

Gemäß Art. 53 Abs. 2 BayEUG können bzw. müssen Schüler, die die Erlaubnis in der Grund- oder Mittelschule als Pflichtschule zum Vorrücken nicht erhalten haben, die bisher besuchte Jahrgangsstufe derselben Schulart wiederholen. Gemäß § 53 Abs. 7 Satz 2 BayEUG gelten die Wiederholungsverbote nach Art. 53 Abs. 3 BayEUG nicht für den Grund- oder Mittelschulbereich oder die Förderzentren. Theoretisch könnte ein Grund- oder Mittelschüler dieselbe Jahrgangsstufe mehrmals wiederholen und nach Wiederholung einer Jahrgangsstufe auch die nachfolgenden mehrmals.

Muss ein Grund- oder Mittelschüler dieselbe Jahrgangsstufe zum zweiten Mal wiederholen oder nach Wiederholung einer Jahrgangsstufe auch die nächstfolgende, ist von der Grund- oder Mittelschule stets zu prüfen, ob nicht eine Überweisung in die Förderschule angebracht ist. Die Vorgehensweise ist in § 24 GrSO und § 31 MSO geregelt. Vereinfachend ist die Regelung in § 24 Abs. 3 Satz 1 GrSO:

> „**§ 24 Abs. 3 GrSO**
> (3) Empfiehlt das sonderpädagogische Gutachten eine Überweisung an ein Förderzentrum und sind die Erziehungsberechtigten damit einverstanden, überweist die Volksschule die Schülerin oder den Schüler an die öffentliche Förderschule mit dem im Gutachten genannten Förderschwerpunkt."

Art. 41 und 42 BayEUG regeln die Schulpflicht der Schüler mit sonderpädagogischem Förderbedarf.

Allgemeine Leistungsanforderungen der Schule sind in Art. 52 BayEUG in Verbindung mit § 37 GrSO und § 46 MSO geregelt.

Schüler der 1. und 2. Jahrgangsstufe rücken ohne besondere Entscheidung vor. Wenn das Kind trotz fördernder Maßnahmen im normalen Unterricht ständig überfordert wird und Mindestanforderungen in Lesen, Schreiben, Rechtschreiben, Mathematik nicht erreicht, was sich in den Zeugnisberichten niederschlägt, entscheidet der Klassenleiter im Einvernehmen mit den in der Klasse unterrichtenden Lehrern und mit Zustimmung des Schulleiters, ob die Klasse zu wiederholen ist.

Gemäß § 40 Abs. 2 GrSO soll das Vorrücken in den Jahrgangsstufen 3 und 4 nur versagt werden, „wenn die Schülerin oder der Schüler in der Entwicklung oder in den Leistungen erheblich unter dem altersgemäßen Stand seiner Jahrgangsstufe liegt und nicht erwartet werden kann, dass der Schüler am Unterricht in der nächsten Jahrgangsstufe mit Erfolg teilnehmen kann". Die Entscheidung über das Vorrücken trifft der Klassenleiter im Einvernehmen mit den im betreffenden Fach unterrichtenden Lehrern. Hierbei besteht ein Ermessensspielraum, in gut begründeten Fällen von den Regelungen des § 40 Abs. 3 bis 5 GrSO abzuweichen. Analog regelt § 49 Abs. 1 MSO das Vorrücken in den Jahrgangsstufen 5 bis 8. Für Schülerinnen und Schüler mit nichtdeutscher Muttersprache oder mit festgestelltem sonderpädagogischem Förderbedarf oder in den Mittlere-Reife-Klassen 7 bis 9 sind gemäß § 49 Abs. 3, 4 und 5 MSO Ausnahmen möglich.

a) Jahrgangsstufen 3 und 4
Folgende Notenkombinationen führen im Allgemeinen zur Nichtversetzung:

Deutsch	6	5	6	–	5
Mathematik	5	6	–	6	5
Heimat- und Sachkunde	–	–	5	5	6

b) Jahrgangsstufen 5 bis 8
- Gesamtdurchschnittsnote aus allen Vorrückungsfächern (= alle Pflichtfächer und Wahlpflichtfächer mit Ausnahme des Faches Sport, siehe Stundentafel der Mittelschule, Anlage zu § 42 Abs. 1 MSO) ist schlechter als 4,00 und
- in mehr als drei Fächern wurde eine schlechtere Note als die Note 4 erzielt, wobei die Note 6 zweimal wie die Note 5 zählt. (Ein Notenausgleich ist in der Mittelschule nicht vorgesehen. Ausnahme: Mittlere-Reife-Klassen.)

c) Regelungen für Schüler mit nichtdeutscher Muttersprache oder Aussiedlerschüler
- An die Stelle des Faches Deutsch tritt Deutsch als Zweitsprache;
- falls kein Unterricht im Fach Deutsch als Zweitsprache erfolgt, werden in den ersten beiden Jahren des Schulbesuchs in der Bundesrepublik Deutschland unzureichende Leistungen im Fach Deutsch bei der Entscheidung über das Vorrücken nicht berücksichtigt und
- an die Stelle des Faches Englisch tritt das Fach Muttersprache.

d) Spezielle Vorrückungsbestimmungen
- Auf Antrag der Erziehungsberechtigten kann ein Schüler freiwillig wiederholen oder spätestens im Anschluss an die Aushändigung des Zwischenzeugnisses in die vorherige Jahrgangsstufe zurücktreten (§ 41 Abs. 1 GrSO § 51 Abs. 1 MSO);
- „Vorrücken auf Probe" ist bei krankheitsbedingten Wissenslücken möglich (Art. 53 Abs. 6 Satz 2 BayEUG);
- gemäß Art. 38 BayEUG ist bei Nichterreichen des erfolgreichen Abschlusses der Mittelschule oder des qualifizierenden Abschlusses der Mittelschule auf Antrag der Erziehungsberechtigten die freiwillige Wiederholung der 9. Jahrgangsstufe der Mittelschule möglich (diese Zeit wird auf die Dauer der Berufsschulpflicht angerechnet); diese Regelungen gelten nicht für Schülerinnen und Schüler, die Mittlere-Reife-Klassen besuchen (Art. 38 Satz 4 BayEUG).
- auf Antrag eines Erziehungsberechtigten kann besonders befähigten Schülern das Überspringen einer Jahrgangsstufe gestattet werden. Die Entscheidung trifft die Schulleiterin oder der Schulleiter.

18.3 MÖGLICHE FRAGESTELLUNGEN
- Nennen Sie die Voraussetzungen, die zu einer Nichtversetzung führen!
- Beschreiben Sie die rechtlich korrekte Vorgehensweise bei der Überweisung an ein Förderzentrum!

18.4 PRÜFUNGSTIPPS
Denken Sie daran, dass Fragen zum Wiederholen einer Klasse neben den schulrechtlichen Aspekten auch erheblichen „pädagogischen und menschlichen Zündstoff" beinhalten – gehen Sie auch darauf ein!

Das „Sitzenbleiben" und das damit verbundene „Sitzenbleiberelend" sind pädagogisch und schulpolitisch in der Diskussion. Vielleicht können Sie auch dazu einige Fakten einbringen!

VII Mittelschulen in Bayern

19 Von der Hauptschule zur Mittelschule – Charakteristik eines neuen Schultyps

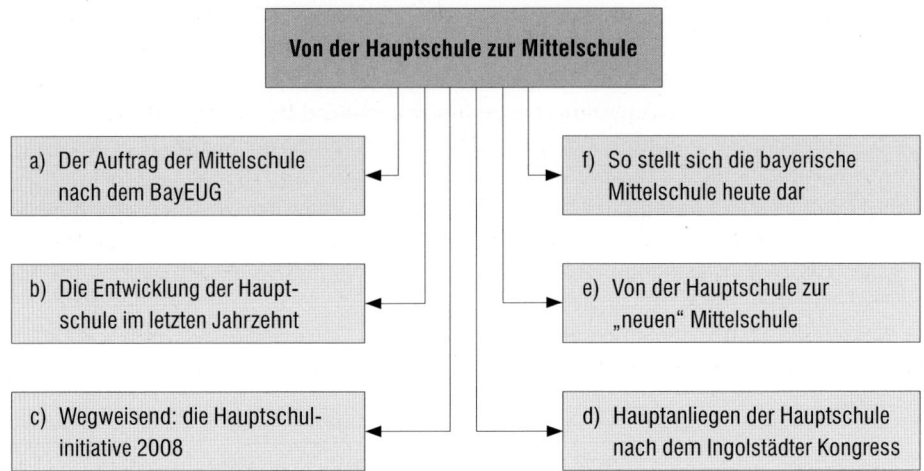

19.1 Fundstellen
- BayEUG i. d. F. v. 24. Juli 2013
- MSO i. d. F. v. 4. März 2013
- Lehrplan für die Hauptschule (2004)
- div. Elternbroschüren des Bay. Kultusministeriums, z. B.
  - „Die bayerische Mittelschule" (Oktober 2011 bzw. September 2012)
  - „Die Weiterentwicklung der Hauptschule zur Mittelschule" (August 2010)
  - „Hauptschulinitiative" (Dezember 2007)
  - „Berufsorientierung an bayerischen Haupt-/Mittelschulen" (ohne Erscheinungsdatum)
- Interview mit Prof. Olaf Köller (Lehrerinfo Heft 1/2012, S. 7/8; Herausgeber: Kultusministerium; München 2012)
- Graf/Kaiser/Pangerl: „Die Schulordnung der Volksschule in Bayern" (Ausgabe April 2012, Wolters Kluwer Deutschland)
- Hüfner, Gerhard: „Die Zukunft der wohnortnahen Schule" (Schriftenreihe der BLLV, München, 2011
- „Lehrerinfo" (Zeitschrift des bayerischen Kultusministeriums für Lehrer; Heft 1/2007)

19.2 Sachinformationen
a) Der Auftrag der MS nach dem BayEUG:
Art. 7a Abs. 1 Satz 1 und 2 BayEUG beschreibt die Aufgaben der Mittelschule wie folgt:

> „Art. 7a Abs. 1 BayEUG
> (1) Die Mittelschule vermittelt eine grundlegende Allgemeinbildung, bietet Hilfen zur Berufsfindung und schafft Voraussetzungen für eine qualifizierte berufliche Bildung, sie eröffnet in Verbindung mit dem beruflichen Schulwesen Bildungswege, die zu einer abgeschlossenen Berufsausbildung und zu weiteren beruflichen Qualifikationen führen können, sie schafft die schulischen Voraussetzungen für den Übertritt in weitere schulische Bildungsgänge bis zur Hochschulreife. Das breite Feld von unterschiedlichen Anlagen, Interessen und Neigungen wird durch ein differenziertes Auswahlangebot neben den für alle Schülerinnen und Schüler verbindlichen Fächern berücksichtigt; hierfür ist die Bildung eigener Klassen und Kurse möglich, z. B. Praxis-Klassen, Klassen bzw. Kurse für Schülerinnen und Schüler mit nicht-deutscher Muttersprache."

Dieser Auftrag des Gesetzgebers spiegelt sich auch im HS-Lehrplan von 2004 und bestimmt die Arbeit an diesem Schultyp.

b) Die Entwicklung der Hauptschule im letzten Jahrzehnt
Die Hauptschule durchlief in den letzten Jahren eine echte „Leidenszeit" (vgl. dazu auch den höchst unpassenden Ausdruck „Restschule"). Zwei Gründe waren für diesen enormen Schülerschwund im Wesentlichen verantwortlich:
- der demografische Wandel unserer Gesellschaft, d. h. der allgemeine Rückgang der Kinderzahl und
- ein stark verändertes Wahlverhalten der Eltern beim Bildungsweg ihrer Kinder.

Beide Gründe sollen hier kurz mit Zahlen belegt werden.

(1) Die zurückgehende Kinderzahl
Die Zahl der sogenannten „Lebendgeburten in Bayern" ist stetig sinkend. Dies belegt die Tabelle am Zeitraum der letzten 20 Jahre:

Jahr	Geburten	Saldo
1990	136 100	– 15 300
2000	120 800	
2010	103 800	– 17 000

Zum Vergleich: 1964 war der geburtenstärkste Jahrgang nach dem Zweiten Weltkrieg in Bayern mit 185 326 Geburten. Die Zahl der Geburten ist allerdings nun wieder steigend (2012: 107 000).

VII Mittelschulen in Bayern

Schüler an allgemeinbildenden Schulen in Bayern

Schuljahr	Grundschule	Haupt- bzw. Mittelschule	Förder- schule	Real- schule	Wirtschafts- schule	Gymnasium	freie Schulen usw.	Summe
2000/ 2001	535 000 (37 %), davon 133 700 Schulanfän- ger	323 200 (23,4 %)	62 800 (4,3 %)	166 900 (11,6 %)	22 200 (1,5 %)	322 000 (22,3 %)	12 700 (0,9 %)	1 444 800 (100 %)
2011/ 2012	432 000 (32,3 %), davon 109 700 Schulanfän- ger	208 900 (15,6 %)	55 800 (4,2 %)	246 500 (18,5 %)	23 200 (1,7 %)	355 400 (26,6 %)	14 200 (1,1 %)	1 336 000 (100 %)
Kommentar	▲ 24 000 Schulan- fänger weniger ▲ 103 000 Grund- schüler weniger. *Grund:* demogra- fische Entwicklung	seit 2000 Verlust von 1/3 der Schüler (−114 300). *Grund:* Schullauf- bahnent- scheidung	relativ konstant	ca. 50 % mehr Schüler innerhalb von 10 Jahren (+ 79 600). *Grund:* Schullauf- bahnent- scheidung	relativ konstant	Zunahme um 33 400 Schüler bei insgesamt sinkender Schülerzahl *Grund:* Schullauf- bahnent- scheidung	relativ konstant	innerhalb von 10 Jahren insgesamt 108 800 Schüler weniger *Grund:* demogra- fische Entwicklung

Die angegebenen Zahlen wurde zur besseren Lesbarkeit gerundet.

19 Von der Hauptschule zur Mittelschule – Charakteristik eines neuen Schultyps

In unserem Zusammenhang ist natürlich die Tatsache interessant, dass die geborenen Kinder im Wesentlichen (von Umzügen o. Ä. abgesehen) in sechs Jahren die Schulanfänger sind und in zehn Jahren vor der Entscheidung stehen, welche weiterführende Schule sie besuchen werden.

Die Übersicht „Schüler an allgemeinbildenden Schulen in Bayern" auf S. 134 zeigt parallel an, wie sich innerhalb von nur zehn Jahren (2000 bis 2010) die Schülerzahl und der Besuch der einzelnen Schularten änderte (Darstellung in absoluten Zahlen):

(2) Die veränderten Schullaufbahnentscheidungen
Im Zeitraum von nur zehn Jahren änderte sich das Übertrittsverhalten der Schüler ganz entscheidend.

Übertrittsquoten	in die HS	in die Realschule	ins Gymnasium
Jahr 2000	42,4 %	23,3 %	34,3 %
Jahr 2010	29,8 %	29,4 %	40,8 %

Dies hatte zur Folge, dass die Zahl der Hauptschulen in Bayern von 1647 im Jahr 2000 auf 1063 im Schuljahr 2010/11 sank. In diesem Zeitraum wurden auch alle Teilhauptschulen aufgelöst (das waren meistens Grundschulen mit den „angehängten" Jgst. 5 und 6).

Die Übertrittsquoten sind nicht landesweit gleichmäßig verteilt, es lassen sich deutliche Unterschiede feststellen, die auch Auswirkungen auf die Schulstrukturen haben.

hohe Übertrittsquoten	niedrige Übertrittsquoten
▸ Universitätsstädte ▸ Verwaltungszentren ▸ Orte mit prosperierender Industrie	▸ zentrumsferne Landkreise ▸ Gegenden mit massiven wirtschaftlichen Problemen (Arbeitslosigkeit)

Die Zahlen des Abschnitts (2) wurden der Broschüre von Gerhard Hüfner entnommen (a. a. O., Broschüre ohne Seitenangaben).

c) Der Hauptschulkongress 2007 in Ingolstadt und die Hauptschulinitiative
Nach der Umgestaltung der Realschule von der R4 zur R6 und der Einführung des G8 in Bayern wurde eine Umgestaltung der Hauptschule zum erklärten Ziel des Kultusministers. Beim Ingolstädter Kongress wandte sich Minister Schneider an die Öffentlichkeit und gab so den Startschuss zur Hauptschulinitiative:

VII Mittelschulen in Bayern

"Seien Sie mutig! Denken Sie mutig! Loslassen und zulassen gilt für uns alle: Ministerium, Regierungen, Schulämter und Lehrer. Denken Sie an Ihre Hauptschule der Zukunft! Entwerfen Sie eine Vision, in der jeder Schüler möglichst individuell gefördert wird, kein Sitzenbleiben und Wiederholen mehr notwendig ist, jeder Schüler mit einem Abschluss die Schule verlässt und möglichst viele die Chance zur mittleren Reife nutzen."

Die acht zentralen Elemente der Hauptschulinitiative (aus einem KMS vom 23. Februar 2007; nur stichpunktartig aufgeführt):
- Bedarfsorientierter Ausbau von Ganztagsschulen
- Sicherung der Kernkompetenzen und grundlegenden Kulturtechniken beim Schüler (besonders in Deutsch und Mathematik)
- Verbesserung des Arbeits- und Sozialverhaltens der Schüler im Sinne grundlegender Schlüsselqualifikationen
- Aufbau und Förderung individueller Stärken des Schülers (Modularisierung, Förderstunden usw.)
- Stärkung der Eigenverantwortung und Selbstständigkeit der einzelnen Schule als individuellem Lernort
- Hauptschule als Schule der Berufsvorbereitung durch vielerlei Maßnahmen (vgl. dazu Kap. 20)
- Verstärkter Ausbau des Praxisbezugs im Unterricht durch folgende Maßnahmen:
  - Erhöhung des Praxisanteils in Unterricht und Schulleben;
  - Gründung von Schüler- und Übungsfirmen;
  - Kooperation mit außerschulischen Bildungseinrichtungen;
  - Kooperation mit der Wirtschaft.
- Zusätzliche unterstützende Maßnahmen:
  - Qualifizierung der Lehrkräfte für ihre Aufgaben;
  - Kooperation Schule – Eltern;
  - Jugendsozialarbeit an Schulen.

Im Rahmen der Weiterentwicklung der Hauptschule werden insbesondere folgende Ziele angestrebt:
- Die Hauptschule soll als eine berufsvorbereitende Schule mit klarem Profil und allen beruflichen und schulischen Aufstiegsmöglichkeiten gestaltet sein;
- die beruflichen Ausbildungsmöglichkeiten der Schülerinnen und Schüler sollen durch die Verbesserung der Ausbildungsreife erhöht werden;
- die Zahl der Schulabgänger ohne Abschluss soll deutlich reduziert werden, mit dem Ziel, dass jeder Schüler einen Abschluss erhält. (KMS vom 23. Februar 2007)

19 Von der Hauptschule zur Mittelschule – Charakteristik eines neuen Schultyps

d) Die Hauptschule nach dem Ingolstädter Kongress – die Umsetzung der HS-Initiative

Die „neue" Hauptschule wurde dann Ende 2007 in einer Broschüre der Öffentlichkeit vorgestellt. Daraus sei hier lediglich eine Skizze abgedruckt, die übersichtlich und prägnant die Vorzüge und Besonderheiten darstellt („Hauptschulinitiative", Dezember 2007, S. 6/7).

Alle schulischen und beruflichen Aufstiegsmöglichkeiten sind gegeben	
Ganztagsangebote ▸ Mehr Zeit und Raum für individuelle Förderung ▸ Innovative pädagogische Konzepte ▸ Freizeit kreativ gestalten	**Persönlichkeitsbildung** ▸ Werteerziehung ▸ Stärkung des Sozialverhaltens ▸ Stärkung des Arbeitsverhaltens
Vertiefte Berufsorientierung durch drei Profile ▸ Technik, Handwerk und Industrie ▸ Wirtschaft, Handel und Dienstleistung ▸ Gesundheit, Soziales und Hauswirtschaft *Außerdem:* ▸ Verstärkter Praxisbezug ▸ Vertiefte fachliche Ausrichtung ▸ Kooperation mit der Wirtschaft	**Individuelle Förderung und Sicherung der Kernkompetenzen durch Modularisierung** ▸ Überschaubare Klassen ▸ Gezielte Kompetenzförderung für jeden Schüler je nach Leistungsstand und Bedarf ▸ Lesen, Rechnen, Schreiben ▸ Grundkenntnisse Englisch
Ausbildungsreife Erfolgreicher Hauptschulabschluss/Qualifizierender Hauptschulabschluss/Mittlerer Schulabschluss	

© Eigengrafik nach „Alle schulischen und beruflichen Aufstiegsmöglichkeiten sind gegeben", Bayerisches Staatsministerium für Unterricht und Kultus, München

Die Umsetzung der Ziele der Hauptschulinitiative konnte nur durch aktives Zusammenwirken aller Beteiligten gelingen; hauptsächlich sind hier zu nennen:
▸ die Politik durch die Schaffung förderlicher Rahmenbedingungen (z.B. in schulrechtlicher und personeller Sicht);
▸ die Lehrkräfte (Innovationsbereitschaft, Fortbildungswille …);
▸ die Arbeits- und Wirtschaftswelt (Bereitstellung von Praktikumsplätzen, Betriebspatenschaften, Berücksichtigung der Hauptschüler bei der Einstellung …);
▸ die Berufsschulen;
▸ außerschulische Bildungseinrichtungen und Partner (IHK, Handwerkskammern, Kolping-Bildungswerk usw.);
▸ die Gesellschaft (Akzeptanz der Hauptschule und ihrer Schüler) und
▸ die Schülerinnen und Schüler und deren Eltern.

Auf dieser soliden und breit akzeptierten Basis konnte dann die Weiterentwicklung der Hauptschule zur Mittelschule erfolgen.

e) Rechtliche Aussagen zur Mittelschule im BayEUG

> **„Art. 7a Abs. 1 Satz 3, 4 BayEUG**
> (1) Mittelschulen vermitteln allein oder gemeinsam in einem Schulverbund nach Art. 32a Abs. 1 und 2 den Schülerinnen und Schülern ein Bildungsangebot, das regelmäßig die drei Zweige der Berufsorientierung (Technik, Wirtschaft, Soziales) und ein Ganztagsangebot umfasst sowie zum mittleren Schulabschluss führt. Mittelschulen sollen mit einer beruflichen Schule, der regionalen Wirtschaft und der Arbeitsverwaltung zusammenarbeiten."
>
> **„Art. 7a Abs. 4 Satz 3 BayEUG**
> (4) Der Erwerb eines mittleren Schulabschlusses kann mit Genehmigung der Regierung auch in Kooperation mit einer anderen öffentlichen Schule, insbesondere einer anderen Schulart, angeboten werden."

Drei Kriterien sind es also, die eine Mittelschule ausmachen:
- es werden an der Schule oder im Schulverbund alle drei Zweige (Technik, Wirtschaft, Soziales) angeboten,
- die Schule führt zum mittleren Schulabschluss, d. h. es wird mindestens ein M-Zug von der 7. bis zur 10. Jahrgangsstufe geführt;
- es steht ein Ganztagsangebot zur Verfügung.

Weitere Informationen zu den Themen „Offene Ganztagsschule" und „Gebundene Ganztagsschule" finden Sie auf der Seite 261 ff.

Die in den letzten Jahren gegründeten Schulverbünde lassen sich sinnvoll begründen; das Kultusministerium führt dazu aus („Die bayerische Mittelschule", 2010, S. 34):
„Damit das vielfältige Angebot der Mittelschule wirklich gewährleistet werden kann, ist eine hinreichende Schülerzahl erforderlich. Größere Schulen können dieses Angebot alleine garantieren und heißen deshalb Mittelschule.

Mehrere kleine benachbarte Hauptschulen können das differenzierte Angebot gemeinsam sicherstellen. Im Schulverbund dieser kooperierenden Schulen wird festgelegt, welche Schule welches Angebot vorhält. Somit ermöglicht auch der Verbund den Zugang zu allen Bildungsangeboten der Mittelschule ohne formale Hürden wie Sprengelgrenzen oder Gastschulantrag. Deshalb tragen auch alle Schulen in einem Verbund, der das komplette Angebot der Mittelschule für alle Schülerinnen und Schüler garantiert, die Bezeichnung Mittelschule."

Durch sinnvoll gebildete Schulverbünde können auch kleinere Schulen vor allem in den ländlichen Regionen erhalten bleiben und den Kindern unnötig lange Schulwege erspart bleiben.

Momentan gibt es in Bayern keine Hauptschulen mehr; die Umwandlung in Mittelschulen ist abgeschlossen. Trotzdem tauch der Begriff „Hauptschule" in diesem Buch gelegentlich noch auf (z. B. in älteren Zitaten) oder auch weil die rechtlichen Vorgaben noch nicht konsequent geändert wurden (z. B. „Hauptschullehrplan"). Auf diese Terminologieprobleme sollten Sie ggf. in der mündlichen Prüfung hinweisen.

f) So stellt sich die bayerische Mittelschule heute dar

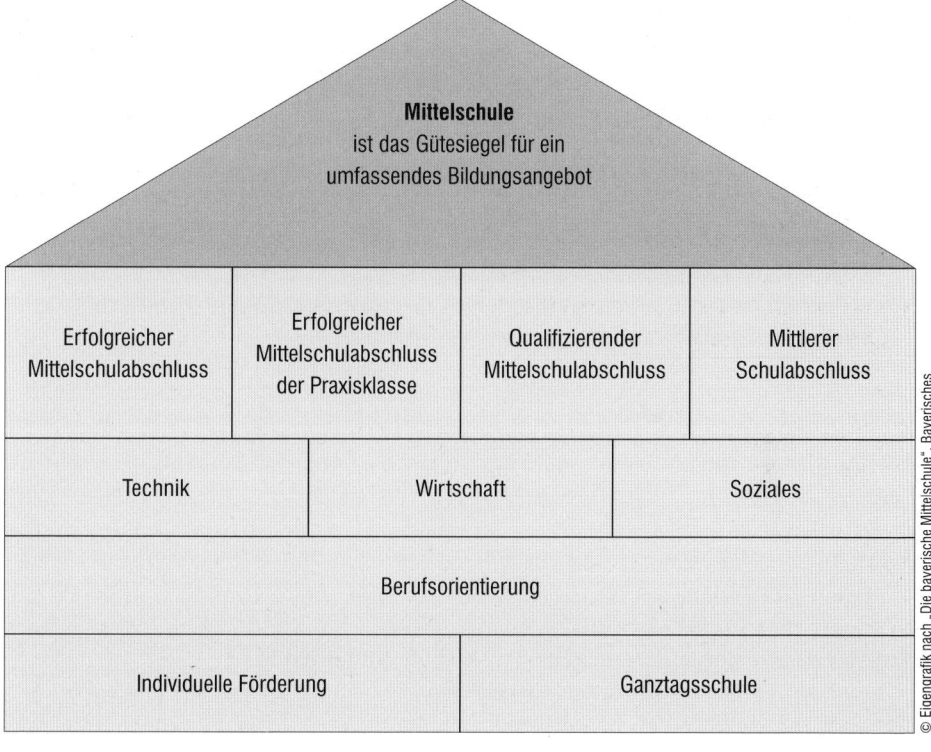

VII Mittelschulen in Bayern

„Die Mittelschule fördert alle Schülerinnen und Schüler individuell und differenziert: Sie legt Wert darauf, dass möglichst alle Kinder und Jugendlichen einen Abschluss erreichen. Außerdem bietet sie leistungsfähigen Schülerinnen und Schülern ein Angebot, den mittleren Schulabschluss zu erreichen und bereitet sie bereits ab Jahrgangsstufe 5 darauf vor.

Gemeinsames Merkmal aller Abschlüsse der Mittelschule ist die ausgeprägte Berufsorientierung. Alle lernen unabhängig vom angestrebten Abschluss die Berufsfelder Technik, Wirtschaft und Soziales praktisch kennen und können so eine treffsichere Berufswahl vornehmen.

Durch die intensiven Kontakte der Mittelschulen mit Berufsschulen und der regionalen Wirtschaft werden häufig Ausbildungschancen eröffnet. SCHULEWIRTSCHAFT-Experten helfen beim Auf- und Ausbau von lokalen Netzwerken.

Ein Ganztagsangebot steht an der Mittelschule immer zur Verfügung. Vor allem berufstätige Eltern erhalten dadurch eine notwendige Unterstützung.

Die Klassenlehrkraft ist eine besonders wichtige Vertrauensperson für die Schülerinnen und Schüler: Sie fördert über die Vermittlung von Fachwissen hinaus auch die Entwicklung persönlicher und sozialer Kompetenzen der Kinder und Jugendlichen.

Die Mittelschule garantiert, dass den Schülerinnen und Schülern ein umfassendes Bildungsangebot (mittlerer Abschluss, Ganztagsschule, alle drei berufsorientierenden Zweige) zur Verfügung steht.

Die Mittelschule leistet dies entsprechend als einzelne größere Schule oder im Verbund mehrerer kleinerer benachbarter Schulen. Gemeinsam stellen sie das komplette Angebot für die Schülerinnen und Schüler bereit. Die ortsnahe Beschulung, ein Vorteil dieser Schulart gegenüber allen anderen weiterführenden Schularten, bleibt weitgehend erhalten."

(„Die bayerische Mittelschule", 2012, S. 6)

Ein lebendiges Schulleben ergänzt den Unterricht, integriert durch die Gestaltung einer lebendigen Gemeinschaft alle Schülerinnen und Schüler und stärkt das Wir-Gefühl.

Aktivitäten des Schullebens sind z. B.
- Sport (verschiedene Sportarten nach örtlicher Situation)
- Musik, Theaterspiel …
- Klassenfahrten, Abschlussfahrten
- Projekte der Schülermitverantwortung usw.

19.3 MÖGLICHE FRAGESTELLUNGEN:

Neben dem Begriff „Hauptschulinitiative" können auch folgende Formulierungen als „Signalwörter" in einer Frage fungieren:
- zukunftsorientierte HS;
- Neuprofilierung der HS;
- Weiterentwicklung der HS zur Mittelschule.

Die Hauptschulinitiative (Start im Mai 2007) enthält u. a. die Elemente:
- „die Hauptschule als Schule zur Berufsorientierung" und
- den „Ausbau des Praxisbezugs".

Schildern Sie praxisorientiert Möglichkeiten, diese Zielsetzungen zu erreichen!

Wichtige Bereiche der Hauptschulinitiative des Jahres 2007 waren
- der weitere Ausbau der Ganztagsschule,
- die Profilbildung und
- die Modularisierung des Unterrichts.

Belegen Sie die Bedeutung dieser drei Bereiche und zeigen Sie dabei Beispiele zur konkreten Umsetzung auf.

Beschreiben Sie die Bedeutung und Rolle der Mittelschule im bayerischen Schulwesen!

19.4 PRÜFUNGSTIPPS:

Als Mittelschullehrer sind Sie ohnehin in diesem Prozess involviert und gut informiert. Grundschul-Lehramtsanwärtern kann nur angeraten werden, die Entwicklung sorgfältig zu verfolgen – z. B. durch das Studium der einschlägigen KM-Publikationen. Nicht nur im Hinblick auf die Prüfung, sondern auch wegen Ihrer Beratungspflicht (Schullaufbahn) gegenüber Schülern und Eltern müssen Sie Bescheid wissen.

20 Berufsvorbereitung und Berufsorientierung an der Mittelschule

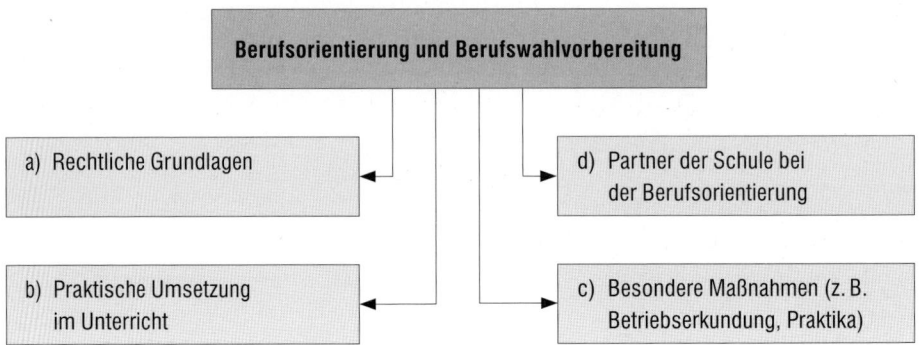

20.1 Fundstellen
▶ Siehe Kapitel 19.1

20.2 Sachinformationen
a) Rechtliche Grundlegung
▶ Art. 7a Abs. 1 BayEUG – Text siehe Kapitel 19.2
▶ Hauptschullehrplan 2004, Punkt 2.6

> Eine wichtige Aufgabe der Hauptschule ist die Hinführung zur Arbeits- und Wirtschaftswelt. Die Schüler erwerben wirtschaftliche, soziale, technische und rechtliche Grundkenntnisse, werden zu gezielter Erkundung, praktischer Erprobung und gedanklicher Klärung ihrer Erfahrungen angeleitet. Sie orientieren sich in der Welt der Berufe, erfahren Unterstützung und Beratung bei der Wahl ihres Berufes. Sie gewinnen auch ein erstes Verständnis für die Grundprinzipien, Chancen und Gefahren unserer von der Technik bestimmten Arbeitswelt und bereiten sich auf die Teilnahme am Arbeits- und Wirtschaftsleben als umworbene Konsumenten und als Produzenten von Gütern und Dienstleistungen vor.

b) Die praktische Umsetzung dieses Anliegens im Unterricht
In den sog. „allgemeinbildenden" Fächern finden sich vier Leitansätze, z.B. auch in katholischer und evangelischer Religionslehre, in Ethik usw. Ein Blick in den Lehrplan ist hier sicher hilfreich. Nachfolgend sind als Beispiele die Fächer Mathematik und Deutsch etwas näher betrachtet:

(1) Das Fachprofil „Mathematik" aus dem HS-Lehrplan von 2004 weist auf die lebens- und berufspraktische Orientierung des Lehrplans hin:

20 Berufsvorbereitung und Berufsorientierung an der Mittelschule

Der Mathematikunterricht stellt sich die Aufgabe, einen bedeutsamen Beitrag zur Allgemeinbildung der Hauptschüler zu leisten. Er schafft die Grundlage für die Bewältigung mathematischer Aufgaben in Alltag, Arbeits- und Berufswelt sowie in weiteren Bildungsgängen. (...)
Die Schüler werden befähigt, Fragestellungen und Probleme des Alltagslebens mit mathematischen Mitteln zu erfassen, zu durchdringen und zu lösen, sie stoßen aber auch auf Grenzen der Mathematisierbarkeit von Alltagsphänomenen. Beim Lösen arithmetischer, algebraischer und geometrischer Aufgaben sollen die Schüler rechnerisches Geschick, Flexibilität und problemlösendes Denken entwickeln sowie ihr räumliches Vorstellungsvermögen entfalten.

Arithmetik, Geometrie und sachbezogene Mathematik geben viele unterrichtliche Möglichkeiten – bitte schauen Sie sich im Lehrplan die Stoffübersicht genauer an.

(2) Viele Themen des Deutschunterrichts leisten Beiträge vor allem für das Erlangen einer Ausbildungsstelle; die Tabelle zeigt exemplarisch einige Beispiele:

Deutsch (alle Bereiche in den Jahrgängen 8 und 9; eine Auswahl in Stichworten)	
Sprechen	▸ schulische und außerschulische Gesprächssituation annehmen und gestalten ▸ einfache Argumentationsformen anwenden können ▸ Gesprächsverhalten für Vorstellungs- und Bewerbungsgespräche einüben ▸ Referate und Vorträge selbstständig vorbereiten und halten
Lesen und Mediengebrauch	▸ Formen und Techniken der Informationsbeschaffung kennen und gezielt anwenden (auch Internet) ▸ Informationsentnahme aus berufsorientierenden Sach- und Gebrauchstexten ▸ wesentliche bzw. relevante Aspekte eines Textes herausarbeiten und angemessen darstellen ▸ mit unterschiedlichen Textarten (auch aus Medien/Zeitschriften/Zeitungen) sachgerecht umgehen
Schreiben und Rechtschreiben	▸ standardisierte Texte (z. B. Lebenslauf, Bewerbung) ggf. auch mit Textverarbeitungsprogrammen erstellen können ▸ Dokumentationen, Praktikumsberichte u. Ä. erstellen und gestalten ▸ bei standardisierten Schreiben (auch bei Formularen) die formalen Gestaltungsmerkmale beachten

(3) Umsetzung im „Leitfach" Arbeit – Wirtschaft – Technik: Lehrplanaussagen zum AWT (Fachprofil)

Das Unterrichtsfach Arbeit – Wirtschaft – Technik und die Fächer Werken/Textiles Gestalten, Gewerblich-technischer Bereich, Hauswirtschaftlich-sozialer Bereich, Kommunikationstechnischer Bereich und Buchführung bilden in der Stundentafel für die Hauptschule das Lernfeld Arbeit-Wirtschaft-Technik. Das Fach Arbeit-Wirtschaft-Technik hat darin die Funktion eines Leitfaches. Es wirkt mit theoretischen und praktischen Inhalten und Lernzielen in die Fächer der berufsbezogenen Praxis und im fächerübergreifenden Sinn auch in die übrigen Fächer hinein. (…)

Die Schüler der Hauptschule treten in der Regel früher als andere in das Berufsleben ein. Vorrangiges Bildungsziel des Faches Arbeit – Wirtschaft – Technik ist es, sie auf jene von Arbeit geprägten Bereiche vorzubereiten, in denen sie in Zukunft als Erwerbstätige, als Produzenten von Gütern und Dienstleistungen, als Verbraucher und Wirtschaftsbürger leben werden. Die Schüler sollen ein grundlegendes Verständnis in den Bereichen Wirtschaft, Technik, Beruf, Haushalt und Recht erwerben und die Arbeit als Grundphänomen menschlichen Daseins begreifen. Dazu setzen sie sich mit wichtigen Tatsachen und Zusammenhängen der Arbeits- und Wirtschaftswelt auseinander. Sie beschäftigen sich mit Entwicklungen in diesen Bereichen und deren Auswirkungen auf das persönliche Leben und die Gesellschaft. Sie bemühen sich, dabei auch auf ökologische, soziale und politische Gesichtspunkte zu achten und lernen entsprechend zu handeln.

Ein wichtiges Anliegen ist es, die Schüler so anzuleiten, dass sie einen Erstberuf auswählen, der zu ihnen passt und den sie ausfüllen können. Sie sollen den Wert einer qualifizierten Berufsausbildung erkennen und einsehen, wie sehr es in allen Berufen neben fachlichem Können auch auf soziale und personale Kompetenzen ankommt. Der Berufswahlprozess vollzieht sich im größeren Rahmen der eigenen Lebensplanung. Die Schüler sollen dabei auch lernen, wie sie ihre persönlichen und kulturellen Lebenssituationen realistisch in diesen Prozess einbeziehen können. Im berufsorientierenden Unterricht sollen sie auf Perspektiven für ihre zukünftige berufliche Entwicklung und die Notwendigkeit der Weiterbildung und der beruflichen Mobilität aufmerksam gemacht werden.

(4) Genauere Beschreibung der drei berufsorientierenden Zweige
„Die Einführung der drei berufsorientierenden Zweige Technik, Wirtschaft, Soziales zum Schuljahr 2009/10 unterstützt die Schüler bei der Berufsorientierung. Dadurch erhalten sie die Gelegenheit, ihre beruflichen Neigungen zu finden und wichtige berufliche Fähigkeiten zu erwerben.

Im Zweig Technik kann sich der Schüler grundlegende Fähigkeiten und Fertigkeiten in den Bereichen Holz, Metall und Kunststoff aneignen. Er erkundet verschiedene Tätigkeiten der technischen Berufe.

Im Zweig Wirtschaft kann der Schüler Basiswissen der Betriebs- und Volkswirtschaft sowie der Buchführung erwerben. Er orientiert sich in kaufmännischen oder verwaltungstechnischen Berufsfeldern wie beispielsweise im Handel oder bei Behörden.

Im Zweig Soziales beschäftigt sich der Schüler mit Fragestellungen aus den Bereichen Haushalt/Ernährung und soziales Handeln. Er lernt mögliche Arbeitsplätze näher kennen, beispielsweise in Betrieben der Lebensmittelherstellung und des Lebensmittelhandels oder in sozialen Einrichtungen." (aus: „Die bayerische Mittelschule", 2011, S. 21)

Unterrichtsstunden in den berufsorientierenden Zweigen:	
Jahrgangsstufe 7	fünf Unterrichtsstunden (alle Zweige)
Jahrgangsstufe 8	vier Unterrichtsstunden im einem Zweig (bzw. unter bestimmten Voraussetzungen 2 x 2 Unterrichtsstunden in zwei Zweigen)
Jahrgangsstufe 9	vier Unterrichtsstunden in einem Zweig
Jahrgangsstufe 10	drei Unterrichtsstunden in einem Zweig

Die folgende Skizze aus dem Faltblatt „Berufsorientierung an bayerischen Haupt-/Mittelschulen" zeigt die Fülle an berufsorientierenden Fächern und Maßnahmen in den Jahrgangsstufen 5 bis 10:

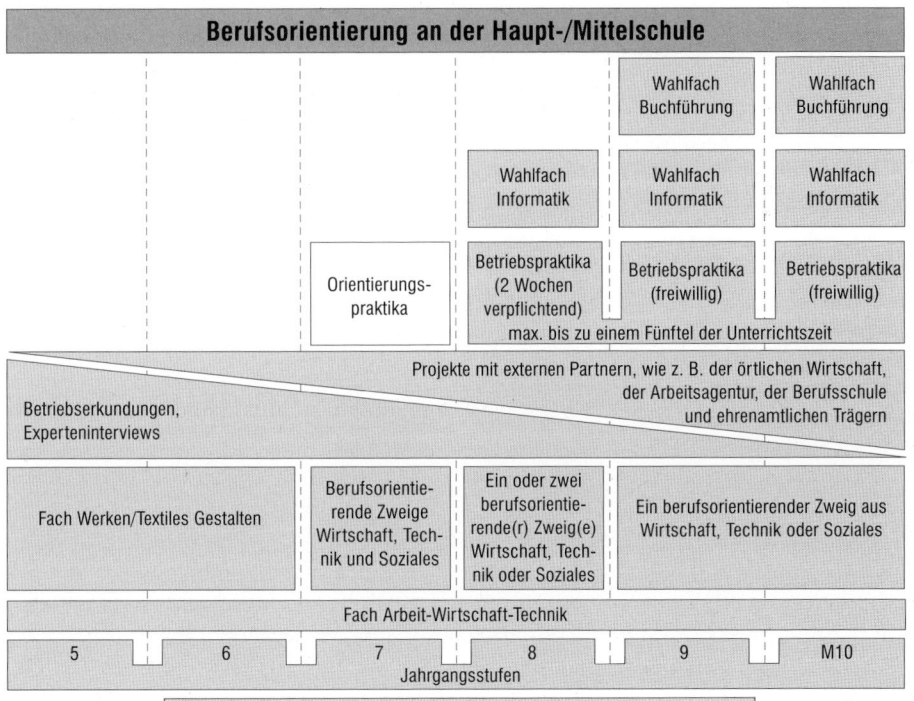

c) Besondere Maßnahmen im AWT-Unterricht.
Die Ziele des Lehrplans für das Fach AWT lassen sich nicht alle im tradierten Unterricht im Klassenzimmer erreichen. Auf drei praktische Maßnahmen im AWT-Unterricht wird nachfolgend exemplarisch eingegangen:
- die Betriebserkundung
- das Betriebspraktikum und
- die Schülerfirma

(1) Die Betriebserkundung
„Dazu tragen Erkundungen in verschiedenen Wirtschaftsbereichen und unterschiedlichen Betrieben im heimatlichen Wirtschaftsraum bei. Die Erkundungen orientieren sich nicht nur an der klassischen Einteilung in volkswirtschaftliche Bereiche, sondern auch an der Verbrauchererziehung (Jahrgangsstufe 7) und den betrieblichen Organisationsbereichen Beschaffung, Produktion, Absatz, Personal und Finanzierung (Jahrgangsstufen 8, 9). Insgesamt sollen mindestens drei Betriebserkundungen durchgeführt werden. Die Schüler sollen ihre Handlungskompetenz, wie z. B. die Frage- und Beobachtungs- oder die Organisationsfähigkeit bis zur Jahrgangsstufe 9 so weit entwickelt haben, dass sie einen Betrieb in einer Kleingruppe selbstständig erkunden und Erkundungsaufgaben eigenverantwortlich im Betriebspraktikum durchführen können." (Hauptschullehrplan 2004, Fachprofil AWT)

Was ist eine Betriebserkundung?
Die Betriebserkundung ist ein vom Lehrer mit den Schülern gemeinsam geplantes, besprochenes Unternehmen, das in den Unterrichtsablauf unter Zuhilfenahme geeigneter Lehrformen eingebettet und lernzielorientiert aufgebaut ist. Sie kann in den Fächern durchgeführt werden, deren Unterrichtsstoffe das Arbeits- oder Betriebsgeschehen unter funktionalen, sozialen oder berufskundlichen Aspekten betrachten. So wird eine Betriebserkundung unter funktionalem Aspekt, z. B. Einblick vermitteln in den Betriebsaufbau, Produktionsverfahren und Arbeitsteilung; der soziale Aspekt weist z. B. auf die Hierarchie und Sozialordnung im Betrieb hin und der berufskundliche Aspekt führt z. B. in Ausbildungsprobleme, Berufsbilder und Berufsaussichten ein. Geeignete Fächer für Erkundungen dieser Art sind: Arbeitslehre ...

Diese Definition grenzt eine Betriebserkundung deutlich ab zu Besichtigungen und Werbeveranstaltungen; sie ist eine schulische Veranstaltung mit klaren Lernzielen.

(2) Das Betriebspraktikum
„Neben den Betriebserkundungen sollen vor allem die Betriebspraktika die Schüler bei ihrer Berufswahl unterstützen. An verschiedenen Arbeitsplätzen können sie die Anforderungen einzelner Berufe praxisnah kennenlernen, ihre eigenen Fähigkeiten und Neigungen einschätzen und praktisch erproben und schließlich Konsequenzen für die eigene Berufswahl ableiten. Zum ersten Mal können sie den betrieblichen Alltag erleben und erfahren, was es heißt, beruflich tätig zu sein. Das Betriebspraktikum in der achten Regelklasse dauert insgesamt zwei Wochen und kann in zwei zeitlich ge-

trennten Phasen stattfinden. Das Betriebspraktikum im M-Zug dauert in der M8 eine Woche und in der M9 auch eine Woche. Das Betriebspraktikum ist eine schulische Pflichtveranstaltung. Es umfasst Aspekte der Orientierung, der Analyse und der Erprobung. Weitere Betriebspraktika können in Jahrgangsstufe 8 und 9 durchgeführt werden, wenn es die regionalen schulischen Rahmenbedingungen und die Wirtschaftsstruktur erlauben." (HS-Lehrplan, Fachprofil AWT)

Lernziele eines Betriebspraktikums

- *„eigene Erfahrungen durch praktisches Tätigwerden und gezieltes Beobachten am Arbeitsplatz gewinnen;*
- *berufliche Anforderungen hinsichtlich bestimmter Berufe bzw. Berufsfelder am Arbeitsplatz erleben;*
- *eigene berufliche Vorstellungen, Wünsche und Voraussetzungen soweit wie möglich durch ein Tätigsein unter den Bedingungen einer betrieblichen und beruflichen Ernstsituation (z. B. normaler Arbeitsrhythmus) überprüfen zu können."*

(Klebel: „Das Betriebspraktikum für Hauptschüler", herausgegeben vom Studienkreis SCHULEWIRTSCHAFT Bayern, München, 1984, Heft 13)

Vorbereitung, Durchführung und Auswertung eines Betriebspraktikums (nach Manfred Beyl mit Ergänzungen aus der Geschäftsstelle SCHULEWIRTSCHAFT Bayern, Stand 2014)

Organisatorische Schritte	
Vorbereitung	1. Arbeitskreis SCHULEWIRTSCHAFT, Schulamt, Schulen planen das Betriebspraktikum ▸ Termine vereinbaren ▸ Anzahl der Schüler ▸ Langfristige Kooperation anstreben. Hilfsmittel dazu unter: www.schulewirtschaft-bayern.de >> Toolbox ▸ Praktika-Plätze unter www.sprungbrett-bayern.de
	2. Information an die Eltern ▸ Anschreiben, Termine, Einverständniserklärung, Einladungen ▸ Elternabend: Erläuterungen der Ziele und Aufgaben, der Organisation, der Versicherungsfragen, der gesetzlichen Bestimmungen, der Betreuung während eines Praktikums anhand eines Merkblatts
	3. Vorbereitung der Schüler im Unterricht ▸ Praxis in den Unterricht ▸ Berufs- bzw. Praktikumswünsche ermitteln ▸ Zusammenstellung/Übersicht ▸ Zeitplanung

	4. Information der Betriebe ▸ persönliche Kontaktaufnahme ▸ Anschreiben, Einladung zu den Veranstaltungen ▸ Vorgespräche im Betrieb ▸ Erklärungen der Betriebe zu einer Kooperation mit den Schulen ▸ Meldung der Praktikanten an die Betriebe	
	5. Weitere organisatorische Maßnahmen auf Schulseite ▸ Abschluss einer Haftpflichtversicherung für die Schüler ▸ ggf. amtsärztliche Untersuchung der Schüler veranlassen	
Durchführung	6. Praktikumsbegleitung durch die Lehrkräfte ▸ Checklisten z.B. der Bundesarbeitsgemeinschaft SCHULEWIRTSCHAFT (jetzt SCHULEWIRTSCHAFT Deutschland, www.schulewirtschaft.de >> Publikationen) ▸ Karteikarten für Notizen anlegen (Name des Schülers, Anschrift des Betriebes, Betreuer, etc....) ▸ Praktikum in überregionale Wettbewerbsprojekte einbinden (z.B.: www.bbw.de >> Wirtschaft im Dialog) ▸ Schülerberichte zu Berufsbildern planen ▸ Praktikumswettbewerb unter www.sprungbrett-bayern.de	
Auswertung	7. Nachbearbeitung der Praktika im Unterricht ▸ Schülerberichte ▸ Auswertung der Fragen und der Berichte ▸ Analyse der Berufswünsche vor und nach dem Praktikum ▸ Aufgabenstellungen zu Thema Berufswunsch 　z.B. Selbst-/Fremdeinschätzung, Kompetenzen, Engagements	
	8. Zusammenfassender Bericht an das Schulamt und an die Betriebe	
	9. Informationsveranstaltungen ▸ Mit Eltern, Lehrkräften, Betrieben, Institutionen ▸ Schülerberichte über das Praktikum ▸ Expertengespräche ▸ Berufsinformationsveranstaltungen ▸ Auswertung durch den Arbeitskreis SCHULEWIRTSCHAFT	
	10. Weitere Maßnahmen ▸ Praktika-Ergebnisse als Ausstellung ▸ Wettbewerbsteilnahmen ▸ Besuch von Berufsinformationszentren ▸ Besuch von Berufsorientierungsmessen (z.B. „Berufsbildung" in Nürnberg) ▸ Ferienprojekte und Feriencamps ▸ Betriebserkundungen	

(3) Schülerfirma
Beispiele für geglückte Schülerfirmen an bayerischen Schulen (verschiedene Schularten), gefunden im Internet unter dem Stichwort „bayerische Schülerfirmen":
- Einrichtung und Betrieb eines Schülercafés
- Fahrradwerkstatt
- Eventmanagement (Gestaltung von Kindergeburtstagen)
- Erstellung von Videofilmen zu bestimmten Anlässen (Schulfeste, sonstige Veranstaltungen, Feste und Feiern)
- Erstellung und Pflege einer Homepage für kleinere Firmen oder Privatpersonen
- Verkauf von selbst hergestellten Artikeln (z. B. Modeschmuck, bedruckten T-Shirts ...)
- Erstellung eines regionalen Kochbuchs (vom Sammeln der Rezepte bis zum Verkauf des fertigen Buches)
- Betrieb einer Schulimkerei einschließlich Honigvermarktung usw.

Schülerfirmen sind schulische Projekte, in denen die Schüler durch „learning by doing" elementare Einsichten in wirtschaftliche Funktionen und Zusammenhänge gewinnen. Dabei ist natürlich die Rückendeckung durch die Schule eine ganz wichtige Voraussetzung. Unterstützt werden solche Projekte auch z. B. durch das „Bildungswerk der Bayerischen Wirtschaft".

Um welche Aufgaben müssen sich die Schüler bei einer Schülerfirma kümmern? Hier eine kleine Auswahl der Aktivitäten:
- das Unternehmen gründen
- einen Namen finden, eventuell ein Logo entwickeln
- Werbung für das Produkt machen
- das benötigte Material einkaufen
- das notwendige Startkapital aufbringen
- Preise kalkulieren
- Kosten berechnen
- für Qualität sorgen, um im Geschäft zu bleiben
- usw.

Dabei werden viele der vom Lehrplan geforderten Schlüsselqualifikationen ausgebildet und verstärkt. In regelmäßigen Abständen finden Messen und Ausstellungen statt, in denen sich die Schülerfirmen präsentieren können.

In rechtlicher Hinsicht sind u. a. folgende Hinweise für die Schülerfirma wichtig:
- die Schülerfirma ist eine „schulische Veranstaltung" und unterliegt der schulischen Aufsichtspflicht;
- es ist grundsätzlich eine Haftpflichtversicherung abzuschließen;
- § 14 Abs. 3 MSO regelt die finanziellen Vorgänge in der Schülerfirma, z. B. die Verwaltung der Gelder, die Kontoführung, die regelmäßigen Kassenprüfungen usw.

d) Partner der Schule bei der Berufsorientierung und die vielfältigen Angebote dazu

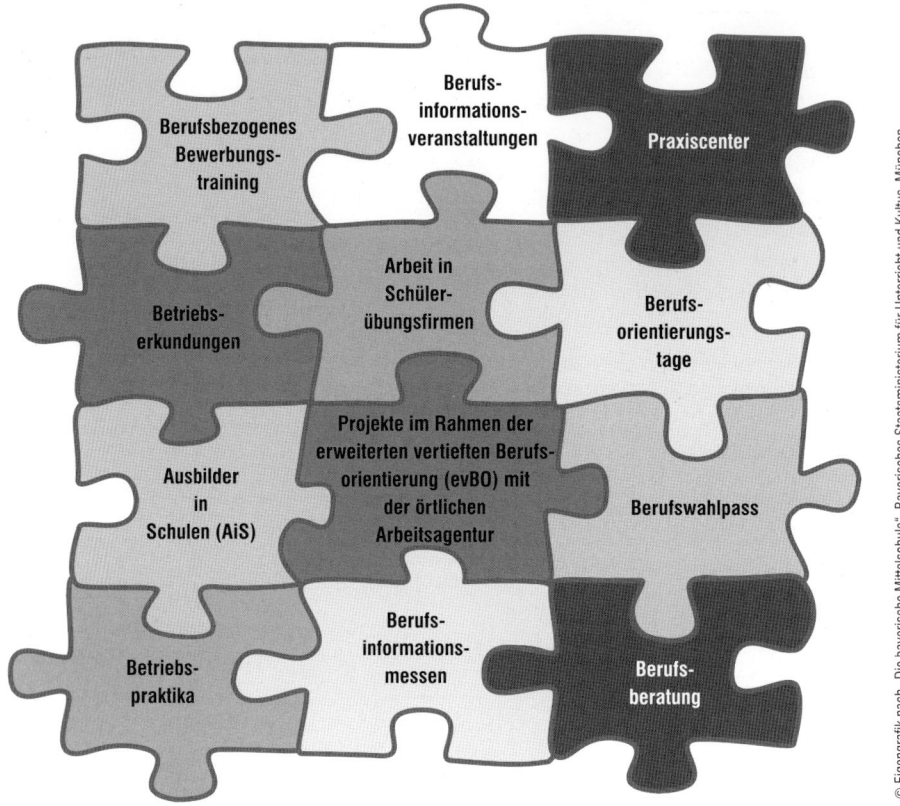

Vielleicht fallen Ihnen noch einige Puzzleteile ein! Zum Abschluss dieses Kapitels drei Zitate, die sich gut in ein Prüfungsgespräch einbauen lassen:

„Die bayerische Wirtschaft braucht auch in Zukunft gute Haupt-/Mittelschüler."
(Bertram Brossardt, Hauptgeschäftsführer vbw – Vereinigung der Bayerischen Wirtschaft e. V.))

„Eine praxisnahe Berufsorientierung bereits in der Schule ist wesentlich für einen gelungenen Start in den Beruf."
(Herbert Loebe, Hauptgeschäftsführer Bildungswerk der Bayerischen Wirtschaft e. V. (bbw))

„Keine andere allgemeinbildende Schule bereitet ihre Schülerinnen und Schüler so intensiv auf das Berufsleben vor wie die bayerische Haupt-/Mittelschule."
(Dr. Ludwig Spaenle, Bayerischer Staatsminister für Unterricht und Kultus)

20.3 MÖGLICHE FRAGESTELLUNGEN

- Wie erfüllt die Mittelschule ihren Auftrag der „Berufsvorbereitung"?
- Welche rechtlichen Grundlagen sind bei der Durchführung einer Betriebserkundung zu beachten?
- Was ist in rechtlicher Sicht bei der Durchführung eines Betriebspraktikums zu beachten?
- Wie ist die Zusammenarbeit mit Berufsberatung und Arbeitsamt geregelt?
- Mit welchen Partnern realisiert die Haupt- bzw. Mittelschule ihren Auftrag der Berufsorientierung?

20.4 PRÜFUNGSTIPPS

Wenn Sie das Fach AWT in Ihrem Fächerkanon haben, kann man Ihnen zu Fragen aus diesem Gebiet nur gratulieren – Sie haben ein „Heimspiel". MS-Lehrern ohne Studium oder Unterrichtserfahrung in AWT oder Lehramtsanwärtern mit dem Lehramt Grundschule kann nur dringend empfohlen werden, die beschriebenen Aktivitäten (Elternarbeit, Betriebserkundungen usw.) an der eigenen Schule aufmerksam und interessiert zu verfolgen.

21 Regelklasse, M-Klassen und M-Kurse sowie P-Klassen an der Mittelschule

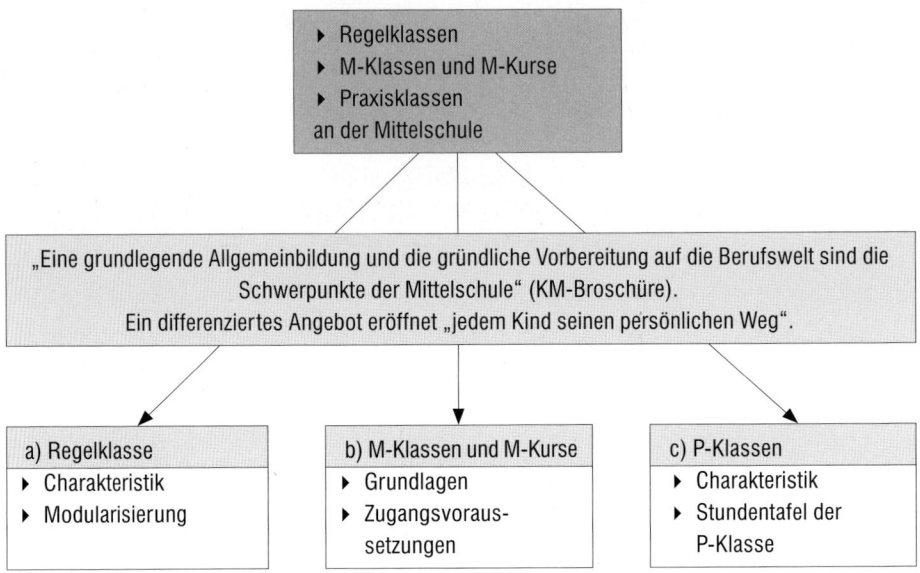

21.1 Fundstellen
- Siehe Kapitel 19.1

21.2 Sachinformationen

a) Die Regelklasse der Mittelschule
(1) Charakteristik der Regelklasse
Regelklassen sind die Klassen, die ihre Anforderungen an den Lehrplänen der Mittelschule ausrichten und die Schülerinnen und Schüler zum erfolgreichen oder qualifizierenden Abschluss der Mittelschule führen. Das Kultusministerium beschreibt die Arbeit in der Regelklasse für die Eltern so:

> Die Regelklasse der Mittelschule bietet Ihrem Kind
> - eine grundlegende Allgemeinbildung,
> - das Erlernen konkret praktischer Grundfertigkeiten,
> - umfassendes Wissen in den Fächern Deutsch, Mathematik und Englisch und vor allem
> - die Unterstützung der Klassenlehrkraft.

Was kennzeichnet den Unterricht an der Mittelschule?
Die Lehrkräfte gehen im Unterricht konkret-anschaulich, lebensnah, beispielhaft und praxisbezogen vor. Entdeckendes Lernen, Lernen an außerschulischen Lernorten wie z. B. Betrieben, eigenständiges Arbeiten und Teamarbeit sind wichtige Unterrichtsformen.

Projektarbeit ist besonders wichtig, sie erfolgt in fünf Schritten.

Vollständige Handlung

| Projekt-initiative, Projektanfang | Zielsetzung und Planung | Durchführung | Dokumentation, Präsentation | Überprüfung, Abschluss |

Durch die Arbeit in Projekten eignen sich die Schülerinnen und Schüler mehr als bloßes Faktenwissen an, weil sie in Zusammenhängen lernen. Sie erwerben neben fachlichem Wissen auch in hohem Maße planerische und soziale Fähigkeiten. Darüber hinaus handeln sie im Rahmen der Projektarbeit flexibel und selbstständig.

(2) Jedem Kind seinen persönlichen Weg – individuelle und modulare Förderung
Dieser Ansatz wird in der o. a. Broschüre (a. a. O., S. 10/11) so beschrieben:

Jedem Kind seinen persönlichen Weg
Eine grundlegende Allgemeinbildung und die gründliche Vorbereitung auf die Berufswelt sind die Schwerpunkte der Mittelschule. Die Mittelschule stimmt ihre Lehr- und Lernmethoden und die Anforderungen auf die Interessen und das Leistungsvermögen Ihres Kindes ab. Eine persönliche Förderung und Differenzierung sind im Unterricht an der Mittelschule fest verankert. Die Schülerinnen und Schüler werden entsprechend ihren Begabungen gefördert. Die Klassenlehrkraft wird hierbei oft durch Förderlehrkräfte unterstützt.

Individuelle/modulare Förderung – was bedeutet das?
Individuelle/modulare Förderung bedeutet, dass Ihr Kind entsprechend seinen Kenntnissen und Fähigkeiten gezielt gefördert wird. Während des Schuljahres wechseln sich Klassenunterricht und Modulphasen ab. In den Modulphasen wird Stoff einer bestimmten Lerneinheit (= Modul) geübt, wiederholt und vertieft. Die Lehrkraft gibt jedem Kind Lern- und Übungsaufgaben, die dem Leistungsstand des Kindes im jeweiligen Fach entsprechen.

Beispiel 1: Für alle Kinder gemeinsam in der Klasse durch unterschiedlich schwere Aufgabenstellungen

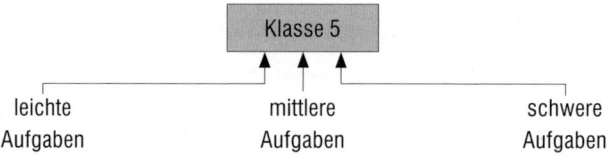

Beispiel 2: Klassenübergreifend ohne zusätzlichen Lehrer

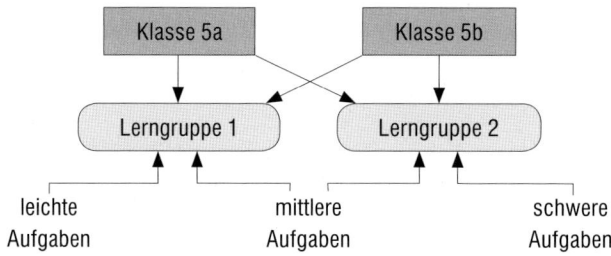

Beispiel 3: Jahrgangsübergreifend mit zusätzlicher Lehrkraft

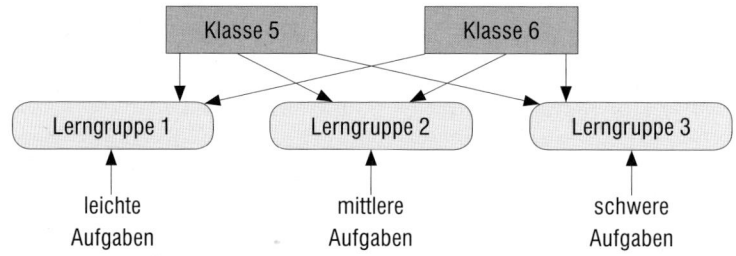

In den Jahrgangsstufen 5 und 6 ist die individuelle/modulare Förderung in den Fächern Deutsch, Mathematik und Englisch verpflichtend.

Wenn diese Thematik in der Prüfung angesprochen wird, so weisen Sie natürlich auch darauf hin, dass Sie in Ihrem Unterricht auch alle sinnvollen Möglichkeiten der inneren Differenzierung nutzen.

b) M-Klassen in den Jahrgangsstufen 7 bis 10 und die Zugangsbedingungen für diese Klassen
(1) Rechtliche Grundlagen nach dem BayEUG

> **„Art. 7a Abs. 2 und Abs. 4 BayEUG**
> (2) Die Mittelschule baut auf der Grundschule auf und umfasst die Jahrgangsstufen 5 bis 9 und, soweit Mittlere-Reife-Zug oder eine Vorbereitungsklasse in der Jahrgangsstufe 10 angeboten werden, auch die Jahrgangsstufe 10.
> Für besonders leistungsstarke Schülerinnen und Schüler werden ab der Jahrgangsstufe 7 Mittlere-Reife-Klassen angeboten, in den Jahrgangsstufen 7 und 8 zur Vorbereitung auf Mittlere-Reife-Klassen auch Mittlere-Reife-Kurse.
> (4) In der Jahrgangsstufe 9 verleiht sie, wenn die erforderlichen Leistungen erbracht sind, den erfolgreichen Hauptschulabschluss; die Schülerinnen und Schüler können durch eine besondere Leistungsfeststellung den qualifizierenden Mittelschulabschluss erwerben. In der Jahrgangsstufe 10 führt die Mittlere-Reife-Klasse zum mittleren Schulabschluss an der Mittelschue."

(2) Lehrplanaussage zum Anforderungspunkt in den M-Klassen (Hauptschullehrplan 2004, Ziff. 4.2):
„Ab der Jahrgangsstufe 7 treten zu den Fachlehrplänen der Regelklassen die Fachlehrpläne für die Mittlere-Reife-Klassen und -Kurse hinzu. Sie enthalten dieselben Themen und Lernbereiche wie sie auch für die Lehrpläne der Regelklassen verbindlich sind. Das erhöhte Anforderungsniveau der M-Klassen verlangt jedoch Differenzierungen bei den Zielen und Inhalten sowie eine Erweiterung um zusätzliche Themen und Lernbereiche. Bei der unterrichtlichen Umsetzung werden durch angemessene Methoden ein höherer Grad der Beherrschung der Lerninhalte, eine geringere Fehlerhäufigkeit, ein gesteigertes Arbeitstempo, eine besser entwickelte Arbeitshaltung, mehr Selbstständigkeit und Eigeninitiative angestrebt."

(3) M-Klassen mit den Jahrgangsstufen 7 bis 10 und die Zugangsbedingungen in diese Klassen
Die Schüler der M-Züge (Jahrgangsstufen 7 bis 10) erreichen nach erfolgreichem Besuch des M-Zuges und dem Bestehen der Prüfung eine „Mittlere Reife", die der entsprechenden Prüfung an der Realschule gleichwertig, aber nicht gleichartig ist. Der M-Lehrplan weist ein deutlich höheres Anspruchsniveau aus als der in der Regelklasse der Mittelschule, beispielsweise werden erhöhte Anforderungen erwartet im Arbeitspensum, Arbeitstempo, der Bewältigung komplexerer Zusammenhänge, in der Selbstständigkeit der Bearbeitung, der vertieften Behandlung der Inhalte usw. Insofern sind die Zeugnisse des M-Zuges und das erteilte „Mittlere-Reife-Zeugnis" nicht mit denen der Regelklassen vergleichbar. So ergeben sich für diese Schüler auch andere Berufsaussichten, die durchaus mit denen von Realschülern vergleichbar sind.
Die Schüler der M-Züge sind nach den bisherigen Erfahrungen sehr motiviert, lernwillig und anstrengungsbereit. Allerdings ist noch am Image dieses Abschlusses der

Mittelschule zu arbeiten, damit er in Handwerk, Handel und Industrie die ihm gebührende Akzeptanz auch tatsächlich erreicht und diese Akzeptanz langfristig gesichert wird.

Festzuhalten ist, dass die M-Zweige der Mittelschule ihre Schülerinnen und Schüler intensiv und praxisorientiert auf das Berufsleben vorbereiten und ihnen die geforderten Schlüsselqualifikationen vermitteln.

In M-Klassen wird, wie bereits erwähnt, auf einem höheren Anspruchsniveau unterrichtet und von den Schülern wird ein konsequentes Lern- und Arbeitsverhalten erwartet. Deshalb gelten für die Aufnahme in die M-Klassen strenge Zugangsvoraussetzungen, die folgender Übersicht entnommen werden können (vgl. dazu § 33 Abs. 1 MSO):

Zugangsvoraussetzungen in die M-Klassen bei Schülern der Mittelschule:
- In die M7
  – Im Zwischenzeugnis der 6. Klasse in den Fächern Deutsch, Mathematik und Englisch eine Durchschnittsnote von 2,66 oder
  – diese Durchschnittsnote wird durch eine Aufnahmeprüfung im Anschluss an das Zwischenzeugnis erreicht.
- In die M8 oder M9:
  – wie oben, jedoch mit der Durchschnittsnote 2,33
- in die M10:
  – qualifizierender Abschluss mit mindestens 2,33 in Deutsch, Mathematik, Englisch oder
  – Erreichen dieses Durchschnitts durch eine Aufnahmeprüfung.

Sonderfälle werden detailliert in der MSO geregelt, z. B.
- Schüler nichtdeutscher Muttersprache im M-Zug;
- Behandlung von externen Bewerbern aus anderen Schularten;
- Gestaltung der Aufnahmeprüfung in die M-Klassen
- Möglichkeit der freiwilligen Wiederholung der M10 usw.

Auf diese Punkte kann hier aus Platzgründen nicht näher eingegangen werden.

(4) M-Kurse in den Jahrgangsstufen 7 und 8

> „§ 36 Abs. 4 MSO
> (4) In den Jahrgangsstufen 7 und 8 muss ein Mittlere-Reife-Kurs bezogen auf die Fächer Deutsch, Mathematik und Englisch angeboten werden, wenn die Schule keine Mittlere-Reife-Klassen der Jahrgangsstufen 7 und 8 führt, keinem Schulverbund angehört und nicht im Einzugsbereich von Mittlere-Reife-Klassen der Jahrgangsstufen 7 und 8 liegt."

So können die Schülerinnen und Schüler in der 7. und 8. Klasse an ihrer wohnortnahen Mittelschule bleiben, werden dort in den drei Kernfächern auf M-Niveau unterrichtet und wechseln erst zum 9. Schuljahr an die nächstgelegene Schule mit M-Zug.

Allerdings gelten für die M-Kurse bestimmte Einschränkungen bzw. Bedingungen:
- die Kurse werden vom Staatl. Schulamt eingerichtet;
- sie dürfen nicht parallel zu bestehenden M-Klassen an derselben Schule gebildet werden;
- sie dürfen nicht an Schulen eingerichtet werden, die einem Schulverbund angehören.

Insbesondere durch den letzten Punkt werden die M-Kurse wohl bald der Vergangenheit angehören.

c) Die Praxisklasse der Mittelschule
(1) Ziele und Aufgaben der Arbeit in der P-Klasse:
Immer wieder gibt es Schüler, die aus welchen Gründen auch immer mit dem Stoff der Regelklassen überfordert sind. Diese Schüler waren in ihrer Lerngeschichte in der Regelklasse häufig überfordert, sie hatten wenig Erfolgserlebnisse, schlechte Noten, waren frustriert und hätten zukünftig Probleme mit dem Finden einer Lehr- oder Arbeitsstelle. Natürlich hatten sie in den Kernfächern oft auch Lücken aus früheren Schuljahren, die sich negativ auswirken. Für diese Schüler wurden vor einigen Jahren die sogenannten Praxisklassen (P-Klassen) geschaffen.

Aufnahmevoraussetzungen sind nach § 34 Abs. 4 MSO:
- der Schüler ist im letzten Schulbesuchsjahr und
- seine Eltern oder entsprechend die Erziehungsberechtigten stellen einen Antrag auf Besuch einer P-Klasse.

Da nicht an jeder Schule eine P-Klasse angeboten werden kann, sind häufig ein Schulwechsel und eine Zuweisung durch das Staatliche Schulamt an eine andere Schule nötig. Entscheidend für den Erfolg der Praxisklasse ist die Bereitstellung von erfahrenen Lehrkräften, Förderlehrern und Sozialpädagogen, die bereit sind, sich mit dieser doch fordernden Aufgabe auseinanderzusetzen.

Aus dem oben Dargestellten wird auch klar, welche Schüler nicht in eine P-Klasse gehören:
- Schüler, deren Förderort die Förderschule ist oder
- deren Leistungsrückstände etwa bei Ausländern, Aussiedlern und Asylbewerbern auf mangelhafte deutsche Sprachkenntnisse zurückzuführen sind oder
- die wegen ihres Verhaltens die Regelklasse „belasten".

(2) Die Arbeit in der P-Klasse
- Häufig werden Mängel im Bereich der Kulturtechniken festgestellt. Als Konsequenz daraus ist jeder Schüler bei seinem Wissensstand abzuholen und individuell zu fördern. Dies ist natürlich nur in kleinen Klassen und mit relativ vielen zugewiesenen Lehrerstunden zu erreichen. Der HS-Lehrplan kann in aller Regel nicht als Arbeitsgrundlage dienen. Die fachlichen Schwerpunkte liegen in den absoluten Basiskompetenzen in Deutsch und Mathematik.
- Ein zweites Charakteristikum der P-Klasse ist ein sehr hoher Praxisanteil. Dies kann die Schule alleine nicht schaffen – sie ist hier ganz entschieden auf die Hilfe außerschulischer Partner angewiesen. Da diese Schüler häufig im praktischen und handwerklichen Bereich doch leistungsfähiger sind als in den mehr theoretischen Fächern, haben sie hier gute Chancen für Erfolgserlebnisse (Formen: regelmäßige Praxistage, zeitlich ausgeweitete Praktika usw.).
- Eine weitere wichtige Aufgabe in der P-Klasse ist auch die Unterstützung des Schülers bei der Berufswahl. Hier hilft die Schule in enger Zusammenarbeit mit der Arbeitsagentur und anderen Stellen bei wichtigen Aktivitäten wie
  – Schaffen eines Überblicks über mögliche Berufsfelder;
  – Erkennen der eigenen Interessen, Begabungen, Stärken des Schülers;
  – Trainieren von Vorstellungsgesprächen;
  – Erstellen von Bewerbungsmappen usw.;
  – individuelle Beratung und Begleitung bei diesem Prozess;
  – Erstellung eines speziellen Zeugnisses mit detaillierter Angabe wichtiger berufsrelevanter Eigenschaften.

Die seit dem Schuljahr 2010/2011 eingeführte Prüfung ermöglicht es dem P-Schüler, auch durch eine theorieentlastete Abschlussprüfung den erfolgreichen Mittelschulabschluss zu erreichen. Näheres dazu finden Sie im Kapitel 22 und im § 57 der MSO.

(3) Die Stundentafel der Praxisklasse:
Wie bereits dargestellt, ist die Arbeit in den P-Klassen sehr stark von den Bedürfnissen der Schüler und den örtlichen Gegebenheiten des Arbeitsmarktes abhängig. Insofern verbietet sich auch eine hohe Regelungsdichte mit engen Vorgaben. Die Stundentafel der P-Klasse (aus dem Anhang zur MSO) lässt der Schule vor Ort viele Möglichkeiten und Entscheidungen:

Stundentafel für die Praxisklassen

Fächer	Anzahl der Unterrichtsstunden
Religionslehre/Ethik	2
Deutsch, Mathematik	10
Arbeit – Wirtschaft – Technik, Geschichte/Sozialkunde/Erdkunde, Physik/Chemie/Biologie	4
Sport	2+2[1)
Arbeitsgemeinschaft [2)	2
Förderunterricht [2)	2
Gesamtstundenzahl der Unterrichtsstunden	22+2
Praxistag	8
Gesamtstundenzahl (Schule + Praxis)	30+2[1)

[1) siehe Bestimmung Nr. 4
[2) siehe Bestimmung Nr. 3

Bestimmungen zur Stundentafel

1. Die Stundentafel für die Praxisklasse ist flexibel umzusetzen. Sowohl bei der Ausgestaltung des Unterrichts als auch beim Praxistag ist auf die Bedarfslage der Schülerinnen und Schüler und auf die Möglichkeiten der außerschulischen Partner Rücksicht zu nehmen (z. B. wöchentlichen Praxistag oder Praxis im Block).
2. Der Unterricht wird auf der Grundlage ausgewählter Bereiche des Lehrplans für die Mittelschule und einer auf die Klasse sowie die Leistungsmöglichkeiten der Schülerbezogenen Jahresplanung (klassenbezogener Lehrplan) in enger Verzahnung mit dem praktischen Bereich erteilt. Dabei sind anhand einer Überprüfung des Lernstands der Schülerinnen und Schüler die Leistungsrückstände in den Grundkenntnissen und Grundfertigkeiten, insbesondere in den Fächern Deutsch und Mathematik, zu berücksichtigen.
3. Die zweistündige Arbeitsgemeinschaft dient der spezifischen Förderung der Interessen der Schülerinnen und Schüler, der zweistündige Förderunterricht der Verbesserung der Lernergebnisse insbesondere in den Fächern Deutsch und Mathematik.
4. Zu den genannten zwei Unterrichtsstunden kommen noch zwei Stunden differenzierter Sportunterricht hinzu, bei deren Durchführung die personellen, räumlichen und organisatorischen Verhältnisse zu berücksichtigen sind.

5. Der Unterricht in den Fächern Religionslehre/Ethik und Sport soll in Kooperation mit einer Regelklasse erteilt werden.

(4) Zusammenfassung
Zusammenfassend kann festgestellt werden, dass die P-Klasse für einige Schüler eine gute Chance ist, doch in eine Berufsausbildung zu kommen und nicht von der Schule in die Arbeitslosigkeit zu rutschen.

Das Kultusministeriums schrieb dazu im Oktober 2011 in der Broschüre „Die bayerische Mittelschule" (S. 19): „Im Schuljahr 2008/2009 konnten mehr als 90 Prozent der Praxisklassen-Schülerinnen und -Schüler in eine weiterführende berufliche oder schulische Maßnahme wechseln und haben so einen unmittelbaren Anschluss."

21.3 MÖGLICHE FRAGESTELLUNGEN
- Unter welchen Voraussetzungen kann ein Mittelschüler in die M-Klasse aufgenommen werden?
- Welche Schüler sollten eine P-Klasse besuchen? Unter welcher Zielsetzung wird dort unterrichtet?
- Wie unterscheidet sich die Arbeit der Lehrkraft in Regel- und M-Klassen?

21.4 PRÜFUNGSTIPPS
Vielleicht hat ihr MS-Seminar einen Besuch in einer M- oder P-Klasse gemacht; die dort gewonnenen Eindrücke können Sie sicherlich verwenden.

Auch der Informationsabend für die Eltern interessierter M-Schüler kann informativ sein.

Vergessen Sie bei einer Fragestellung aus diesem Bereich auch nicht die schulpolitischen Aspekte dieser Thematik.

22 Abschlüsse an der Mittelschule, Zeugnisse und damit verbundene Berechtigungen

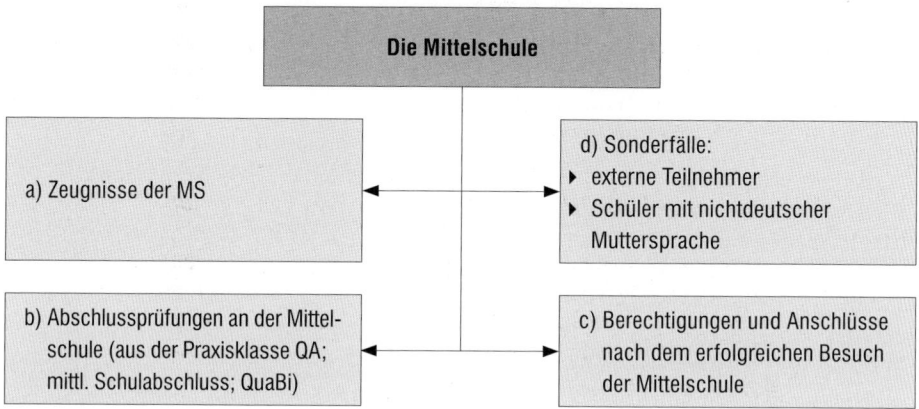

22.1 Fundstellen
siehe Kapitel 19.1

22.2 Sachinformationen
a) Welche Zeugnisse kann die Mittelschule ausstellen?
Die Mittelschule kann, je nach mehr oder weniger erfolgreich absolvierter Schullaufbahn, ihren Schülern verschiedene Zeugnisse zuerkennen. Diese werden nachfolgend kurz dargestellt:

(1) Verlassen der MS nach neun Jahren ohne Erfolg

> „§ 53 Abs. 3 MSO
> (3) Schülerinnen und Schüler, die mit Erfüllung der Vollzeitschulpflicht den erfolgreichen Abschluss der Mittelschule nicht erreicht haben, erhalten in doppelter Fertigung ein Jahreszeugnis mit folgendem Vermerk: „Sie/er ist zum Besuch der Berufsschule oder einer sie ersetzenden schulischen Einrichtung verpflichtet, sofern nicht freiwillig die Mittelschule besucht wird."

Bei Wiederholungsschülern kann die Vollzeitschulpflicht natürlich auch schon nach der 7. oder 8. Klasse erfüllt sein. Ein freiwilliger Besuch der Mittelschule nach 9 oder 10 Schulbesuchsjahren ist gem. § 38 BayEUG auf Antrag der Erziehungsberechtigten möglich. Die Entscheidung hierüber trifft die Schule. Die Genehmigung kann verweigert werden „wenn zu erwarten ist ... dass die Sicherheit oder die Ordnung des Schulbetriebs oder die Verwirklichung der Bildungsziele der Schule erheblich gefährdet ist" (z. B. grobe Verhaltensauffälligkeiten in der bisherigen Schulzeit, notorisches Schulschwänzen usw., vgl. dazu § 38 Satz 2 BayEUG)."

(2) Verlassen der MS nach 10 Jahren ohne Erfolg

> **„§ 53 Abs. 3 MSO**
> Schülerinnen und Schüler, die die Jahrgangsstufe 10 ohne Erfolg besucht haben, erhalten ein Jahreszeugnis; hierbei ist zu vermerken, dass die Schülerin oder der Schüler sich der Abschlussprüfung ohne Erfolg unterzogen hat."

(3) Abgang von der Schule im Schuljahr (§ 53 Abs. 4 MSO)
§ 53 Abs. 4 besagt, dass ein Schüler, der während des Schuljahres die Grund- und Mittelschule verlässt, ein Zwischenzeugnis erhält, das als Abgangszeugnis zu kennzeichnen ist. Mögliche Situationen wären u. a.
- der freiwillige Abbruch eines genehmigten und laufenden Besuchs der Mittelschule oder
- ein Schulwechsel an eine andere Grund- und Mittelschule während des Schuljahres (z. B. durch Umzug); in diesem Fall gilt diese Vorschrift selbstverständlich in allen Jahrgangsstufen.

(4) Entlassung aus der MS als Ordnungsmaßnahme (§ 53 Abs. 5 MSO)
Bei der Entlassung von der Mittelschule als Ordnungsmaßnahme erhält der Schüler anstelle eines Zeugnisses eine Bescheinigung über die Dauer des Schulbesuchs während des laufenden Schuljahres. Diese Bestimmung kann aber nur bei Schülern mit freiwilliger (und offensichtlich gescheiterter) Verlängerung der Volksschulpflicht greifen.

(5) Der erfolgreiche Haupt- bzw. Mittelschulabschluss

> **„§ 54 Abs. 1 MSO**
> (1) Der erfolgreiche Abschluss der Mittelschule ist erreicht, wenn in der Jahrgangsstufe 9 die Gesamtdurchschnittsnote aus allen Vorrückungsfächern mindestens 4,00 beträgt und in höchstens drei Fächern eine schlechtere Note als die Note 4 erzielt wurde; die Note 6 zählt dabei wie zweimal die Note 5. Liegen die Voraussetzungen des Satzes 1 vor, so trägt die Schule auf Antrag in das Jahreszeugnis der Jahrgangsstufe 9 der Mittleren-Reife-Klasse folgenden Vermerk ein: ‚Dieses Zeugnis schließt die Berechtigungen des erfolgreichen Abschlusses der Mittelschule ein.'"

(6) Nachträglicher Erwerb des erfolgreichen Mittelschulabschlusses

> **„§ 56 Abs. 1 – 7 MSO**
> (1) Der erfolgreiche Abschluss der Mittelschule kann durch eine gestellte Leistungsfeststellung erworben werden.
> (2) Die Leistungsfeststellung erstreckt sich auf die Fächer Deutsch und Mathematik sowie nach Wahl der Bewerberin oder des Bewerbers auf zwei der Fächer Englisch, Physik/Chemie/Biologie, Geschichte/Sozialkunde/Erdkunde und Arbeit – Wirtschaft – Technik. Für Bewerberinnen oder Bewerber mit nichtdeutscher Muttersprache tritt auf Antrag an die Stelle des Fachs Englisch das Fach Muttersprache. Für Bewerberinnen oder Bewerber mit nichtdeutscher Muttersprache, die weniger als sechs Jahre eine deutsche Schule besucht haben, tritt auf Antrag an die Stelle des Fachs Deutsch das Fach Deutsch als Zweitsprache.
> (3) In der Leistungsfeststellung können schriftliche und mündliche Leistungsnachweise oder eines von beiden verlangt werden. In den Fächern Deutsch und Mathematik sind schriftliche Arbeiten von der Dauer je einer Unterrichtsstunde zu fertigen. Die Dauer der Leistungsfeststellung beträgt für jede Bewerberin und jeden Bewerber zweimal zwei Stunden. Bei der inhaltlichen Gestaltung der Leistungsfeststellung soll auf die berufliche Situation der Bewerberin oder des Bewerbers Rücksicht genommen werden.
> (4) Zur Leistungsfeststellung wird zugelassen, wer die Vollzeitschulpflicht erfüllt hat. Die Bewerberin oder der Bewerber kann sich der Leistungsfeststellung an jeder Mittelschule mit einer Jahrgangsstufe 9 unterziehen.
> (5) Die Mittelschule bildet eine Feststellungskommission. Diese besteht aus drei Lehrkräften, die an der Mittelschule unterrichten. Die Schulleiterin oder der Schulleiter bestimmt das vorsitzende Mitglied und setzt unverzüglich den Zeitpunkt der Leistungsfeststellung fest.
> (6) Der erfolgreiche Abschluss der Mittelschule ist erworben, wenn die Durchschnittsnote aus allen Fächern der Leistungsfeststellung mindestens 4,00 beträgt und in höchstens einem Fach eine schlechtere als die Note 4 erzielt wurde. Hierüber wird ein Zeugnis ausgestellt.
> (7) Der erfolgreiche Abschluss der Mittelschule ist auch nachgewiesen, wenn in der besonderen Leistungsfeststellung nach § 63 die Gesamtdurchschnittsnote aus allen Fächern mindestens 4,00 beträgt und in höchstens zwei Fächern eine schlechtere NOtes als die 4 erzielt wurde; die Note 6 zählt dabei wie zweimal die Note 5. Die Bewerberin oder der Bewerber erhält auf Antrag ein Zeugnis.

(7) Erfolgreicher Mittelschulabschluss der Praxisklasse (§ 57 MSO)
Näheres dazu finden Sie unter Buchstabe b) in diesem Kapitel

(8) Zeugnis über das erfolgreiche Ablegen der „Besonderen Leistungsfeststellung" (QA; §§ 58 – 63 MSO)
„Das Zeugnis über den qualifizierenden Mittelschulabschluss erhalten
    a) Schüler der 9. Klasse, die sich erfolgreich der Prüfung über den QA unterzogen haben (zusätzlich zum o. a. Abschlusszeugnis) und

b) externe Bewerber nach § 63 MSO (ohne Einbezug von Jahresfortgangsnoten, da diese nicht vorliegen)."
Näheres zur QA-Prüfung finden Sie unter Buchstabe b) in diesem Kapitel.

(9) Das Zeugnis über den „Mittleren Schulabschluss der Mittelschule" (§ 66 MSO)
Näheres über die Prüfung und die stofflichen Inhalte finden Sie unter Buchstabe b) in diesem Kapitel.

(10) Das Zeugnis über die „Zuerkennung des qualifizierten beruflichen Bildungsabschlusses" (§ 66 MSO)
Näheres dazu finden Sie unter Buchstabe b) in diesem Kapitel.

Grundsätzlich gilt für alle Zeugnisse, dass sie den Vorgaben des Kultusministeriums entsprechen müssen (vgl. dazu § 53 Abs. 9 MSO: „Die Zeugnisse müssen den vom Staatsministerium herausgegebenen Mustern entsprechen."). Für die Mittelschulklassen 8, 9 und 10 ist zu beachten, dass das Zeugnis keine Formulierung enthalten darf, die den Übertritt ins Berufsleben erschwert (§ 53 Abs. 1 MSO). Hier ist die Lehrkraft gelegentlich im Dilemma: einerseits die o. a. Aussage der MSO und andererseits die Pflicht zur Wahrheit und zur Gleichbehandlung aller Schüler. In schwierigen Fällen wenden Sie sich mit Ihrem Formulierungsentwurf vertrauensvoll an den Schulleiter.

b) Abschlussprüfungen an der Mittelschule
(1) Der erfolgreiche Mittelschulabschluss in der Praxisklasse
Schülerinnen und Schüler in der Praxisklasse haben nach neun Schulbesuchsjahren die Möglichkeit, durch eine „praxisentlastete Abschlussprüfung" den erfolgreichen Mittelschulabschluss zu erlangen.
Die Teile der Abschlussprüfung sind in der Tabelle auf S. 166 zu entnehmen.
- Die Prüfung ist bestanden, wenn die Durchschnittsnote 4,0 oder besser beträgt, d. h. nach folgender Tabelle die Notensumme maximal 20 ist.
- An der Prüfung können nach § 57 Abs. 3 MSO auch Schülerinnen und Schüler teilnehmen, die keine Praxisklasse besuchen.

22 Abschlüsse an der Mittelschule, Zeugnisse und damit verbundene Berechtigungen

Fach	Prüfung	Aufgaben-stellung	Arbeitszeit	Gewichtung	Sonstiges
Deutsch	schriftlich/ mündlich	durch die Schule	75 Minuten 15 Minuten	1 x	vgl. dazu § 57 MSO
Mathematik	schriftlich	durch die Schule	60 Minuten	1 x	vgl. dazu § 57 MSO
AWT oder GSE oder PCB (1 Fach nach Wahl)	schriftlich	durch die Schule	45 Minuten	1 x	vgl. dazu § 57 MSO
Projektprüfung		durch die Schule	„… ist eine angemessene Prüfungszeit vorzusehen …"	2 x	keine Berücksichtigung der Jahresfortgangsnoten
				Teiler 5	Quelle: § 57 VSO

(2) Die besondere Leistungsfeststellung des qualifizierenden Mittelschulabschlusses
Durch die freiwillige Teilnahme an einer besonderen Leistungsfeststellung, die teilweise zentrale, landeseinheitliche Aufgabenstellungen enthält, kann mit der Gesamtbewertung 3,0 in den Prüfungsfächern zusätzlich der qualifizierende Mittelschulabschluss (Quali) erworben werden, der überdurchschnittliche Leistungen bestätigt. Alle Schüler der Jahrgangsstufe 9 sowie externe Bewerber aus anderen Schularten und Nichtschüler können daran teilnehmen.

Die besondere Leistungsfeststellung umfasst schriftliche, mündliche und praktische Fächer, die in folgender Tabelle (S. 167) im Überblick dargestellt sind.

Für das Erreichen des Quali sind die Jahresfortgangsnoten und die Prüfungsnoten bedeutsam, wobei auf die Gewichtung der einzelnen Fächer bzw. Prüfungsteile zu achten ist.

Bei externen Prüfungsteilnehmern entfallen die Jahresfortgangsnoten; hier sind nur die erreichten Prüfungsergebnisse zu berücksichtigen. Nähere Angaben zum Quali finden Sie in den §§ 58 bis 63 der MSO.

VII Mittelschulen in Bayern

Fach	Prüfung	Aufgabenstellung	Arbeitszeit	Gewichtung	Sonstiges
Deutsch	schriftlich	KM	180 Minuten	JFG 2 x QA 2 x	nach § 58 Abs. 3 Satz 2 ist unter Umständen eine mündliche Prüfung möglich (Dauer: 10 Minuten)
Mathematik	schriftlich	KM	100 Minuten	JFG 2 x QA 2 x	
Projektprüfung	▸ schriftlich ▸ mündlich ▸ praktisch	Schule	je nach gewähltem Fach	JFG 2 x QA 2 x	siehe § 58 Abs. 1 Satz 1 MSO
Englisch oder PCB oder GSE (1 Fach auswählen)	▸ schriftlich	KM	90 Minuten	JFG 2 x QA 2 x	Englisch
	▸ mündlich	Schule	15 Minuten		
	schriftlich	Schule	60 Minuten		PCB oder GSE
Religionslehre *(Ein Fach wird ausgewählt, das als benotetes Fach besucht wurde)*	schriftlich	Schule	50 Minuten	JFG 1 x QA 1 x	
Ethik	schriftlich		50 Minuten		
Sport	praktisch und schriftlich		schr.: 30 Minuten		
Musik	praktisch und schriftlich		30 Minuten		
Kunst	praktisch und schriftlich		150 Minuten		
Informatik	schriftlich		120 Minuten		
Buchführung	schriftlich		60 Minuten		
Werken/Textiles Gestalten	praktisch		150 Minuten		
				Teiler 18	Quelle: § 60 MSO

(3) Der mittlere Schulabschluss (sog. „Mittlere Reife") an der Mittelschule
Nach Art. 25 BayEUG kann der mittlere Schulabschluss auch nach dem Besuch der zehnten Klasse der Mittelschule erworben werden. Die genauen Voraussetzungen für den „Mittleren Schulabschluss an der Mittelschule" finden Sie in den §§ 64 bis 68 der MSO, eine Zusammenfassung können Sie nachstehender Tabelle entnehmen:

Fach	Prüfung	Aufgaben-stellung	Arbeitszeit	Anmerkungen
Deutsch	▸ schriftlich ▸ mündlich	KM Schule	200 Minuten 15 Minuten	Die Bestimmungen über ▸ die Jahresfortgangs-noten, ▸ die Bewertung der Leistungen, ▸ freiwillige mündliche Prüfungen, ▸ Festsetzung der Noten und des Prüfungser-gebnisses sowie ▸ des Notenausgleichs werden hier nicht dargestellt. Sie sind in § 66 MSO beschrieben.
Mathematik	schriftlich	KM	150 Minuten	
Englisch	▸ schriftlich ▸ mündlich	KM Schule	120 Minuten 15 Minuten	
Projektprüfung mit Inhalten aus AWT und dem in der 10. Klasse besuchten berufsorientierten Wahlpflichtfach	▸ schriftlich ▸ mündlich ▸ praktisch	Schule	siehe § 58 Abs. 1 Nr. 1 MSO	

Der Stoffumfang der Abschlussprüfung entspricht dem Stoff des Lehrplans der 10. Klasse. In bestimmten Fällen können sich die Schüler auch freiwillig einer mündlichen Prüfung unterziehen.

Der an jeder Schule zu bildende Prüfungsausschuss (Mitglieder: Schulleiter als Vorsitzender; ständiger Vertreter des Schulleiters; alle Lehrkräfte, die in der 10. Klasse in den Prüfungsfächern unterrichten) entscheidet unter Einbezug der Jahresfortgangsnoten nach der vorgeschriebenen Gewichtung von schriftlichen, mündlichen und praktischen Leistungen über die Gesamtnoten und somit auch über das Bestehen bzw. Nichtbestehen der Prüfung.

In Anlehnung an die Schulordnungen der Realschulen und der Gymnasien ist bei der Prüfung zur Erlangung der Mittleren Reife auch an der Mittelschule ein Notenausgleich mit Genehmigung des Prüfungsausschusses möglich.

(4) Der „Qualifizierte berufliche Bildungsabschluss" (QuaBi) nach § 69 MSO
Auch auf dem Weg über eine erfolgreiche Berufsausbildung ist ein mittlerer Schulabschluss in Bayern erreichbar. In unserem Falle interessiert vornehmlich der Quabi. Das Zeugnis über den „Qualifizierten beruflichen Bildungsabschluss" erhalten Schüler, die
- den qualifizierenden Mittelschulabschluss erreicht haben und
- Kenntnisse im Fach Englisch nachweisen können (d. h. den fünfjährigen Englischunterricht mindestens mit Note „4.0" abschließen) und
- einen überdurchschnittlichen Berufsabschluss bestätigt bekommen (d. h. Gesamtnote bis 3,0 im Berufsabschlusszeugnis).

Bei Vorliegen der o. a. Voraussetzungen erteilt die zuletzt besuchte Mittelschule das Zeugnis über den Quabi. Der Quabi kann auch dann erreicht werden, wenn statt Englisch gleichwertige Kenntnisse in einer anderen modernen Fremdsprache nachgewiesen werden können.

(5) Zusammenfassung (Ziff. 1.3 des HS-Lehrplans 2004)

> Jeder Schüler, der die Jahrgangsstufe 9 mit Erfolg besucht hat, erhält das Zeugnis über den erfolgreichen Hauptschulabschluss. Die Schüler der Jahrgangsstufe 9 können sich einer besonderen Leistungsfeststellung unterziehen und so den qualifizierenden Hauptschulabschluss erwerben. Durch den Besuch der 10. Klasse des Mittlere-Reife-Zuges und das Bestehen der Abschlussprüfung erreichen sie den mittleren Schulabschluss. Ein mittlerer Schulabschluss ist auch der qualifizierte berufliche Bildungsabschluss, den Hauptschüler mit qualifizierendem Abschluss durch den Nachweis guter Leistungen in der Berufsausbildung erreichen können.

c) Berechtigungen und Anschlüsse nach dem erfolgreichen Besuch der Mittelschule
(1) Aussage des Hauptschullehrplans (Präambel, Ziff. 1.4):

> Die Hauptschule ist eine weiterführende Schule. Mit ihren Abschlüssen öffnet sie den unmittelbaren Zugang zur beruflichen Ausbildung wie auch zu weiteren Bildungsgängen und Berufszielen. Sie bietet Perspektiven im Handwerk, in der Industrie, in anderen Bereichen der Wirtschaft und in sozialen Berufen sowie Aufstiegsmöglichkeiten z. B. zum Meister oder Techniker. Der qualifizierende Hauptschulabschluss öffnet auch den Zugang zum mittleren nichttechnischen Verwaltungsdienst, der mittlere Schulabschluss den Zugang zu weiterführenden Bildungsgängen, mit abgeschlossener Berufsausbildung z. B. zur Berufsoberschule und mit deren Abschluss zum Studium an der Hochschule.

(2) Durchlässigkeit des bayerischen Schulsystems
Das bayerische Schulsystem zeigt sich höchst durchlässig und gibt dem Schüler grundsätzlich viele Möglichkeiten, einen Bildungs- bzw. Schulabschluss zu erreichen. Besonders deutlich zeigt sich das, wenn man für das Jahr 2010 die Hochschulzugangsberechtigungen analysiert:

22 Abschlüsse an der Mittelschule, Zeugnisse und damit verbundene Berechtigungen

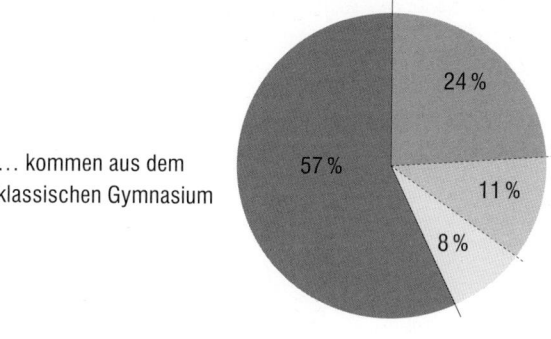

... kommen aus dem klassischen Gymnasium

... der Hochschulzugangsberechtigten kamen 2010 aus der Fachoberschule (24 %), der Berufsoberschule (11 %) und sonstigen Schulen (8 %)

Eigengrafik nach Lehrerinfo, Heft 1/2012

Im differenzierten Schulwesen sollen Schüler in Bayern zu möglichst vielen Zeitpunkten den eingeschlagenen Bildungsweg ändern können. Die LEHRERINFO sprach dazu mit dem Kieler Bildungsexperten Professor Dr. Olaf Köller:

Warum ist es wichtig, dass ein Bildungssystem durchlässig ist?
Hier lassen sich wenigstens zwei Gründe finden. Zum einen müssen Bildungssysteme gerecht sein, indem sie Schülerinnen und Schülern unterschiedlicher sozialer und ethnischer Herkunft gleiche Chancen bei der Bildungsbeteiligung und den angestrebten Schulabschlüssen bieten. Wir wissen, dass Kinder aus sozial und kulturell benachteiligten Familien nach der Grundschule seltener auf das Gymnasium wechseln. Nicht selten treten sie trotz guter Leistungen nicht auf das Gymnasium über. Die Durchlässigkeit bietet hier in späteren Jahren Korrekturmöglichkeiten.
Zum anderen müssen sich rasant entwickelnde Gesellschaften Gedanken über möglichst hohe Qualifikationsniveaus ihrer Schülerinnen und Schüler machen. Eine hohe Durchlässigkeit erlaubt potenziell mehr Schülerinnen und Schülern, eine Hochschulzugangsberechtigung zu erwerben. Dies ist in Anbetracht insgesamt sinkender Schülerzahlen wünschenswert.

„Werkzeuge" dieser Durchlässigkeit sind beispielsweise
- die „flexible Grundschule", die auf Lerntempo und Vorkenntnisse des Kindes eingeht;
- die „Gelenkklassen" in der 5. Jahrgangsstufe aller Schularten,
- die Einführungsklasse, die den Schülern der Real-, Wirtschafts- und Mittelschule nach Erwerb des mittleren Schulabschlusses den Übertritt in die Oberstufe des Gymnasiums ermöglicht,
- die Ganztagsangebote an allen Schularten,
- die modulare Förderung der Schüler (in der 5. und 6. Klasse der Mittelschule in den Fächern Deutsch, Mathematik und Englisch verpflichtend!)
- usw.

Alle diese Maßnahmen sind natürlich personalintensiv und somit für den Staat auch eine finanzielle Herausforderung.

VII Mittelschulen in Bayern

(3) Wie geht es nach dem erfolgreichen Besuch der Mittelschule weiter? – Abschlüsse und Anschlüsse im Überblick

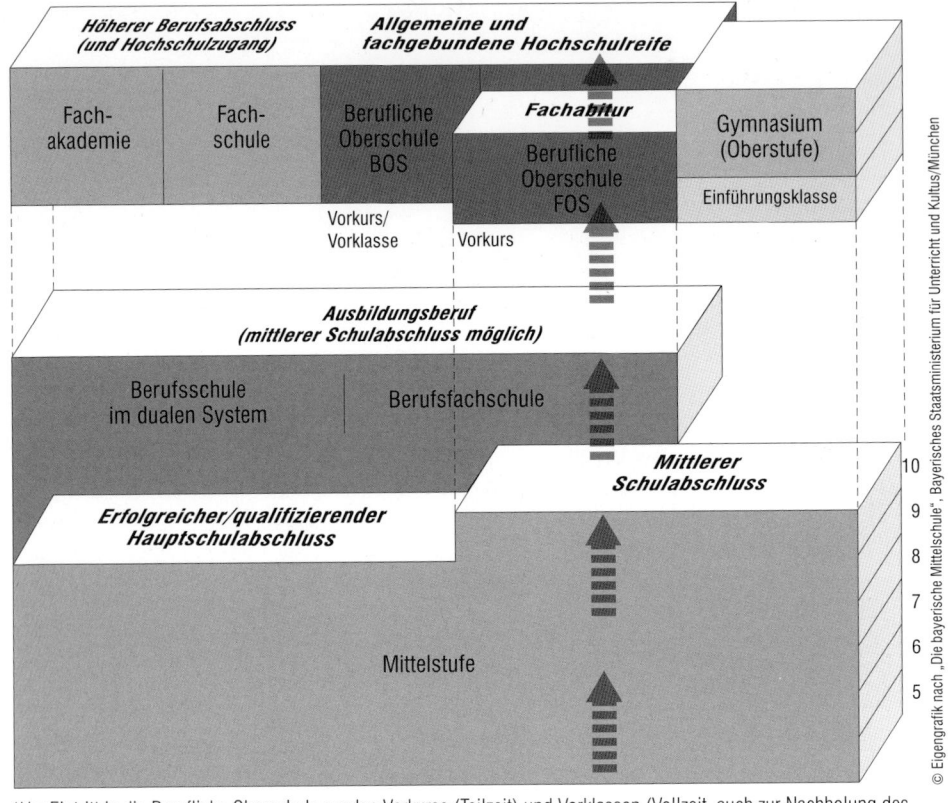

*Vor Eintritt in die Berufliche Oberschule werden Vorkurse (Teilzeit) und Vorklassen (Vollzeit, auch zur Nachholung des mittleren Schulabschlusses) angeboten

Aus der Skizze ist ersichtlich, dass die Mittelschule Anschlussmöglichkeiten zu weiteren Schularten und in die Berufsausbildung bietet.

(4) Wer hilft bei der Wahl der Schullaufbahn?
Die Vielzahl der Möglichkeiten des differenzierten Schulsystems und die individuelle Ausgangslage des einzelnen Schülers machen eine Schullaufbahnentscheidung nicht immer leicht. Auf die Beratungsdienste und Möglichkeiten wurde in diesem Buch wiederholt hingewiesen, deshalb möge hier eine knappe Auflistung genügen:
- Klassenlehrer (Beratung als Dienstpflicht des Lehrers)
- Beratungslehrer
- Schulpsychologen
- Staatliche Schulberatung
- Berufsberatung und Agentur für Arbeit
- Elternabende und -veranstaltungen
- Informationsmaterial des KM und anderer Stellen

Weitere Hinweise finden Sie auch im Kapitel „Berufsvorbereitung und Berufsorientierung" in diesem Buch.

d) Sonderfälle

Es gibt im Schulwesen immer Schülerinnen und Schüler in einer besonderen Situation, auf die es bei Leistungsnachweisen, Prüfungen usw. Rücksicht zu nehmen gilt. Exemplarisch seien hier genannt:
- Schüler mit sonderpädagogischem Förderbedarf
- Schüler mit einer erheblichen Beeinträchtigung der Motorik
- Schüler mit erheblichen Behinderungen
- Schüler mit Legasthenie oder LRS
- Schüler mit nichtdeutscher Muttersprache
- externe Prüfungsteilnehmer, die nicht dem Klassenverband angehören und somit keine Jahresfortgangsnoten mitbringen
- usw.

Für die ersten drei Spiegelstriche dieser Aufzählung sieht die GrSO in § 39 und die MSO in § 48 den sog. „Nachteilsausgleich" (z. B. verlängerte Arbeitszeit, Alternativaufgaben im gleichen Anforderungsniveau, Zulassung bestimmter Hilfsmittel) vor.

In unserem Zusammenhang mit dem Abschluss der Mittelschule interessieren besonders zwei Gruppen, auf welche die MSO besonders eingeht:

(1) Schüler mit nichtdeutscher Muttersprache
Gesicherte Deutschkenntnisse sind eine der wichtigsten Voraussetzungen für eine erfolgreiche Schullaufbahn. Die folgende Tabelle gibt einen Überblick über die derzeit möglichen Deutschfördermaßnahmen:

Deutschförderklasse	Deutschförderklassen sollen gezielt dem intensiven Spracherwerb und der Integration der nichtdeutschen Mitschüler dienen. Die Deutschförderklasse umfasst ca. zwölf Schüler, die in ausgewählten Fächern den Unterricht getrennt von ihrer Stammklasse erhalten. In den übrigen Fächern nehmen sie am Unterricht ihrer Stammklasse teil.
Übergangsklasse	Die Übergangsklasse ist eine Intensivmaßnahme für Schülerinnen und Schüler, die dem deutschsprachigen Unterricht nicht folgen können. In den Jahrgangsstufen 8 und 9 wird das Ziel verfolgt, die Schülerinnen und Schüler auf das Anforderungsniveau der Jahrgangsstufe 9 zu bringen, um ihnen einen Abschluss zu ermöglichen.
Deutschförderkurs	Zusätzlich oder als Anschlussförderung gibt es sogenannte Deutschförderkurse, die unterrichtsbegleitend oder zusätzlich angeboten werden und nach einem von der Schule erstellten Förderkonzept durchgeführt werden.

Quelle: „Die bayerische Mittelschule", a. a. O., S. 29

Nähere Ausführungen dazu finden Sie unter der Überschrift „Unterricht für Schülerinnen und Schüler mit nichtdeutscher Muttersprache" in § 29 GrSO und § 38 MSO. Auch die Prüfungsbestimmungen wurden für diesen Personenkreis modifiziert.

▸ Nachträglicher Erwerb des erfolgreichen Mittelschulabschlusses nach § 56 MSO: hierzu führen Abs. 2 Satz 2 und 3 aus:

„§ 56 Abs. 2 Satz 2 und 3:
Für Bewerberinnen oder Bewerber mit nichtdeutscher Muttersprache tritt auf Antrag an die Stelle des Fachs Englisch das Fach Muttersprache. Für Bewerberinnen oder Bewerber mit nichtdeutscher Muttersprache, die weniger als sechs Jahre eine deutsche Schule besucht haben, tritt auf Antrag an die Stelle des Fachs Deutsch das Fach Deutsch als Zweitsprache."

- Qualifizierender Mittelschulabschluss

> „§ 58 Abs. 2 Satz 1 und 2 MSO
> (2) Für Schülerinnen und Schüler mit nichtdeutscher Muttersprache tritt auf Antrag ihrer Erziehungsberechtigten an die Stelle des Fachs Englisch das Fach Muttersprache, wenn das Staatsministerium für eine Muttersprache besondere Leistungsnachweise, deren Ergebnisse als Jahresfortgangsnote zu werten sind, und Prüfungsaufgaben anbieten kann, sofern die Schülerin oder der Schüler einen schulischen Leistungsnachweis in Muttersprache erbracht hat; zur Vorbereitung auf die besondere Leistungsfeststellung im Fach Muttersprache wird den Schülerinnen und Schülern empfohlen, soweit möglich einen Lehrgang Muttersprache zu besuchen. Für Schülerinnen und Schüler mit nichtdeutscher Muttersprache, die weniger als sechs Jahre eine deutsche Schule besucht haben, tritt auf Antrag ihrer Erziehungsberechtigten an die Stelle des Fachs Deutsch das Fach Deutsch als Zweitsprache."

- Bei der Prüfung für den mittleren Schulabschluss an der Mittelschule gilt:

> „§ 64 Abs. 2 und 3 Satz 2 MSO
> (2) Die Abschlussprüfung im Fach Englisch wird auf Antrag bei Schülerinnen und Schülern mit nichtdeutscher Muttersprache durch eine Prüfung in der nichtdeutschen Muttersprache ersetzt, wenn der Antrag bei der Aufnahme in die Jahrgangsstufe 9 oder 10 gestellt und genehmigt worden ist.
> (3) Die Abschlussprüfung im Fach Muttersprache besteht aus einer schriftlichen Prüfung (Fernprüfung)."

(2) externe Prüfungsteilnehmer
Externe Bewerber können an folgenden Prüfungen teilnehmen:
- Nachträglicher Erwerb des erfolgreichen Mittelschulabschlusses nach § 56 MSO (nähere Informationen dazu in diesem Kapitel, Ziff. 22.2, Buchst. A) (6)).
- Qualifizierender Mittelschulabschluss nach § 63 MSO, sofern sich die Schüler mindestens in der 9. Jahrgangsstufe befinden.
- Mittlerer Schulabschluss der Mittelschule nach § 68 MSO, sofern sich der Schüler mindestens in der 10. Jahrgangsstufe befindet.
- Teilnahme am QA nur in Englisch nach § 63 Abs. 6 MSO – eine Möglichkeit, die notwendigen Englischkenntnisse zur Erlangung des qualifizierten beruflichen Bildungsabschlusses nachzuweisen:

> „§ 63 Abs. 6 MSO
> (6) Schülerinnen und Schüler von Berufsschulen und Berufsfachschulen sowie Bewerberinnen und Bewerber, die keine Schule mehr besuchen, können sich der besonderen Leistungsfeststellung im Fach Englisch unterziehen; Abs. 2 gilt entsprechend. Bewerberinnen und Bewerber, die mindestens die Gesamtnote 4 erzielt haben, erhalten ein Zeugnis über den Nachweis erforderlicher Englischkenntnisse für den mittleren Schulabschluss der Berufsschule und Berufsfachschule und für den qualifizierten beruflichen Bildungsabschluss."

Für alle Prüfungen von Externen gelten u. a.:
- es werden keine Gebühren erhoben;
- es gibt keine notenmäßigen Teilnahmevoraussetzungen, sofern die vorgeschriebenen Jahrgangsstufen 9 (QA) bzw. 10 (mittlerer Schulabschluss) besucht wurden;
- Jahresfortgangsnoten werden nicht einbezogen (Grund: da die Teilnehmer aus unterschiedlichen Schultypen, Bundesländern usw. kommen und die Noten somit nicht vergleichbar sind).

22.3 MÖGLICHE FRAGESTELLUNGEN
- Nennen Sie die rechtlichen Voraussetzungen für die QA-Prüfung!
- Wie kann ein Schüler den qualifizierten beruflichen Bildungsabschluss erreichen?
- Welche Möglichkeiten gibt es in Bayern, über die Mittelschule einen mittleren Schulabschluss zu erreichen?
- Welche Zeugnisse kann eine Haupt- bzw. Mittelschule ausstellen?

22.4 PRÜFUNGSTIPPS
Wenn Sie an einer voll ausgebauten Mittelschule eingesetzt sind und vielleicht sogar in den höheren Jahrgangsstufen unterrichten, sind Sie mit dem QA ohnehin konfrontiert. Wenn Sie in niedrigeren Klassen unterrichten, sollten Sie versuchen, wenigstens an einer Sitzung der „Feststellungskommission" (mit Genehmigung des Schulleiters!) teilzunehmen. Auch wäre es empfehlenswert, einmal die vom Ministerium gestellten Aufgaben einzusehen.
Durch die momentan laufende Hauptschulinitiative kann es möglich sein, dass sich die Zulassungsvoraussetzungen und Rahmenbedingungen für die Abschlüsse in der Mittelschule kurzfristig ändern – hierzu sollten Sie die aktuellen Bekanntmachungen des Kultusministeriums beachten.
Dies gilt auch für die Prüfung zum mittleren Schulabschluss.

VIII Lehrpersonal, Lehrerkonferenz, Schulleiter, Schulaufsicht und Schulqualität

23 Rechte und Pflichten des Lehrpersonals[1]

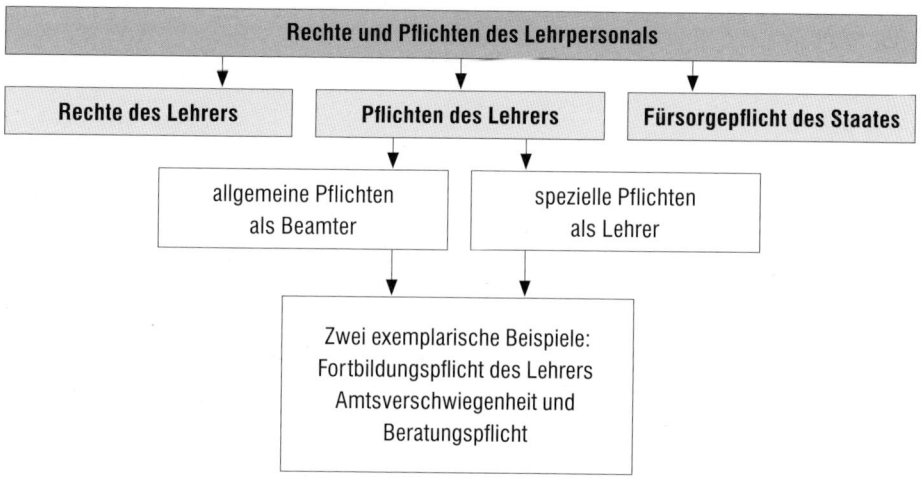

23.1 Fundstellen
- Bayerisches Beamtengesetz i. d. F. v. 1. April 2009
- Lehrerdienstordnung i. d. F. v. 31. Januar 2008
- Bayerisches Disziplinargesetz i. d. F. v. 30. März 2012
- Lott/Pirner/Unger: „Schulleiter-ABC Bayern", Buch- und Fachverlage GmbH & Co. KG, Kulmbach
- Bayerisches Lehrerbildungsgesetz i. d. F. v. 23. Juli 2010
- div. Schreiben des Kultusministeriums zur Lehrerfortbildung
- Beamtenstatusgesetz (BeamtStG) i. d. F. v. 1. Mai 2012

23.2 Sachinformationen
a) Die Pflichten des Lehrers im Überblick
Diese Tabelle teilt die Pflichten des Lehrers in zwei Gruppen ein. Links stehen die Pflichten, die ihm durch seinen Beamtenstatus auferlegt sind. Sie betreffen prinzipiell alle Beamten in allen Behörden; sie sind im Bayerischen Beamtengesetz festgelegt.

---

[1] Bewusst wurde hier der Begriff „Lehrpersonal" verwendet: Er umfasst Volksschullehrer, Förderlehrer, Fachlehrer usw.; außerdem sind stets die weiblichen und männlichen Bezeichnungen eingeschlossen.

In der rechten Spalte sind die Pflichten aufgelistet, die ihm in seiner Eigenschaft als Lehrer speziell aufgegeben sind; im Wesentlichen sind diese Aufgaben in der Lehrerdienstordnung verankert.

Aufgrund des Beamtenstatus des Lehrers	Besondere Pflichten des Lehrers
▸ Dienstleistungspflicht ▸ Pflicht zur ordnungsgemäßen Amtsführung ▸ Politische Treuepflicht ▸ Weisungsgebundenheit ▸ Eigenverantwortlichkeit ▸ Verhalten im Dienst ▸ Verhalten außerhalb des Dienstes ▸ Amtsverschwiegenheit ▸ Annahmeverbot von Geschenken	▸ Unterricht und Erziehung (einschließlich Aufsichtspflicht) ▸ Verwaltungstätigkeit ▸ Vermittlung zwischen Schülern und Schule ▸ Beratungspflicht ▸ Zusammenarbeit mit den Erziehungsberechtigten ▸ Teilnahme an Lehrerkonferenzen u. a. ▸ Teilnahme an Wandertagen, Skikursen und Schulfahrten ▸ Pflichten als Klassenleiter ▸ Fortbildungspflicht

Otto Wenger präzisiert diese Aufgaben:

> „Der Lehrer ist verpflichtet, auch außerhalb seines planmäßigen Unterrichts und in den Ferien, aus dienstlichen Gründen in zumutbarem Umfang zur Verfügung zu stehen; die Anwesenheit in der Schule kann angeordnet werden.
> Zu diesen Verpflichtungen gehören insbesondere: die Vorbereitung sonstiger schulischer Veranstaltungen, die Vorbereitung des neuen Schuljahres, die Übernahme von Vertretungen (!), die Erledigungen von Verwaltungsgeschäften, die Teilnahme an dienstlichen Besprechungen, an Veranstaltungen für die Erziehungsberechtigten, an Sprechstunden oder Sprechtagen, die Teilnahme an dienstlichen Fortbildungsveranstaltungen sowie die Mitwirkung an der Aus- und Fortbildung der Lehrer und an staatlichen Prüfungen."
>
> (Wenger, O.: „Pädagogische Welt", November 1991)

b) Die Rechte des Lehrers als Beamter

Die Rechte des Beamten werden hier überblicksweise aufgeführt und kurz erläutert; aus Ihrer Praxis können Sie sicher dazu weitere Beispiele anführen:
▸ Recht auf Erholungsurlaub unter Fortbezahlung der Dienstbezüge (beim Lehrer wird der Erholungsurlaub durch die Schulferien abgegolten). Da die Ferien länger sind als der zustehende Urlaub, kann der Lehrer ggf. in den Ferien zur Dienstleistung herangezogen werden (z. B. Lehrerkonferenz am letzten Tag der Ferien);

- das Recht auf Schutz und Fürsorge für den Beamten und seine Familie lt. § 45 Bayerisches Beamtenstatusgesetz:

> „§ 45 (Fürsorge)
> Der Dienstherr hat im Rahmen des Dienst- und Treueverhältnisses für das Wohl der Beamtinnen und Beamten und ihrer Familie, auch für die Zeit nach Beendigung des Beamtenverhältnisses, zu sorgen. Er schützt die Beamtinnen und Beamten bei ihrer amtlichen Tätigkeit und in ihrer Stellung."

- Recht auf Einsichtnahme in die Personalakte: über jeden Beamten werden Personalakten geführt. Jeder Beamte hat, auch nach Beendigung seiner Dienstzeit, ein Recht auf Einsicht in seine vollständige Personalakte (ggf. auch mit oder durch einen Bevollmächtigten) (Art. 107 BayBG);
- Recht auf Dienstunfallschutz und Beihilfen; diese werden gewährt für den Beamten, seine Familie und ggf. die Hinterbliebenen, bei Geburts- und Todesfällen, Kur- und Sanatoriumsaufenthalten, bei Krankheit, Unfällen usw. Näheres regeln die Beihilfevorschriften;
- Recht auf pädagogische und didaktisch-methodische Freiheit gemäß § 2 Abs. 1 LDO:

> „§ 2 Abs. 1 LDO (Verantwortung der Lehrkraft)
> (1) Die Lehrkraft trägt im Rahmen der Rechtsordnung und ihrer dienstlichen Pflichten die unmittelbare pädagogische Verantwortung für die Erziehung und den Unterricht ihrer Schüler. Sie trägt mit an der Verantwortung für die Schule."

- selbstverständlich hat der Beamte die Grundrechte wie jeder andere Staatsbürger auch; allerdings sind bestimmte Einschränkungen zu beachten (z. B. die vom Amt her gebotene Mäßigung und Zurückhaltung bei politischer Betätigung oder das Verbot parteipolitischer Aktivitäten im Unterricht);
- Recht auf Führung der Amtsbezeichnung;
- Recht auf Reisekosten, Tagegelder, Umzugskosten usw., soweit diese dienstlich veranlasst sind;
- Recht auf Zusammenschluss in Gewerkschaften und Berufsverbänden (Beamte haben aber kein Streikrecht!);
- Recht auf Vertretung durch die Organe der Personalvertretung; usw.

c) Disziplinarmaßnahmen gegen Beamte

§ 47 Beamtenstatusgesetz legt fest, was unter einem Dienstvergehen zu verstehen ist:

> **„§ 47 Nichterfüllung von Pflichten**
> (1) Beamtinnen und Beamten begehen ein Dienstvergehen, wenn sie schuldhaft die ihnen obliegenden Pflichten verletzen. Ein Verhalten außerhalb des Dienstes ist nur dann ein Dienstvergehen, wenn es nach den Umständen des Einzelfalles in besonderem Maße geeignet ist, das Vertrauen in einer für ihr Amt bedeutsamen Weise zu beeinträchtigen."

Der Art. 6 der Bayerischen Disziplinarordnung zählt die möglichen und zulässigen Disziplinarmaßnahmen auf.

Disziplinarmaßnahmen, die gegen Beamtinnen und Beamte verhängt werden können, sind:
- Verweis,
- Geldbuße,
- Gehaltskürzung,
- Versetzung in ein Amt derselben Laufbahn mit geringerem Endgrundgehalt,
- Entfernung aus dem Dienst,
- Kürzung des Ruhegehalts bei Ruhestandsbeamten,
- Aberkennung des Ruhegehalts bei Ruhestandsbeamten.

Dabei können nicht mehrere Disziplinarmaßnahmen nebeneinander verhängt werden.

Die Artikel 7 bis 13 beschreiben diese Maßnahmen näher. Selbstverständlich steht dem Beamten aber bei der Verhängung von Disziplinarmaßnahmen gegen seine Person der Rechtsweg offen (ggf. mit Rechtsschutz durch seinen Berufsverband).

Die Entscheidung über eine Disziplinarmaßnahme erfolgt nach pflichtgemäßem Ermessen der zuständigen Dienststelle. Kriterien für die Festlegung einer Disziplinarmaßnahme sind nach Art. 14 des Disziplinargesetzes
- die Schwere des Dienstvergehens
- die Beeinträchtigung des Vertrauens des Dienstherrn oder der Allgemeinheit,
- die Persönlichkeit des Beamten und sein bisheriges dienstliches Verhalten.

d) „Aufgaben des Lehrers" nach dem „Strukturplan für das Bildungswesen"

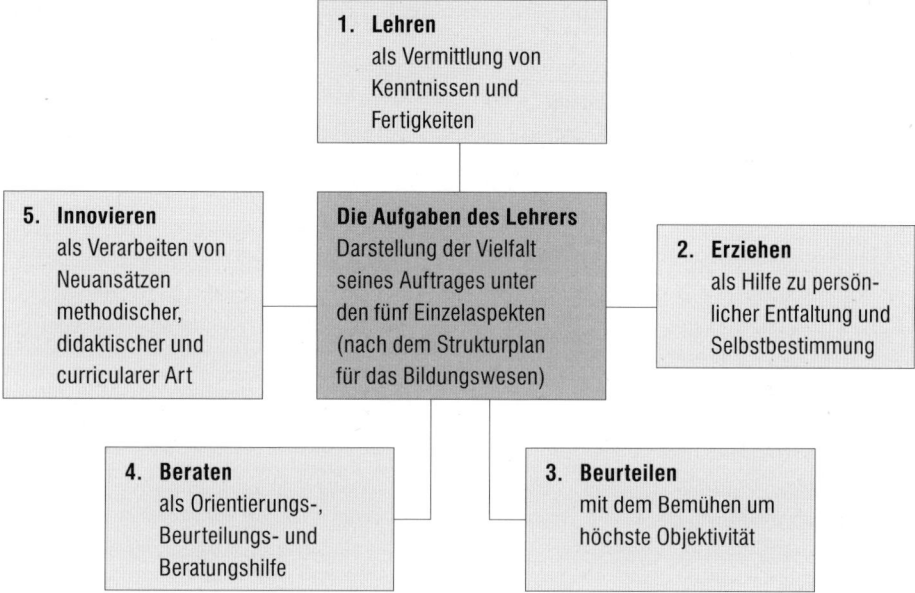

Dieser „Aufgabenkatalog" ist weniger juristisch zu sehen; er stellt mehr die allgemeinen Lehreraufgaben in den Mittelpunkt. Vielleicht lässt er sich gerade deswegen gut in Antworten „einbauen".

e) Die Fortbildungspflicht des Lehrers als wichtige Dienstaufgabe
1) Rechtliche Vorgaben
▶ Art. 20 Bayerisches Lehrerbildungsgesetz

„Art. 20 BayLBG
(1) Die Fortbildung des Lehrers dient der Erhaltung der für die Ausübung des Lehramts erworbenen Fähigkeiten und deren Anpassung an die Entwicklung der Erkenntnisse der Wissenschaft bzw. der Wirtschafts- und Arbeitswelt. Sie ist durch Fortbildungseinrichtungen zu fördern.
(2) Die Lehrer sind verpflichtet sich fortzubilden und an dienstlichen Fortbildungsveranstaltungen teilzunehmen. Für die Teilnahme an Fortbildungsveranstaltungen, die im dienstlichen Interesse liegen, können im notwendigen Umfang dienstliche Erleichterungen gewährt werden."

§ 9 Abs. 2 der LDO ist inhaltsgleich mit dem vorstehend zitierten Art. 20 Abs. 2 des Lehrerbildungsgesetzes. Art. 66 des Leistungslaufbahngesetzes fasst die Grundsätze der Fortbildung der Beamten und somit auch der Lehrer zusammen:

„**Art. 66 Grundsätze der Fortbildung**
(1) Die dienstliche Fortbildung wird von der obersten Dienstbehörde gefördert und geregelt. Die einzelnen Fortbildungsmaßnahmen werden regelmäßig durch die obersten Dienstbehörden und durch die von ihnen beauftragten Behörden oder Stellen durchgeführt. Die Gelegenheit zur Fortbildung soll möglichst gleichmäßig gegeben werden.
(2) Die Beamten und Beamtinnen sind verpflichtet, an Maßnahmen der Einführungs-, Anpassungs- und Förderungsfortbildung teilzunehmen. Sie sind außerdem verpflichtet, sich selbst fortzubilden, damit sie den Änderungen der Aufgaben und der Anforderungen gewachsen sind (Anpassungsfortbildung).
(3) Wer seine Fähigkeiten und fachlichen Kenntnisse durch geeignete Fortbildung nachweislich wesentlich gesteigert hat, ist zu fördern und soll unter Beachtung der Grundsätze des Art. 16 Gelegenheit erhalten, Fähigkeiten und fachliche Kenntnisse auf einem höherwertigen Dienstposten anzuwenden und hierbei die besondere Eignung zu beweisen. Welche Fortbildungen geeignet sind, regeln die obersten Dienstbehörden."

2) *Charakteristika der Lehrerfortbildung*

„Lehrerinnen und Lehrer sind Fachleute für Unterricht und Erziehung. Zu ihren beruflichen Aufgaben zählen Unterrichten, Erziehen, Beurteilen, Diagnostizieren, Fördern und Beraten; hierzu gehört auch die Notwendigkeit, ihre berufliche Tätigkeit zu überprüfen, zu überdenken und weiterzuentwickeln. Diesem komplexen Berufsbild entsprechen hohe Anforderungen an die Aus- und Fortbildung. Um dem Bedarf gerecht zu werden, strebt die Lehrerfortbildung an, die beruflichen Kenntnisse und Fertigkeiten der Lehrkräfte zu erhalten, zu erweitern und der wissenschaftlichen und gesellschaftlichen Entwicklung anzupassen (vgl. Art. 20 Abs. 1 des Bayerischen Lehrerbildungsgesetzes).
Lehrerfortbildung hat vielfältige Perspektiven: Sie trägt zur Qualität und Weiterentwicklung des Schulwesens bei und hilft der Lehrkraft, sich dem Wandel der gesellschaftlichen Anforderungen zu stellen; sie unterstützt das personale Selbstverständnis und die berufliche Identität des Lehrers. (...)" (KMBek vom 9. August 2002)

In der o. a. Bekanntmachung des KM werden zwei Schwerpunkte der Lehrerfortbildung besonders herausgestellt:
▸ Lehrerfortbildung als Instrument der Unterrichtsentwicklung im Sinne von Erhaltung und Aktualisierung der pädagogischen, fachlichen, didaktischen und methodischen Kenntnisse und Fertigkeiten der Lehrkraft und

▶ Lehrerfortbildung als Instrument der Personal- und Organisationsentwicklung in der Schule (z. B. Auswahl von Funktionsträgern und Führungskräften in Schule und Schulverwaltung).

3) Die vier Ebenen der Lehrerfortbildung

Zentrale Lehrerfortbildung auf Landesebene	Die zentrale Lehrerfortbildung richtet sich an Lehrkräfte aus ganz Bayern. Die Träger sind ▶ die Akademie für Lehrerfortbildung und Personalführung (ALP), Dillingen; ▶ das Institut für Lehrerfortbildung, Gars (katholischer Religionsunterricht); ▶ das Institut für Lehrerfortbildung, Heilsbronn (evangelischer Religionsunterricht); ▶ die Bayerische Landesstelle für den Schulsport, München (Sportunterricht). Darüber hinaus gibt es eigene Lehrgänge des Bayerischen Staatsministeriums für Unterricht und Kultus.
Regionale Lehrerfortbildung	Die regionale Lehrerfortbildung wird je nach Schulart von den Regierungen bzw. den Ministerialbeauftragten durchgeführt und richtet sich an die Lehrkräfte des jeweiligen Aufsichtsbezirks bzw. Zuständigkeitsbereichs.
Lokale Lehrerfortbildung	Die lokale Lehrerfortbildung wird von den Staatlichen Schulämtern durchgeführt. Sie richtet sich an die Lehrkräfte des jeweiligen Aufsichtsbezirks bzw. Zuständigkeitsbereichs.
Schulinterne Lehrerfortbildung	Die schulinterne Lehrerfortbildung wird von den Schulen selbst durchgeführt. An ihr nehmen in der Regel nur Lehrkräfte des jeweiligen Kollegiums teil. Sie orientiert sich thematisch unmittelbar am Bedarf der Kollegien.

4) Die Erfüllung der Fortbildungspflicht durch den einzelnen Lehrer

„Die Verpflichtung zur Fortbildung ist in Art. 20 Abs. 2 BayLBG geregelt. Sie gilt als erfüllt, wenn Fortbildung im Zeitumfang von zwölf Fortbildungstagen innerhalb von vier Jahren nachgewiesen ist. Einem Fortbildungstag ist ein Richtwert von jeweils etwa 5 Stunden à 60 Minuten zugrunde zu legen. Für die Erfüllung der persönlichen Fortbildungsverpflichtung können Veranstaltungen auf allen Ebenen der staatlichen oder staatlich anerkannten Fortbildung (z. B. an Hochschulen) besucht und eingebracht werden. In die Belegverpflichtung ist mindestens ein Drittel des Gesamtumfangs als schulinterne Lehrerfortbildung einzubringen."

(KMBek vom 9. August 2002, II, Ziffer 3)

Die Fortbildungspflicht ist also bei Teilnahme an 60 Fortbildungsstunden in vier Jahren erreicht – diese Vorgabe wird von engagierten Lehrkräften stets deutlich überschritten.

f) Darstellung einer ausgewählten Problematik
Beispielhaft sei eingegangen auf die Schweigepflicht des Lehrers und seine Pflicht zur Information und Auskunfterteilung gegenüber Erziehungsberechtigten und Schülern. Das Schulleiter-ABC fasst unter dem Stichwort „Auskünfte durch den Lehrer" so zusammen:

Der Lehrer muss
- die Erziehungsberechtigten im Einvernehmen mit der Schulleitung möglichst frühzeitig über das auffallende Absinken des Leistungsstandes informieren, besonders, wenn dies nach Aushändigung des Zwischenzeugnisses der Fall ist und eine Gefahr für das Vorrücken oder für das Bestehen der Abschlussprüfung erkennbar wird;
- dem Schüler Auskunft über seinen Leistungsstand und Hinweise auf eine Förderung geben;
- über den weiteren Bildungsweg Beratung anbieten, wenn das Klassenziel nicht erreicht bzw. die Abschlussprüfung nicht bestanden wurde;
- bewertete Probearbeiten baldmöglichst zur Einsichtnahme an die Schüler zurückgeben und auf Verlangen der Erziehungsberechtigten zur Kenntnisnahme mit nach Hause geben;
- als Zeuge oder Sachverständiger auf Ladung vor der Staatsanwaltschaft nach Genehmigung durch den Dienstvorgesetzten Aussagen oder Gutachten erstatten; Zeugnisverweigerungsrecht steht zu;
- mitwirken bei Erhebungen, Umfragen und wissenschaftlichen Untersuchungen, wenn mit der Genehmigung die Verpflichtung dazu besteht;
- mitwirken bei Erhebungen der Schulaufsichtsbehörde des Bayerischen Landesamtes für Statistik und Datenverarbeitung und des Aufwandsträgers im Rahmen seiner Aufgaben.

Der Lehrer darf nicht
- Daten und Unterlagen über Schüler und Erziehungsberechtigte an außerschulische Stellen weitergeben, falls nicht ein rechtlicher Anspruch auf die Herausgabe der Daten nachgewiesen wird;
- Angaben über Familienverhältnisse der Schüler weitergeben;
- diskriminierende Äußerungen über einzelne Schüler, auch nicht im Unterricht, abgeben;
- bei mündlichen oder schriftlichen Anfragen von Eltern über Leistung und Verhalten ihrer Kinder andere Schüler zum Vergleich mit Namen als positive oder negative Beispiele nennen;
- Auskünfte an Presse, Rundfunk und Fernsehen erteilen;

- Auskünfte an Erziehungsberechtigte oder Schüler über das Vorrücken oder über Zeugnisnoten vor der endgültigen Festlegung der Zeugnisnoten geben;
- über Spannungen und Gegensätze innerhalb der Schule sprechen, sondern er muss diese vertraulich behandeln;
- auch nach Beendigung des Dienstverhältnisses über die ihm bei seiner dienstlichen Tätigkeit bekannt gewordenen Angelegenheiten Auskünfte erteilen.

23.3 MÖGLICHE FRAGESTELLUNGEN
- Nennen Sie wichtige Rechte und Pflichten des Lehrers!
- Welche Aufgaben hat der Lehrer zu erfüllen?
- Was hat der Lehrer bei der Erteilung von Auskünften zu beachten?
- Begründen Sie die Pflicht des Lehrers zur laufenden Fort- und Weiterbildung!

23.4 PRÜFUNGSTIPPS
Versuchen Sie, die Beantwortung möglichst praxisnah darzustellen und eigene Erfahrungen einzubringen. Vielleicht lässt sich auch die Problematik anschneiden, ob Lehrer unbedingt Beamte sein bzw. bleiben müssen.

24 Das amtliche Schriftwesen des Lehrers

```
┌─────────────────────┐     ┌─────────────────────┐     ┌─────────────────────┐
│ Schülerbeobachtungen│     │    Schülerliste     │     │  Schülerstammblatt  │
│                     │     │                     │     │ Schülerlaufbahnbogen│
└──────────┬──────────┘     └──────────┬──────────┘     └──────────┬──────────┘
           │                           │                           │
           ▼                           ▼                           ▼
┌─────────────────────┐     ┌─────────────────────┐     ┌─────────────────────┐
│                     │     │    Das amtliche     │     │                     │
│  Belehrungskalender │ ──► │ Schriftwesen des    │ ◄── │     Sonstiges       │
│                     │     │   Lehrers umfasst   │     │                     │
└─────────────────────┘     └──────────┬──────────┘     └─────────────────────┘
           ▲                           │                           ▲
           │                           ▼                           │
┌─────────────────────┐     ┌─────────────────────┐     ┌─────────────────────┐
│ Notenliste/Notenbogen│    │Wochenplan als Lehrnachweis│  │  Klassenlehrplan    │
└─────────────────────┘     └─────────────────────┘     └─────────────────────┘
```

24.1 Fundstellen
- Art. 45 und Art. 59 BayEUG (Stand: 22.12.2015)
- § 3 und § 9 LDO i. d. F. v. 31. Januar 2008
- § 24 Abs. 2 ZALGM (Verpflichtungen der Lehramtsanwärterin oder des Lehramtsanwärters); LP-GS/Kapitel I, Nr. 4 Klassenlehrplan
- Lott/Pirner/Unger: „Schulleiter-ABC Bayern", Buch- und Fachverlage GmbH & Co. KG, Kulmbach
- Verordnung über Schülerunterlagen (Schülerunterlagenverordnung – SchUntV) vom 11. September 2015

a) Die Schülerunterlagen (§2 SchUntV)

Gemäß §2 SchUntV umfassen die *Schülerunterlagen* die für das Schulverhältnis jeder Schülerin und jedes Schülers wesentlichen Unterlagen.
Zu den sogenannten Schülerunterlagen gehören

1. Die Schülerakte

Diese sind schulartspezifisch in *Papierform* zu führen, also nicht elektronisch. Sie enthalten folgende Unterlagen:
- Das *Schülerstammblatt*, welches persönliche Angaben über die Schülerin oder den Schüler und die Erziehungsberechtigten enthält. Ebenso Angaben über die Schullaufbahn. *Das Schülerstammblatt bildet das Deckblatt der Schülerakte. Das Schülerstammblatt und der Schullaufbahn-bogen werden grundsätzlich von der Grundschule oder der Förderschule (Grundstufe) erstellt und begleiten die Schülerin bzw. den Schüler während der gesamten Schullaufbahn.*
- *Abschlusszeugnisse* – soweit kein Abschluss erzielt wurde – diese ersetzenden Zeugnisse in Abschrift.
- *Zeugnisse,* die wichtige schulische Berechtigungen verleihen (z.B. erfolg-reicher und qualifizierender Abschluss der Mittelschule), die sonstigen Zeugnisse und Übertrittszeugnisse (Original oder Abschrift je nach Schulart)

- *Schülerlaufbahnbogen*, der die wesentlichen Feststellungen, Beobachtungen und Empfehlungen des schulischen Bildungsweges und ausgesprochene Ordnungsmaßnahmen nach Art. 86 Abs. 2 Satz 1 Nr. 6-10 BayEUG enthält. Angaben über schulpsychologische Beratungen sind nicht zulässig. Förderdiagnostische Berichte sind nicht Bestandteil des Schullaufbahnbogens, lediglich das wesentliche Ergebnis wird darin festgehalten.
- Schulartspezifische Notenbogen, mit Ergebnissen der schriftlichen, mündlichen und praktischen Leistungsnachweise
- sogenannte Zwischenberichte, die nach den Vorschriften der jeweiligen Schulordnung die Halbjahreszeugnisse ersetzen
- schriftliche Angaben über bereits erfolgte Maßnahmen und diagnostische Grundlagen bei Schülerinnen und Schülern mit besonderem Förderbedarf
- die schriftlichen Stellungnahmen zum sonderpädagogischen Förderbedarf, insbesondere das sonderpädagogische Gutachten und den förderdiagnostischen Bericht
- sämtliche Förderpläne
- schriftliche Äußerungen der beruflichen Ausbildungseinrichtungen in Form eines Abschlussberichtes bezüglich Leistung und Verhalten der Schülerin oder des Schülers
- die *Schülerlisten* an Grund- und Mittelschulen
- schriftlich festgelegte wesentliche Vorgänge zur nachvollziehbaren und transparenten Dokumentation der Schullaufbahn der einzelnen Schülerin oder des einzelnen Schülers

2. Leistungsnachweise

Diese setzen sich aus folgenden Unterlagen zusammen:
- Den schriftlichen Leistungsnachweisen einschließlich der Abschlussprüfungen, Orientierungsarbeiten, Vergleichsarbeiten, Seminararbeiten, Praktikumsberichte und Grundwissens- und Jahrgangsstufentests
- Den praktischen Leistungsnachweisen, insbesondere Werkstücken und Zeichnungen

b) Einsichtnahme in die Schülerakte und Leistungsnachweise

Sehr detailliert regelt §6 SchUntV die Einsichtnahme in die eigenen Schülerakte und die eigenen Leistungsnachweise:

(1) Ein Recht auf Einsicht in die eigene Schülerakte nach § 2 Nr. 1 sowie – nach Abschluss des Aufnahmeverfahrens, der Abschlussprüfung oder anderer schulischer Leistungsfeststellungen – in die eigenen Leistungsnachweise nach § 2 Nr. 2 steht zu:
1. Schülerinnen und Schülern ab Vollendung des 14. Lebensjahres,
2. Erziehungsberechtigten und
3. früheren Erziehungsberechtigten bei Schülerinnen und Schülern ab Vollendung des 18. Lebensjahres bis zur Vollendung des 21. Lebensjahres, soweit Vorschriften des Bayerischen Gesetzes über das Erziehungs- und Unterrichtswesen oder der Schulordnungen ihre Unterrichtung vorschreiben, und
4. ehemaligen Schülerinnen und Schülern.

(2) ¹Die Einsichtnahme ist unzulässig, soweit Daten der betreffenden Schülerinnen und Schüler mit Daten Dritter derart verbunden sind, dass eine Trennung nicht oder nur mit unverhältnismäßig hohem Aufwand möglich ist. ²Insoweit ist den Berechtigten über die zu den betreffenden Schülerinnen und Schülern vorhandenen Daten Auskunft zu erteilen. ³Die Einsichtnahme und die Auskunft können eingeschränkt oder versagt werden, wenn dies zum Schutz der betreffenden aktuellen bzw. ehemaligen Schülerinnen und Schüler oder der aktuellen bzw. früheren Erziehungsberechtigten erforderlich ist.
(3) Andere ein Recht auf Einsicht oder Auskunft gewährende Vorschriften bleiben unberührt.

c) Verwendung der Schülerunterlagen

§3 SchUntV regelt die Verwendung der Schülerunterlagen:
(1) Die Schülerunterlagen dürfen ohne Einwilligung nur verwendet werden, soweit dies zur Erfüllung der den Schulen durch Rechtsvorschriften zugewiesenen Aufgaben erforderlich ist.
(2) ¹Zugriff auf die Schülerunterlagen dürfen jeweils nur im konkreten Einzelfall insbesondere erhalten:
1. Lehrkräfte für die jeweils von ihnen unterrichteten Schülerinnen und Schüler, soweit dies zur Erfüllung ihrer Aufgaben erforderlich ist,
2. die Schulleitung, soweit dies zur Erfüllung ihrer pädagogischen, organisatorischen und rechtlichen Aufgaben erforderlich ist,
3. Beratungslehrkräfte und Schulpsychologen, soweit dies zur Erfüllung ihrer pädagogisch-psychologischen und rechtlichen Aufgaben im Rahmen der Schulberatung erforderlich ist.

Nach Beendigung des Schulbesuchs darf Zugriff auf die Schülerunterlagen nur die Schulleitung im konkreten Einzelfall erhalten, soweit dies zur Erfüllung ihrer rechtlichen Aufgaben erforderlich ist oder die Betroffenen eingewilligt haben.
(3) Die Einwilligung ist von der volljährigen Schülerin oder dem volljährigen Schüler, bei minderjährigen Schülerinnen und Schülern von deren Erziehungsberechtigten sowie – ab Vollendung des 14. Lebensjahres – zusätzlich von der Schülerin oder dem Schüler schriftlich zu erteilen und muss sich auf einen konkret benannten Zweck, wie etwa den Nachweis beruflicher Qualifikationen oder die Belegung sozialversicherungsrechtlicher Ansprüche, beziehen.

d) Die Schülerliste

Die Durchführungshinweise zum Umgang mit Schülerunterlagen (vom 13. Oktober 2015) verpflichten die Klassenleiterinnen und Klassenleiter an Grund- und Mittelschulen zur Führung der Schülerliste für die Zeit des Besuchs der Grundschule oder der Mittelschule. Die Vordrucke dazu finden sich als Anlage zu obiger Bekanntmachung.
Die Schülerliste ist klassen- und jahrgangsbezogen zu führen, d.h. sie wird jährlich und für jede Klasse neu zusammengestellt. Sie enthält die Personalien der Schülerinnen und Schüler und eine Übersicht über entschuldigte und unentschuldigte Schul-

versäumnisse. Die Schülerliste wird nach dem Verlassen der jeweiligen Schule noch ein Schuljahr an der abgebenden Schule verwahrt.

e) Die Leistungsaufzeichnungen durch den Lehrer

> „§ 3 Abs. 6 LDO
> (6) Über die Leistungen der Schüler führt die Lehrkraft Aufschreibungen, die beim Ausscheiden oder bei längerer Dienstverhinderung dem Schulleiter zur Weitergabe an den Nachfolger oder Vertreter zugänglich zu machen sind. Unbeschadet der Verpflichtung zur Eintragung der Leistungsbewertungen in den Notenbogen oder vergleichbare Unterlagen hat die Lehrkraft ihre Aufschreibungen mindestens zwei Jahre nach Ablauf des Schuljahres aufzubewahren und auf Anforderung dem Schulleiter Einsicht zu gewähren oder ihm die Aufschreibungen zu übergeben."

Für diese Leistungsaufschreibungen ist keine verbindliche Form vorgeschrieben, die Lehrkraft kann zwischen zwei Alternativen wählen:
- Die traditionelle Notenliste wird für je ein Fach geführt und enthält die Namen aller Schülerinnen und Schüler und ihre Noten in dem betreffenden Fach.
- Es gibt auch Vordrucke, welche die Leistungen einzelner Schülerinnen und Schüler in allen Fächern auf einer Seite zusammenfassen; diese Art der Aufzeichnung ist bei Elterngesprächen und bei der Zeugniserstellung sicherlich hilfreich. Auch ist ein Absinken der Leistungen in mehreren Fächern schneller sichtbar.

Auf zwei Punkte muss noch hingewiesen werden:
- Einige Gerichtsurteile legen es nahe, bei mündlichen Noten (bei denen also keine schriftlichen Unterlagen existieren) mindestens das Datum oder mit einem Stichwort das geprüfte Stoffgebiet festzuhalten.
- Auf den Arbeiten der Schüler dürfen nur ganze Noten (also nicht 2–, 3+ oder 3–4) erscheinen; in den Aufzeichnungen des Lehrers ist gegen Zwischennoten nichts einzuwenden, da sie zur Festlegung von Zeugnisnoten durchaus hilfreich sein können. Es ist außerdem auch denkbar, die in schriftlichen Leistungsnachweisen erzielten Punkte festzuhalten (z. B. 42 von 48 möglichen Punkten).

f) Schülerbeobachtungen und zusammenfassende Schülerbeurteilungen (rechtliche Vorgaben):

Der Lehrer ist gehalten, seine Schülerbeobachtungen planmäßig durchzuführen und schriftlich festzuhalten. Diese Aufzeichnungen können in vielfacher Hinsicht nützlich und arbeitserleichternd sein, zum Beispiel
- bei der Erstellung der Zeugnisbemerkungen bzw. der Berichte in den Jahrgangsstufen 1 und 2;
- bei Elterngesprächen (Schulberatung und Schullaufbahnberatung);

- beim Verdacht auf das Vorliegen einer Lernbehinderung im Überweisungsvorgang an eine Förderschule und
- für eventuelle Gutachten, welche die Lehrkraft zu erstellen hat (z. B. für den Schulpsychologen, das Jugendamt, die Staatsanwaltschaft, das Gericht o. Ä.).

Die Form, in der die Beobachtungen geführt werden, ist amtlich nicht vorgeschrieben. Die Lehrkraft kann die von Verlagen angebotenen Vordrucke verwenden oder sich selbst ein geeignetes Formular erstellen; häufig ist auch an der Schule eine bestimmte Form eingeführt und üblich. Für die Einlage in den Schülerbogen sind vorformulierte Kriterien und Eigenschaften, die nur angekreuzt werden, nicht zulässig.

Der Lehrer kann auch Erkenntnisse und Feststellungen, die er bei soziometrischen Erhebungen (z. B. Soziogrammen), aus von Schülern ausgefüllten Fragebögen (werden häufig bei Neuübernahme von Klassen eingesetzt) und aus sonstigen Beobachtungen (z. B. im Schullandheim) gewonnen hat, in pädagogischer Verantwortung in die Schülerbeobachtungen einfließen lassen.

Wichtig erscheint, dass der Lehrer die Kontakte mit dem Elternhaus mit Datum dokumentiert (Telefonate, schriftliche Mitteilungen, Sprechstundenbesuch, Anwesenheit bei Elternabenden u. Ä.) und seine Aktivitäten, die von den Eltern nicht erwidert wurden, festhält. Das kann bei späteren Auseinandersetzungen hilfreich sein.

Das nachstehend abgedruckte Muster für einen „Schülerbeobachtungsbogen" (siehe Seite 189) zeigt eine Möglichkeit auf; die Anmerkungen sollen verdeutlichen, was mit den zehn Hauptpunkten gemeint ist.

g) Wochenplan und Lehrnachweis

Der Wochenplan sollte zu Beginn der Woche erstellt werden; zumeist wird dafür ein an der Schule eingeführtes Formular verwendet. Im Wochenplan sind die Themen aller Unterrichtsstunden der kommenden Woche präziser als im Lehrplan anzugeben. In diese Planung sollten auch besondere Ereignisse aus dem Schulleben (Wandertage, Filmvorführungen, Bundesjugendspiele usw.) aufgenommen werden. Im Falle einer Erkrankung der Lehrkraft sollte der Wochenplan eine kontinuierliche Fortsetzung des Unterrichts ermöglichen.

Am Ende der Schulwoche kann der Wochenplan zum Lehrnachweis werden, wenn er die tatsächliche Arbeit der vergangenen Woche widerspiegelt (ggf. wären Ergänzungen, Änderungen oder Berichtigungen anzubringen).

Eine andere Form des Lehrnachweises ist das an manchen Schulen eingeführte Klassentagebuch, das allerdings die Planungsdimension nicht so sehr berücksichtigt.

Am Ende des Schuljahres verbleibt der Lehrnachweis bzw. das Klassentagebuch an der Schule, während der Lehrplan Eigentum des Lehrers ist.

h) Belehrungskalender

Die in der Schule regelmäßig durchzuführenden Belehrungen sind als ein Teil der uns obliegenden Pflicht zur Unfallverhütung und Sicherheitserziehung zu sehen. Die relativ große Anzahl der Belehrungen hat dazu geführt, dass einzelne Punkte sinnvoll auf die Monate des Schuljahres verteilt werden. So entstand der Begriff „Belehrungskalender". Für deren Durchführung ist primär der Klassenleiter zuständig; er soll die Erledigung durch seine Unterschrift bestätigen.

Beispiele für solche Belehrungen:
- Verhalten bei Feueralarm;
- Gefährdung des Eisenbahnbetriebs;
- Unfälle durch Fundmunition;
- Unfälle beim Baden;
- Gefahren beim Drachensteigen;
- usw.

Die Vordrucke mit den Belehrungen erhalten Sie zu Schuljahresbeginn vom Schulleiter. Über die methodische Ausgestaltung dieser Belehrungen gibt es keine näheren Vorschriften; hier hat der Lehrer nach dem Reifegrad seiner Schüler vorzugehen. Bei Schülern nichtdeutscher Muttersprache ist sicherzustellen, dass diese den Inhalt der Belehrungen auch verstehen.

Schülerbeobachtung	
1. **Körperlicher Entwicklungsstand**	Größe, Gewicht, Figur, Belastungsfähigkeit, Brillenträger, Linkshänder, Sprachfehler, Krankheiten und Beeinträchtigungen ...
2. **Schullaufbahn**	normale Einschulung oder Zurückstellung, Diagnose- u. Förderklasse besucht, Klassen wiederholt bzw. übersprungen, Übertritte, Schulwechsel ...
3. **Elternhaus**	Erziehungsberechtigte, Alleinerziehende, Einzelkind, Geschwisterzahl, soziale Verhältnisse, Hilfe bei schulischer Arbeit, Kontakte von Elternhaus und Schule, Art und Anzahl der Kontakte, Aufgeschlossenheit für schulische Anliegen ...
4. **Schulleistungen**	Notenbild, Testergebnisse, besuchte Wahl- und Wahlpflichtfächer, Arbeitsgemeinschaften, eventuell vorhandene Teilleistungsschwächen wie LRS oder Dyskalkulie, besondere Stärken in bestimmten Bereichen wie Musik, Sprachen ...
5. **Persönlichkeits- bzw. Charaktermerkmale**	emotionale Stabilität, Grundgestimmtheit, Ichfestigkeit, Ehrgeiz, Selbsteinschätzung, Eigensteuerung, Vitalkraft ...
6. **Sozialverhalten**	Hilfsbereitschaft, Empathie, Teamfähigkeit, Einzelgänger, Konfliktfähigkeit, Frustrationstoleranz, Beeinflussbarkeit durch Mitschüler ...

7. Arbeitsverhalten	Ausdauer, Motivation, Schwankungen, Sauberkeit, Arbeitstempo, planlos, flüchtig, schlampig, flott, zuverlässig, Hausaufgaben, nervös bei Prüfungen …
8. Auffassungsgabe	rasch, schnell, langsam, erfasst Zusammenhänge, kritisch, reflektiert, in welchen Bereichen stärker oder schwächer, unselbstständig, Blick für Wesentliches …
9. Manuelle Geschicklichkeit	Feinmotorik beim Schreibenlernen, Häkeln, Stricken, Zeichnen, Ausschneiden, Kneten, Falten, Schuhe binden, Perlen auffassen, Stickbilder, Steckspiele …
10. Außerschulische Engagements, soweit bekannt und relevant	Musikunterricht, Yoga für Kinder, Ballett, Gymnastik, Sportverein, Hobbys …

i) **Der amtliche Lehrplan**

> „**Art. 45 BayEUG (Lehrpläne, Stundentafeln, Richtlinien und Bildungsstandards)**
> (1) Grundlage für Unterricht und Erziehung bilden die Lehrpläne, die Stundentafel, in der Art und Umfang des Unterrichtsangebots einer Schulart festgelegt ist, und sonstige Richtlinien. Lehrpläne, Stundentafeln und Richtlinien richten sich nach den besonderen Bildungszielen und Aufgaben der jeweiligen Schulart; sie haben die Vermittlung von Wissen und Können und die erzieherische Aufgabe der Schule zu berücksichtigen. Wissen und Können beziehen sich auch auf Standards, die in länderübergreifenden Verfahren mit Zustimmung des Staatsministeriums für Unterricht und Kultus festgelegt werden.
> (2) Lehrpläne, Stundentafeln und Richtlinien erlässt, bei grundlegenden Maßnahmen im Benehmen mit dem Landesschulbeirat (Art. 73 Abs. 2 Satz 2 Nr. 1), das zuständige Staatsministerium. (…)"

Bitte beachten Sie, dass durch eine Gesetzesänderung im Jahr 2006 nun auch die Bildungsstandards im BayEUG aufgeführt sind; dadurch wird ihre Verbindlichkeit und Bedeutung betont.

Ab Schuljahr 2016/2017 gilt der LehrplanPLUS Grundschule für alle Jahrgangsstufen (1 – 4). Der LP-PLUS Mittelschule wird ab Schuljahr 2017/2018 sukzessive eingeführt.

Alle Schulstufen von der Grundschule bis zum Gymnasium werden auf der Grundlage eines neuen, schulartübergreifenden Lehrplankonzepts, dem LehrplanPLUS überarbeitet.

Zu den Lehrplänen gehören auch die Richtlinien und Bekanntmachungen
- zur Familien- und Sexualerziehung,
- zur Verkehrserziehung,
- zur Umwelterziehung,
- zur Suchtprävention usw.

Als Ergänzungen zu den gültigen Lehrplänen für GS und MS sind noch erschienen:
- GS: – Lehrplan „Alevitischer Religionsunterricht an der GS"
  – Konkretisierung des LP „Fremdsprachen in der GS-Englisch"
  – LP zum Modellversuch „Islamischer Religionsunterricht an der GS"
  – „Deutsch als Zweitsprache"
- MS: – LP für „Differenzierten Sportunterricht und Sportförderunterricht"
  – „Deutsch als Zweitsprache"
  – LP „Islamischer Religionsunterricht"

Alle diese erwähnten Veröffentlichungen sind bei jeder Schulleitung vorhanden. Die amtlichen Lehrpläne gelten für ganz Bayern und können bestimmte klassenspezifische Aspekte naturgemäß nicht berücksichtigen. Dies ist Aufgabe des klasseneigenen Lehrplans.

j) Der klasseneigene (klassenspezifische) Lehrplan

Es ist nun Aufgabe des Lehrers diesen für ganz Bayern gültigen Lehrplan im Team mit den in seiner Klasse unterrichtenden Fachlehrern und zusammen mit den Kollegen der Jahrgangsstufe in einen in jeder Hinsicht „maßgeschneiderten" klassenbezogenen Lehrplan aufzubereiten.

Der LehrplanPLUS Grundschule macht dazu folgende Aussage:

> Als lernende Organisationen schaffen Bildungseinrichtungen den Transfer von neuem Wissen in die gesamte Organisation und sind daher fähig, auf neue Herausforderungen angemessen zu reagieren und gemeinsam aus ihnen zu lernen. Gelingende Teamarbeit ist maßgeblich für die Qualitätsentwicklung der Prozesse und Ergenisse in Bildungseinrichtungen. Erforderlich ist die Kompetenz, in Arbeitsgruppen gemeinsam zu planen und zu handeln sowie diese Prozesse zu reflektieren. Teamlernen erfordert Übung und stellt kein punktuelles Vorhaben dar, sondern erfordert den konsequenten Dialog mit Kolleginnen und Kollegen sowie die gemeinsame Verantwortung aller für die gesteckten Ziele und die Festlegung von Strategien und Regeln innerhalb einer zeitlichen und organisatorischen Struktur.

Der noch gültige Hauptschullehrplan von 2004 macht dazu folgende (stellenweise auch auf die Arbeit in der Grundschule übertragbare) Aussagen (HS-Lehrplan, 2004, Ziff. 6.8):

> Zu Beginn des Schuljahres nehmen die in der Klasse tätigen Lehrer eine ausgewogene Grobverteilung der Lerninhalte über das Jahr vor; der Klassenleiter koordiniert. Anzustreben ist klassen- und

jahrgangsstufenübergreifende Kooperation. Auf dieser Grundlage erstellt jeder Lehrer schrittweise den knapp gehaltenen klassenbezogenen Lehrplan für seine Fächer. Die im Einzelnen erforderlichen Abstimmungen und Konkretisierungen, einschließlich der gleichmäßigen Verteilung der Leistungsfeststellungen, erfolgen rechtzeitig im weiteren Verlauf des Schuljahres. Dieser klassenbezogene Lehrplan berücksichtigt die Lernbedingungen der Klasse und die jeweiligen schulischen Voraussetzungen. Wo es möglich ist, sollen regionale Bezüge hergestellt werden. An Schulen mit M-Klassen ist eine Koordination zwischen diesen und den Regelklassen notwendig.

Der LP-PLUS Hauptschule artikuliert dies folgendermaßen:

> Als Experten für schulische Lernprozesse und Lerngegenstände begleiten die Lehrkräfte den Kompetenzerwerb der Schülerinnen und Schüler. Sie unterstützen und beraten diese dabei, das Lernen aktiv und verantwortlich umzusetzen sowie zu reflektieren. Lehrkräfte gestalten ihren Unterricht auf der Basis von Kompetenzorientierung, Dialog, Partizipation, Flexibilität und Selbstreflexion. Sie sind für die Schülerinnen und Schüler verlässliche Bezugspersonen und Vorbilder. Dabei achten sie auf eine Kultur der gegenseitigen Wertschätzung und Rücksichtnahme. Sie stellen Stärken sowie individuellen Bedarf an Förderung fest und ergreifen entsprechende pädagogische Maßnahmen, um die Lernenden nachhaltig individuell zu fördern.

Welche Besonderheiten sind im klasseneigenen Lehrplan zu berücksichtigen?
- Festlegung der zeitlichen Abfolge der Lerninhalte unter Berücksichtigung der Ferien;
- Präzisierung der Lehrplanaussagen (z. B. Titel von Lesestücken, genaue Aufsatzthemen, konkrete Angaben von Liedern und Gedichten – dabei ist der Pflichtkanon im Lehrplan zu beachten);
- Berücksichtigung von unterrichtsfreier Zeit (z. B. Betriebserkundungen und -praktika, Schullandheimaufenthalte, Studien- und Abschlussfahrten);
- Aufweisungen von Querverbindungen zwischen den einzelnen Fächern;
- Einplanung von Unterrichtsgängen, Möglichkeiten außerschulischer Lernorte und originaler Begegnung (Heimat- bzw. Ortsbezug), Betriebspraktika usw.;
- zeitliche Festlegung von Leistungsnachweisen (auf gleichmäßige Verteilung im Schuljahr achten!);
- Beachtung jahreszeitlicher Gegebenheiten (z. B. Jahreszeiten in Biologie, Kirchenjahr in Religionslehre usw.);
- Auflistung von bereits bekannten und geeigneten Medien (Schule, Kreisbildstelle, Landesfilmdienst, kirchliche Medienstellen usw.);
- Beachtung erziehlicher Aspekte unter Einbezug der Obersten Bildungsziele des Art. 131 der Bayerischen Verfassung, Berücksichtigung von Aktivitäten des Schullebens usw.;
- Hinweis auf die Durchführung der vorgeschriebenen regelmäßigen Belehrungen der Schüler.

Die Erstellung eines Klassenlehrplans ist arbeits- und zeitintensiv und erfordert zudem ein Quantum an unterrichtlicher Erfahrung. Deshalb kann Teamarbeit nur angeraten werden. In diesem Zusammenhang kann auch auf die hilfreichen Veröffentlichungen des ISB hingewiesen werden.

k) Hospitations- und Praktikumsnachweis
Die Lehramtsanwärterinnen und -anwärter sind zur Führung dieser Unterlagen verpflichtet, da das erfolgreich und nachweislich abgelegte Praktikum eine Voraussetzung für das Ablegen der II. Lehramtsprüfung ist. Nähere Hinweise dazu erteilen zuständige Seminarleiterinnen und -leiter.

24.3 MÖGLICHE FRAGESTELLUNGEN
- Welche Besonderheiten beachten Sie bei der Erstellung des klasseneigenen Lehrplans?
- Jeder Lehrer muss Schülerbeobachtungen planmäßig durchführen. Denken Sie daran: „Beobachtung ist der Schlüssel zum Kind" (Maria Montessori). Zeigen Sie dies an Beispielen aus Ihrer Arbeit auf!
- Legen Sie dar, wie Sie Leistungsaufzeichnungen führen und welche rechtlichen Grundlagen Sie dabei beachten!
- Welche Unterlagen hat der Klassenlehrer/-leiter zu führen?

24.4 PRÜFUNGSTIPPS
Diese doch etwas umfangreiche Liste mit Verwaltungsaufgaben der Lehrkräfte könnte den Eindruck entstehen lassen, Lehrerinnen und Lehrer seien in erster Linie „Verwaltungskräfte". Dieser Eindruck stimmt so sicher nicht. Der „Strukturplan für das Bildungswesen" ordnet den Lehrkräften fünf Aufgabenbereiche zu, die hier kurz skizziert seien:
a) das Lehren als Vermittlung von Kenntnissen und Fertigkeiten;
b) das Erziehen als Hilfe zu persönlicher Entfaltung und Selbstbestimmung;
c) das Beurteilen mit dem Bemühen um höchste Objektivität;
d) das Beraten als Orientierungs- und Beurteilungshilfe für Schülerinnen, Schüler und Eltern und schließlich
e) das Innovieren als Verarbeitung von Neuansätzen methodischer, didaktischer und curricularer Art.

Versuchen Sie nicht nur, die Verwaltungsaufgaben und das Schriftwesen der Lehrkräfte möglichst praxisnah darzustellen, sondern beziehen Sie diese stets auf die oben genannten fünf Aufgabenbereiche und stellen Sie heraus, wie die Verwaltungsdinge für deren Erfüllung bedeutsam sind!
Wenn Sie nicht mit einer Klassenführung betraut sind, sollten Sie unbedingt beim Betreuungs- oder Kooperationslehrer in die entsprechenden Papiere und Unterlagen (z. B. Schülerakt) Einsicht nehmen.

25 Schulleiter

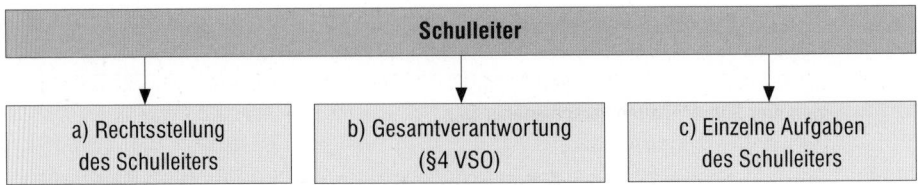

25.1 Fundstellen
- Art. 57 BayEUG, Art. 81 BayEUG (MODUS-Schulen) i. d. F. v. 24. Juli 2013
- § 4 GrSO i. d. F. v. 4. März 2013
- § 4 MSO i. d. F. v. 4 März 2013
- §§ 4 bis 6, 19, 24 bis 27, 29, 31 bis 39 LDO i. d. F. v. 31. Januar 2011
- Schulordnung für die Grundschulen und Hauptschulen (Volksschulen) in Bayern – VSO. Kurzkommentar von Georg Hahn. 30. Auflage 2012. Verlag Maiss, München
- Stiftung Bildungspakt-Bayern: Neue Wege der Führung an bayerischen Schulen. Dokumentation des Modellversuchs Modus f. München, Juli 2011
- Lott/Pirner/Unger: „Schulleiter-ABC Bayern", Buch- und Fachverlage GmbH & Co. KG, Kulmbach
- Schiedermair, Werner: „Die Stellung des Leiters einer staatlichen Schule in Bayern", in: „Schulreport", Hrsg. Bayerisches Staatsministerium für Unterricht und Kultus, München 1982/5, S. 3–6

25.2 Sachinformationen
a) Rechtliche Stellung des Schulleiters

Nach Art. 57 BayEUG ist für jede Schule ein Schulleiter zu bestellen, der zugleich Lehrer an der Schule ist. Es herrscht also an bayerischen Schulen nicht das Prinzip der kollegialen Schulverwaltung. Es gilt das Behördenprinzip für die Grund- und Mittelschulen. An ihrer Spitze steht ein verantwortlicher Leiter. Ein Schulleiter wird mit dieser Aufgabe „betraut", d. h. er wird von der Schulaufsichtsbehörde zum Schulleiter ernannt. Die Bestellung erfolgt grundsätzlich nach Ausschreibung unter Beachtung des Leistungsprinzips, nach Eignung, Befähigung und fachlicher Leistung ohne Rücksicht auf Geschlecht, Abstammung, Rasse, Glauben, religiöse oder politische Anschauungen, Herkunft oder Beziehungen.

Der Schulleiter ist Vorgesetzter, aber nicht Dienstvorgesetzter der Lehrkräfte (Art. 3 BayBG). Vereinfacht erläutert sind Dienstvorgesetzte diejenigen Personen, die für beamtenrechtliche Entscheidungen der ihnen nachgeordneten Beamten zuständig sind. Das sind im Grund- und Mittelschulbereich in der Regel die Schulräte.

> **„Art. 57 BayEUG (Schulleiter)**
> (1) Für jede Schule ist eine Person mit der Schulleitung zu betrauen; sie ist zugleich Lehrkraft an der Schule (Schulleiterin oder Schulleiter). Bei allgemein bildenden Schulen, Förderschulen und beruflichen Schulzentren (Art. 30a Abs. 2) kann eine Person mit der Leitung mehrerer Schulen, auch verschiedener Schularten, betraut werden; sie ist zugleich Lehrkraft an einer der Schulen.
> (2) Die Schulleiterin oder der Schulleiter ist für einen geordneten Schulbetrieb und Unterricht sowie gemeinsam mit den Lehrkräften für die Bildung und Erziehung der Schülerinnen und Schüler sowie die Überwachung der Schulpflicht verantwortlich; sie oder er hat sich über das Unterrichtsgeschehen zu informieren. In Erfüllung dieser Aufgaben ist sie oder er den Lehrkräften und dem sonstigen pädagogischen Personal sowie dem Verwaltungs- und Hauspersonal gegenüber weisungsberechtigt. Sie oder er berät die Lehrkräfte und das sonstige pädagogische Personal und sorgt für deren Zusammenarbeit.
> (3) Die Schulleiterin oder der Schulleiter vertritt die Schule nach außen."

Werner Schiedermair beschreibt in seinem Beitrag (immer noch aktuell) drei sog. „Wirkungsmittel des Schulleiters" und führt dazu aus:

Weisungsrecht
Unter Weisungsrecht wird ein doppeltes verstanden: Einmal umfaßt es die Berechtigung, die Tätigkeit nachgeordneter Beamten zu überwachen. Zum anderen beinhaltet es das Recht, den Lehrern Anordnungen erteilen zu dürfen, die diese dann zu befolgen haben. Das Weisungsrecht hat stets den Charakter einer Pflicht. Der Schulleiter muß von ihm Gebrauch machen, wenn dies zur Aufrechterhaltung eines geordneten Schulbetriebs notwendig ist. Das Weisungsrecht besteht nur im Rahmen der dem Schulleiter zugewiesenen Aufgaben. Weisungen dürfen nicht gegen ein Gesetz verstoßen. Von seinem Weisungsrecht sollte der Schulleiter nur Gebrauch machen, wenn dies nach Sachlage geboten ist oder auf andere Weise die Erfüllung der Dienstpflichten durch einen Lehrer nicht erreicht werden kann. Als Pädagoge sollte sich der Schulleiter in erster Linie bemühen, seine Lehrer durch Bitten, durch Erklären oder Überzeugen für die Erfüllung ihrer Dienstaufgaben zu gewinnen. Der ständige Hinweis auf Vorschriften kann das Erklären und Werben nicht ersetzen.

Delegationsrecht
Dem Schulleiter ist es als Einzelperson nicht möglich, die Fülle der ihm übertragenen Aufgaben allein zu erledigen. Er hat deshalb die Möglichkeit, Aufgaben auf Mitarbeiter, insbesondere auf den Stellvertreter, zu übertragen (Delegationsrecht). Hinsichtlich des ständigen Vertreters des Schulleiters und etwaiger weiterer Mitarbeiter in der Schulleitung ist dies in der Lehrerdienstordnung ausdrücklich festgehalten (§ 25 Abs. 2 Satz 3 LDO). In einzelnen Fällen besteht sogar die Pflicht, Aufgaben zu delegieren, wie das z. B. bei der Bestellung des Sicherheitsbeauftragten der Fall ist (§ 29 Abs. 3 LDO). Das Delegationsrecht bildet eine wesentliche organisatorische Voraussetzung

dafür, daß der Schulleiter seine Aufgaben erfüllen kann. Es besteht allerdings nicht unbeschränkt; folgende Grundsätze für eine Aufgabendelegation haben sich herausgebildet:

- Grundsätzlich kann der Schulleiter alle Aufgaben auf den Stellvertreter oder weitere Mitarbeiter der Schulleitung übertragen, soweit die Gesetze, Schulordnungen und die Lehrerdienstordnung nicht etwas anderes vorsehen, wie dies bei vielen Angelegenheiten der Lehrer, wie beispielsweise der Erstellung der dienstlichen Beurteilung oder der Befreiung von der Verschwiegenheitspflicht, bei Angelegenheiten von Schülern, wie z. B. der dem Schulleiter vorbehaltenen Befugnis, Ordnungsmaßnahmen zu verhängen, der Fall ist.
- Personalangelegenheiten der Lehrer sollte der Schulleiter, auch wenn eine Delegationsmöglichkeit gegeben ist, selbst bearbeiten. Dasselbe gilt für die Leitung der Lehrerkonferenz, die Verbindung zum Elternbeirat, die Verbindung zum Personalrat sowie für die Vertretung der Schule nach außen. Schreiben an vorgesetzte Behörden hat der Schulleiter grundsätzlich selbst zu unterzeichnen.
- In keinem Falle ist es dem Schulleiter gestattet, die Erledigung unangenehmer Aufgaben im Einzelfall auf den Stellvertreter oder weitere Mitarbeiter abzuschieben, die nach dem Geschäftsverteilungsplan oder nach der Verwaltungsübung regelmäßig von ihm selbst erledigt werden. Ein „Abwälzen" der Entscheidung verstößt gegen den Grundsatz der Gesetzmäßigkeit der Verwaltung und ist deshalb unzulässig.
- Für eine Delegation von Aufgaben ist schließlich noch maßgebend, daß nicht willkürlich alle dem Schulleiter übertragenen Aufgaben delegiert werden. Er muß vielmehr darauf achten, daß alle in der Schulleitung tätigen Personen möglichst gleichmäßig belastet sind. Die Gleichmäßigkeit der Belastung beim Stellvertreter und den weiteren Mitarbeitern in der Schulleitung richtet sich dabei auch nach der übrigen dienstlichen Beanspruchung dieser Personen. Ein Lehrer, der bereits entsprechende Stundenanrechnung erhalten hat, wird z. B. in anderer Weise zur Mitarbeit heranzuziehen sein als ein Lehrer, der keine entsprechende Stundenentlastung bekommen hat.

Hausrecht
Der Schulleiter übt in der Schulanlage das Hausrecht für den Schul- bzw. Sachaufwandsträger aus. Die Ausübung des Hausrechts bedeutet dabei, daß der Schulleiter Hausherr in seiner Schule ist. Er regelt deshalb die Ordnung im Schulgebäude. Gegebenenfalls erläßt er, im Benehmen mit dem Personalrat nach Beteiligung des Schulforums, eine Hausordnung. Sein Hausrecht geht auch dem des einzelnen Lehrers für das jeweilige Klassenzimmer vor. Ausfluß des Hausrechts ist es, schulfremde Personen aus der Schulanlage hinauszuweisen.

Im Rahmen des Modellversuchs „Modus f" wird eine Erweiterung der Schulleitungsfunktion durch Delegation von Führungsaufgaben diskutiert. Ein weiterer Zielbereich von „Modus f" ist das Konzept der sog. eigenverantwortlichen Schule, was kontrovers diskutiert wird (siehe Modus f, S. 24–28).

b) Die Gesamtverantwortung des Schulleiters für die Schule

§ 4 der GrSO und MSO sind inhaltlich gleich und beschreiben die Gesamtverantwortung der Schulleiterin bzw. des Schulleiters für die jeweilige Schule:

> „§ 4 GrSO bzw. § 4 MSO
> (1) Die Schulleiterin oder der Schulleiter trägt die pädagogische, organisatorische und rechtliche Gesamtverantwortung, übt das Hausrecht in der Schulanlage aus und erlässt unter Mitwirkung des Elternbeirats sowie des Schulaufwandsträgers eine Hausordnung.
> (2) Die Schulleiterin oder der Schulleiter entscheidet auch über Sammelbestellungen, die Verbreitung von Druckschriften und Plakaten sowie im Einvernehmen mit dem Schulaufwandsträger über die Zulässigkeit von Bild-, Film-, Fernseh- und Tonaufnahmen in der Schule.
> Die Entscheidung über Durchführung und Verbindlichkeit von Schulveranstaltungen trifft unbeschadet § 5 Abs. 2 und § 16 Abs. 5 die Schulleiterin oder der Schulleiter; die Entscheidung über die Durchführung und Verbindlichkeit von schulübergreifenden sonstigen Schulveranstaltungen treffen die unmittelbar zuständigen Schulaufsichtsbehörden im Einvernehmen.
> (3) Soweit diese Schulordnung keine andere Zuständigkeit festlegt, entscheidet die Schulleiterin oder der Schulleiter."

c) Aufgabenfelder oder Arbeitsbereiche des Schulleiters (in Auswahl)

Schulleiter	
Behördenleiter und Vertreter der Schule nach außen mit Führung der Verwaltungsgeschäfte (Dienstsiegel, Beglaubigung, Aktenaufbewahrung)	umfassende Verantwortlichkeit für einen geordneten Schulbetrieb einschließlich Recht auf bzw. Pflicht zum Besuch des Unterrichts
▸ Vorgesetzter mit Weisungsbefugnis für das Lehrpersonal	▸ Information über das Unterrichtsgeschehen
	▸ Überwachung von Ordnungsmaßnahmen
▸ Verwalter der Schulanlage und des Schulvermögens	
	▸ Schulaufnahme, Schulwechsel, Zuweisung von Schülern in Klassen, Gastschulverhältnisse (Stellungnahme)
▸ Vertreter gegenüber Sachaufwandsträgern, Eltern, Dienststellen etc.	
	▸ Klassen-/Gruppeneinteilung
▸ Vorsitzender der Lehrerkonferenz, Einladung zur Dienstbesprechung, Lehrerkonferenz	▸ Stundenplanerstellung und Klassenzimmerverteilung

VIII Lehrpersonal, Lehrerkonferenz, Schulleiter, Schulaufsicht und Schulqualität

- Ausführung der Beschlüsse der Lehrerkonferenz, die bindende Wirkung haben
- Zusammenarbeit mit dem Personalrat
- Erlass einer Hausordnung unter Mitwirkung des Aufwandsträgers, des Schulforums, bei Grundschulen des Elternbeirates
- Unterstützung der Schülermitverantwortung
- Anzeige von Erkrankungen der Lehrer beim Staatlichen Schulamt
- Gewährung von Dienstbefreiung für Lehrkräfte
- Befreiung und Beurlaubung von Schülern vom Unterricht
- Überweisung an eine Förderschule
- Unterrichtsbesuche durchführen
- Dienstliche Beurteilung des Lehrpersonals seiner Schule (zum Teil gemeinsam mit dem Schulrat)

- Überprüfung der Benotung und der Einhaltung der für die Notengebung gültigen Vorschriften
- Erstellen von Unterrichtsübersichten und Vorlage der Stundenpläne beim Staatlichen Schulamt
- Zulassung und Ausschluss aus einem Wahlfach oder einer Arbeitsgemeinschaft
- Einrichtung von Ethikunterricht
- Definition von „schulischen Veranstaltungen" (wichtig u. a. wegen des Versicherungsschutzes)
- Vorsitzender der Prüfungskommissionen bei den Prüfungen zum QA und zur Mittleren Reife
- Genehmigung des Überspringens einer Jahrgangsstufe

25.3 MÖGLICHE FRAGESTELLUNGEN

- Der Schulleiter hat die Gesamtverantwortung für einen geordneten Schulbetrieb. Kennzeichnen Sie die wichtigsten Aufgaben des Schulleiters!

25.4 PRÜFUNGSTIPPS

Studieren Sie die Übersicht und versuchen Sie sich zu erinnern, in welchen Funktionen Sie Ihren Schulleiter bisher erlebt haben. Sicherlich steht Ihnen Ihr Schulleiter für ein Gespräch über seine Aufgaben gerne zur Verfügung.

26 Lehrerkonferenz

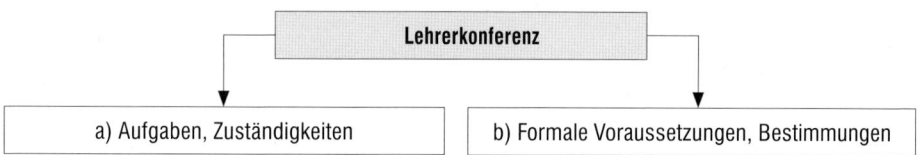

26.1 Fundstellen
- Art. 57 und 58 BayEUG i. d. F. v. 9. Juli 2012
- §§ 5 bis 9 GrSO i. d. F. v. 4. März 2013
- §§ 5 bis 9 MSO i. d. F. v. 4. März 2013
- §§ 20 und 27 Abs. 2 LDO i. d. F. v. 31. Januar 2011
- Lott/Pirner/Unger: „Schulleiter-ABC Bayern", Buch- und Fachverlage GmbH & Co. KG, Kulmbach
- Kurzkommentar mit eingearbeiteten Bestimmungen über das Erziehungs- und Unterrichtswesen. Verlag J. Maiss, München.

26.2 Sachinformationen
Die Lehrerkonferenz ist ein internes Willensbildungsorgan der Grund- und Mittelschule und soll die Erziehungs- und Unterrichtsarbeit sowie das kollegiale und pädagogische Zusammenwirken der Lehrer an der Schule sichern. Sie beschließt in den Angelegenheiten, die ihr durch Rechts- und Verwaltungsvorschriften zur Entscheidung zugewiesen sind, mit bindender Wirkung für den Schulleiter und die übrigen Mitglieder der Lehrerkonferenz. Zur Vertretung nach außen ist die Lehrerkonferenz jedoch nicht berechtigt. Für den Vollzug ihrer Beschlüsse ist der Schulleiter zuständig.

a) Aufgaben und Zuständigkeiten der Lehrerkonferenz
- Einführung zugelassener Lernmittel an der Schule (Art 51 Abs. 3 BayEUG); wenn ein Lehr- und Lernmittelausschuss besteht, wird diese Aufgabe von ihm wahrgenommen;
- Wahl der Lehrer, die Mitglieder im Schulforum sein sollen (Art. 69 Abs. 2 BayEUG);
- Verhängung von Ordnungsmaßnahmen nach Art. 86 Abs. 2, Nr. 6 bis 9 BayEUG, soweit im Gesetz die Mitwirkung oder Zustimmung der Lehrerkonferenz gefordert ist (das ist besonders bei den „schweren" Ordnungsmaßnahmen wie z. B. „Ausschluss vom Unterricht" vorgesehen);
- Entscheidung über die Einführung von Wahlpflichtfächern, Wahlfächern, Arbeitsgemeinschaften und Fördermaßnahmen;
- Entscheidung über die Pausenordnung nach Anhörung des Schulforums an der MS bzw. des Elternbeirats an der GS;

- Wahl der Mitglieder des Lehr- und Lernmittelausschusses und Disziplinarausschusses bei Grund- und Mittelschulen mit mehr als 25 hauptberuflichen Lehrern (§ 9 GrSO bzw. § 9 MSO);
- Entscheidung über wichtige Veranstaltungen der Schule (Tag der offenen Tür);
- Entscheidung über Beschwerden von grundsätzlicher Bedeutung gegen allgemeine Unterrichts- und Erziehungsmaßnahmen der Schule;
- Entscheidung über die freiwillige Wiederholung einer Jahrgangsstufe.

b) **Formale Voraussetzungen und Bestimmungen für Lehrerkonferenzen**
- Die Sitzungen sind nichtöffentlich und außerhalb der regelmäßigen Unterrichtszeit durchzuführen (d. h. nicht vor 13.00 Uhr beginnend);
- Verschwiegenheitspflicht;
- die Lehrerkonferenz kann beschließen, dass bei der Beratung einzelner Tagesordnungspunkte Klassen-, Schülersprecher, Vertreter der Eltern, der Behörden, des Sachaufwandsträgers etc. Gelegenheit zur Äußerung erhalten;
- der Schulleiter beruft die Lehrerkonferenz bei Bedarf, mindestens jedoch zwei Mal im Schuljahr ein oder wenn mindestens ein Viertel der Mitglieder oder die Schulaufsichtsbehörde dies verlangt;
- die Konferenz ist mindestens eine Woche vorher mit Tagesordnung etc. schriftlich bekanntzugeben;
- die Mitglieder der Lehrerkonferenz sind zur Teilnahme verpflichtet (Befreiungsmöglichkeit durch den Schulleiter; Teilnahmepflicht auch für Teilzeitlehrkräfte);
- der Vorsitzende setzt die Tagesordnung fest, wobei jedes Mitglied die Behandlung zusätzlicher Punkte beantragen kann;
- die Lehrerkonferenz ist beschlussfähig, wenn alle Mitglieder ordnungsgemäß geladen worden sind und die Mehrheit anwesend ist,
- alle Mitglieder sind stimmberechtigt (außer bei Betroffenheit);
- jeder ist zur Stimmabgabe verpflichtet, eine Stimmenthaltung ist nicht möglich;
- Beschlussfassung mit einfacher Mehrheit;
- Niederschrift durch Schriftführer muss enthalten: Datum, Beginn und Ende der Sitzung, die Namen der Anwesenden, die behandelten Gegenstände und das Abstimmungsergebnis. Bei wichtigen Entscheidungen muss die Niederschrift die maßgebenden Gründe enthalten. Die Niederschrift muss in der nächsten Sitzung genehmigt und zehn Jahre aufbewahrt werden;
- zur Erleichterung der Protokollführung kann mit Billigung der Teilnehmer der Lehrerkonferenz ein Tonbandgerät benutzt werden.

26.3 MÖGLICHE FRAGESTELLUNGEN
- Die Lehrerkonferenz soll die Erziehungs- und die Unterrichtsarbeit sowie das kollegiale und pädagogische Zusammenwirken der Lehrer an der Schule sichern. Nehmen Sie zu dieser Aussage Stellung!
- Die Lehrerkonferenz ist ein internes Willensbildungsorgan der Grund- und Mittelschule. Benennen Sie Funktion und Organisation der Lehrerkonferenz!

26.4 PRÜFUNGSTIPPS
Bestimmt haben Sie schon einige Lehrerkonferenzen an Ihrer Schule aktiv und interessiert mitverfolgt. Dann wissen Sie, welche Themen dort behandelt und diskutiert wurden.

27 Schulaufsicht

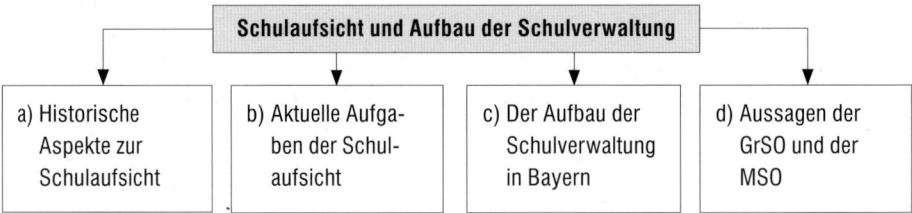

27.1 Fundstellen
- Art. 7 Abs. 1 Grundgesetz (GG)
- Art. 130 Abs. 2 BV
- Art. 111 bis 117 BayEUG i. d. F. v. 24. Juli 2013
- § 2 GrSO i. d. F. v. 4. März 2013
- § 2 MSO i. d. F. v. 4. März 2013
- Referat von Prof. Dr. Rolf Dubs am 16. Oktober 2002 in Kulmbach
- „Aufgaben der Staatlichen Schulämter", KMS vom 6. Juli 2006, KWMBl. I Nr. 15/2006

27.2 Sachinformationen

a) Historische Aspekte zur Schulaufsicht

Seit es eine Schulpflicht gibt, war auch eine Schulaufsicht eingerichtet. Sie war ursprünglich kirchlich (der Ortspfarrer als „Schulrat") und ging später in staatliche Hände über. Die Grundlagen der staatlichen Schulaufsicht in Bayern sind in Art. 130 Abs. 2 BV und in den Artikeln 111 bis 117 des BayEUG niedergelegt.

Die nachstehende Skizze von Prof. Dubs zeigt, wie sich die Aufgaben und das Selbstverständnis der Schulaufsicht in den letzten Jahren gewandelt haben:

Art der Schulaufsicht	Merkmale	Einfluss	
Inspektion (etwa bis 1920)	Überprüfen, ob die staatlichen Vorschriften und die gesellschaftlichen Regeln eingehalten werden durch bürokratische Kontrolle.	Autokratische Staatsauffassung	Quelle: R. Dubs (siehe Quellenverzeichnis)
Aufsicht (etwa bis 1970)	Überwachen, ob das Verhalten der Lehrpersonen den Regeln über erfolgreiches Unterrichten entspricht, damit gute Lernerfolge erzielt werden und bürokratische Überwachung.	Wissenschaftliche Erkenntnisse zum Lehren und Lernen	

Unterstützung (bis heute)	Verbesserung des Unterrichtes und der Schule sowie Erhöhung der Zufriedenheit aller Schulangehörigen mit dem Ziel, die Wirksamkeit der Schule in erzieherischer und bildungsmäßiger Hinsicht durch gemeinsame und konsultative Arbeit der Schulaufsicht mit der Schule zu steigern.	Einflüsse der Human-Relation-Bewegung, gruppendynamische Prozesse und Demokratisierungstendenzen
Controlling (Zukunft?)	Förderung der Schulentwicklung mit dem Ziel, die Qualität der Schule zu verbessern durch Controlling und Beratung.	Teilautonomie der Schulen und New Public Management

Quelle: R. Dubs

b) Aktuelle Aufgaben der Schulaufsicht

Nach Art. 111 Abs. 1 BV gehören zur Staatlichen Schulaufsicht folgende Bereiche:
▸ die Planung und Ordnung des Unterrichtswesens;
▸ die Sicherung der Qualität von Erziehung und Unterricht;
▸ die Förderung und Beratung der Schulen und
▸ die Aufsicht über die inneren und äußeren Schulverhältnisse sowie über die Schulleitung und das pädagogische Personal.

In einem KMS vom 6. Juli 2006 hat das Kultusministerium diese Aufgaben aus aktueller Sicht neu beschrieben (Text gekürzt aus dem o. a. KMS):

1. Organisation des Unterrichts und der Schulen	Die Staatlichen Schulämter schaffen die personellen und organisatorischen Rahmenbedingungen, innerhalb derer die Schulen in Eigenverantwortung einen geordneten und pädagogisch wirksamen Unterrichtsbetrieb sicherstellen. Sie weisen bedarfsgerecht Personal zu und entscheiden unter Beteiligung der Schulleiter über die Klassenbildung. Bei der Lehrerstundenzuweisung berücksichtigen sie den besonderen Bedarf der Schulen und achten auf möglichst vergleichbare Lernbedingungen der Schulen im Schulaufsichtsbezirk. ...
2. Personalmanagement und Personalförderung	Neben einer bedarfsgerechten Personalzuweisung stellen die Staatlichen Schulämter auch eine nachhaltige Professionalisierung und die berufliche Weiterbildung der Lehrkräfte sicher. Diese Aufgabe erfüllen sie in konstruktiver und vertrauensvoller Zusammenarbeit mit den Schulleitungen. ...

Quelle: KMS vom 6. Juli 2006

3. Qualitätssicherung von Unterricht und Erziehung	Unterricht und Erziehung als schulische Kernaufgabe sind im besonderen Blick der Schulaufsicht. Dabei geht es unter Wahrung der Eigenverantwortung der Lehrkräfte und Schulen im Sinne von Chancengleichheit um qualitätsvollen Unterricht, vergleichbare Standards bei der Leistungsfeststellung und -bewertung, effiziente Verwendung der Lehrerstunden sowie um intensive und stetige Erziehungsarbeit an den Schulen. Die Staatlichen Schulämter sind Gestaltungsinstanz für eine systematische Anlage des Qualitätssicherungsprozesses an den Schulen ihres Bezirks. Sie unterstützen die Schulleitungen bei ihren Maßnahmen für einen pädagogisch, didaktisch und methodisch hochwertigen Unterricht und eine nachhaltige Erziehung und fördern die Einrichtung schulischer Betreuungsangebote (z. B. Mittagsbetreuung, Ganztagsschulen). …
4. Systemische Beratung, Kooperation und Vernetzung	Die Beratung der Schulen betrifft den weiten Bereich des Unterrichts und der Erziehung, aber auch schul- und dienstrechtliche Fragestellungen, Verwaltungs- und Organisationsabläufe an Schulen, das Zusammenwirken der Lehrkräfte innerhalb der Schulen und die Zusammenarbeit mit den Elternvertretungen, den Sachaufwandsträgern und weiteren Bezugspartnern der Schule. Ziel dieser grundsätzlich systemischen Beratung ist es, die positive Selbstwirksamkeit der Schulen zu stärken. …
5. Dienstrechtliche Aufgaben	Die Schulräte nehmen auch Zuständigkeiten eines Dienstvorgesetzten der Lehrkräfte und Schulleiter wahr. Sie führen Versetzungen und Abordnungen in ihrem Schulamtsbezirk durch und pflegen eine vertrauensvolle Zusammenarbeit mit der Personalvertretung. Im Rahmen der bestehenden Vorgaben sind sie zuständig für die Genehmigung von Dienstbefreiungen und Dienstreisen. Sie sind verantwortlich für den sachgerechten Vollzug der Vergabe von Prämien und Zulagen. Die Staatlichen Schulämter achten auf die Einhaltung von amtlichen Vorgaben und die systematische Umsetzung von mit den Schulen vereinbarten Zielen. …
6. Öffentlichkeitsarbeit	Die Staatlichen Schulämter verstehen sich als Vermittler zwischen verschiedenen Interessensgruppen wie Elternschaft, Sachaufwandsträger und Lehrerkollegien. Um diese Aufgabe möglichst konfliktfrei zu erfüllen, ist ein regelmäßiger und intensiver Infomationsaustausch zwischen allen an Schule Beteiligten notwendig. Die Staatlichen Schulämter informieren die Öffentlichkeit auch über besondere Leistungen der Schulen, über Wettbewerbe und

	besondere Aktionen. Sie führen bei entsprechenden Anlässen (z. B. Besonderheiten in der Klassenbildung, Schulversuche) Veranstaltungen durch und stellen Innovationen gemeinsam mit den Schulleitungen auch der Öffentlichkeit und der Presse gegenüber dar ...
7. Verwaltungsmanagement	Im gesamten Verwaltungsbereich sind die modernen Wege der Kommunikation und der Datenverarbeitung zu nutzen. Die kontinuierliche Pflege der an den Schulämtern notwendigen Daten ist unabdingbare Grundlage für eine fachgerechte und effiziente Verwaltung und Gestaltung des Schul- und Unterrichtswesens. Die Schulämter legen Fachstatistiken an ...

c) **Aufbau der Schulverwaltung in Bayern im Hinblick auf die Grund- und Mittelschulen (GS und MS)**

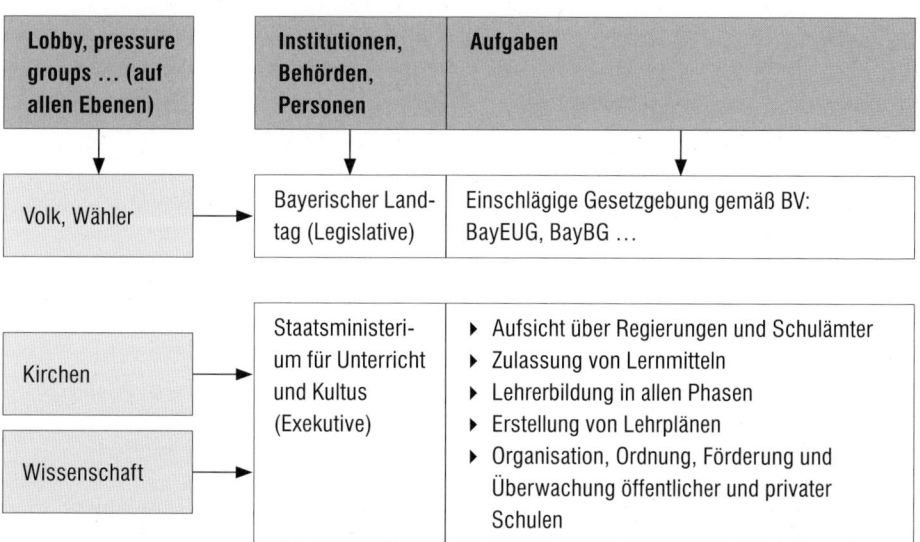

Unter der Überschrift „Schulverwaltung" erwartet man natürlich Institutionen der Exekutive. Der Bayerische Landtag als Legislative wurde trotzdem mit aufgenommen, da er durch seine Gesetzgebung ganz maßgeblich auf das System Schule einwirkt und die übrigen genannten Behörden an diese Vorgaben gebunden sind.

VIII Lehrpersonal, Lehrerkonferenz, Schulleiter, Schulaufsicht und Schulqualität

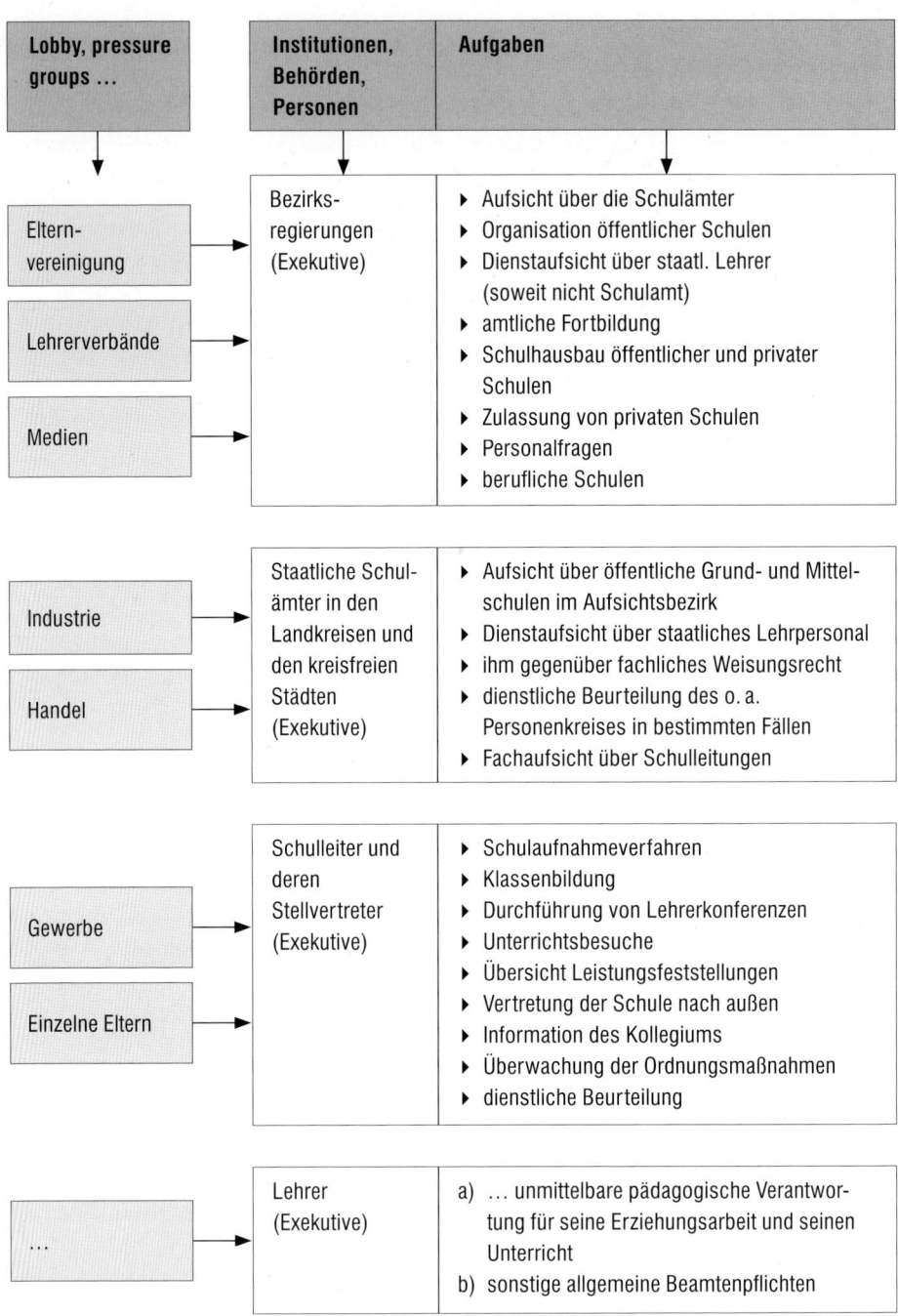

27 Schulaufsicht

d) Aussagen der Schulordnungen zum Thema „Schulaufsicht"

Die Paragrafen 2 der GrSO und MSO sind inhaltlich gleichlautend. Da der Verordnungstext etwas unübersichtlich ist, wurde zur leichteren Lesbarkeit diese Form der Tabelle gewählt.

Schulaufsicht durch die staatlichen Schulämter für den Bereich der Grund- und Mittelschulen		
§ 2 GrSO **§ 2 MSO**	**Rechtlicher Leiter**	**Fachlicher Leiter**
wahrgenommen durch ...	Landrätin/Landrat oder Oberbürgermeister/in	Fachlicher Leiter bzw. fachliche Leiterin des Staatl. Schulamts
Aufgaben	vorwiegend rechtlicher Natur	vorwiegend fachlicher Natur
Beispiele	▸ Rechtsbehelfsverfahren ▸ Verwaltungszwangsverfahren ▸ Ordnungswidrigkeitsverfahren ▸ Vollzug sicherheits- und gesundheitsrechtlicher Vorschriften ▸ usw.	▸ Organisation des Unterrichts und der Schulen ▸ Personalmanagement ▸ Personalförderung ▸ Qualitätssicherung von Unterricht u. Erziehung ▸ systemische Beratung ▸ Kooperation ▸ Vernetzung ▸ usw.
Allgemeine Anmerkungen	▸ Verpflichtung zu vertrauensvoller Zusammenarbeit ▸ Eigenverantwortung im jeweiligen Aufgabenbereich ▸ Außenvertretung im jeweiligen Aufgabenbereich	

27.3 MÖGLICHE FRAGESTELLUNGEN

▸ Zur Gewährleistung eines leistungsfähigen Schulwesens bedarf es der Schulaufsicht. Nennen Sie die Aufgabengebiete der Schulaufsicht zur Erfüllung dieser Aufgaben!
▸ Zur Kontrollkomponente tritt immer mehr die pädagogische Komponente von Schulaufsicht. Wo sehen Sie Ansatzpunkte?

27.4 PRÜFUNGSTIPPS

Orientieren Sie sich bei der Beantwortung einer Frage zur Schulaufsicht an den obenstehenden Übersichten. Auch wenn die Schulaufsicht für viele Lehrer nur in der Person des „Schulrats" präsent zu sein scheint, denken Sie daran, dass sich in der Person des Schulrats das Bemühen des Staates zeigt, durch die Schulaufsicht ein leistungsfähiges und für alle Schüler chanconeröffnendes Schulwesen zu verwirklichen.

VIII Lehrpersonal, Lehrerkonferenz, Schulleiter, Schulaufsicht und Schulqualität

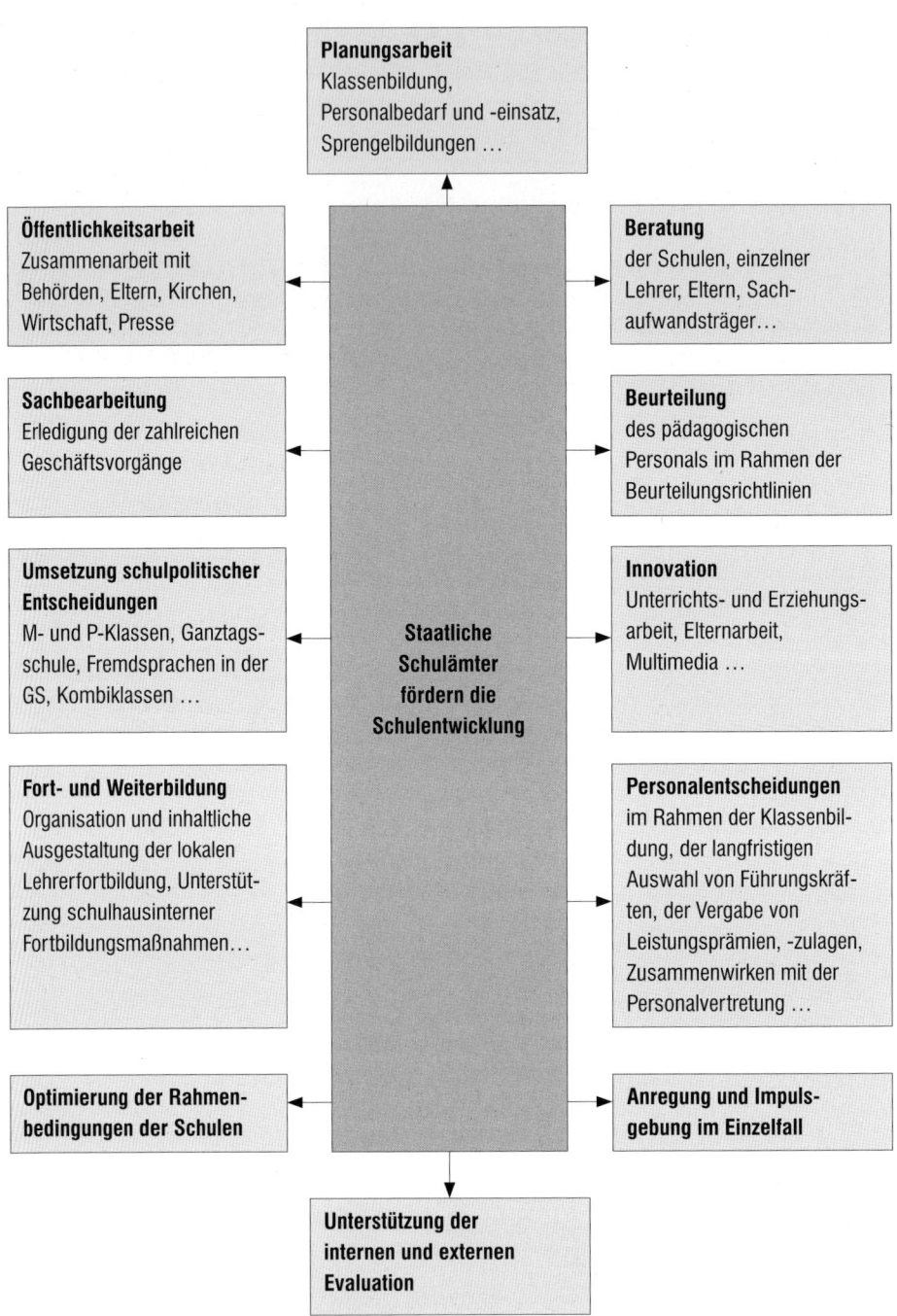

28 Schulqualität – Schulentwicklung – Evaluation

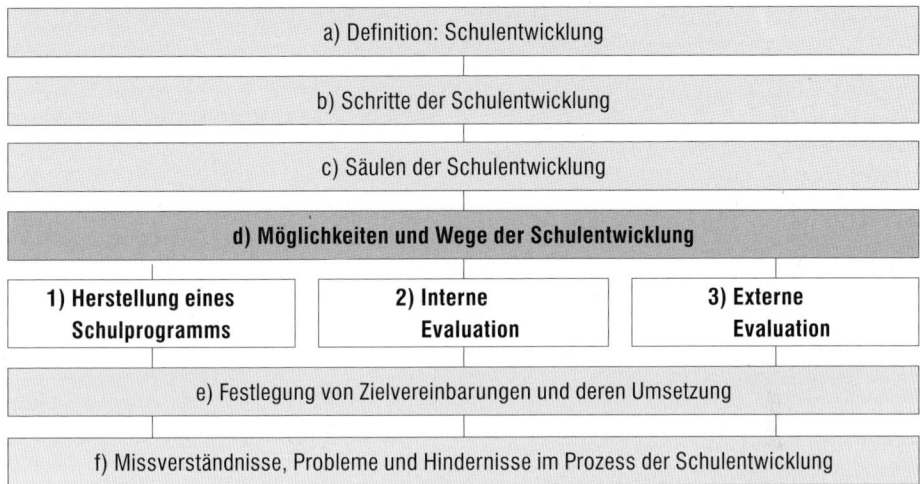

28.1 Fundstellen
- Art. 111 Abs. 1 BayEUG i. d. F. v. 24. Juli 2013
- Art. 113c BayEUG (Evaluation) i. d. F. v. 24. Juli 2013
- Informationen des Bayerischen Staatsministeriums für Unterricht und Kultus:
  (a) „Innere Schulentwicklung in Bayern", 2001
  (b) „Externe Evaluation an Bayerns Schulen", 2. überarbeitete Auflage 2010
  (c) „Interne Evaluation an Bayerns Schulen", 2. Überarbeitete Auflage 2010
  (d) Qualitätssicherung an Bayerns Schulen. Dokumentation zum Fachkongress am 25./26. November 2005 in Eichstätt. München 2006
- „Leitfaden für die Erstellung von Zielvereinbarungen". ISB München/Qualitätsagentur (www.isb.bayern.de)
- „Evaluation an Bayerns Schulen: Aktuelles aus der Qualitätsagentur 2013" (www.isb.bayern.de)
- „Wir über uns", Schulversuch kommMIT. Kommunikation, Migration, Integration, Teilhabe. Modifizierung bzw. Weiterentwicklung des Schulprogramms der Ludwig-Steub-Grundschule Aichach, entstanden im Schuljahr 2003/2004 (www.ludwig-steub-grundschule.de oder www.isb.bayern.de)

28.2 Sachinformationen
a) Was ist Schulentwicklung?

„Der Begriff ‚innere Schulentwicklung' wird als Oberbegriff verwendet, wenn es um langfristig angelegte Projekte geht, die zu einer nachhaltigen Entwicklung der jeweiligen Schule als Ganzes

führen. Dabei wird vor allem der rapide Wandel in Wirtschaft und Gesellschaft als Auslöser für diese Prozesse gesehen. Im Mittelpunkt steht die fortlaufende Steigerung der Qualität von Schule und Unterricht: Sie ist das eigentliche Kernthema von Schulentwicklung, die sich stets daran messen lassen muss, ob sie die Schülerinnen und Schüler erreicht. Es gilt, diese optimal zu fördern, Orientierungen zu schaffen und die Eigenverantwortung aller Beteiligten zu stärken."

(Broschüre des Bayerischen Staatsministeriums für Unterricht und Kultus „Innere Schulentwicklung", S. 9/10)

▸ Definition „Schulentwicklung"

„Schulentwicklung kann als systemischer und systematischer Prozess verstanden werden „in dessen Verlauf Schulen dabei unterstützt werden, sich zielgerichtet zu verändern. Auf der Basis evaluierter Fakten kann standortspezifische Qualität von Schule und Unterricht systematisch gesichert und verbessert werden." (www.lpm.uni-sb.de/SE/texte/SE%20Definition.htm)

b) Schritte der Schulentwicklung:
Aus den Definitionen unter a) ist klar ersichtlich, dass Schulentwicklung ein unter Umständen sehr langer Prozess sein kann, der sich aber deutlich in einige abgrenzbare Schritte gliedern lässt:

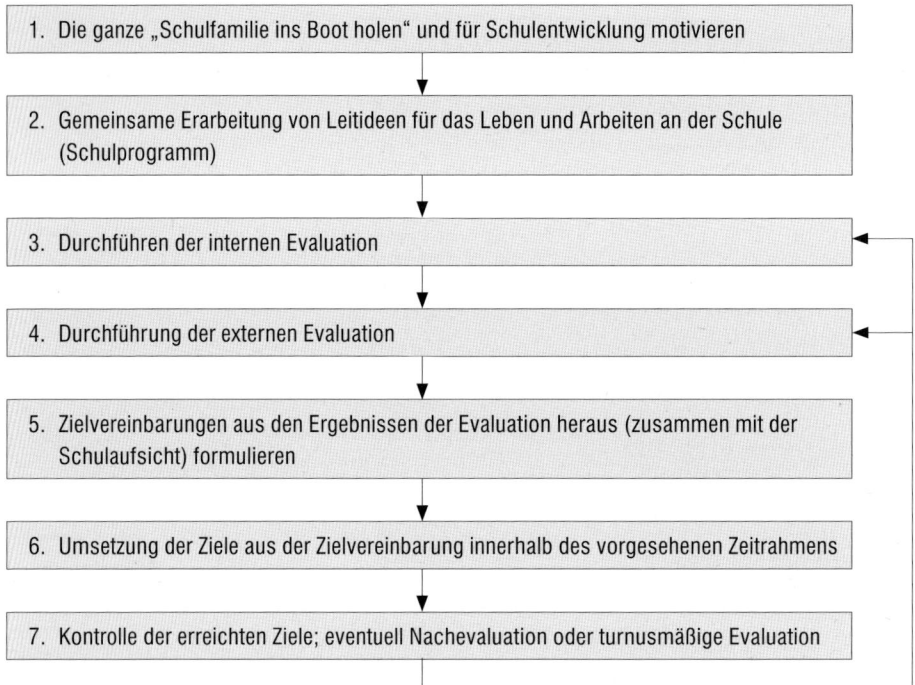

1. Die ganze „Schulfamilie ins Boot holen" und für Schulentwicklung motivieren
2. Gemeinsame Erarbeitung von Leitideen für das Leben und Arbeiten an der Schule (Schulprogramm)
3. Durchführen der internen Evaluation
4. Durchführung der externen Evaluation
5. Zielvereinbarungen aus den Ergebnissen der Evaluation heraus (zusammen mit der Schulaufsicht) formulieren
6. Umsetzung der Ziele aus der Zielvereinbarung innerhalb des vorgesehenen Zeitrahmens
7. Kontrolle der erreichten Ziele; eventuell Nachevaluation oder turnusmäßige Evaluation

Die Reihenfolge einzelner Schritte ist nicht zwingend so wie in der Skizze dargestellt. Schulen können sich auf diesem Weg durch schulische oder externe „Schulentwickler" begleiten und beraten lassen. Wichtig ist, dass alle Beteiligten („Schulfamilie") den Prozess positiv mittragen.

c) **Die drei Säulen der Schulentwicklung**
Schulentwicklung soll sich naturgemäß auf alle Bereiche in der Schule erstrecken; in der Literatur werden (nach H.-G. Rolff) meistens drei Schwerpunktbereiche („Säulen") als besonders wichtig erwähnt: Personalentwicklung, Unterrichtsentwicklung und Organisationsentwicklung. Die jeweiligen Schwerpunkte der Schulentwicklungsarbeit differieren je nach Bedürfnislage der jeweiligen Schule.

Die drei Säulen der inneren Schulentwicklung

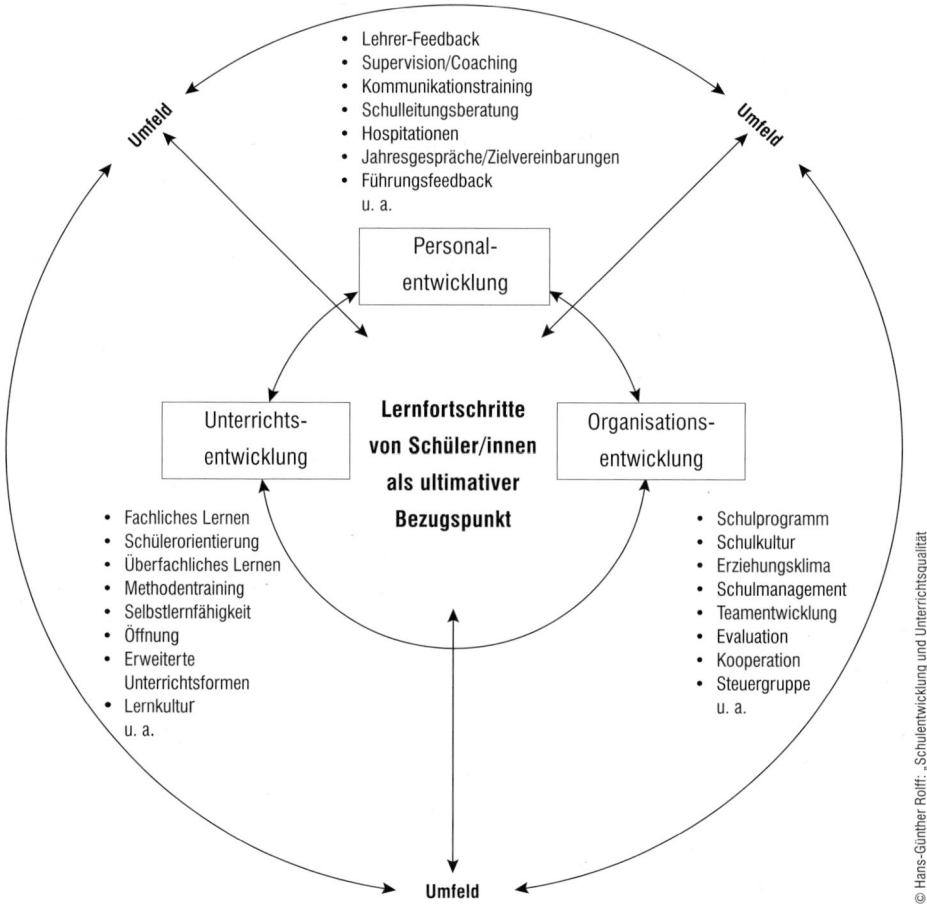

d) Möglichkeiten und Wege der Schulentwicklung
1) Das Erstellen eines „Schulprogramms" oder „Leitbildes"

> *„Das Schulprogramm ist das schriftlich formulierte Handlungskonzept einer Schule. Im Schulprogramm werden die von allen getragene pädagogische Grundhaltung (Schulleitbild) und die konkreten Vorhaben (Arbeitsprogramm) zur Erreichung der schulischen Ziele genannt und begründet. Ein Schulprogramm ist nur dann lebendig, wenn es auf einen Prozess gründet, der alle Schulmitglieder beteiligt und deren Vorstellung einer guten Schule Raum gibt.*
> *Das Schulprogramm macht die Schwerpunkte der Schule deutlich, ist Grundlage für die systematische Bewertung des Erreichten (Evaluation) und ist nützlich für die Öffentlichkeitsdarstellung der Schule."*
> (Detlev Lindau-Bank, Buchprospekt des Beltz-Verlages zum Manual Schulentwicklung: Handlungskonzept zur pädagogischen Schulentwicklungsberatung (SchuB). keine Neuauflage.)

Vor dem Hintergrund der schulischen Gegebenheit erfolgt schließlich die Erarbeitung eines sogenannten Leitbildes. Beim Praxisbeispiel des Schulentwicklungsprojektes (Ludwig-Steub-Grundschule-Aichach) handelt es sich um eine dreizügige Schule mit etwa 320 Schülern, von denen ein großer Teil einen Migrationshintergrund hat. Aufgrund des relativ hohen Anteils von Schülern mit nichtdeutscher Muttersprache, werden regelmäßig Sprachlernklassen bzw. Sprachlerngruppen eingerichtet.

Das „Leitbild" ist eine Zusammenstellung von Punkten, die die Ziele der schulischen Erziehung und des schulischen Zusammenlebens beschreiben:

- Schülerinnen und Schüler sollen mit ihren persönlichen Stärken und Schwächen an unserer Schule angenommen werden.
- Das Lehrerkollegium und die Schulleitung sollen so zusammenarbeiten, dass eine positive Ausgestaltung und Entwicklung der Schule entsteht.
- In unserer Schule sollen alle willkommen sein und kameradschaftlich miteinander leben können.
- Eltern sollen an unserer Schule mit ins Schulleben einbezogen werden.
- Die Persönlichkeitsförderung unserer Schülerinnen und Schüler soll an unserer Schule umfassend gefördert und unterstützt werden.
- Die Räume unserer Schule sollen zum Verweilen einladen, dennoch sollen Angebote und Herausforderungen nicht an den Grenzen des Schulgeländes enden.
- In unserer Schule soll intensiv gearbeitet werden, Leistung soll gefordert werden und die Freude am eigenen Lernen wachsen.

Die Ludwig-Steub-Grundschule nimmt zusammen mit Modellversuchsschulen verschiedener Schularten am Schulversuchsprojekt kommMIT teil.

2) Zum Begriff „Evaluation"

> *„Evaluation in der Schule meint die Bewertung der Qualität der schulischen Arbeit aufgrund der systematischen und methodisch abgesicherten Sammlung von Daten und Informationen, deren kriterienbezogene Auswertung und kommunikative Interpretation mit dem Ziel, pädagogische und*

schulische Entscheidungen zu begründen und Rechenschaft gegenüber allen Schulmitgliedern und der Schulaufsicht abzulegen.
Der Aufbau eines Evaluationssystems in der Schule ist das wesentliche Element der Schulentwicklung, weil es Ausdruck der Reflexionsfähigkeit einer Schule ist, die ihren Entwicklungsprozess bewusst und eigenverantwortlich steuert. Evaluation muss Folgen haben. Evaluation ist nur dann ermutigend und konstruktiv, wenn sie sich auf Themen und Gegenstände bezieht, die von den Mitgliedern der Schule auch geändert werden können."
(Detlev Lindau-Bank, Buchprospekt des Beltz-Verlages zum Manual Schulentwicklung)

3) Die „interne Evaluation" oder „Selbstevaluation

„*Bei der internen Evaluation ... ist die einzelne Schule selbst der sogenannte ‚process owner'. Sie bewertet die eigene Praxis nach ausgewählten Kriterien mit dem Ziel, diese Praxis zu verbessern und weiterzuentwickeln."* (KM-Broschüre „Interne Evaluation", S. 5)

Kennzeichen der internen Evaluation von Schulen sind demnach:

- „*Für Planung und Durchführung ist die einzelne Schule selbst verantwortlich.*
- *Es werden vor allem Daten aus Bereichen gesammelt und analysiert, bei denen die Schule selbst Gestaltungsmöglichkeiten hat.*
- *Gegenstand der Evaluation können neben der Schule als Ganzem auch Einzelprojekte sein.*
- *Ziel interner Evaluationsmaßnahmen ist immer die Formulierung und systematische Überprüfung schulspezifischer Entwicklungsperspektiven vor dem Hintergrund der jeweiligen Rahmenbedingungen."* (KM-Broschüre „Interne Evaluation", S. 6)

Instrumente und Methoden der internen Evaluation:
- Analyse der bereits an der Schule vorhandenen Daten;
- standardisierte Befragung durch Fragebogen (werden von der Qualitätsagentur zur Verfügung gestellt);
- strukturierte Beobachtung von Unterricht;
- systematische Selbstreflexion der Lehrer (z. B. Selbsteinschätzungsbogen „Professionelles Lehrerverhalten").

Genauere Informationen zu den Instrumenten finden Sie in der Broschüre „Interne Evaluation", S. 17–23.

4) Die „externe Evaluation" oder „Fremdevaluation"

„*Zu unterscheiden sind externe und interne Evaluation. Bei der externen Evaluation, wie sie für die bayerischen Schulen im Jahr 2004 eingeführt worden ist, werden Maßstäbe (nach dem Kenntnisstand der einschlägigen wissenschaftlichen Forschung zur Qualität von Schule und Unterricht) von außen vorgegeben und die Evaluation wird von externen Evaluatoren durchgeführt."*
(KM-Broschüre „Interne Evaluation", S. 5)

Das Evaluationsteam besteht meist aus vier Mitgliedern, davon drei Fachleute aus dem schulischen Bereich und ein außerschulischer Evaluator. Schulaufsichtsbeamte sind keine Mitglieder des Evaluationsteams.

Qualitätsmerkmale der „externen Evaluation"
Evaluation als eine definierte Methode unterliegt selbst bestimmten Qualitätsmerkmalen. Evaluieren heißt, eine sachgerechte Bewertung vornehmen. Diese muss für die beteiligten Personen bedeutsam sein, für die jeweilige Arbeit Orientierung geben und weiterführende Maßstäbe setzen. Um sachgerecht bewerten zu können, müssen über den infrage stehenden Sachverhalt umfassend Informationen eingeholt werden, und es müssen die jeweiligen Maßstäbe bekannt sein, nach denen er beurteilt wird.

- Aus der Evaluation muss sich ein möglichst objektives, an den Leitzielen von Bildung und Erziehung orientiertes Bild von der Arbeit an der Schule ergeben. Dazu müssen Qualitätsmerkmale guter Schulen und guten Unterrichts mit den Indikatoren, woran diese Merkmale nachzuweisen sind, festgelegt werden und allen Beteiligten bekannt sein.
- Ebenso müssen die Verfahren, die bei der Evaluation zum Einsatz kommen, allen Beteiligten bekannt sein. Das entspricht den Prinzipien der Fairness und der Transparenz. Die Bereitschaft, Ergebnisse der Evaluation in produktive Arbeit umzusetzen, beginnt bereits mit der Klarheit von Inhalten und Verfahren der Evaluation. Damit werden aus Betroffenen Beteiligte. Das gilt auch für Schüler und Eltern. Wenn deshalb im bayerischen Konzept von „Schule" die Rede ist, sind neben Schulleitung und Lehrkräften immer auch Schüler und Eltern gemeint.
- Evaluation setzt Fakten an die Stelle von Vermutungen; sie bedient sich daher in hohem Maße empirischer Verfahren. Anders als in einem Feedback geht es um Objektivität, nicht um subjektive Anmutungen. Verfahren der sozialwissenschaftlichen Forschung sind dazu hilfreich: standardisierte schriftliche und mündliche Befragungen, Analyse und Auswertung von Dokumenten und Daten.
- Die Ergebnisse eines Evaluationsprozesses gehen aus ihm selbst hervor. Die vorgefundenen Sachverhalte sind ausschlaggebend, nicht das Image einer Schule. Deshalb werden die Evaluatoren zunächst mehr mit Fragen und weniger mit Antworten an ihre Arbeit herangehen. Von Dritten zugetragene Informationen stören eine Evaluation. Sie ist auch nicht der Ort für Anweisungen, ersetzt also keineswegs die Weisungsautorität der Schulaufsicht.
- Evaluation muss frei sein von Ideologien. Es ist unwichtig, was einzelne Evaluatoren subjektiv für wichtig halten. Die Kriterien für die Qualität von Schule und Unterricht müssen dem Stand der jeweiligen wissenschaftlichen Forschung genügen, also valide, intersubjektiv transparent und nachvollziehbar sein.
- Evaluation mündet in klar formulierte und verbindliche Ziel- und Handlungsvereinbarungen, die entschieden eine notwendige Qualitätsentwicklung und -sicherung im Auge haben und vorantreiben.

5) *Welche Bereiche werden evaluiert?*
Die nachfolgend abgedruckte Tabelle gibt einen erschöpfenden Überblick über die Bereiche, die im Rahmen der Evaluation auf den Prüfstand kommen:

28 Schulqualität – Schulentwicklung – Evaluation

Rahmenbedingungen (beschreibend)	Prozessqualitäten Schule (bewertend) (13 Kriterien)	Prozessqualitäten Unterricht und Erziehung (bewertend) (10 Kriterien)	Ergebnisse Schulischer Arbeit (beschreibend)
16 Teilbereiche			
Standort der Schule	Leitung der Schule ▸ Unterstützende Personalführung ▸ Zielorientiertheit der Leitung ▸ Effizienz der Arbeitsorganisation	Ablauf ▸ Effizenz der Lernzeitnutzung ▸ Effizienz der Verhaltensregulierung	Unterrichtscharakteristik
Schülerschaft	Arbeit des Kollegiums ▸ Offenheit gegenüber dem schulischen Umfeld ▸ Abgestimmtheit der kollegialen Arbeit	Darstellung ▸ Strukturiertheit der Darstellung ▸ Klarheit der Darstellung	Niveau der Lernergebnisse
Personalstruktur	Entwicklung der Schule ▸ Offenheit für Veränderungen ▸ Systematik der Qualitätsentwicklung ▸ Systematisches Monitoring	Gestaltung ▸ Individuelle Unterstützung ▸ Förderung selbstgesteuerten Lernens ▸ Förderung der Lernmotivation ▸ Sicherung des Lernerfolgs ▸ Förderung überfachlicher Kompetenzen	Zufriedenheit (mit der Arbeit der Schule)
Materielle und finanzielle Ressourcen Organisatorische Besonderheiten	Schulkultur ▸ Achtung der Beteiligten ▸ Interessensförderung ▸ Intensität der Mitwirkung ▸ Förderung der Identifikation mit der Schule ▸ Förderung der Integration/Inklusion	Unterrichtsklima ▸ Lernförderlichkeit des Unterrichtsklimas	

Quelle: „Externe Evaluation an Bayerns Schulen", 2. Auflage 2010, S. 13

VIII Lehrpersonal, Lehrerkonferenz, Schulleiter, Schulaufsicht und Schulqualität

e) Wie werden Zielvereinbarungen erarbeitet?

Sind die Ziele einmal festgelegt und mit der Schulaufsicht vorbesprochen, arbeiten Schulleitung und Kollegium die Zielvereinbarung aus und erstellen eine detaillierte Planung. Dies kann an größeren Schulen auch in Arbeitsgruppen erfolgen, die sich jeweils ein Ziel vornehmen. Die Schulaufsicht steht der Schule dabei beratend zur Seite. [...]
Unter „Ziel" wird das Ziel beschrieben, unter „Handlungsvereinbarung" wird angegeben, wie die Umsetzung des Ziels erfolgen soll. Wenn alle Ziele mit den dazu gehörenden Handlungsvereinbarungen ausgearbeitet sind – das Formblatt wird entsprechend der Anzahl der Ziele vervielfältigt – folgt als letzter Schritt die Verabredung einer „Bilanzierungskonferenz". Dabei werden Termin und Teilnehmer einer Konferenz bestimmt, bei der die in einem Zeitraum von etwa zwei Jahren geleistete Arbeit mit der Schulaufsicht bilanziert wird. Zum Abschluss wird die Zielvereinbarung von Schulleitung und Schulaufsicht unterzeichnet.

(Leitfaden für die Erstellung von Zielvereinbarungen, Seite 12, Ziffer 5)

Ein Formblatt zu diesem Thema ist auf S. 217 abgebildet.

f) Missverständnisse, Probleme und Hindernisse im Prozess der Schulentwicklung und der Evaluation

Wie bei allen Neuerungen auf allen Gebieten unseres Lebens gibt es auch hier „Bedenkenträger", Zauderer, Skeptiker, Kritiker usw. Es wäre unnatürlich, wenn es diesen Personenkreis nicht gäbe; bestimmte Ängste sind durchaus verständlich.

28.3 MÖGLICHE FRAGESTELLUNG
- Begründen Sie die Notwendigkeit einer planmäßigen Schulentwicklung.
- Stellen Sie die einzelnen Schritte der Schulentwicklung dar.
- Stellen Sie den Ablauf der externen/internen Evaluation dar.

28.4 PRÜFUNGSTIPPS
- Alle Informationsbroschüren zur Schulentwicklung sind bei den Schulleitungen vorhanden bzw. können beim Kultusministerium angefordert werden. Viele Informationen finden Sie auch im Internet auf den Seiten des Kultusministeriums bzw. des ISB.
- Wenn an Ihrer Schule momentan Schulentwicklungsmaßnahmen laufen, sind Sie ohnehin betroffen und können wichtige Anregungen sammeln.
- Versuchen Sie doch in einem Unterrichtsfach Ihrer Wahl nach Bestandsaufnahme der Schülerleistungen ein vordringliches Lernziel zu setzen, einschlägige Maßnahmen durchzuführen und nach drei Monaten zu evaluieren.

28 Schulqualität – Schulentwicklung – Evaluation

STAATSINSTITUT FÜR SCHULQUALITÄT
UND BILDUNGSFORSCHUNG
Qualitätsagentur

Ziel- und Handlungsvereinbarung auf der Grundlage der externen Evaluation

Schule: _____   vierstellige Schulnummer: _____

1. Ziel Nummer ____   *(Bitte für jedes Ziel ein eigenes Formblatt verwenden! Die Seite entsprechend häufig kopieren!)*

Ziel (evtl. mit Teilzielen)	Begründung der Wahl dieses Ziels	Beurteilungskriterien/Indikatoren	Durchführung der Evaluation
Das Ziel soll erreichbar, anspruchsvoll, realisierbar, beeinflussbar und überprüfbar sein.	Anlässe: z. B. im Evaluationsbericht festgestellte Schwäche oder Empfehlung, Schulprofil, von der Schule erkannte Handlungsfelder	Woran wird festgestellt, dass das Ziel erreicht worden ist? 1. Wurden die Maßnahmen durchgeführt? 2. Waren die Maßnahmen erfolgreich?	Wann und wie findet eine Erfolgsüberprüfung durch die Schule statt?

2. Handlungsvereinbarung

Maßnahmen	Verantwortliche	Termine	Externe Unterstützung z. B. durch Fortbildungsreferenten, Schulentwicklungsmoderatoren, Schulaufsicht ...
Was? Wie?	Wer?	Bis wann?	

3. Bilanzierungskonferenz

Termin	Teilnehmer
	Lehrer, Schüler, Eltern, Schulaufsicht ...

_____   _____   _____
Ort, Datum   Schulleitung   Schulaufsicht

29 Personalvertretung

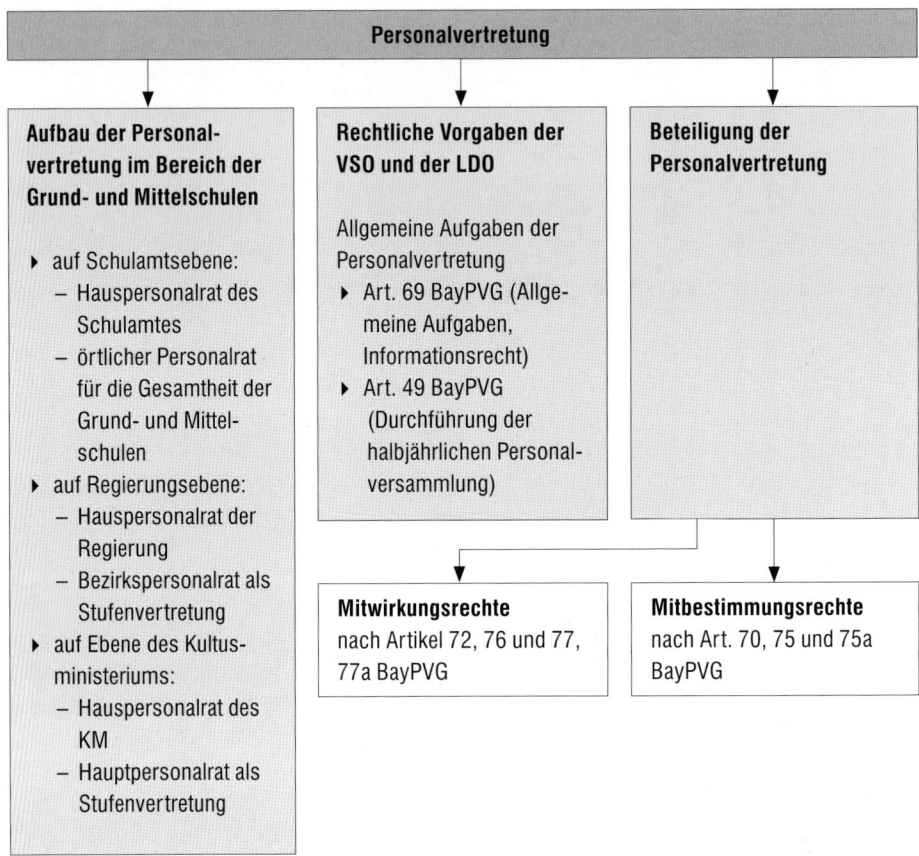

29.1 Fundstellen

- Bayerisches Personalvertretungsgesetz: Art. 2, 67, 68, 69, 70, 75, 76, 77a (Beteiligung der Personalvertretung bei der Leistungsbezahlung) BayPVG (Stand: 24.07.2013)
- Kattenbeck/Bugiel/Wipijewski: „Bayerisches Personalvertretungsgesetz" (BayPVG), Walhalla Fachverlag, 12., aktualisierte Auflage 2014.
- § 27 Abs. 8 LDO i. d. F. v. 31. Januar 2008

Schulaufsicht	Grund-, Mittelschulen	Sonderpäd. Förderzentren	Realschulen und Gymnasien	Berufsschulen
Unterbehörde	Staatl. Schulamt, örtlicher Personalrat ①		Schule, örtlicher Personalrat ①	Schule, örtlicher Personalrat ①
Mittelbehörde	Bezirksregierung	Bezirksregierung		Bezirksregierung
	Bezirkspersonalrat ②			Bezirks-personalrat ②
Oberbehörde	Staatsministerium für Unterricht u. Kultur: Hauptpersonalrat ③			
	Einigungsstelle			

① örtlicher Personalrat; Gruppen: Lehrer (Beamte), Angestellte (Lehrer und Verwaltungsangestellte); Schwerbehinderte
② Bezirkspersonalrat; Gruppen: Lehrer an Grund- und Mittelschulen, Angestellte, Beamte, Lehrer an Berufsschulen, Arbeiter, Schwerbehinderte, Jugendvertretung, Lehrer an Förderschulen
③ Hauptpersonalrat; Gruppen: Lehrer an Grund- und Mittelschulen, Lehrer an Berufsschulen, Lehrer an Förderschulen, Lehrer an Realschulen, Lehrer an Gymnasien, Beamte, Angestellte, Arbeiter, Schwerbehinderte, Jugendvertretung
Alle Stufenvertretungen haben das sog. Initiativrecht (Art. 70 a BayPVG).

29.2 Sachinformationen
a) Mitbestimmungsrechte im öffentlichen Dienst
Der Personalrat ist im Bereich des öffentlichen Dienstes die dem Betriebsrat entsprechende Vertretung der Beschäftigten. Das Bayerische Personalvertretungsgesetz regelt die Mitbestimmung im öffentlichen Dienst, das Betriebsverfassungsgesetz gilt für Privatbetriebe.

Nach dem Betriebsverfassungsgesetz ist in Betrieben mit mehr als fünf Arbeitnehmern ein Betriebsrat zu bilden, der in sozialen, personellen und wirtschaftlichen Angelegenheiten Mitbestimmungs-, Mitwirkungs- oder Informationsrecht besitzt. Gem. Art. 12 Abs. 1 BayPVG i. V. m. Art. 75 und 76 BayPVG gilt diese Regelung auch für staatliche Dienststellen. In Bayern gibt es nach Schulformen getrennte Personalräte, die den jeweiligen Dienststellen zugeordnet sind.

Wahlberechtigt sind alle Beschäftigten, denen nicht infolge Richterspruchs das Recht aberkannt ist, in öffentlichen Angelegenheiten zu wählen.

Wählbar sind alle Wahlberechtigten, die am Wahltag seit sechs Monaten dem Geschäftsbereich ihrer obersten Dienstbehörde angehören und seit einem Jahr in einem öffentlich-rechtlichen Dienstverhältnis stehen (Art. 14 Abs. 1 BayPVG).

Die regelmäßige Amtszeit des Personalrats beträgt vier Jahre. Gewählt wird in geheimer, unmittelbarer Wahl nach den Grundsätzen der Verhältniswahl (ggf. kommen die Vorschriften zur Schwerbehindertenvertretung bzw. Jugend- und Auszubildendenvertretung zur Anwendung, siehe Art. 69 Abs. 1 Nr. d, e und Art. 57, 60 Abs. 2 BayPVG).

b) Allgemeine Aufgaben des Personalrats
Das Personalvertretungsgesetz verpflichtet Dienststelle und Personalvertretung „zum Wohl der Beschäftigten und zur Erfüllung der dienstlichen Aufgaben" im Rahmen der Gesetze und Tarifverträge vertrauensvoll zusammenzuarbeiten.

Dienststelle und Personalvertretung wirken mit den in der Dienststelle vertretenen Gewerkschaften und Arbeitgebervereinigungen zusammen. Der Leiter der Dienststelle (z.B. der fachliche Leiter eines Schulamtes) und die Personalvertretung sollen einmal im Monat, bei Bedarf auch öfter, zu gemeinschaftlichen Besprechungen zusammentreten (Art. 67 BayPVG). Die Verpflichtung zur vertrauensvollen Zusammenarbeit (Art. 2 BayPVG) darf nicht zur Interessenskollision mit den ursprünglichen Aufgaben des Personalrats führen, nämlich die Interessen aller Beschäftigten gegenüber der Dienststelle (z.B. Schulamt) zu vertreten. Lassen sich unterschiedliche Interessenslagen nicht ausgleichen, kann der Leiter der Dienststelle (z.B. Schulrat) oder der Personalrat gem. Art. 70 Abs. 4 BayPVG die Angelegenheit binnen zwei Wochen auf dem Dienstweg den übergeordneten Dienststellen, bei denen Stufenvertretungen bestehen, vorlegen. Letzte Instanz ist die Einigungsstelle (siehe Tabelle). Gemäß Art. 71 Abs. 1 BayPVG wird die Einigungsstelle von Fall zu Fall bei der obersten Dienstbehörde gebildet. Sie besteht aus je drei Beisitzern, die von der obersten Dienstbehörde und der bei ihr bestehenden zuständigen Personalvertretung bestellt werden, und einem unparteiischen Vorsitzenden, auf dessen Person sich beide Seiten einigen. Die Einigungsstelle entscheidet durch Mehrheitsbeschluss, der bindend ist.

Ausnahmen sind in Art. 71 Abs. 5 Satz 2 BayPVG geregelt (z.B. bei Einstellungen, Arbeitszeitregelungen, Nebentätigkeiten). Hier spricht die Einigungsstelle eine Empfehlung aus. Die oberste Dienststelle entscheidet endgültig.

Die Zustimmung zu beantragten bzw. geplanten Maßnahmen kann der Personalrat formlos mitteilen. Mit Erteilung der Zustimmung ist das Mitbestimmungsverfahren beendet und die Maßnahme kann gem. Art. 70 Abs. 1 Bay-PVG durchgeführt werden.

1) Voraussetzungen für die Verweigerung einer Zustimmung
Der Beschluss des Personalrats muss innerhalb einer Frist von zwei Wochen schriftlich und unter Angabe von Gründen dem Leiter der Dienststelle mitgeteilt werden (Art. 70 Abs. 2 Satz 5 BayPVG).

Auf dem Dienstweg wird die Angelegenheit binnen zwei Wochen der übergeordneten Dienststelle, bei der eine Stufenvertretung besteht, vorgelegt (siehe Tabelle).

2) Informationsrecht des Personalrats
Gemäß Art. 69 Abs. 2 Satz 1 BayPVG ist der Personalrat zur Durchführung seiner Aufgaben rechtzeitig und umfassend zu unterrichten. Die Information muss rechtzeitig sein, damit der Personalrat Beschlüsse vorbereiten und Fristen einhalten kann. Umfassend bedeutet, die Information muss so vollständig sein, dass alle Gesichtspunkte berücksichtigt werden können. Das Informationsrecht besteht gegenüber dem Leiter der Dienststelle bei welcher der Personalrat gebildet ist.

3) Initiativrecht des Personalrats
Gemäß Art. 69 Abs. 1 Buchstabe a BayPVG hat der Personalrat die Möglichkeit, Maßnahmen, die der Dienststelle und ihren Angehörigen dienen, zu beantragen. Während solche Anträge nur den Rechtscharakter unverbindlicher Anregungen haben, unterliegen Personalratsinitiativen in sozialen Mitbestimmungsangelegenheiten oder mitbestimmungspflichtigen Personalangelegenheiten den Regeln des Mitbestimmungsverfahrens.

4) Was Mitbestimmung bedeutet
Die Dienststelle kann eine Maßnahme erst dann rechtswirksam durchführen, wenn der zuständige Personalrat seine Zustimmung (z.B. bei Beförderungen, Versetzung oder Abordnung von Lehrkräften im Schulamtsbereich) erteilt hat (Art. 75 BayPVG – Mitbestimmung in Personalangelegenheiten).

Mitwirkung bedeutet eine wesentlich schwächere Form der Beteiligung. Der Personalrat erhält nur ein Mitspracherecht (Art. 76 BayPVG – Mitwirkung in sozialen und persönlichen Angelegenheiten; Art. 77 BayPVG – Mitwirkung bei Kündigungen, Entlassungen). Gemäß Art. 10 BayPVG fällt die Arbeit der Personalräte unter die Schweigepflicht.

29.3 MÖGLICHE FRAGESTELLUNGEN
Der Personalrat hat die Interessen aller Beschäftigten gegenüber den Leitern der Dienststellen zu vertreten und ist hierbei durch Mitbestimmung und Mitwirkung zu beteiligen.
Erläutern Sie mögliche Aufgaben des Personalrats im Hinblick auf Mitbestimmung und Mitwirkung! (Prüfungsrelevant!)

30 Das Konzept des „Pädagogischen Freiraums"

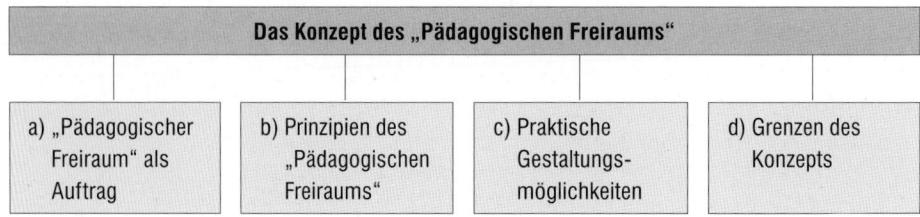

30.1 Fundstellen
- Staatsinstitut für Schulpädagogik und Bildungsforschung: „Konzept ‚Pädagogischer Freiraum'", München, 1979
- Art. 131 Abs. 1 BV
- Lehrplanpräambeln im LehrplanPLUS für die GS (2014) und im Lehrplan für die MS (2004)

30.2 Sachinformationen

a) Der „Pädagogische Freiraum" als Auftrag

Art. 131 Abs. 1 BV beauftragt die Schulen, nicht nur Wissen und Können zu vermitteln, sondern auch Herz und Charakter zu bilden. Dies ist ein klarer Auftrag zu Erziehung und Lehre. Ähnliches fordern dann logischerweise auch die Lehrpläne in den Präambeln:

> **Grundschullehrplan PLUS (2014), Kapitel „Bildungs- und Erziehungsauftrag der GS", Ziffer 3, Abschnitt 12:**
> Um der Schule ausreichend Gestaltungsmöglichkeiten für das Lernen auch über einzelne Fächer hinaus zu ermöglichen, sind die Fachlehrpläne auf 26 Wochen ausgelegt. Bei insgesamt 38 Schulwochen steht damit ein pädagogischer Freiraum zur Verfügung, der von der Schule in Einklang mit ihrem Profil gestaltet wird. Hierdurch können in der Klasse Lehrplanthemen entsprechend den Interessen der Kinder weiter vertieft und weiterführende Schülerinteressen und -bedürfnisse aufgegriffen werden. Dazu gehören z. B. das Aufgreifen aktueller Tagesereignisse sowie die Gestaltung des Schullebens einschließlich Klassenfahrten, Wanderungen, Schulfesten und Gottesdiensten.

> **Mittelschullehrplan 2004 (Kapitel I unter Ziffer 6.5):**
> Der Lehrplan geht von einem durchschnittlichen Zeitbedarf von 25 Wochen aus. Bei insgesamt etwa 37 Unterrichtswochen steht ein entsprechender Freiraum zur Verfügung, der nicht von vornherein verplant werden darf. Er kann zur vertieften Behandlung einzelner Unterrichtsinhalte, zum Eingehen auf Schülerinteressen, zum erzieherischen Gespräch und für die Gestaltung des Schullebens verwendet werden.

30 Das Konzept des „Pädagogischen Freiraums"

Die erwähnte ISB-Broschüre begründet aus pädagogischer Sicht, indem sie einige kritisch zu bewertende Tendenzen der modernen Schule anführt:

- *„die Tendenz zur Verwissenschaftlichung (=‚Verkopfung' insbesondere in der curricularen Phase);*
- *die Tendenz zur Vernotung (Leistungsmessung soll kein allumfassendes Prinzip sein);*
- *die Tendenz der Uniformierung (Vereinheitlichung der Lernbedingungen);*
- *ein hohes Maß an Verplanung der Schule und schließlich,*
- *eine vielleicht zu einseitige Theorie der Schule (hauptsächlich ‚Lernfabrik')."*

(„Pädagogische Freiräume", ISB-Broschüre, München, 1979)

Der letzte Absatz ist von 1979, seitdem gab es viele positive Veränderungen.

b) Welche Prinzipien hat der Lehrer bei der Gestaltung des „Pädagogischen Freiraums" zu beachten?

1) Orientierung an den Interessen der Schüler

Der pädagogische Freiraum muss vom Schüler her gedacht werden, die Curriculumdeterminanten Wissenschaft und Gesellschaft haben zurückzutreten. Das heißt vor allem, dass die Interessen, Bedürfnisse und Probleme (auch die außerschulischen!) der Schüler noch stärker berücksichtigt werden müssen. Bei der Gestaltung des pädagogischen Freiraums sollten die Schüler je nach Alter mitreden oder mitbestimmen dürfen.

2) Zurückhaltung des Lehrers

Im pädagogischen Freiraum tritt der Lehrer einen Schritt zurück. Das heißt nicht, dass er im technokratischen Sinne zum bloßen „Organisator von Lernprozessen" wird; er behält die Verantwortung für alles pädagogische Geschehen in der Klasse oder Gruppe. Doch sollte er sich zwingen, nicht als alles vorauswissende und vorausbestimmende Zentralfigur im Mittelpunkt zu stehen.

3) Überfachliche Arbeit

Im pädagogischen Freiraum sollten die Fächer zurücktreten oder mindestens ihre Grenzen öffnen. Mit anderen Worten: Hier könnten übergreifende Themen und Aufgaben bearbeitet werden, entweder interdisziplinär oder mit dem „Blick über den Zaun". Freilich gehören gerade dazu viel pädagogische Fantasie, Mut und auch Beharrlichkeit, um die zahlreichen organisatorischen und anderen Barrieren zu überwinden.

4) Pädagogische Öffnung

Überhaupt muss das Merkzeichen des Freiraums die pädagogische Öffnung sein. Vor allem ist zu nennen die Öffnung für die Gegenwart (aktuelle Probleme der Schüler, Besprechung von Tagesereignissen und aktuellen Sendungen/Artikel nicht nur in sozialkundlichen Fächern), für die Vergangenheit (Besichtigung von Museen, historischen Gebäuden), für die heimatliche Umgebung und Natur (z. B. wieder mehr Fußwanderungen), für die Arbeitswelt (Exkursionen, Betriebsbesichtigungen), die Öffnung für Kunst, Musik und Spiel, Heiterkeit und Feiern, für mitmenschliche, nachbarliche Hilfe und nicht zuletzt für ethische Fragen. Hierzu gehören auch Anregungen und Besprechung von Privatlektüre.

5) Häufiger Wechsel der Sozialformen
Die überfachliche Arbeit, aber auch alle sonstigen Aktivitäten im pädagogischen Freiraum sollten anregen zu stark wechselnden Sozialformen. Formen der Zusammenarbeit in der Klasse, der Großgruppe, der Kleingruppe wären zu erproben.

6) Lernen durch Handeln
Auch der pädagogische Freiraum kennt „Lernziele", treffender: Lernimpulse; sie müssen entdeckendes Lernen, engagiertes Handeln ermöglichen. Die Schüler sollen selbstständig den „Lernstoff" auswählen können, für diesen verantwortlich sein, freiwillig ihre Arbeit leisten, suchen und forschen, ein Produkt herstellen, auch etwas falsch machen dürfen und daraus wiederum lernen.

7) Freiraum von Prüfungen
Der pädagogische Freiraum zielt nicht so sehr auf messbare Leistungen der Schüler wie auf erzieherische Erfahrungen. Er muss daher prüfungsfrei angelegt werden; das Notenbuch steht auf dem Index. So kann die Schule mehr Spaß machen, im pädagogischen Freiraum zum ungefährdeten Spiel- und Erfahrungsraum werden.

Beim Durchlesen dieser sieben Punkte haben Sie sicher einige nicht mehr aktuelle Begriffe (z. B. „Curriculumdeterminanten") bemerkt, aber auch festgestellt, dass sich hier gerade in den letzten Jahren sehr hoffnungsvolle Entwicklungen ereignet haben.

c) Welche praktischen Gestaltungsmöglichkeiten bieten sich an?
Aktivitäten erziehlicher Art innerhalb des Unterrichts, z. B.:
- Probleme aufgreifen, die in der Klasse/bei einzelnen Schülern auftauchen;
- Konflikte, die sich in der Klassengemeinschaft ergeben, besprechen und einer Lösung näher bringen;
- dringende Sinn- oder Wertfragen erörtern;
- gemeinsam Möglichkeiten zur Berufsfindung besprechen usw.

Möglichkeiten, die mehr im außerunterrichtlichen Bereich angesiedelt sind:
- Fahrten mit Schülern (z. B. Schullandheimaufenthalte, Skikurse, Auslandsreisen, Abschlussfahrten, Exkursionen);
- Neigungsgruppen (z. B. Lektürekurse, Fotokurse, Theatergruppen, Chor, Orchester, Werkgruppen, Sportgruppen, naturwissenschaftliche Arbeitsgemeinschaften);
- Tätigkeiten aus sozialem Engagement (z. B. Hilfeleistung in Krankenhäusern oder Altenheimen, Gestaltung von Kinderspielplätzen und Naturlehrpfaden);
- Wettbewerbe aller Art;
- Durchführung von Projekten, entweder innerhalb eines Faches oder fächerübergreifend (z. B. Anfertigung einer Collage zum Thema Umweltverschmutzung; Ge-

staltung von Modellen, z. B. Burganlage; im Rahmen eines mehrtägigen Projekts wird ein Thema, z. B. Entwicklungshilfe, aus der Sicht verschiedener Fächer bearbeitet);
- Feste (sportliche Veranstaltungen, Klassentreffen, Schulfeiern);
- Schulausstellungen, Tag der offenen Tür, Tag/Woche des Schülers.

d) Hat das Konzept des „Pädagogischen Freiraums" auch Grenzen?
Stichwortartig seien hier einige Gedanken aufgeführt:
- finanzielle Probleme;
- tragen die Erziehungsberechtigten die Aktivitäten mit?
- Beteiligen sich die Schulleitung, die Schulaufsicht auch?
- Gelingt es dem Lehrer, die vorgesehenen 20 % des „Pädagogischen Freiraums" herauszuarbeiten?
- Viele neue Aufgaben der Schule und Unterrichtsprinzipien werden hier angesiedelt (z. B. informationstechnische Grundbildung, Teile der Verkehrserziehung, Sucht- und Drogenprophylaxe usw.);
- falsches Verständnis des Konzepts (Fehlinterpretation als „Leerraum" o. Ä.).

30.3 MÖGLICHE FRAGESTELLUNGEN
- Was ist unter „Pädagogischer Freiraum" zu verstehen? Wie können Sie ihn als Lehrer nutzen?
- Welche Möglichkeiten haben Sie den „Pädagogischen Freiraum" zu gestalten? Zeigen Sie Realisierungsmöglichkeiten auf!

30.4 PRÜFUNGSTIPPS
Neben der Kenntnis des Konzepts sollten Sie eigene Erfahrungen parat haben und einbringen. Denken Sie daran, dass dieses Konzept in einer Zeit der „Wiedergewinnung des Erzieherischen" nach der „curricularen Hochblüte" entstanden, aber unverändert gültig und notwendig ist. Diese zeitlichen Gegebenheiten sollten Sie im Hinterkopf haben.

IX Rechte, Pflichten, Ordnungsmaßnahmen

31 Rechte und Pflichten von Schülern und Eltern

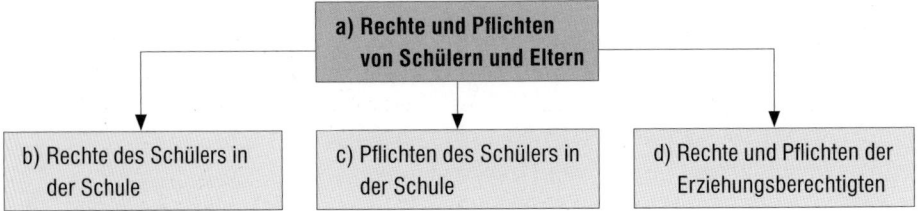

31.1 Fundstellen
- Art. 56 und Art. 76 BayEUG i. d. F. v. 24. Juli 2013
- § 12 GrSO i. d. F. v. 4. März 2013
- § 17 MSO i. d. F. v. 4. März 2013
- „Zur Stellung des Schülers in der Schule", Erklärung der Ständigen Konferenz der Kultusminister vom 25. Mai 1973

31.2 Sachinformationen
a) Erklärung der Kultusministerkonferenz
Die Kultusministerkonferenz hat in ihrer Erklärung vom 25. Mai 1973 wichtige Grundsätze zur Stellung des Schülers in der Schule formuliert. Die nachfolgenden zehn Punkte sind dieser Veröffentlichung entnommen:

1. Regeln für das Zusammenleben in der Schule sind nötig; sie erwachsen aus der Spannung zwischen individueller Freiheit und notwendigen Bindungen.
2. Erziehung zur Selbstständigkeit, Selbstverantwortung und Mündigkeit setzt voraus, dass die Schüler altersentsprechend an der Gestaltung des Schullebens beteiligt werden.
3. Erziehung zu Selbstständigkeit, Selbstverantwortung und Mündigkeit schließt ein, dass Schüler lernen, ihre Rechte wahrzunehmen, Rechtsnormen zu achten und rechtmäßige, begründete Entscheidungen zu respektieren.
4. Recht auf Bildung bedeutet zugleich Pflicht, vom Bildungsangebot sinnvoll Gebrauch zu machen; ohne bestimmte Leistungsforderungen wäre die Schule wirklichkeitsfremd.
5. Unterricht und Erziehung in der Schule erfordern grundsätzlich die Anwesenheit der Schüler; Schulpflicht bedeutet Anwesenheitspflicht.
6. Der Lehrer trägt die Verantwortung für seinen Unterricht, insbesondere dafür, dass Lernprozesse erfolgreich ablaufen können; dem ist bei der Arbeit in der Schule Rechnung zu tragen.
7. Die Schule muss den Eltern Gelegenheit zu verantwortlicher Mitarbeit geben.
8. In einzelnen Bereichen ist die Schule in besonderer Weise auf eine Zusammenarbeit mit

anderen Institutionen angewiesen, z. B. mit den Trägern der Berufsausbildung und – entsprechend den landesrechtlichen Regelungen – mit den Kirchen.
9. Die Schule ist Teil unserer gesellschaftlichen Ordnung und wandelt sich mit ihr. Sie erzieht die Schüler zu entscheidungsfähigen und entscheidungsbereiten Bürgern und wirkt damit auch auf die Gesellschaft zurück. Die Schule ist jedoch kein Ort der Agitation für gesellschaftliche Veränderungen.
10. Die Schule umfasst nicht das gesamte Leben der Schüler. Wie sie die Rechte der Schüler außerhalb der Schule zu respektieren hat, muss sie andererseits auch die Ausübung bestimmter Rechte der Schüler, z. B. im Bereich der politischen Betätigung, auf den außerschulischen Raum verweisen.

Auf der Grundlage dieser Erklärung wurden dann in den Schulgesetzen und -ordnungen der einzelnen Bundesländer die Rechte und Pflichten der Schüler verbindlich festgeschrieben.

b) Die Rechte der Schüler in der Schule
Zur besseren Übersichtlichkeit werden hier die Rechte der Schüler, wie sie in Art. 56 BayEUG festgelegt sind, in drei Gruppen gegliedert:

Die Schüler haben folgende Informationsrechte:
▸ über wesentliche Angelegenheiten des Schulbetriebs hinreichend unterrichtet zu werden und
▸ Auskunft über ihren Leistungsstand und Hinweise auf eine Förderung zu erhalten.

Die Schüler haben folgende Beteiligungsrechte:
▸ Sie können sich am Schulleben beteiligen;
▸ im Rahmen der Schulordnung und der Lehrpläne an der Gestaltung des Unterrichts mitwirken.

Beschwerderecht der Schüler:
▸ Sie können sich bei als ungerecht empfundener Behandlung oder Beurteilung nacheinander an Lehrkräfte, Schulleiter oder das Schulforum wenden.

Dazu kommt noch das Recht der freien Meinungsäußerung; dieses wird aber mit der Grenze der „Wahrung des sachlichen Zusammenhangs" versehen, um zum Beispiel politische Agitation o. Ä. zu vermeiden.
Pädagogisch ist noch anzumerken, dass die Gewährung dieser Rechte teilweise von Alter, Reife, Interesse der Schüler abhängt. Bei minderjährigen Schülern gelten natürlich einige dieser Rechte auch für die Erziehungsberechtigten (z. B. Informationen über den Leistungsstand).

c) Die Pflichten der Schüler in der Schule

Artikel 56 Abs. 4 BayEUG führt dazu aus:

> **„Art. 56 Abs. 4 BayEUG**
>
> (4) Alle Schülerinnen und Schüler haben sich so zu verhalten, dass die Aufgabe der Schule erfüllt und das Bildungsziel erreicht werden kann. Sie haben insbesondere die Pflicht, am Unterricht regelmäßig teilzunehmen und die sonstigen verbindlichen Schulveranstaltungen zu besuchen. Die Schülerinnen und Schüler haben alles zu unterlassen, was den Schulbetrieb oder die Ordnung der von ihnen besuchten Schule oder einer anderen Schule stören könnte. Die Schülerinnen und Schüler sind verpflichtet, an der Erstellung des sonderpädagogischen Gutachtens nach Art. 41 Abs. 4 Satz 2 sowie im Rahmen des Verfahrens nach Art. 41 Abs. 6 mitzuwirken."

d) Rechte und Pflichten der Erziehungsberechtigten im „Umgang" mit der Schule

Zunächst soll hier eine begriffliche Klärung erfolgen. Gesetzlich ist der Erziehungsberechtigte der, dem die Sorge für die Person des minderjährigen Schulpflichtigen obliegt. Bei ehelichen Kindern sind dies meistens beide Elternteile; bei geschiedenen Ehegatten, bei für nichtig erklärten Ehen, bei dauernd getrennt lebenden Eltern und anderen Fällen ist die Entscheidung des Vormundschaftsgerichts bzw. ein eventuell ergangenes Urteil zu beachten. Darauf sollten Sie als Lehrer auch bei Auskünften in Sprechstunden, bei Klassenelternabenden usw. achten!

1) Rechte der Erziehungsberechtigten – Informationsrechte

Die Erziehungsberechtigten haben Anspruch auf
- Einsicht in den Schülerbogen ihres Kindes, Einsicht in die Probearbeiten ihres Kindes (auf Verlangen);
- Auskunft über die Noten des eigenen Kindes (auf Wunsch), nicht Zeugnisnoten vor deren endgültigen Festlegung;
- schriftliche und unverzügliche Benachrichtigung bei auffallendem Absinken des Leistungsstandes und sonstigen wesentlichen, das Kind betreffenden Vorgängen;
- unverzügliche Benachrichtigung durch die Schule, wenn das Kind unentschuldigt dem Unterricht fern bleibt (bei Vorliegen von Verdachtsmomenten, z. B. ansonsten gewissenhafte Abmeldung – siehe Pflichten –, auffällige Beobachtungen von Mitschülern etc.);
- schriftlichen Hinweis bei schweren und häufigen Pflichtverletzungen des eigenen Kindes; auch bei nicht hinreichender Vorbereitung auf den Unterricht und bei nicht hinreichender Beteiligung am Unterricht, rechtzeitige Benachrichtigung bei Anordnung von Nacharbeit;
- schriftliche Mitteilung über Ordnungsmaßnahmen unter Angabe des zugrundeliegenden Sachverhalts, Mitteilung über Untersuchung im Verfahren einer Entlassung;
- Bekanntgabe des Klassenstundenplanes;

31 Rechte und Pflichten von Schülern und Eltern

- Mitteilung über Ziel, Inhalt und Form der Familien- und Sexualerziehung und deren Besprechung im Rahmen eines Klassenelternabends;
- Beratung über den weiteren Bildungsweg des Kindes bei Nichtvorrücken oder Nichtbestehen einer Abschlussprüfung;
- Beratung in Fragen der Schullaufbahn und Hilfe bei der Wahl der Bildungsmöglichkeiten entsprechend den Anlagen und Fähigkeiten des Kindes;
- Beratung zum Übertritt, insbesondere bei „bedingter" Eignung für den Besuch eines Gymnasiums oder einer Realschule;
- Information im Verfahren einer Überweisung an eine Förderschule;
- Informationen über die Organisation von Schulversuchen, die die eigenen Kinder betreffen;
- Elternsprechstunde, Elternsprechtage, Klassenelternversammlung, Elternversammlung;
- Information, wenn ein Kind an der Schülerzeitung mitwirkt, die als Druckwerk im Sinne des Bayerischen Pressegesetzes (siehe Art. 63 (1) BayEUG) erscheint;
- Teilnahme am muttersprachlichen Ergänzungsunterricht;
- Teilnahme am Religionsunterricht für Kinder ohne Konfession;
- ein Gastschulverhältnis an einer anderen als der Sprengelschule;
- Betreuung in der Grundschule ab 7.30 Uhr; Befreiung vom Fach Englisch;
- Beurlaubung aus zwingenden Gründen für das eigene Kind;
- freiwilliges Wiederholen einer Jahrgangsstufe bzw. freiwilliges Zurücktreten in die tiefere Jahrgangsstufe;
- Anerkennung eines erfolgreichen Mittelschulabschlusses: Überspringen einer Jahrgangsstufe (auch mehrfach);
- beglaubigte Abschrift des Schülerbogens beim Wechsel an eine nicht öffentliche bzw. nicht staatlich anerkannte Schule, freiwilligen Weiterbesuch der Mittelschule;
- An-Stelle-Treten des Faches „Deutsch als Zweitsprache" statt „Deutsch" und „Muttersprache" statt „Englisch" für Schüler mit nichtdeutscher Muttersprache beim nachträglichen Erwerb des erfolgreichen Mittelschulabschlusses;
- Vermerk des erfolgreichen Mittelschulabschlusses im Jahreszeugnis der Jahrgangsstufe 9 der Mittlere-Reife-Klasse;
- Teilnahme als „anderer Bewerber" an der besonderen Leistungsfeststellung zum qualifizierenden Mittelschulabschluss;
- An-Stelle-Treten des Faches „Deutsch als Zweitsprache" statt „Deutsch" und „Muttersprache" statt „Englisch" für Schüler mit nichtdeutscher Muttersprache bei der besonderen Leistungsfeststellung zum Qual. Mittelschulabschluss;
- den Vermerk im Zeugnis unter bestimmten Umständen „Die mit diesem Zeugnis nachgewiesene Schulbildung entspricht dem erfolgreichen Mittelschulabschluss";
- Teilnahme als „anderer Bewerber" an der Abschlussprüfung zum Mittleren Schulabschluss an der Mittelschule;
- An-Stelle-Treten der Prüfung in der Muttersprache statt „Englisch" für Schüler mit nichtdeutscher Muttersprache und Aussiedlerschüler bei der Abschlussprüfung zur Mittleren Reife an der Mittelschule; Antragstellung und Genehmigung bei Aufnahme in die Jgst. 9 bzw. 10;
- die Gelegenheit, sich bei Ordnungsmaßnahmen in der Lehrerkonferenz zu äußern;

IX Rechte, Pflichten, Ordnungsmaßnahmen

▸ die Mitwirkung des Elternbeirates bzw. eines Vertrauenslehrers im Ausschluss- oder im Entlassungsverfahren gegen einen Schüler, der die Mittelschule freiwillig besucht.

2) *Anhörungsrechte (z. B. bei Zurückstellung vom Schulbesuch usw.)*
▸ Antragsrecht (z. B. Überweisung des Kindes in eine Förderschule);
▸ Entscheidungsrecht (z. B. Wahl von Fächern, Teilnahme am Religionsunterricht, Schullaufbahn …);
▸ Zustimmungsrecht (z. B. Fernsehaufnahme o. Ä. in der Schule).

e) Pflichten der Erziehungsberechtigten nach dem BayEUG
Eine Durchsicht dieses Diagramms zeigt, dass nur ganz wenige Pflichten der Erziehungsberechtigten durch die Schule erzwingbar bzw. einklagbar sind.

Schulanmeldung	Kenntnisnahme schulischer Mitteilungen, z. B.:	Sorge für den regelmäßigen Schulbesuch
▸ Grund- und Mittelschule ▸ Förderschule ▸ Berufsschule ▸ Einhaltung der Meldefristen bei weiterführenden Schulen	▸ Zeugnisse ▸ Rundschreiben ▸ Briefe des Lehrers und der Schule ▸ Mitteilungen über Ordnungsmaßnahmen (z. B. Verweis) ▸ Elternzeitung des KM	▸ Einhaltung der Schulpflicht ▸ Regelung im Krankheitsfall ▸ Befreiung von der Teilnahme am Unterricht ▸ Beurlaubung

„Pflichten" der Eltern nach dem BayEUG

Betreuung des Schülers	Kenntnisnahme schulischer Mitteilungen, z. B.:	Beteiligung am „Schulleben"
▸ Überwachung der Unterrichtsteilnahme ▸ Beschaffung des nötigen Materials ▸ Erledigung der von der Schule angeordneten Arbeiten ▸ „gehörige Ausstattung" des Schülers	Kontakt mit der Schule Einholen von Informationen über ▸ Leistung und ▸ Verhalten der Schüler in der Schule und Absprache über gemeinsame Erziehungsfragen, z. B. – Fernsehen – Konzentration usw.	▸ Schulfest ▸ Sportveranstaltung ▸ Schlussfeier ▸ Gottesdienst ▸ Ausstellungen ▸ Aktionen usw.

31 Rechte und Pflichten von Schülern und Eltern

31.3 MÖGLICHE FRAGESTELLUNGEN
- Welche Rechte, aber auch Pflichten hat der Schüler?
- Welche Rechte haben Erziehungsberechtigte? Nennen Sie einige Beispiele!
- Wie können Sie dem Recht der Eltern auf Information genügen? Zeigen Sie dies anhand von Beispielen aus Ihrer Arbeit auf!

31.4 PRÜFUNGSTIPPS
Denken Sie bei dieser Thematik bitte auch daran, welchen Beitrag die Schule bzw. die einzelne Lehrkraft leisten kann, damit die Eltern ihre Pflichten lieber und leichter wahrnehmen (z. B. Schwellenangst abbauen, Kontakte aufbauen und pflegen usw.).

32 Ordnungsmaßnahmen als Erziehungsmaßnahmen

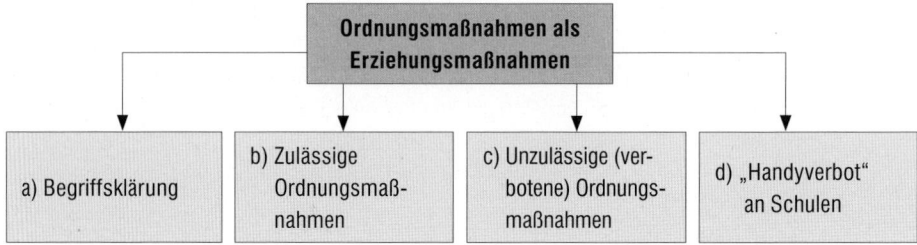

32.1 Fundstellen
- Art. 56 Abs. 5, Art. 86–88 und Art. 118 und 119 BayEUG i. d. F. v. 24. Juli 2013
- § 10 Abs. 2 GrSO i. d. F. v. 4. März 2013
- § 15 Abs. 2 MSO i. d. F. v. 4. März 2013
- Weber, Robert: „Ordnungsmaßnahmen als Erziehungsmaßnahmen", paed, Heft 3/1995

32.2 Sachinformationen
a) Notwendige Begriffserklärungen
Die im BayEUG vorgesehenen Ordnungsmaßnahmen sind Sanktionen, die nicht primär „Strafcharakter" haben; deshalb hat der Gesetzgeber auch bewusst den früher üblichen Begriff „Schulstrafen" vermieden. Ordnungsmaßnahmen sollen vor allem sicherstellen, dass der geordnete Schulbetrieb aufrechterhalten werden und die Schule ihren Bildungs- und Erziehungsauftrag erfüllen kann.

Art. 86 BayEUG führt alle zulässigen Ordnungsmaßnahmen auf; dies ist eine abschließende Aufzählung. Daraus ergibt sich, dass andere als die im Artikel 86 Abs. 2 aufgeführten Maßnahmen nicht zulässig sind.

Von den Ordnungsmaßnahmen sind die Erziehungsmaßnahmen zu unterscheiden, die in der pädagogischen Verantwortung der Schule liegen. Erziehungsmaßnahmen, die sinnvollerweise im Vorfeld angewandt werden sollten, sind beispielsweise:
- Lob, Ermunterung, positive Verstärkung;
- Tadel, Kritik, Warnung, Belehrung, Ermahnung;
- Nacharbeit unter Aufsicht einer Lehrkraft (vorherige schriftliche Mitteilung an die Eltern nach § 10 Abs. 2 GrSO bzw. § 15 Abs. 2 MSO);
- Neuanfertigung oder Vervollständigung einer nicht den Ansprüchen entsprechenden schriftlichen Arbeit.

b) Ordnungsmaßnahmen als Erziehungsmaßnahmen

Das BayEUG sieht in Art. 86 folgende Ordnungsmaßnahmen vor:

> **„Artikel 86 Ordnungsmaßnahmen als Erziehungsmaßnahmen**
>
> (1) Zur Sicherung des Bildungs- und Erziehungsauftrags oder zum Schutz von Personen und Sachen können nach dem Grundsatz der Verhältnismäßigkeit Ordnungsmaßnahmen gegenüber Schülerinnen und Schülern getroffen werden, soweit andere Erziehungsmaßnahmen nicht ausreichen.
>
> (2) Ordnungsmaßnahmen sind:
> 1. der schriftliche Verweis durch die Lehrkraft oder die Förderlehrerin bzw. den Förderlehrer,
> 2. der verschärfte Verweis durch die Schulleiterin bzw. den Schulleiter,
> 3. die Versetzung in eine Parallelklasse der gleichen Schule durch die Schulleiterin bzw. den Schulleiter,
> 4. der Ausschluss in einem Fach oder von einer sonstigen Schulveranstaltung für die Dauer von bis zu vier Wochen durch die Schulleiterin bzw. den Schulleiter,
> 5. der Ausschluss vom Unterricht für drei bis sechs Unterrichtstage, bei Berufsschulen mit Teilzeitunterricht für höchstens zwei Unterrichtstage, durch die Schulleiterin bzw. den Schulleiter
> 6. der Ausschluss vom Unterricht für zwei bis vier Wochen ab dem siebten Schulbesuchsjahr durch die Lehrerkonferenz,
> 6a. der Ausschluss vom Unterricht für mehr als vier Wochen, längstens bis zum Ablauf des laufenden Schuljahres bei Mittelschulen und Mittelschulstufen der Förderschulen ab dem siebten Schulbesuchsjahr bzw. bei Berufsschulen sowie Berufsschulen zur sonderpädagogischen Förderung durch die Lehrerkonferenz im Einvernehmen mit dem örtlichen Träger der öffentlichen Jugendhilfe im Hinblick auf mögliche Leistungen nach Maßgabe des Achten Buches Sozialgesetzbuch,
> 7. bei Pflichtschulen die Zuweisung an eine andere Schule der gleichen Schulart auf Vorschlag der Lehrerkonferenz durch die Schulaufsichtsbehörde,
> 8. die Androhung der Entlassung von der Schule durch die Lehrerkonferenz,
> 9. die Entlassung von der Schule durch die Lehrerkonferenz (Art. 87),
> 10. der Ausschluss von allen Schulen einer oder mehrerer Schularten durch das zuständige Staatsministerium (Art. 88).
>
> Eine Ordnungsmaßnahme in elektronischer Form ist ausgeschlossen.
>
> (3) Andere als die in Abs. 2 Satz 1 aufgeführten Ordnungsmaßnahmen sowie die Verhängung von Ordnungsmaßnahmen gegenüber Klassen oder Gruppen als solche sind nicht zulässig. Körperliche Züchtigung ist nicht zulässig."

Bitte beachten Sie, dass nicht alle o.a. Ordnungsmaßnahmen im Bereich der Pflichtschulen zulässig sind. Nähere Angaben dazu finden sich im Abs. 4 des o. a. Art. 86 und in § 10 Abs. 2 GrSO und § 15 Abs. 2 der MSO:
- die Ordnungsmaßnahme Nr. 8 bis 10 sind gegenüber Schulpflichtigen in Pflichtschulen nicht zulässig;
- die Ordnungsmaßnahmen Nr. 8 und 9 sind jedoch im Falle der freiwilligen Verlängerung der Schulpflicht erlaubt.

Im Abs. 1 des Art. 86 wird ausdrücklich auf das Prinzip der Verhältnismäßigkeit hingewiesen – dies ist gleichbedeutend mit dem sog. „Übermaßverbot" bei der Anwendung von Ordnungsmaßnahmen.

Der Abs. 13 des o. a. Artikels gibt der Schule die Möglichkeit (wenn z. B. das Leben oder die Gesundheit von Schülern oder Lehrkräften in erheblicher Weise gefährdet werden), einen Schüler unter bestimmten Voraussetzungen trotz bestehender Schulpflicht vom Besuch der Schule auszuschließen. In diesem Falle sind
- die Schulaufsichtsbehören (Schulamt),
- der örtliche Träger der öffentlichen Jugendhilfe (in der Regel das Jugendamt),
- die Polizei,
- die Erziehungsberechtigten und
- die schulischen Beratungskräfte (z. B. Schulpsychologen)

unverzüglich zu informieren.

Grundsätzlich dürfen
- Erziehungsmaßnahmen,
- Ordnungsmaßnahmen und
- Maßnahmen des Hausrechts

nebeneinander angewandt werden.

c) Unzulässige Ordnungsmaßnahmen (Auswahl)
- körperliche Züchtigung (auch kein „Gewohnheitsrecht"; beachte die strafrechtlichen, disziplinarischen und haftungsrechtlichen Folgen);
- Kollektivstrafen gegenüber Klassen oder Gruppen (außer jeder einzelne Schüler hat ein nachweisliches Fehlverhalten gezeigt);
- sogenannte „Strafaufgaben" wie wiederholtes sinnloses Schreiben von Sätzen (vgl. dazu die zulässige Nacharbeit lt. Art. 86 Abs. 15 BayEUG);
- die kurzfristige Verweisung des Schülers aus dem Unterricht (Recht des Schülers auf Unterricht und Aufsichtspflicht);
- Strafen, welche die Würde des Schülers verletzten (Beschimpfungen, Blamieren, Eckenstehen usw.).

d) Das sog. „Handyverbot" an Schulen

Zum 1. August 2005 wurde dem Artikel 56 des BayEUG („Rechte und Pflichten des Schülers") der Absatz 5 angefügt:

> **„Art. 56 Abs. 5 des BayEUG**
> (5) Im Schulgebäude und auf dem Schulgelände sind Mobilfunktelefone und sonstige digitale Speichermedien, die nicht zu Unterrichtszwecken verwendet werden, auszuschalten.
> Die unterrichtende oder die außerhalb des Unterrichts Aufsicht führende Lehrkraft kann Ausnahmen gestatten. Bei Zuwiderhandlung kann ein Mobilfunktelefon oder ein sonstiges digitales Speichermedium vorübergehend einbehalten werden."

Das Kultusministerium gab dazu folgende ergänzenden Hinweise:

> *„Ein in den Medien fälschlicherweise immer wieder gemeldetes Handyverbot, also das grundsätzliche Verbot für Schülerinnen und Schüler, Mobilfunktelefone mit in die Schule zu bringen, gibt es hingegen nicht. Vielmehr haben Schülerinnen und Schüler nach wie vor die Möglichkeit, in dringenden Fällen, nach Rücksprache mit einer Lehrkraft, die Erziehungsberechtigten zu informieren."*
>
> (KMS vom 7. September 2006)

Das Mitführen ausgeschalteter Geräte ist also nicht verboten; die Vorschrift des Abs. 5 gilt auch nur für Schulgebäude und Schulgelände, nicht für schulische Veranstaltungen in anderen Bereichen (Schulweg, Wandertag, Schullandheimaufenthalt usw.). Selbstverständlich können Handy u. a. elektronische Speichermedien unterrichtlich behandelt und dabei auch in pädagogischer Verantwortung genutzt werden.

32.3 MÖGLICHE FRAGESTELLUNGEN
- Welche Ordnungsmaßnahmen kennt das BayEUG und was ist bei ihrer Anwendung zu beachten?
- Wie kann die Schule auf Pflichtverletzungen von Schülern reagieren?
- Erläutern Sie die BayEUG-Formulierung „Ordnungsmaßnahmen als Erziehungsmaßnahmen"!

32.4 PRÜFUNGSTIPPS
Es wird wohl keine andere Möglichkeit geben, als sich die Rechte, Pflichten und Ordnungsmaßnahmen wenigstens im Überblick einzuprägen. Bei der Beantwortung sollten Sie sich bemühen, möglichst viele praktische Erfahrungen einzubringen. Vergessen Sie dabei die „pädagogische Seite" dieser Thematik nicht (erzieherische Maßnahmen vor Sanktionen!).

X Einrichtungen zur Mitgestaltung des schulischen Lebens

33 Schülermitverantwortung (SMV)

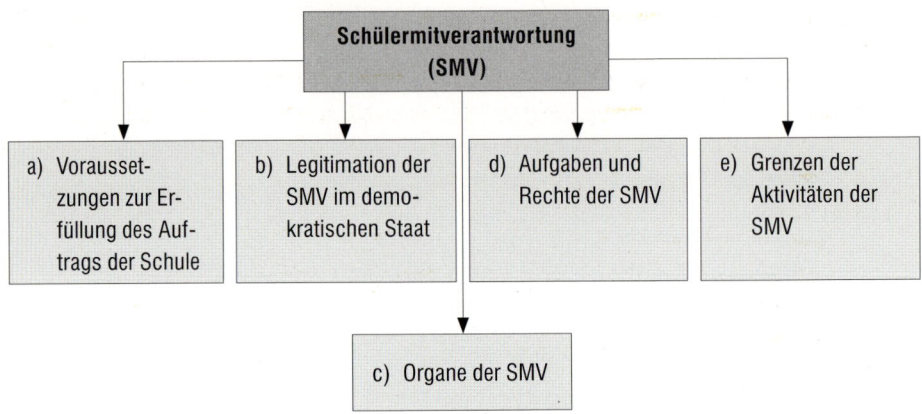

33.1 Fundstellen
- Art. 62, 62a, 63, 73 Abs. 3 BayEUG i. d. F. v. 24. Juli 2013
- §§ 10 bis 14 MSO
- Lott/Pirner/Unger: „Schulleiter-ABC Bayern", Buch- und Fachverlage GmbH & Co. KG, Kulmbach
- Schulordnung für die Mittelschulen in Bayern (MSO), Ausgabe mit kurzen Kommentaren von Georg Hahn. 1. Auflage, 2013. Verlag J. Maiss, München
- „Zur Stellung des Schülers in der Schule", I. Aufgabe der Schule, Erklärung der KMK vom 25. Mai 1973 (diese Erklärung ist noch immer maßgeblich und aktuell).

33.2 Sachinformationen

a) Voraussetzungen zur Erfüllung des Auftrags der Schule

In diesem Kapitel geht es zentral um die Rolle des Schülers in der Schule und um seine Mitwirkungsrechte. Deshalb ist dies auch der richtige Ort, um die Rahmenbedingungen für eine fruchtbare und ertragreiche Erziehungs- und Unterrichtsarbeit in der Schule darzustellen.

Wenn die Schule ihrer Aufgabe gerecht werden soll, müssen bestimmte Voraussetzungen anerkannt werden:

1. Regeln für das Zusammenleben in der Schule sind nötig; sie erwachsen aus der Spannung zwischen individueller Freiheit und notwendigen Bindungen.

2. Erziehung zu Selbstständigkeit, Selbstverantwortung und Mündigkeit setzt voraus, dass die Schüler altersentsprechend an der Gestaltung des Schullebens beteiligt werden.
3. Erziehung zu Selbstständigkeit, Selbstverantwortung und Mündigkeit soll zu der Einsicht führen, dass soziales Handeln selten konfliktfrei verläuft.
4. Erziehung zu Selbstständigkeit, Selbstverantwortung und Mündigkeit schließt ein, dass Schüler lernen, ihre Rechte wahrzunehmen, Rechtsnormen zu achten und rechtmäßige begründete Entscheidungen zu respektieren.
5. Recht auf Bildung bedeutet zugleich Pflicht, vom Bildungsangebot sinnvoll Gebrauch zu machen; ohne bestimmte Leistungsforderungen wäre die Schule wirklichkeitsfremd.
6. Unterricht und Erziehung in der Schule erfordern grundsätzlich die Anwesenheit der Schüler; Schulpflicht bedeutet Anwesenheitspflicht.
7. Der Lehrer trägt die Verantwortung für seinen Unterricht, insbesondere dafür, dass Lernprozesse erfolgreich ablaufen können; dem ist bei der Arbeit in der Schule Rechnung zu tragen.
8. Die Schule muss den Eltern Gelegenheit zu verantwortlicher Mitarbeit geben.
9. In einzelnen Bereichen ist die Schule in besonderer Weise auf eine Zusammenarbeit mit anderen Institutionen angewiesen, z. B. mit den Trägern der Berufsausbildung und – entsprechend den landesrechtlichen Regelungen – mit den Kirchen.
10. Die Schule ist Teil unserer gesellschaftlichen Ordnung und wandelt sich mit ihr. Sie erzieht den Schüler zu entscheidungsfähigen und entscheidungsbereiten Bürgern und wirkt damit auch auf die Gesellschaft zurück. Die Schule ist jedoch kein Ort der Agitation für gesellschaftliche Veränderungen.
11. Die Schule umfasst nicht das gesamte Leben der Schüler. Wie sie die Rechte der Schüler außerhalb der Schule zu respektieren hat, muss sie andererseits auch die Ausübung bestimmter Rechte der Schüler, z. B. im Bereich der politischen Betätigung, auf den außer-schulischen Raum verweisen.

b) Legitimation der SMV im demokratischen Staat

Da Schule die Schüler durch Unterricht und Erziehung befähigen soll, als Mitglieder einer demokratischen Gesellschaft zu leben, ist die Schülermitverantwortung auch ein Instrument zur Einübung der Demokratie.

Im Rahmen der Schülermitverantwortung (Art. 62 BayEUG) wird den Schülerinnen und Schülern die Möglichkeit gegeben, Leben und Unterricht ihrer Schule ihrem Alter und ihrer Verantwortungsfähigkeit entsprechend zu gestalten.

Für den Erfahrungsaustausch der Schülersprecherinnen und Schülersprecher verschiedener Schulen und Schularten bestehen vielfältige Möglichkeiten der Zusammenarbeit auch auf überregionaler Ebene (Stadt-, Landkreis-, Bezirks- und Landesebene).

Gemäß Art. 62 Abs. 6 BayEUG wählen die Schülersprecherinnen und Schülersprecher (der verschiedenen Schulen) im Bereich der Mittelschule die Stadt- und Landkreisschülersprecherinnen und die Stadt- und Landkreisschülersprecher aus ihrer Mitte für die jeweiligen Regierungsbezirke die Bezirksschülersprecherinnen und Bezirksschülersprecher und deren Stellvertreterinnen und Stellvertreter.

X Einrichtungen zur Mitgestaltung des schulischen Lebens

Art. 62 Abs. 6 BayEUG legt deren Anzahl fest, wobei nach den Schularten differenziert wird. Die Anzahl der gewählten Bezirksschülersprecherinnen und Bezirksschülersprecher beträgt für die Mittelschule sieben. Insgesamt vierzig Bezirksschülersprecherinnen und Bezirksschülersprecher bilden die Landesschülerkonferenz, aus deren Mitte insgesamt sechs Landesschülersprecherinnen und Landesschülersprecher für ein Jahr gewählt werden, die den Vorstand der Landesschülerkonferenz bilden (Landesschülerrat).

Aus dem Kreis der Stellvertreterinnen und Stellvertreter der Landesschülersprecherinnen und Landesschülersprecher werden zwei Schülerinnen oder Schüler zum Zweck der Mitgliedschaft im Landesschulbeirat gewählt.

Gemäß Art. 73 Abs. 3 Nr. 3 sind die sechs Landesschülersprecherinnen und Landesschülersprecher und die gem. Art. 62a Abs. 2 Satz 5 gewählten Schülerinnen und Schüler Mitglieder des Landesschulbeirats. Damit soll die Bedeutung der Schülermitverantwortung auch auf höchster Ebene signalisiert werden.

Gemäß Art. 62a Abs. 4 BayEUG wird dem Vorstand der Landesschülerkonferenz (Landesschülerrat) eine beratende und vermittelnde Lehrkraft als Koordinatorin oder Koordinator zur Seite gestellt.

Die Schülermitverantwortung ist kein Platz für parteipolitische Agitation, und ihre Organe besitzen kein politisches Mandat. Die Schülermitverantwortung ist also nicht befugt, zu allgemeinen innen- und außenpolitischen Problemen Stellung zu nehmen und Beschlüsse zu fassen. „Im Rahmen der Schülermitverantwortung (SMV) soll allen Schülern die Möglichkeit gegeben werden, Leben und Unterricht ihrer Schule, ihrem Alter und ihrer Verantwortungsfähigkeit entsprechend, mitzugestalten." (Art. 62 Abs. 1 BayEUG)

SMV soll von allen Schülern wahrgenommen werden. Die SMV ist Aufforderung an jeden Schüler, das Leben in der Schule mitzugestalten, das Teil seines eigenen Lebens ist.

Deshalb lässt sich die Mitwirkung in der Schule auch nicht bis ins Letzte regeln und durch formale Anweisungen erzwingen. Die allmähliche Ausweitung der Mitbestimmungsrechte darf nicht ohne Rücksicht auf den Reifegrad der Schüler erfolgen. Die Fähigkeit zur Mitbestimmung wird auf dem Weg durch die Schule, und zwar gerade als Folge der schulischen Erziehung und des schulischen Unterrichts, allmählich erworben.

SMV darf also als Einübungs- und Erprobungsfeld für das Leben in der Demokratie gesehen werden; viele staatsbürgerliche Tugenden (Engagement, Verantwortungsbereitschaft, Hilfsbereitschaft, Sozialverhalten usw.) können hier eingeübt und erprobt werden.

c) Organe der Schülermitverantwortung

Die folgende Skizze, basierend auf den Vorgaben des BayEUG und der MSO, gibt einen Überblick über Organe und Institutionen der SMV:

33 Schülermitverantwortung (SMV)

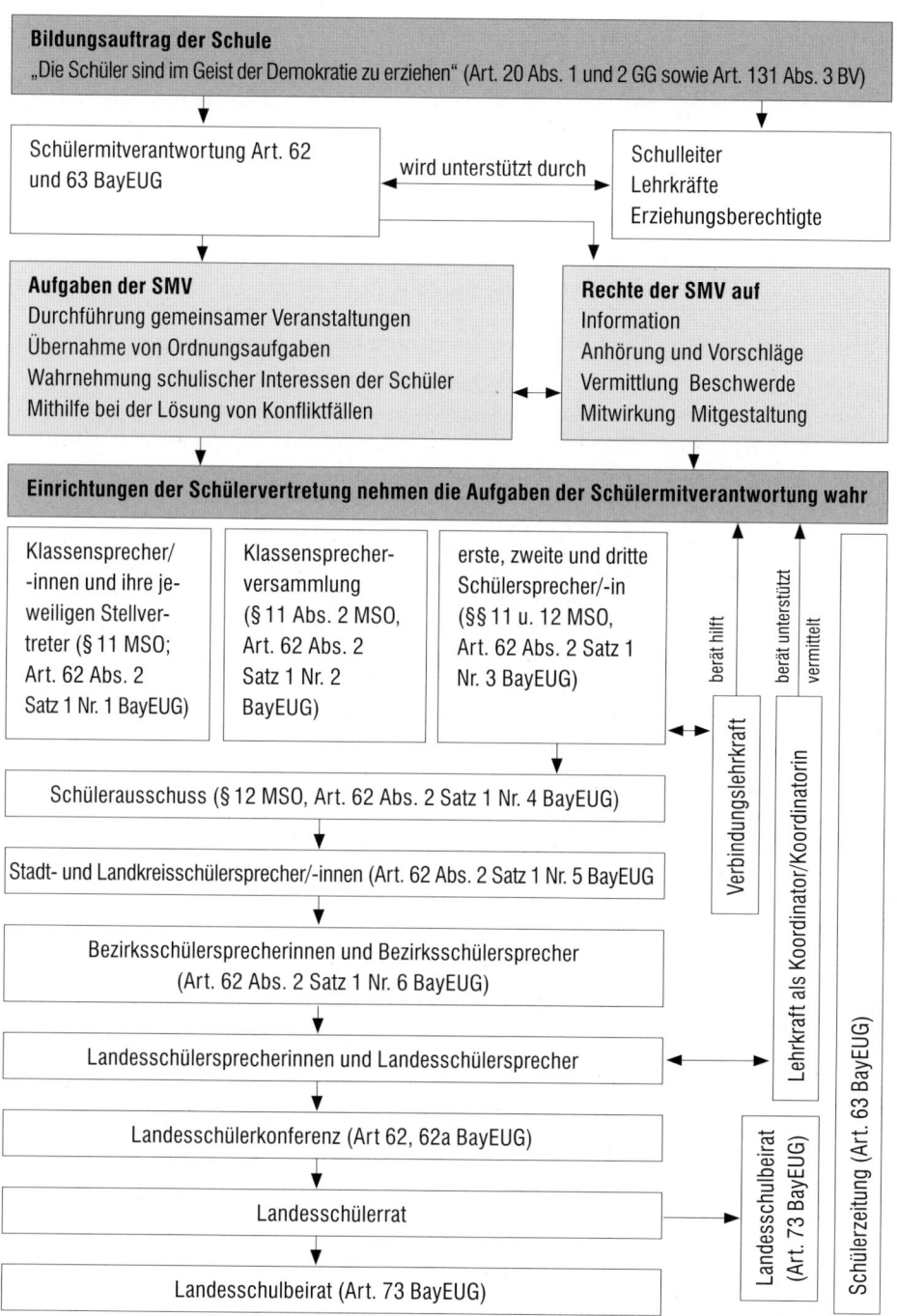

X Einrichtungen zur Mitgestaltung des schulischen Lebens

d) Aufgaben und Rechte der SMV
Der einzelne Schüler hat in der Schule
- Informationsrechte (z. B. über den Unterricht und seine Gestaltung, über Bewertungsmaßstäbe, Notengebung usw.);
- Beteiligungsrechte (entsprechend seiner Reife z. B. an der Unterrichtsgestaltung, am Schul- und Klassenleben usw.);
- Beschwerderechte, wenn er sich in seinen Rechten beeinträchtigt fühlt.

Das BayEUG regelt in Art. 62 Abs. 1 die Aufgaben und Rechte der SMV:

> „Art. 62 BayEUG (Schülermitverantwortung, Schülervertretung)
> (1) Im Rahmen der Schülermitverantwortung soll allen Schülerinnen und Schülern die Möglichkeit gegeben werden, Leben und Unterricht ihrer Schule ihrem Alter und ihrer Verantwortungsfähigkeit entsprechend mitzugestalten; hierfür werden Schülersprecher und Schülersprecherinnen sowie deren Stellvertreter und deren Stellvertreterinnen gewählt. Die Schülerinnen und Schüler werden dabei von der Schulleiterin oder vom Schulleiter, von den Lehrkräften und den Erziehungsberechtigten unterstützt. Zu den Aufgaben der Schülermitverantwortung gehören insbesondere die Durchführung gemeinsamer Veranstaltungen, die Übernahme von Ordnungsaufgaben, die Wahrnehmung schulischer Interessen der Schülerinnen und Schüler und die Mithilfe bei der Lösung von Konfliktfällen. Zu den Rechten der Schülermitverantwortung gehört es,
> (1) in allen sie betreffenden Angelegenheiten durch die Schule informiert zu werden (Informationsrecht),
> (2) Wünsche und Anregungen der Schülerinnen und Schüler an Lehrkräfte, die Leiterin oder den Leiter der Schule und den Elternbeirat zu übermitteln (Anhörungs- und Vorschlagsrecht),
> (3) auf Antrag der betroffenen Schülerinnen und Schüler ihre Hilfe und Vermittlung einzusetzen, wenn diese glauben, es sei ihnen Unrecht geschehen (Vermittlungsrecht),
> (4) Beschwerden allgemeiner Art bei Lehrkräften, bei der Leiterin oder beim Leiter der Schule und im Schulforum vorzubringen (Beschwerderecht),
> (5) bei der Aufstellung und Durchführung der Hausordnung, der Organisation und Betreuung von besonderen Veranstaltungen und im Schulforum mitzuwirken,
> (6) zur Gestaltung von Kursen und Schulveranstaltungen und im Rahmen der Lehrpläne zum Unterricht Anregungen zu geben und Vorschläge zu unterbreiten.
> Die Rechte einzelner Schülerinnen und Schüler nach Art. 56 bleiben unberührt."

Artikel 62 Abs. 1 Satz 4 Nr. 3 besagt, dass die SMV auch die Rechte einzelner Schülerinnen und Schüler wahrnehmen kann.

Schulische Veranstaltungen der SMV liegen nur vor, wenn ein enger innerer und organisatorischer Zusammenhang mit dem Schulbetrieb besteht. Auch unterliegen diese Veranstaltungen der Aufsicht der Schule (Aufsichtspflicht, Versicherungsschutz). Bei den Veranstaltungen der SMV kann es sich um Schulfeste, Schulfahrten, Wanderungen, sportliche Veranstaltungen usw., ferner um die Einrichtung kultureller, sportlicher und musischer Arbeitsgruppen oder Arbeitsgruppen für politische Bildung handeln.

Bei Ordnungsaufgaben, die die SMV übernehmen kann, handelt es sich nicht um Mitarbeit bei der Sauberhaltung des Schulgebäudes, sondern um die Mitwirkung bei der Aufrechterhaltung eines ungestörten Schulbetriebes.

Für die Finanzierung der SMV schreibt § 13 der VSO vor:

> „§ 14 MSO Finanzierung und finanzielle Abwicklung von Veranstaltungen der Schülermitverantwortung
> (1) Die notwendigen Kosten der Schülermitverantwortung trägt der Aufwandsträger im Rahmen der zur Verfügung stehenden Haushaltsmittel. Aufwendungen der Schülermitverantwortung können ferner durch Zuwendungen Dritter oder durch Einnahmen aus Veranstaltungen finanziert werden.
> (2) Finanzielle Zuwendungen an die Schule für Zwecke der Schülermitverantwortung dürfen nur entgegengenommen werden, wenn sie nicht mit Bedingungen verknüpft sind, die der Aufgabe der Schülermitverantwortung widersprechen.
> (3) Über die aus Zuwendungen Dritter sowie die aus Veranstaltungen zur Verfügung stehenden Einnahmen und deren Verwendung ist ein Nachweis zu führen. Die Verwaltung der Gelder einschließlich der Kontoführung und die Führung des Nachweises obliegen dem Schülerausschuss gemeinsam mit einer von der Schulleiterin oder dem Schulleiter bestellten Lehrkraft; eine Überprüfung erfolgt in regelmäßigen Abständen durch ein Mitglied der Schulleitung und ein Mitglied der Klassensprecherversammlung."

e) Grenzen der Aktivitäten und Zuständigkeiten der SMV

So sehr die Mitwirkung von einzelnen Schülern und der Schülermitverantwortung gewollt und notwendig ist, sind doch auch bestimmte Grenzen zu beachten; die KMK-Erklärung führt dazu aus:

> *„Die Rechte der Schüler sind immer im Zusammenhang mit denen der Lehrer und Eltern und im Zusammenhang mit den Aufgaben der Schulverwaltung zu sehen.*
> *Alle Regelungen für das Zusammenwirken von Schülern, Eltern und Lehrern müssen einen Interessenausgleich der an der Schule beteiligten Gruppen zum Ziel haben. Die Grenze für derartige Regelungen liegt dort, wo die Aufgabe der Schule gefährdet wird."*
>
> („Zur Stellung des Schülers in der Schule/Aufgabe der Schule"
> KMK-Erklärung vom 25. Mai 1973)

33.3 MÖGLICHE FRAGESTELLUNGEN

- Welche Einrichtungen der Schülervertretung sehen MSO und BayEUG vor?
- Wie wird die Verbindungslehrkraft gewählt und welche Funktion hat sie?
- Welche demokratischen Grundrechte können mit Hilfe der Schülermitverantwortung eingeübt werden?
- Welche Möglichkeiten der Schülermitverantwortung sehen Sie im Bereich der Grundschule?

33.4 PRÜFUNGSTIPPS

Sprechen Sie mit den Schülersprechern an Ihrer Mittelschule über ihre Aktivitäten im Rahmen der SMV!

Verwenden Sie bei Ihrer Antwort nicht den Begriff „Schülermitverwaltung", er ist im bayerischen Schulrecht nicht vorgesehen und entspricht auch nicht den Intentionen des Gesetzgebers.

34 Elternvertretung

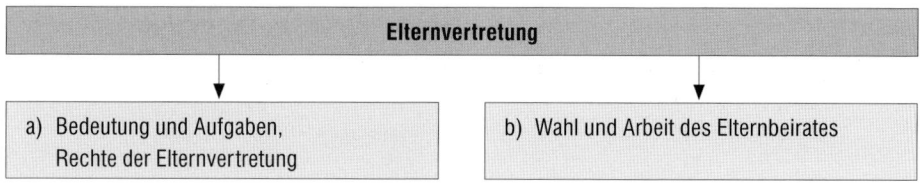

34.1 Fundstellen
- Art. 64 bis 69 BayEUG, Art. 73, 74 u. 76 BayEUG
- §§ 12 bis 20 GrSO; §§ 17 bis 27 MSO
- Schulordnung für die Mittelschulen in Bayern (MSO); Ausgabe mit kurzen Kommentaren von Georg Hahn, 1. Auflage, 2013. Verlag J. Maiss, München)
- Lott/Pirner/Unger: „Schulleiter-ABC Bayern", Buch- und Fachverlage GmbH & Co. KG, Kulmbach
- Bayerisches Staatsministerium für Unterricht und Kultus (Hrsg.): „Schule und Familie – Verantwortung gemeinsam wahrnehmen.", München 2009

34.2 Sachinformationen
a) Bedeutung und Aufgaben des Elternbeirates

Die gemeinsame Erziehungsaufgabe, die Schule und Erziehungsberechtigte zu erfüllen haben, erfordert eine vom gegenseitigen Vertrauen getragene Zusammenarbeit. Der Elternbeirat ist eine Einrichtung zur Mitgestaltung des schulischen Lebens, die sich aus dem natürlichen Recht und der Pflicht der Eltern auf Erziehung der Kinder ergibt. Als Vertretung der Erziehungsberechtigten nimmt der Elternbeirat allgemeine Angelegenheiten und Interessen wahr. Die Mitwirkung des Elternbeirates ist eine beratende. Der Elternbeirat kann alle Gegenstände der Unterrichtung und Erziehung der Schüler, des äußeren Schulbetriebs und der Gestaltung des Schullebens, der Aufbringung des Schulaufwands, der Verwaltung des Schulvermögens und der Schulaufsicht behandeln. Die Ergebnisse seiner Beratung fasst der Elternbeirat in Empfehlungen (Anregungen und Vorschläge) zusammen.

Ein allgemeines politisches Mandat hat der Elternbeirat nicht. Er ist als Organ der Schule insbesondere auch an das Verbot der politischen Werbung gebunden.

Für die Veranstaltungen des Elternbeirates müssen Räume in der Schule zur Verfügung gestellt werden. Lehrer sind nicht verpflichtet, bei vom Elternbeirat abgehaltenen Veranstaltungen anwesend zu sein. Sie können nur teilnehmen, wenn sie dazu vom Elternbeirat eingeladen wurden. Der Schulleiter kann Lehrkräfte anweisen, in einer Sitzung des Elternbeirats zu einem einschlägigen Tagesordnungspunkt Stellung zu nehmen. Für den Schulleiter besteht die Verpflichtung zur Teilnahme, wenn der Elternbeirat dies verlangt.

Der Elternbeirat hat keine Dienstaufsichtsfunktion gegenüber den Lehrern. Ohne Erlaubnis des Schulleiters können Elternbeiräte nicht an Sitzungen der Lehrerkonferenz und an sonstigen Veranstaltungen der Schule teilnehmen.

Der Schulleiter ist nicht verpflichtet, für den Elternbeirat Statistiken zu erheben oder andere umfangreiche Erhebungen durchzuführen.

Aufgaben des Elternbeirates nach Art. 65 BayEUG sind:
- das Vertrauensverhältnis zwischen den Eltern und den Lehrkräften, die gemeinsam für die Bildung und Erziehung der Schüler verantwortlich sind, zu vertiefen;
- das Interesse der Eltern für die Bildung und Erziehung der Schüler zu wahren;
- den Eltern in besonderen Veranstaltungen Gelegenheit zur Unterrichtung und zur Aussprache zu geben;
- Wünsche, Anregungen und Vorschläge der Eltern zu beraten;
- durch gewählte Vertreter an den Beratungen des Schulforums teilzunehmen;
- bei der Entscheidung über einen unterrichtsfreien Tag nach Art. 89 Abs. 2 Nr. 4 BayEUG das Einvernehmen herzustellen;
- bei der Verwendung bestimmter Lernmittel nach Art. 51 Abs. 4 BayEUG einvernehmlich Entscheidungen herbeizuführen (gilt nur für nicht lernmittelfreie Lernmittel);
- im Verfahren, das zur Entlassung eines Schülers führen kann, die in Art. 87 Abs. 1 genannten Rechte wahrzunehmen;
- bei der Errichtung und Auflösung von staatlichen und kommunalen Schulen mitzuwirken (Art. 26, 27, 29 und 42 BayEUG);
- bei der Einführung von Schulversuchen und bei der Stellung eines Antrags auf Zuerkennung des Status einer MODUS-Schule das Einvernehmen herzustellen.

Außerhalb der Mitwirkungsmöglichkeiten liegen:
- Gestaltung des Stundenplans;
- Teilnahme an Lehrerkonferenzen;
- Teilnahme an Noten- oder Zeugniskonferenzen;
- Personalplanungen der Schule (z. B. Festlegung der Klassenlehrer).

b) Wahl des Elternbeirates
Die Erziehungsberechtigten der Schülerinnen und Schüler einer Klasse an einer Grund- oder Mittelschule wählen aus ihrer Mitte für die Dauer eines Schuljahres die Klassenelternsprecherin oder den Klassenelternsprecher und die Stellvertreterin oder den Stellvertreter. Der Elternbeirat an Grund- und Mittelschulen mit nicht mehr als neun Klassen besteht aus den gewählten Klassenelternsprechern. Gemäß Art. 66 Abs. 1 Satz 2 BayEUG kann der Elternbeirat durch Beschluss weitere Mitglieder, die die Wählbarkeitsvoraussetzungen erfüllen, mit beratender Funktion hinzuziehen (= kooptierte Mitglieder). Die Anzahl der hinzugezogenen Mitglieder darf nicht mehr als ein Drittel der gewählten Mitglieder betragen. An den übrigen Grundschulen und Mittel-

schulen wählen die Klassenelternsprecher aus ihrer Mitte den aus neun Mitgliedern bestehenden Elternbeirat. Die Amtszeit der Klassenelternsprecher endet zum Schuljahresende, die des Elternbeirates mit dem ersten Zusammentritt des neuen Elternbeirates im darauffolgenden Schuljahr.

Gemäß Art. 66 Abs. 1 Satz 3 BayEUG ist der Elternbeirat berechtigt, sich eine Geschäftsordnung zu geben, in der eine Mindestanzahl von Elternbeiratssitzungen pro Schuljahr festgelegt werden kann. In der Regel tagt der Elternbeirat mindestens dreimal pro Schuljahr in nichtöffentlicher Sitzung, bei Bedarf auch öfter. Über die bekanntgewordenen Angelegenheiten ist Verschwiegenheit zu bewahren.

Gemäß Art. 67 Abs. 1 BayEUG unterrichtet der Schulleiter den Elternbeirat zum frühestmöglichen Zeitpunkt über alle Angelegenheiten, die für die Schule von allgemeiner Bedeutung sind, z. B. Projekte, das Schulprofil bildende Maßnahmen etc. Dies stellt eine unabdingbare Verpflichtung des Schulleiters dar, er muss von sich aus initiativ sein.

Die Anregungen und Vorschläge des Elternbeirates müssen vom Schulleiter in angemessener Frist geprüft und das Ergebnis muss dem Elternbeirat mitgeteilt werden, im Falle der Ablehnung mit einer Begründung.

c) Überblick: Mitwirkungsmöglichkeiten der Eltern

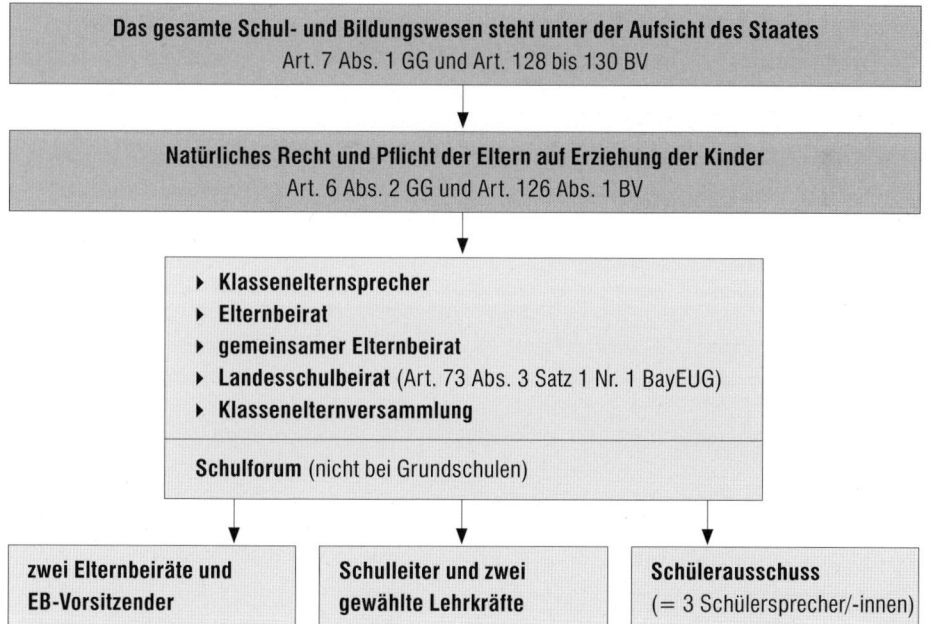

X Einrichtungen zur Mitgestaltung des schulischen Lebens

34.3 MÖGLICHE FRAGESTELLUNGEN
- Der Elternbeirat ist eine Einrichtung zur Mitgestaltung des schulischen Lebens. Zeigen Sie Organisation und Mitwirkungsmöglichkeiten des Elternbeirates auf!
- Wie wird an Ihrer Schule der Elternbeirat gewählt?

34.4 PRÜFUNGSTIPPS
Verfolgen Sie während Ihrer Vorbereitungszeit aufmerksam alle Aktivitäten der Elternvertretung an Ihrer Schule!

Versuchen Sie, in Ihrer Klasse (eventuell beim Betreuungslehrer im 1. Dienstjahr) am Elternabend bei der Wahl des Klassenelternsprechers anwesend zu sein.

Welche Mitverantwortung der Eltern sehen Sie im Bereich der Grundschule?

35 Schulforum

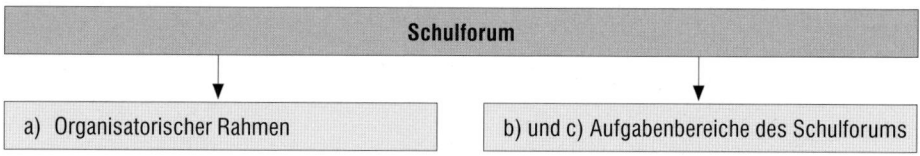

35.1 Fundstellen
- Art. 69 BayEUG und Art. 62 Abs. 1 Satz 4 Nr. 4 i. d. F. v. 24. Juli 2013
- § 23 MSO
- Lott/Pirner/Unger: „Schulleiter-ABC Bayern", Buch- und Fachverlage GmbH & Co. KG, Kulmbach

35.2 Sachinformationen
a) Organisatorischer Rahmen für das Schulforum
1) Schulforum

Ein Schulforum wird an allen Schulen, an denen ein Elternbeirat besteht, eingerichtet; ausgenommen sind jedoch die Grundschulen und die Berufsschulen (Art. 69 Abs. 1 BayEUG).

Zusammensetzung des Schulforums gemäß Art. 69 Abs. 1 Satz 1 BayEUG:
- die Schulleiterin oder der Schulleiter, der oder die auch den Vorsitz führt;
- drei von der Lehrerkonferenz gewählte Lehrkräfte;
- die oder der Elternbeiratsvorsitzende;
- zwei vom Elternbeirat gewählte Elternbeiratsmitglieder;
- der Schülerausschuss (die drei nach Art. 62 Abs. 5 BayEUG von der Klassensprecherversammlung gewählten Schülersprecher);
- ein Vertreter des Sachaufwandträgers.

Das Schulforum wird von der Schulleiterin oder dem Schulleiter mindestens einmal in jedem Schulhalbjahr einberufen (Art. 69 Abs. 7 BayEUG).

2) Sitzungen des Schulforums nach § 22 Abs. 1 bis 3 VSO

> **„§ 23 MSO**
> (1) Die Sitzungen des Schulforums sind nicht öffentlich. Sie sind außerhalb der regelmäßigen Unterrichtszeit durchzuführen. Für die Pflicht zur Verschwiegenheit gilt § 21 Abs. 6 MSO entsprechend. Das Schulforum kann zur Behandlung einzelner Tagesordnungspunkte Dritte hinzuziehen.
> (2) Das Schulforum ist über Art. 69 Abs. 7 BayEUG hinaus auf Verlangen von mindestens vier Mitgliedern einzuberufen. Es ist beschlussfähig, wenn alle Mitglieder ordnungsgemäß geladen sind und mindestens die Hälfte der Mitglieder anwesend ist. Die Beschlüsse werden in offener Abstimmung mit einfacher Mehrheit gefasst. Über jede Sitzung ist eine Niederschrift zu erstellen.
> (3) Die Lehrerkonferenz bestimmt die Amtsdauer der in das Schulforum gewählten Lehrkräfte. Elternbeirat, Lehrerkonferenz und Klassensprecherversammlung können für den Fall der Verhinderung eine Regelung zur Vertretung der von ihnen gewählten Mitglieder des Schulforums bzw. der Mitglieder des Schülerausschusses treffen."

3) Beschlüsse des Schulforums
Gemäß Art. 69 Abs. 3 BayEUG beschließt das Schulforum in den Angelegenheiten, die ihm zur Entscheidung zugewiesen sind, mit bindender Wirkung für die Schule. In den übrigen Angelegenheiten gefasste Beschlüsse bedeuten Empfehlungen.

Wird einem Beschluss des Schulforums von der für die Entscheidung zuständigen Stelle nicht entsprochen, so ist dies gegenüber dem Schulforum – auf dessen Antrag schriftlich – zu begründen (Art. 69 Abs. 6 BayEUG).

b) Aufgaben und Arbeitsbereiche des Schulforums
Gemäß Art. 69 Abs. 4 BayEUG berät das Schulforum Fragen, die Schülerinnen und Schüler, Eltern und Lehrkräfte gemeinsam betreffen, und gibt Empfehlungen ab.

Folgende Entscheidungen werden im Einvernehmen mit dem Schulforum getroffen:
1. die Entwicklung eines eigenen Schulprofils, das der Genehmigung der Schulaufsichtsbehörde bedarf;
2. die Stellung eines Antrags auf Zuerkennung des Status einer MODUS-Schule;
3. Erlass von Verhaltensregeln für den geordneten Ablauf des äußeren Schulbetriebs (Hausordnung);
4. Festlegung der Pausenordnung und Pausenverpflegung;
5. Grundsätze über die Durchführung von Veranstaltungen im Rahmen des Schullebens.

Kann eine einvernehmliche Entscheidung nicht in angemessener Zeit herbeigeführt werden, legt der Schulleiter die Angelegenheit der Schulaufsichtsbehörde vor, die eine Entscheidung trifft. Dem Schulforum ist insbesondere Gelegenheit zu einer vorherigen Stellungnahme zu geben zu:
1. wesentlichen Fragen der Schulorganisation, soweit nicht eine Mitwirkung der Erziehungsberechtigten oder des Elternbeirats vorgeschrieben ist;
2. Fragen der Schulwegsicherung und der Unfallverhütung in Schulen;
3. Baumaßnahmen im Bereich der Schule;
4. Grundsätzen der Schulsozialarbeit;
5. der Namensgebung einer Schule.

Das Schulforum kann ferner auf Antrag eines Betroffenen in Konfliktfällen vermitteln. Ordnungsmaßnahmen, bei denen die Mitwirkung des Elternbeirates vorgesehen ist, werden im Schulforum nicht behandelt.

35.3 MÖGLICHE FRAGESTELLUNGEN

- Das Schulforum ist ein Organ der Mitwirkung aller an der Schule Beteiligten. Zeigen Sie die Organisation und die Aufgaben des Schulforums auf!
- Im Schulforum sind auch Schüler vertreten. Diskutieren Sie Möglichkeiten der Schüler in diesem Gremium aktiv und im Geiste der Demokratie mitzuarbeiten.

35.4 PRÜFUNGSTIPPS

Suchen Sie das Gespräch mit Ihrem Schulleiter oder den drei Mitgliedern aus Ihrem Lehrerkollegium und fragen Sie, welche Themen in den letzten Sitzungen des Schulforums behandelt wurden! Fragen zum „Schulforum" lassen sich häufig in größere Bereiche einordnen:
- Mitverantwortung der Schüler und Mitwirkung der Eltern

XI Zusammenarbeit von Schule, Erziehungsberechtigten und außerschulischen Institutionen

36 Schule und Erziehungsberechtigte

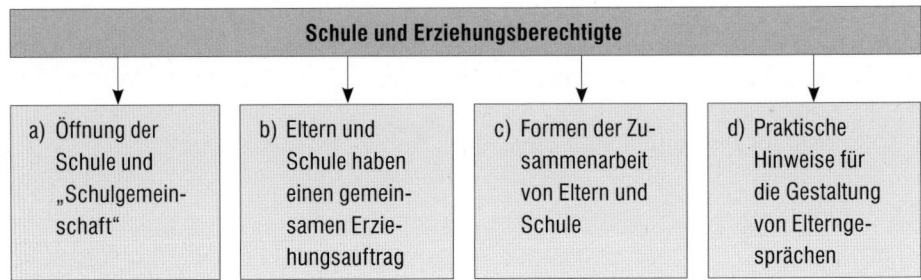

36.1 Fundstellen

- Art. 6 Abs. 2 GG
- Art. 126 bis 133 BV
- Art. 1, 2, 31, 64 bis 69, 73, 74 bis 76 und 78 BayEUG i. d. F. v. 24. Juli 2013
- §§ 12 bis 17 GrSO i. d. F. v. 4. März 2013
- §§ 17 bis 22 MSO i. d. F. v. 4. März 2013
- „Empfehlungen zur Zusammenarbeit von Schule und Elternhaus", ISB-Handreichung, München, 1994
- Knoll, Franz: „Gute Elternarbeit – eine tägliche Chance zur Imageförderung der Lehrer", Lehrerinfo Heft 6/01, München, 2001
- Die Schulordnung der Volksschule, BayEUG und VSO, Kommentar, Link Verlag

36.2 Sachinformationen

a) Öffnung der Schule und „Schulgemeinschaft"

In Artikel 2 des BayEUG werden die Aufgaben der Schule unter Beachtung der Vorgabe des Art. 131 der Bayerischen Verfassung (Oberste Bildungsziele) beschrieben. Im gleichen Artikel werden in den Absätzen 4 und 5 auch Aussagen gemacht zur „Schulgemeinschaft" und zur „Öffnung der Schule gegenüber ihrem Umfeld"; dazu wird ausgeführt:

> **„Art. 2 Abs. 4 und 5 BayEUG**
> (4) Die Schulleiterin oder der Schulleiter, die Lehrkräfte, die Schülerinnen und Schüler und ihre Erziehungsberechtigten (Schulgemeinschaft) arbeiten vertrauensvoll zusammen. Die Schulgemeinschaft ist bestrebt, im Rahmen der gestärkten Eigenverantwortung der Schule das Lernklima und das Schulleben positiv und transparent zu gestalten und Meinungsverschiedenheiten im Rahmen der in der Schulgemeinschaft Verantwortlichen zu lösen.
> (5) Die Öffnung der Schule gegenüber ihrem Umfeld ist zu fördern. Die Öffnung erfolgt durch die Zusammenarbeit der Schulen mit außerschulischen Einrichtungen, insbesondere mit Betrieben, Sport- und anderen Vereinen, Kunst- und Musikschulen, freien Trägern der Jugendhilfe, kommunalen und kirchlichen Einrichtungen sowie mit Einrichtungen der Weiterbildung."

Gerade für die Mittelschule ist im Hinblick auf die vertiefte Berufsorientierung (einem Kernanliegen der Hauptschulinitiative) diese Öffnung (z. B. hin zu Handel, Industrie, Betrieben, Arbeitsagentur, Kammern, Innungen, Verbänden, Firmen usw.) von höchster Bedeutung.

Die Schulgemeinschaft (bestehend aus Schulleitung, Lehrkräften, Schülern und Erziehungsberechtigten) kann über Maßnahmen im Rahmen des Modellversuchs „MODUS 21 – Schule in Verantwortung" entscheiden und deren Durchführung an der Schule beschließen. Diese Maßnahmen tragen deutlich zur Profilbildung der Schule bei. Beispiele könnten sein:

Titel	Kurzerläuterung
Innerschulischer Praxistag	Die Schule führt an einem Tag fächer- und klassenübergreifenden Kursunterricht als Orientierungshilfe für die Schülerinnen und Schüler bei der Berufsfindung durch.
Pflichtwahlfach „Business English" an der Mittelschule	Die Schülerinnen und Schüler der Regelklasse 9 nehmen fakultativ, die Schülerinnen und Schüler der M-Zweige obligatorisch am Wahlfach „Business English", das nach zwei Jahren zum Erwerb eines Zusatzzertifikates führt, teil.
Zeitungslektüre zur Förderung der Allgemeinbildung	Die Maßnahme, die auf der regelmäßigen Lektüre von Tageszeitungen beruht, wird den Fächern Deutsch und GSE (Geschichte/Sozialkunde/Erdkunde) zugeordnet und in den Jgst. 7 und 8 durchgeführt.

▼

Einrichtung von Partnerklassen zwischen Unter- und Oberstufe	Die Schülerinnen und Schüler der 5. bis 9. Jahrgangsstufe unterstützen die Schülerinnen und Schüler der ersten und zweiten Klasse. Je nach Klassengröße sind die Patinnen und Paten ca. alle drei Wochen für eine Stunde im Einsatz.
Erweitertes Screening zur Einschulung	Die Schule erweitert das bestehende Screeningverfahren: Sprachstandserhebungen werden bei allen Schülerinnen und Schülern durchgeführt und um den mathematischen Bereich erweitert.
Förderung besonders begabter Grundschülerinnen und Grundschüler	Die Schule bietet in Kooperation mit Eltern und externen Partnern ein qualitativ hochwertiges Zusatzangebot, das begabte Schülerinnen und Schüler besonders fördert.

Die sechs o. a. Beispiele sollen nur die Denkrichtung von MODUS 21 veranschaulichen. Eine Tabelle mit ca. 60 Maßnahmen, die sich zum Teil für die Umsetzung an Grund- und Mittelschulen eignen, finden Sie jeweils in der Anlage 1 der GrSO bzw. der MSO.

b) Eltern und Schule haben einen gemeinsamen Erziehungsauftrag
Art. 74 BayEUG verpflichtet Eltern und Schule an ihrer gemeinsamen Erziehungsaufgabe zu einer „von gegenseitigem Vertrauen getragenen Zusammenarbeit". Erziehungsrecht der Eltern und das Erziehungsrecht des Staates bestehen also nebeneinander.

Das Verhältnis von Eltern und Schule ist dadurch geprägt, dass die Eltern Vertreter und Adressat rechtlich gegen den Schüler gerichteter Handlungen und Erklärungen des Staates sind.

Das Elternrecht (Art. 6 Abs. 2 GG und Art. 126 Abs. 1 BV) ist das natürliche Recht der Eltern und die ihnen zuvörderst obliegende Pflicht. Die nachstehende Tabelle versucht, die Schwerpunkte des staatlichen und des elterlichen Erziehungsrechts darzustellen bzw. abzugrenzen:

Erziehungsrecht der Eltern	Staatliches Erziehungsrecht
▸ Sorge um das körperliche und geistige Wohlergehen und die Entwicklung des Kindes ▸ rechtliche Vertretung für die minderjährigen Kinder	▸ Grundlage: Anspruch der Gemeinschaft an den Einzelnen, seine Fähigkeiten und sein Wissen für das Wohl der Gemeinschaft und des Staates einzusetzen ▸ Grundlage: Menschenbild (Demokratie, Rechtsstaatlichkeit)

▸ Befugnis und Verpflichtung der Erziehungsberechtigten zu Entscheidungen, welche Auffassungen und Einstellungen zu allen Lebensfragen vom persönlichen Bereich über Kultur, Weltanschauung und Religion bis zur Politik der Entwicklung des Kindes zugrundegelegt werden sollen	▸ Voraussetzungen zu schaffen, den Einzelnen zu einem mündigen Mitglied der Gemeinschaft zu machen für ein Leben in Würde und freier Persönlichkeitsentfaltung unter Beachtung der Rechte anderer ▸ Verwirklichung der Bildungsziele (Art. 131 BV) ▸ Unterricht nach den Grundsätzen der christlichen Bekenntnisse

Nach Art. 1 Abs. 2 BayEUG achtet die Schule das verfassungsmäßige Recht der Eltern auf Erziehung der Kinder. Deshalb ist eine Zusammenarbeit zwischen Erziehungsberechtigten und Lehrern unbedingt notwendig. Eine besonders intensive Zusammenarbeit mit den Erziehungsberechtigten ist in den ersten beiden Schuljahren in der Grundschule erforderlich. „Die Grundschule knüpft an die vorschulischen Erfahrungen des Kindes an und führt es behutsam und zugleich zielstrebig zu schulischem Lernen." (Lehrplan GS) Damit der Übergang in die Schule möglichst wenig Schwierigkeiten bereitet, müssen die Eltern über die inhaltliche und methodische Unterrichtsgestaltung informiert werden. Erziehungs- und Lernschwierigkeiten der Schulanfänger können durch eine pädagogische Abstimmung von Schule und Elternhaus gemindert werden.

c) **Mögliche Formen der Zusammenarbeit von Elternhaus und Schule**
▸ Wöchentliche Elternsprechstunden der hauptamtlichen Lehrer zu festgesetzten Zeiten (Informationsrecht);
▸ monatliche Sprechstunden der Fachlehrer;
▸ jederzeit Gespräche über den Schüler außerhalb der Unterrichtszeit in zumutbarem Umfang (Gespräche und Telefonate während der Unterrichtszeit sind unzulässig);
▸ Elternsprechtag in jedem Schulhalbjahr;
▸ Klassenelternversammlungen in den ersten drei Monaten nach Unterrichtsbeginn zur Erläuterung der Erziehungs- und Unterrichtsziele (allgemeine Fragen der Erziehung, Verhalten der Kinder in der Öffentlichkeit, im Straßenverkehr, Schulweg, Freizeitgestaltung, Gesundheitsförderung, Schulordnung, Fernbleiben vom Unterricht, Berufswahl, Mittelschulabschlüsse usw.);
▸ auf Antrag des Elternbeirates Anberaumung einer weiteren Klassenelternversammlung;
▸ Elternversammlungen (für einzelne Klassen): Einladung durch Schulleiter, Teilnahme der Klassenleiter der betreffenden Klassen;
▸ Tag der offenen Tür, um Einblick in die Arbeit der Schule zu nehmen;
▸ bei Meinungsverschiedenheiten zwischen Erziehungsberechtigten und Lehrern soll eine Aussprache stattfinden, Recht der Aufsichtsbeschwerde der Erziehungsberechtigten (Stellungnahme der Schule, Entscheidung des Schulamtes);

- Klassenelternsprecher (Wahlrecht für alle Erziehungsberechtigten, auch für nichtdeutsche Erziehungsberechtigte);
- Elternbeirat (Beteiligungs- und Mitwirkungsrecht) berät in Angelegenheiten, die für die Schule von allgemeiner Bedeutung sind, mit dem Ziel:
  (1) Vertiefung des Vertrauensverhältnisses zwischen Schule und Eltern;
  (2) Förderung des Interesses der Eltern für die Bildung und Erziehung der Schüler;
  (3) Gelegenheit zur Aussprache;
  (4) Wünsche und Anträge der Eltern zur Sprache zu bringen.

Die vom Gesetz geforderte Zusammenarbeit zwischen Elternhaus und Schule findet in der Schulberatung ihre besondere Ausprägung. Schulberatung ist ein Teil der schulischen Erziehungsaufgabe. Zunächst ist Beratung Aufgabe jeder Schule und jedes Lehrers. Doch sind zur Unterstützung der Schulen bei der Schulberatung Beratungslehrer, Schuljugendberater und Schulpsychologen bestellt. Nähere Einzelheiten dazu finden Sie im Kapitel 39 (Schulberatung)!

Einen guten und aktuellen Überblick über die Bereiche der Elternarbeit gibt auch die nachstehende Skizze aus der „Lehrerinfo":

Alltagskommunikation	Individuelle Mitarbeit der Eltern	Institutionalisierte Zusammenarbeit Eltern – Schule	Schulentwicklung und Elternbeteiligung
- „Tür- und Angelgespräche" - Telefonate - Elternbriefe - kurze schriftliche Information (z. B. im Heft gegen Unterschrift)	- Betreuung und Begleitung schulischer Veranstaltungen - Mitwirkung bei Projekten - Einbringung beruflicher Kompetenzen	- Elternsprechstunde - Elternabende - Elternsprechtag - Schulforum - Elternbeirat - Klassenelternsprecher - Klassenelternversammlung	- Befragung der Eltern - gemeinsame Tagungen/ Fortbildungen von Eltern und Lehrkräften - gemeinsame pädagogische Konferenzen

Quelle: F. Knoll

Es ist zu beachten, dass einige der o. a. Möglichkeiten des Kontakts und der Zusammenarbeit zum „Pflichtprogramm" gehören (durch BayEUG und die jeweilige Schulordnung vorgeschrieben) und andere Aktivitäten im Ermessen der Beteiligten liegen.

d) Praktische Hinweise für die Gestaltung von Elterngesprächen

1) Förderliche und ungünstige Bedingungen für Elterngespräche (aus Knoll, a. a. O., S. 8)

Bereiche	Förderliche Bedingungen	Ungünstige Bedingungen
Raum ▸ Wo bin ich? ▸ Wo treffen wir uns?	▸ gastlich gestaltetes Elternsprechzimmer, ruhige Gesprächsecke	▸ Kopierraum, Garderobe, stehend ▸ Erwachsene auf Stühlen von Erstklässlern
Zeit ▸ Wie lange muss ich hier sein? ▸ Wann findet die Veranstaltung statt?	▸ angemessene Dauer des Gesprächs, geringe Wartezeit	▸ lange Wartezeit
Inhalt ▸ Was werde ich hier erfahren? ▸ Worüber wird gesprochen?	▸ Informationen über Stärken und Schwächen, Angebote zur Unterstützung, Verständnis für die Situation der Eltern	▸ schlechte Nachrichten, Drohungen, Abwertung, Unverständnis
Wertschätzung ▸ Wie gehen wir miteinander um? ▸ Bin ich hier erwünscht?	▸ partnerschaftlich, offen, abwägend, vertrauensvoll, gastlich	▸ belehrend, von oben herab, verurteilend, besserwissend

Quelle: F. Knoll

2) „Schatzsuche" vs. „Herausheben von Schwächen"

Gespräche zwischen Eltern und Lehrern sind gelegentlich schwierig, da oft auch über Schwächen, Fehler, Versagen des Kindes usw. geredet werden muss, die sicher vorhandenen Stärken des Kindes aber nicht thematisiert werden. Knoll führt dazu aus:

> „Könnte die Botschaft an die Eltern nicht auch lauten: Wir begeben uns gemeinsam auf ‚Schatzsuche', unterstützen uns gegenseitig, suchen die beste gemeinsame Förderung für die Kinder, schauen optimistisch in die Zukunft, bieten bei Problemen qualifizierte und professionelle Hilfe und Beratung an. (...)
> Hartmut v. Hentig nennt als Kernaufgabe der Schule: ‚Die Sache klären und die Menschen stärken.' Die Menschen stärken ist eine wichtige Grundhaltung. Es kommt dabei auf die Art und Weise der Übermittlung schlechter Nachrichten an und darauf, dass Eltern sich in ihrer Lage verstanden fühlen. Gesprächspartner erfahren sich dann gleichwertig und nicht geschwächt. Wenn die Beziehung stimmt, wenn Eltern sich ernst genommen und akzeptiert fühlen, kann der nächste

Punkt erreicht werden: die Sache klären, der konstruktive Umgang mit dem Problem, das Finden von Hilfen und Unterstützung. Dabei ist ein wesentlicher Faktor, auf Stärken aufzubauen, sie weiterzuentwickeln und damit möglicherweise die Schwäche zu kompensieren."

(Knoll, F.: „Gute Elternarbeit – ...", Lehrerinfo Heft 6/01, München, 2001)

36.3 MÖGLICHE FRAGESTELLUNGEN
- Eltern haben die Pflicht, die Schule bei der Erfüllung ihres Erziehungsauftrages zu unterstützen. Begründen Sie diese Forderung vom schulrechtlichen Standpunkt aus!
- Wie können Eltern und Lehrer zum Wohl des Kindes erfolgreich zusammenarbeiten?

36.4 PRÜFUNGSTIPPS
Besuchen Sie eine Informationsveranstaltung des Beratungslehrers und nehmen Sie an einem Elternabend teil!

37 Schulische und außerschulische Betreuung

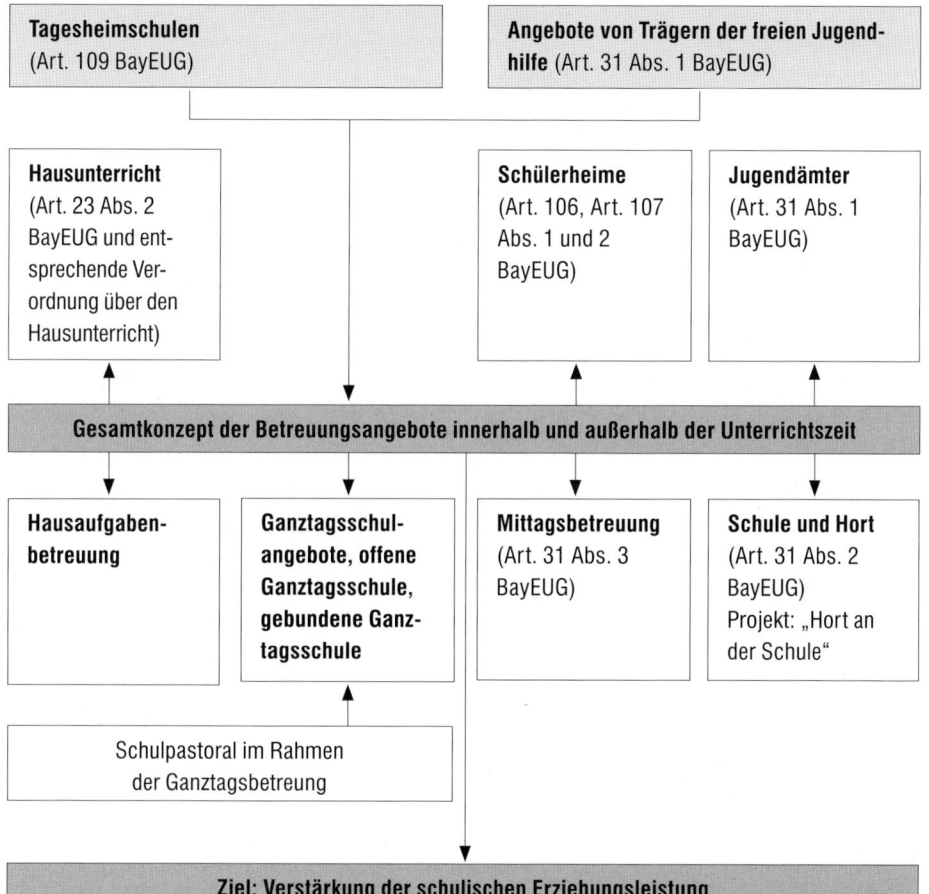

37.1 Fundstellen

- „Mittagsbetreuung und verlängerte Mittagsbetreuung an Grund- und Förderschulen", KMBek vom 7. Mai 2012
- „Empfehlungen zur Zusammenarbeit zwischen Hort und Schule", Bekanntmachung des Bayerischen Staatsministeriums für Unterricht und Kultus vom 12. Juni 1991
- „Eckpunkte der Bildungsoffensive Bayern", Schreiben des Bayerischen Staatsministeriums für Unterricht und Kultus vom 6. Juli 1998

XI Zusammenarbeit von Schule, Erziehungsberechtigten und außerschulischen Institutionen

- Lott/Pirner/Unger: „Schulleiter-ABC Bayern", Buch- und Fachverlage GmbH & Co. KG, Kulmbach
- „Handreichung zur Mittagsbetreuung an bayerischen Grundschulen", Staatsinstitut für Schulqualität und Bildungsforschung, vollständig überarbeitete Version, Oktober 2010
- „Zusammenarbeit von Schule und Jugendhilfe zur ‚Stärkung und Weiterentwicklung des Gesamtzusammenhangs von Bildung, Erziehung und Betreuung'", Beschluss der Kultusministerkonferenz vom 3./4. Juni 2004
- „Ganztags- und Betreuungsangebote." Merkmale und Einrichtungen im Regierungsbezirk Oberbayern. www.regierung.oberbayern.bayern.de/aufgaben/schulen/
- „Förderung der offenen Ganztagsschule für Schülerinnen und Schüler der Jahrgangsstufe 5 bis 10", KMBek vom 6. Februar 2007
- „Ganztagsklassen an Grund- und Hauptschulen", KMS vom 5. Juli 2006
- „Modellprojekt, Gebundene Ganztagsgrundschulen", KMBek vom 12.11.2007
- „Ganztagsschule. Zeit für mehr", Bundesministerium für Bildung und Forschung, o. J.
- Ganztagsschulen in Bayern. Ganztagsschulportal. www.ganztagsschulen.bayern.de
- Zeit für dich. Ganztagsschulen in Bayern. EZ, Elternzeitschrift des Bayerischen Kultusministeriums. 1/2008, S. 12–13
- Gebundene Ganztagsschulen in Bayern. ISB-Handreichung, Juni 2010
- Offene Ganztagsschulen in Bayern. ISB-Handreichung, Juni 2010
- Antragsverfahren für den Aufbau gebundener Ganztagszüge an Grundschulen zum Schuljahr 2012/2013. KMBek vom 19. Dezember 2011
- Antragsverfahren für den Aufbau gebundener Ganztagszüge an Haupt- bzw. Mittelschulen zum Schuljahr 2012/2013, KMBek vom 19.12.2011
- Bayerisches Staatsministerium für Unterricht und Kultus/ISB: Qualitätsrahmen für gebundene Ganztagsschulen, München, 2011
- Bayerisches Staatsministerium für Unterricht und Kultus/ISB: Qualitätsrahmen für offene Ganztagsschulen, München, 2011
- ISB/Vogt, Katrin: „Schulversuch gebundene Ganztagsgrundschule". Abschlussbericht. München, Mai 2012
- ISB/Huber-Mück, L./Scheibengruber, G.: Schulversuch Ganztagsklassen im Hauptschulbereich. Abschlussbericht zur Wissenschaftlichen Begleitung. München, 2007

37.2 Sachinformationen

Der dritte Eckpunkt der sog. „Bildungsoffensive Bayern" behandelt die „Verstärkung der schulischen Erziehungsleistung". Hierbei soll der Kontakt mit den Eltern intensiviert werden. Einerseits sollen die Eltern stärker in die erzieherische Verantwortung einbezogen werden, andererseits will die Schule zur Unterstützung der Eltern Betreuungsangebote auch außerhalb der Unterrichtszeit ausbauen.

a) Mittagsbetreuung

Die Mittagsbetreuung schließt sich an den stundenplanmäßigen Vormittagsunterricht an und dauert in der Regel bis ca. 14.00 Uhr. Träger der Mittagsbetreuung kann die Gemeinde oder eine gemeinnützige Einrichtung sein. Der Träger ist im Benehmen mit der Schulleitung für die Organisation und Finanzierung verantwortlich. Für die Betreuung kommt vor allem sozialpädagogisches Fachpersonal in Frage.

Mittagsbetreuung bedeutet neben der Beaufsichtigung von Schülerinnen und Schülern der Grund-, Förder- und Mittelschulen auch bedeutsame pädagogische Aufgaben. Laut Bekanntmachung des Bayerischen Staatsministeriums für Unterricht und Kultus ist die Mittagsbetreuung mit sozial- und freizeitpädagogischer Zielsetzung zu gestalten, wobei die Bedürfnislage der Kinder nach Schulschluss in körperlicher und psychischer Hinsicht zu beachten ist (vgl. Handreichung zur Mittagsbetreuung):

- Bedürfnis nach Entspannung und Erholung (freie Kommunikation und Spiel);
- Bedürfnis nach freier Aktivität;
- Bedürfnis nach Ruhe;
- Bedürfnis nach Geborgenheit;
- Bedürfnis nach Nahrung (gemeinsames Mittagessen).

Daneben können auch Erziehungsschwerpunkte wie Entwicklung von Sozialverhalten und Verhalten bei Konflikten mit Tendenz zur Gewaltanwendung in die Betreuungsarbeit einbezogen werden.

b) Kind- und familiengerechte Halbtagsgrundschule

Diese staatliche Einrichtung soll die Betreuung von Kindern auch außerhalb des Unterrichts von 7.30 Uhr bis 13.00 Uhr sicherstellen. Die Betreuung wird seit dem Schuljahr 1999/2000 dort eingerichtet, wo Bedarf besteht. Das Konzept strebt die Vernetzung aller vor- und nachunterrichtlichen Betreuungsangebote an und fordert eine kindgemäße Rhythmisierung des Schulvormittags.

Gemäß § 31 Abs. 1 Satz 3 GrSO besteht ab 7.30 Uhr Aufsichtspflicht. Die Morgenbetreuung wird von der Schule organisiert und erfolgt unentgeltlich. Bei der zeitlichen Dauer der Mittagsbetreuung kann differenziert werden:

1) Mittagsbetreuung
Die reine Mittagsbetreuung wird bei Bedarf und abhängig von regionalen Gegebenheiten eingerichtet. Sie liegt in kommunaler oder freier Trägerschaft und gewährleistet eine verlässliche Betreuung der Kinder bis mindestens 14.00 Uhr. Den Schülerinnen und Schülern soll dabei Gelegenheit geboten werden, sich zu entspannen, allein oder mit anderen zu spielen, kreativ zu sein und soziales Verhalten zu üben. Das Anfertigen von Hausaufgaben ist nicht vorgesehen, wenn geeignete Arbeitsplätze zur Verfügung stehen, aber auf freiwilliger Basis möglich.

2) Verlängerte Mittagsbetreuung

Unter denselben Voraussetzungen wie die Mittagsbetreuung bis mindestens 14.00 Uhr kann auch eine verlängerte Mittagsbetreuung mit Betreuungszeiten bis mindestens 15.30 Uhr bzw. 16.00 Uhr und mit einer verlässlichen Hausaufgabenbetreuung angeboten werden. Eine neue Variante ist die sog. verlängerte Mittagsbetreuung mit erhöhter Förderung. (Gelegenheit zum Mittagessen, pädagogisches Konzept, Lern- und Förderangebot, musisch-kreatives Angebot oder Sport- und Bewegungsangebot).

Die Mittagsbetreuung soll möglichst an allen, mindestens jedoch an vier Schultagen der Unterrichtswoche stattfinden.

Die anfallenden Kosten werden durch staatliche Fördermittel, kommunale Finanzmittel und Elternbeiträge gedeckt („Zeit für dich", Informationsblätter des Bayerischen Staatsministeriums für Unterricht und Kultus).

c) Ganztagsschulen

Ganztagsschulen sind Schulen, bei denen im Primar- oder Sekundarbereich I
- über den vormittäglichen Unterricht hinaus an mindestens vier Tagen in der Woche ein ganztägiges Angebot für die Schülerinnen und Schüler bereitgestellt wird, das täglich mindestens sieben Zeitstunden umfasst;
- an allen Tagen des Ganztagsbetriebs den teilnehmenden Schülerinnen und Schülern ein Mittagessen bereitgestellt wird;
- die nachmittäglichen Angebote unter Aufsicht und Verantwortung der Schulleitung organisiert, in enger Kooperation mit der Schulleitung durchgeführt werden und in einem konzeptionellen Zusammenhang mit dem vormittäglichen Unterricht stehen (Definition laut KMK).

Quelle: ISB, München

Ausgehend von gesellschaftlichen Veränderungen und neuen Aufgaben und Betätigungsfeldern der Schule erfolgen neue Angebote zur ganztägigen Förderung und Betreuung von Schülerinnen und Schülern.

1) Offene Ganztagsschule
Schulen mit Angeboten der ganztägigen Förderung und Betreuung im Anschluss an den Vormittagsunterricht werden als „Offene Ganztagsschule" bezeichnet.

Der Unterricht an Offenen Ganztagsschulen findet wie gewohnt überwiegend am Vormittag im Klassenverband statt. Diejenigen Schülerinnen und Schüler, deren Eltern dies wünschen, besuchen dann nach dem planmäßigen Unterricht die Ganztagsangebote.

Zur familiengerechten Förderung und Betreuung gehören:
- Mittagsverpflegung;
- Hausaufgabenbetreuung;
- unterrichtliche Fördermaßnahmen;
- sportliche, musische und gestalterische Aktivitäten.

Wahlunterricht und Arbeitsgemeinschaften werden selbstverständlich für alle Schülerinnen und Schüler fortgeführt (auch für diejenigen, die nicht am Ganztagsangebot teilnehmen) und in das Gesamtkonzept eingebunden. Art und Ausgestaltung der Angebote hängen von den Bedürfnissen und Möglichkeiten an der jeweiligen Schule ab. Die Schulen und ihre Sachaufwandsträger entwickeln das jeweilige Angebot gemeinsam. Vereine, Verbände und andere Institutionen sollen eingebunden werden. Sie werden entweder eingeladen, sich an der Gestaltung der Tagesangebote an der Schule zu beteiligen, oder die Schülerinnen und Schüler erhalten die Erlaubnis, für den Besuch etwa der Musikschule, des Sportvereins oder für ähnliche Aktivitäten vorübergehend die Schule zu verlassen.

2) Gebundene Ganztagsschule
Wenn der spezifische Förderbedarf von Schülerinnen und Schülern nicht ohne auf den ganzen Tag verteilten Unterricht abgedeckt werden kann, besteht die Möglichkeit der Einrichtung von gebundenen Ganztagsschulen. Schulen, an denen ein Ganztagszug mit häufig rhythmisiertem Unterricht eingerichtet ist, werden als „Gebundene Ganztagsschulen" bezeichnet.

Unter gebundener Ganztagsschule (Ganztagsklasse) wird verstanden, dass
- ein durchgehend strukturierter Aufenthalt in der Schule an mindestens vier Wochentagen von täglich mindestens sieben Zeitstunden für die Schülerinnen und Schüler verpflichtend ist;

- die vormittäglichen und nachmittäglichen Aktivitäten der Schülerinnen und Schüler in einem konzeptionellen Zusammenhang stehen und
- der Unterricht in einer Ganztagsklasse erteilt wird.

Der Pflichtunterricht ist auf Vormittag und Nachmittag verteilt. Über den ganzen Tag hinweg wechseln Unterrichtsstunden mit Übungs- und Studienzeiten und sportlichen, musischen und künstlerisch orientierten Fördermaßnahmen. Es werden auch Freizeitaktivitäten angeboten.
Gebundene Ganztagsschulen unterbreiten zusätzliche unterrichtliche Angebote und Fördermaßnahmen:
- mehr Unterrichtsstunden, z. B. in Deutsch, Mathematik, Englisch (je nach Konzept der Schule);
- Unterrichtsstunden für interkulturelles Lernen bzw. sprachliche Integration;
- mehr Lernzeit für Schülerinnen und Schüler mit hohen Lerndefiziten;
- Hausaufgabenhilfen;
- Projekte zur Gewaltprävention, Freizeitgestaltung, Berufsorientierung.

Laut KM soll die „Gebundene Ganztagshauptschule" Schülerinnen und Schüler fördern, die einen spezifischen unterrichtlichen Förderbedarf aufweisen, der nicht ohne einen auf den Nachmittag ausgedehnten Unterricht abgedeckt werden kann. Vorrangig sollen dabei Schulen in sozialen Brennpunkten, aber auch solche mit einem hohen Anteil an Schülerinnen und Schülern mit Migrationshintergrund berücksichtigt werden. Der Abschlussbericht zur wissenschaftlichen Begleitung des Schulversuchs „Ganztagsklassen im Mittelschulbereich" kommt aufgrund der gewonnenen Versuchsdaten zum Ergebnis, dass bei Schülerinnen und Schülern, welche eine Ganztagsklasse besuchten, eine Verbesserung der Schulleistungen und Erfolge im sozialen und erzieherischen Bereich festzustellen seien.

3) Modellprojekt „Gebundene Ganztagsgrundschulen"
Das Modellprojekt wurde an 40 staatlichen Grundschulen in Bayern durchgeführt. Ausgangspunkt war die Erfahrung, „dass eine möglichst früh einsetzende Förderung der Kinder von besonderer Effektivität ist". Vorrangiges Ziel war es insbesondere, unterstützende Formen der Sprachförderung zu entwickeln (auch für Kinder mit Migrationshintergrund). „Neben der Sprachkompetenz sollen insbesondere auch das Lern- und Arbeitsverhalten, die Sozialkompetenz sowie die Integration von Kindern mit Migrationshintergrund und das interkulturelle Lernen gefördert werden."

Das KM legte den Rahmen zur pädagogischen Umsetzung fest:

„*2. Pädagogische Umsetzung*
2.1 Jede der 40 gebundenen Ganztagsgrundschulen hat individuell auf die Bedürfnisse ihrer Schülerschaft hin ein pädagogisches Ganztagskonzept mit entsprechenden Förderschwerpunkten erarbeitet. Der Pflichtunterricht ist in der Regel auf Vormittag und Nachmittag ver-

teilt, die vormittäglichen und nachmittäglichen Aktivitäten der Schülerinnen und Schüler stehen in einem konzeptionellen Zusammenhang zueinander.
2.2 Die gebundene Ganztagsform bietet einen adäquaten Rahmen für zusätzliche Förderung, Rhythmisierung des Unterrichts, projektorientierte Unterrichtsmethoden. Phasen des Unterrichts wechseln mit Erholungsphasen und Freizeitangeboten, insbesondere aus den Bereichen Sport, Musik, musisch-ästhetische Gestaltung, kulturelle Bildung.
2.3 Ziel ist es, dass der Schulalltag in einem dem Alter entsprechenden Wechsel von Arbeit und Entspannung, von Anleitung und eigenverantwortlichem Tun organisiert wird.

Erwünscht sind dabei ausdrücklich die Öffnung der Schule zu ihrem Umfeld und die Zusammenarbeit mit externen Partnern und Kräften." (KMBek vom 4. August 2008)

Der Abschlussbericht zum Schulversuch „Gebundene Ganztagsgrundschule" kam aufgrund der gewonnenen Versuchsdaten zum Ergebnis, dass bei Kindern mit Migrationshintergrund, die eine Ganztagsklasse besuchten, im Vergleich zur Gruppe von Kindern mit Migrationshintergrund, die eine Regelklasse besuchten, positive Effekte insbesondere in Deutsch festzustellen waren. Vor allem bei Kindern mit einer anderen Muttersprache als Deutsch sei eine Ganztagsbeschulung von der 1. Jahrgangsstufe an ratsam. Die posiven Effekte würden sich beim Übertrittsverfahren an weiterführende Schulen niederschlagen.

4) Hort
Der Hort ist neben der Schule eine weitere, die Familie ergänzende, eigenständige Bildungs- und Erziehungseinrichtung für schulpflichtige Kinder, die außerhalb der täglichen Schulzeit Betreuung benötigen.

Ein Hort kann in kirchlicher oder kommunaler Trägerschaft oder als Angebot der freien Jugendhilfe eingerichtet werden. Gemäß § 22 KJHG (Kinder- und Jugendhilfegesetz) erfüllt der Hort einen pädagogischen Auftrag. Im Hinblick auf die angestrebte Erziehung, Förderung und Betreuung der Hortkinder ist eine enge Zusammenarbeit und Absprache von Eltern, Lehrern und Erziehern notwendig.

Wichtige Aufgaben und Ziele des Horts:
▶ einen Lebensraum schaffen, in dem sich die Kinder angenommen und wohl fühlen;
▶ Selbstständigkeit und soziale Mitverantwortung fördern;
▶ Hinführung zur selbstständigen, selbstverantwortlichen Hausaufgabenbewältigung;
▶ Möglichkeiten offener und gemeinsam gestalteter, angeleiteter, sinnvoller Freizeitbeschäftigungen, wobei die körperliche Bewegung sehr wichtig ist;
▶ Vorbereitung und Gestaltung eines gesunden, gemeinsamen Mittagessens.

Möglichkeiten der Zusammenarbeit:
- gemeinsame Besprechungen der Horterzieher und Lehrer;
- gegenseitige Besuche von Erziehern und Lehrern;
- Nutzung schulischer Einrichtungen;
- Zusammenarbeit beim Lernen und bei der Erledigung der Hausarbeiten;
- gemeinsame Fortbildungsveranstaltungen;
- gemeinsame Unternehmungen und Projekte;
- Zusammenarbeit von Hort, Schule und Elternhaus;
- Kontakte zu weiteren Einrichtungen (z. B. Arbeitsämtern, Betrieben, Jugendämtern, Verbänden, Vereinen etc.).

Verstärkte zusätzliche Möglichkeiten der Zusammenarbeit ergeben sich im Rahmen des Projekts „Hort an der Schule". Aufgrund der räumlichen Nähe bieten sich besondere Kooperationsmöglichkeiten.

5) Schulpastoral
Das Schulpastoral
- versteht sich als Beitrag von Christinnen und Christen zu einem angenehmen und menschlichen Miteinander im Raum der Schule.
- will Menschen in ihrer persönlichen Entwicklung begleiten und solidarisches Handeln in der Schule fördern.
- will dazu beitragen, den Schulalltag lebendig und ganzheitlich zu gestalten.
- sucht das Gespräch über Lebensorientierung und bietet vielfältige Impulse zur religiösen Beheimatung (Fachbereich Schulpastoral, Erzbistum München).

Mit zunehmendem Ausbau der Ganztagsbetreuung erhält das Schulpastoral die Möglichkeit „kontinuierlich stattfindende Angebote zu verorten". Eine Rahmenvereinbarung zwischen dem Bayerischen Staatsministerium für Unterricht und Kultus und den bayerischen Diözesen schafft die Rechtsgrundlage für das kirchliche Engagement im Rahmen der Ganztagsbetreuung.

> **37.3 MÖGLICHE FRAGESTELLUNGEN**
> - Um den gesellschaftlichen Veränderungen Rechnung zu tragen und die Eltern erzieherisch zu unterstützen, bietet die Schule Betreuungsangebote auch außerhalb der Unterrichtszeit an. Erläutern Sie Intention und Organisation wesentlicher Betreuungsangebote!
> - Wie unterscheiden sich offene und gebundene Ganztagsschule?
> - Wer übernimmt die Betreuung und Förderung in offenen und gebundenen Ganztagsschulen?
> - Welche Vorteile ergeben sich für die tägliche unterrichtliche Arbeit?

38 Die Zusammenarbeit von Kindergarten und Grundschule

```
Zusammenarbeit von Kindergarten und Grundschule
 ├── a) Pädagogische Begründung
 ├── b) Rechtliche Grundlage
 ├── c) Realisierungsmöglichkeiten
 └── d) Förderung von Kindern mit nichtdeutscher Muttersprache
```

38.1 Fundstellen

- „Zusammenarbeit zwischen vorschulischen Einrichtungen und Grundschule", Bekanntmachung der Bayerischen Staatsregierung, KWMBl. I, 1998, S. 403 (Die dort getroffenen Aussagen sind unverändert gültig.)
- Wittmann, Helmut: „Partner Kindergarten – Grundschule", Zeitschrift „Schulverwaltung Bayern", Heft 10/1998, S. 323 ff. (www.Fachportal-paedagogik.de)
- Art. 37a und Art. 76 BayEUG i. d. F. v. 24. Juli 2013
- Art. 15 Bayerisches Kinderbildungs- und Betreuungsgesetz (BayKiBiG) vom 1. September 2012
- Kooperationsmodell „Gemeinsam Lernchancen nutzen: Kindergarten und Grundschule arbeiten Hand in Hand"
- Vorkurs-Konzept „Deutsch 240". www.stmas.bayern.de/kinderbetreuung/gaerten/koop.htm
- Leitlinien des Ministerrats vom 26. Mai 2009. (www.stmas.bayern.de/kinderbetreuung/gaerten/koop.htm)
- Fortbildungskampagne „Übergang als Chance" (www.stmas.bayern.de)
- Bayerisches Staatsministerium für Arbeit und Sozialordnung, Familie und Frauen/Staatsinstitut für Frühpädagogik, München: „Der Bayerische Bildungs- und Erziehungsplan für Kinder in Tageseinrichtungen bis zur Einschulung. 5., erweiterte Auflage 2012. (6.1.3 Übergang in die Grundschule, S. 106–116)
- Bayerisches Staatsministerium für Arbeit und Soziales, Familie und Integration, Bayerisches Staatsministerium für Bildung, Wissenschaft und Kunst: „Gemeinsam Verantwortung tragen. Bayerische Leitlinien für die Bildung und Erziehung von Kindern bis zum Ende der Grundschulzeit" München 2014

38.2 Sachinformationen

a) Pädagogische Begründung

Der Übergang vom Kindergarten in die Grundschule ist eine bedeutende Zäsur im Leben des Kindes; oft sprechen wir Erwachsenen fälschlicherweise vom beginnenden „Ernst des Lebens". Diesem entscheidenden Schritt, dieser Schnittstelle gilt zuneh-

mend unsere Aufmerksamkeit. Ein missglückter Übergang in die Grundschule kann die nun beginnende Schullaufbahn des Kindes ernsthaft stören und beeinträchtigen. Helmut Wittmann stellt in seinem angegebenen Aufsatz drei Bereiche vor, in denen sich durch den Übergang Änderungen ergeben:
- im institutionell-personellen Bereich;
- im inhaltlichen Bereich und schließlich
- im didaktisch-methodischen Bereich.

Folgende Skizze (Wittmann, a. a. O., S. 325) verdeutlicht diese Änderungen:

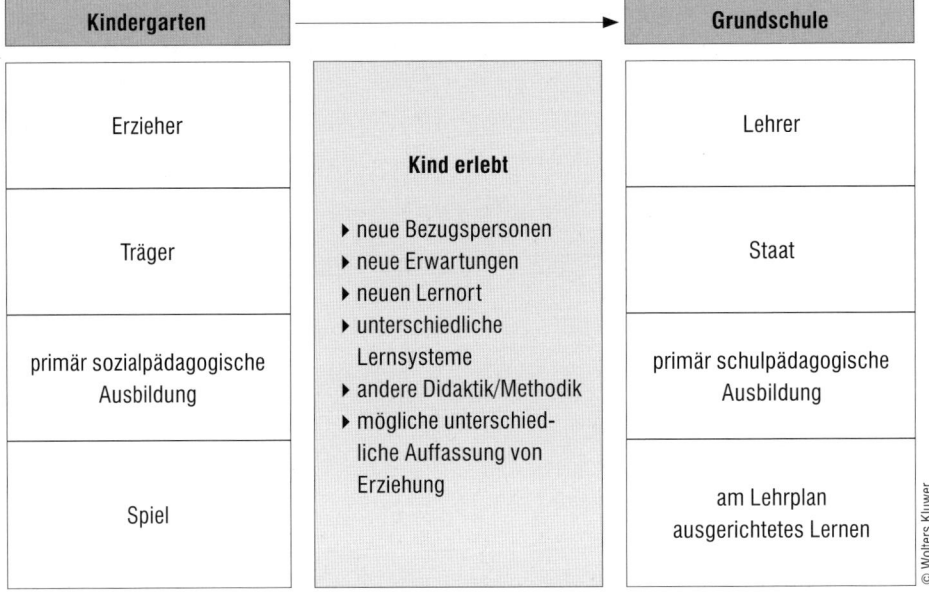

Das Fachreferat für Arbeit und Sozialordnung, Familien und Frauen und Gesundheit und das Staatsinstitut für Frühpädagogik führen dazu aus:

> Der Bildungs- und Erziehungsplan legt verbindlich fest, dass in Kindertageseinrichtungen definierte Lernziele verfolgt, altersgemäße didaktische Methoden und die Entwicklungs- und Lernfortschritte der Kinder sorgfältig dokumentiert werden. So soll das Selbstverständnis der Erzieherin als pädagogische Fachkraft, aber auch ihr Selbstverständnis als Lehrende gestärkt werden. Der Plan lenkt die Aufmerksamkeit insbesondere auf den Lernprozess, auf das Wie des Lernens. Darüber hinaus zielt er vorrangig auf die Vermittlung von Basiskompetenzen und Schlüsselqualifikationen, z. B. auf motivationale Kompetenzen wie Selbstwirksamkeit und Selbstregulation oder auf Kompetenzen, die helfen, mit schwierigen Situationen fertig zu werden. Interkulturelle Arbeit und Sprachförderung, aber auch die musikalische Früherziehung und Bewegungsförderung werden verstärkt. Schließlich soll er stärker bewusst machen, dass in Kindertageseinrichtungen Spielen und Lernen, Handeln und Wissenserwerb zusammengehören.

b) Rechtliche Grundlagen

In den Empfehlungen der Kultusministerkonferenz zur Arbeit in der Grundschule vom Mai 1994 wird ausdrücklich darauf hingewiesen, dass durch

„die gegenseitige Kenntnis der pädagogischen Konzepte ... der problemfreie Übergang vom Elementar- in den Primarbereich gefördert wird. Dabei gilt der Kontinuität in der Erziehung und Bildung die besondere Aufmerksamkeit der abgebenden wie der aufnehmenden Institution."

(Bekanntmachung vom 29. Juni 1998 „Zusammenarbeit zwischen vorschulischen Einrichtungen und Grundschule", KWMBl. I, 1998, S. 403)

Das „Bayerische Kinderbildungs- und -betreuungsgesetz" führt dazu in Art. 15 Abs. 2 aus:

„Art. 15 Abs. 2 BayKiBiG

(2) Kindertageseinrichtungen mit Kindern ab Vollendung des dritten Lebensjahres haben im Rahmen ihres eigenständigen Bildungs- und Erziehungsauftrags mit der Grund- und Förderschule zusammenzuarbeiten. Sie haben die Aufgabe, Kinder, deren Einschulung ansteht, auf diesen Übergang vorzubereiten und hierbei zu begleiten. Die pädagogischen Fachkräfte in den Kindertageseinrichtungen und die Lehrkräfte an den Schulen sollen sich regelmäßig über ihre pädagogische Arbeit informieren und die pädagogischen Konzepte aufeinander abstimmen."

Das BayEUG verlangt in Art. 7 Abs. 1:

„Art. 7 Abs. 1 BayEUG

Die Grundschule schafft durch die Vermittlung einer grundlegenden Bildung die Voraussetzungen für jede weitere schulische Bildung. Sie gibt in Jahren der kindlichen Entwicklung Hilfen für die persönliche Entfaltung. Um den Kindern den Übergang zu erleichtern, arbeitet die Grundschule mit den Kindertageseinrichtungen zusammen."

Der Lehrplan PLUS greift im Abschnitt „Bildungs- und Erziehungsauftrag der Grundschule" den Kooperationsgedanken auf und stellt in Ziff. 5 „Übergänge gestalten" fest:

5 Übergänge gestalten

Die Einschulung stellt den ersten Übergang in der Schullaufbahn eines Kindes dar. Der kompetenzorientierte Unterricht in der Grundschule knüpft an die Kenntnisse und Fähigkeiten an, die die Kinder beim Schuleintritt mitbringen, baut Stärken aus und ermöglicht den Ausgleich von Schwächen. Von besonderer Bedeutung ist die Kooperation mit Kindertageseinrichtungen. Mit Einwilligung der Eltern arbeiten die Lehrpersonen mit externen Experten und Pädagogen aus früher besuchten Institutionen zusammen, um die Bedürfnisse einzelner Kindern frühzeitig zu erkennen und darauf einzugehen.

Auch während der Grundschulzeit erleben Kinder Übergänge, z. B. bei einem Lehrer-, Klassen oder Schulwechsel. Die neue Lehrperson informiert sich über die Veränderung und deren Bedeutung für das Kind und macht passende pädagogische und unterrichtliche Angebote.

Am Ende der Grundschulzeit steht die Entscheidung hinsichtlich des Übertritts in eine weiterführende Schule. Die Grundschule bietet für diese Übergangssituationen rechtzeitig vielfältige Informations- und Gesprächsmöglichkeiten an. In engem, vertrauensvollem Kontakt mit den Eltern und den Schülerinnen und Schülern thematisieren die Lehrpersonen den anstehenden Übergang in die weiterführenden Schulen. Sie greifen konkrete Fragestellungen und Äußerungen der Kinder auf, kooperieren mit den aufnehmenden Schularten und gestalten so gemeinsam mit den Erziehungsberechtigten diese Phase der Grundschulzeit gezielt als eine Lernchance, die die Kindern für den anstehenden Wechsel und weitere Übergänge in ihrer Schullaufbahn stärkt.

c) Realisierungsmöglichkeiten

Folgende Möglichkeiten einer nutzbringenden Zusammenarbeit werden genannt:

„Vertreter der vorschulischen Einrichtungen und der Grundschule entscheiden gemeinsam über Formen ihrer Zusammenarbeit, wählen Kooperationsformen aus, die dem jeweiligen Erziehungs- und Bildungsauftrag und den örtlichen Gegebenheiten entsprechen, und stimmen sich über organisatorische Maßnahmen sowie über didaktisch-methodische Vorgehensweisen ab.

Da die Erzieher aufgrund einer langfristigen und ganzheitlichen Beobachtung den Entwicklungsstand eines Kindes kennen, sind sie bei Fragen der Schulfähigkeit bzw. eines individuellen Förderbedarfs im Sinne einer Entscheidungshilfe zu hören, sofern die Personensorgeberechtigten zustimmen."

(Bekanntmachung vom 29. Juni 1998: „Zusammenarbeit zwischen vorschulischen Einrichtungen und Grundschule", KWMBl. I, 1998, S. 403)

Mögliche Maßnahmen:
- **Gemeinsame Konferenz:** Vertreter der Schule (Schulleitung, Lehrer) und benachbarter vorschulischer Einrichtungen (Träger, Erzieher) treffen sich in regelmäßigen Abständen, um ihre Zusammenarbeit in grundlegenden Fragen abzustimmen.
- **Gegenseitige Besuche von Erziehern und Lehrern:** Das Verständnis für die Arbeitsweise der „pädagogischen Partnerinstitution" wird durch gegenseitige Besuche und Hospitation von Erziehern und Lehrern gefördert.
- **Besuche der Kindergartenkinder in der Grundschule:** Sehr bewährt haben sich Schulbesuche der zur Schulaufnahme anstehenden Kinder, um ihnen erste positive Eindrücke von Schule zu ermöglichen.
- **Gemeinsame Projektarbeit:** Zum gegenseitigen besseren Kennenlernen können in Schule und Kindergarten interessante Themen gemeinsam bearbeitet werden.

Weitere mögliche Formen der Zusammenarbeit sind:
- Benennung einer Kontakterzieherin/Kontaktlehrerin;
- Mitwirkung des Kindergartens bei der Schulanmeldung, auch Einschulungselternabend;

- Lehrer kommt mit Schulkindern in den Kindergarten;
- der Kindergarten lädt ehemalige Kindergartenkinder in den Kindergarten ein;
- zukünftige Lehrer stellen sich auf einem Elternabend des Kindergartens vor;
- Eltern werden durch gemeinsame schriftliche Informationen über den Schulanfang unterrichtet;
- Schule und Kindergarten laden zu einem Elternabend aller Schulanfänger ein;
- Kindergartenkinder nehmen in kleinen Gruppen an Unterrichtsausschnitten teil;
- Informationsaustausch über Lieder und Spiele;
- Beratung über die Schulfähigkeit einzelner Kinder unter Beteiligung der Eltern;
- Informationsabend der Schule für die Eltern der zukünftigen ersten Klassen;
- gemeinsamer Schulhaus-Entdeckungsnachmittag.

d) Besondere Hilfen für Schulanfänger nichtdeutscher Muttersprache

Die Beherrschung der deutschen Sprache ist für den Schulerfolg eine der ganz wesentlichen Voraussetzungen. Deshalb hat der Bayerische Landtag den neuen Artikel 37a in das BayEUG aufgenommen:

> „Art. 37a BayEUG (Kinder mit nichtdeutscher Muttersprache)
>
> (1) Kinder mit nichtdeutscher Muttersprache, bei denen nicht mindestens eine Erziehungsberechtigte oder ein Erziehungsberechtigter deutschsprachiger Herkunft ist, nehmen im ersten Halbjahr des Kalenderjahres, das dem Jahr des Eintritts der Vollzeitschulpflicht vorangeht, an einer Sprachstandserhebung in Kindertageseinrichtungen teil. Besucht das Kind keine Kindertageseinrichtung, führt die Sprachstandserhebung die Grundschule durch, in der die Schulpflicht voraussichtlich zu erfüllen ist.
>
> (2) Kinder, die nach dem Ergebnis der Sprachstandserhebung nicht über hinreichende Deutschkenntnisse verfügen, die für eine erfolgreiche Teilnahme am Unterricht der Grundschule notwendig sind, sollen einen Vorkurs zur Förderung der deutschen Sprachkenntnisse besuchen.
>
> (3) Die zuständige Grundschule kann ein Kind, das weder einen Kindergarten bzw. ein Haus für Kinder noch einen Vorkurs nach Abs. 2 besucht hat und bei dem im Rahmen der Schulanmeldung festgestellt wird, dass es nicht über die notwendigen Deutschkenntnisse verfügt, von der Aufnahme zurückstellen und das Kind verpflichten, im nächsten Schuljahr eine Kindertageseinrichtung bzw. ein Haus für Kinder mit integriertem Vorkurs zu besuchen."

In enger Zusammenarbeit von Kindergarten und Grundschule wird hier versucht, sprachliche Defizite bis zur Einschulung und in den folgenden zwei Schuljahren zu beheben.

Nachstehende Tabelle zeigt den zeitlichen Ablauf und im Art. 76 BayEUG auch die sich hieraus ergebenden Pflichten für die Erziehungsberechtigten (gültig ab Schuljahr 2008/2009):

XI Zusammenarbeit von Schule, Erziehungsberechtigten und außerschulischen Institutionen

Zeitpunkt	Vorletztes Jahr vor der Einschulung	
	1. Halbjahr	2. Halbjahr
Diagnose	Sprachstandsdiagnose „SISMIK"	
Ausmaß der Förderung in Vorkursen		2 Wochenstunden KiTa
gesamt	0 Wochenstunden	2 Wochenstunden

Umsetzung des Ministerratsbeschlusses vom 12. Juli 2005: „Sprachförderung für Kinder mit Migrationshintergrund" und KMBek vom 3. März 2009 (Deutschfördermaßnahmen für Schülerinnen und Schüler mit nichtdeutscher Muttersprache, 1. Vorkurse)					
Herbst/Winter x – 2	Frühjahr x – 1	Ab Sept. x – 1	März/April x	September x	
▸ KiGa stellt bei Kindern mit Migrationshintergrund einen evtl. Sprachförderbedarf fest	▸ KiGa und Grundschule planen einen Vorkurs ▸ Richtwert: acht Kinder pro Kurs	▸ Vorkurs im Umfang von 240 Stunden; ▸ * 120 Std. integriert in die KiGa-Arbeit ▸ * 120 Std. durch Lehrkraft der Grundschule	▸ Schuleinschreibung mit Feststellung der * Schulfähigkeit und der * Sprachkenntnisse (vgl. dazu Art. 37 Abs. 2 BayEUG)	▸ Einschulung bzw. Zurückstellung wegen mangelnder Sprachfähigkeit: Verpflichtung zum Besuch eines Vorkurses! ▸ Bei Einschulung ggf. Besuch der Sprachlerngruppe an der Grundschule (1 bis 2 Jahre)	
SISMIK durchführen (Sprachstandsdiagnostik)					
Erläuterung der Tabelle: „x" bezeichnet das Jahr der Einschulung nach Art. 37 BayEUG, „x – 1" bzw. „x – 2" die vorausgehenden Kindergartenjahre. In der Grundschule kann sich dann 1 bis 2 Jahre der Besuch der Sprachlerngruppe (früher „Sprachlernklasse") anschließen.					

> **„Art. 76 BayEUG (Pflichten der Erziehungsberechtigten)**
> (1) Die Erziehungsberechtigten sind verpflichtet, auf die gewissenhafte Erfüllung der schulischen Pflichten einschließlich der Verpflichtung nach Art. 56 Abs. 4 Satz 4 und der von der Schule gestellten Anforderungen durch die Schülerinnen und Schüler zu achten und die Erziehungsarbeit der Schule zu unterstützen. Die Erziehungsberechtigten müssen insbesondere dafür sorgen, dass minderjährige Schulpflichtige am Unterricht regelmäßig teilnehmen und die sonstigen verbindlichen Schulveranstaltungen besuchen. Nach Maßgabe des Art. 37a sind die Erziehungsberechtigten ferner verpflichtet dafür zu sorgen, dass ein Kind an der Sprachstandserhebung teilnimmt und regelmäßig eine Kindertageseinrichtung mit einem integrierten Vorkurs besucht.

38.3 MÖGLICHE FRAGESTELLUNGEN

- Begründen Sie die Notwendigkeit einer Zusammenarbeit zwischen Kindergarten und Grundschule und zeigen Sie Realisierungsmöglichkeiten auf!
- Kinder mit nichtdeutscher Muttersprache und sprachlichen Defiziten benötigen die intensive Hilfe durch Kindergarten und Grundschule. Stellen Sie diese Maßnahmen dar!

38.4 PRÜFUNGSTIPPS

Vergessen Sie bei Ihrer Darstellung nicht die Eltern bzw. Erziehungsberechtigten, um deren Kinder es schließlich geht. In diese Kooperation zwischen Kindergarten, Grundschule und Eltern können bei Bedarf noch andere Kooperationspartner einbezogen werden, z. B.

- Frühförderstellen,
- Fachdienste aller Art (auch aus sonderpädagogischen Einrichtungen),
- Ärzte und niedergelassene Therapeuten,
- Erziehungsberatungsstellen,
- Jugendamt,
- Beratungsdienst für Ausländer und Aussiedler,
- Gesundheitsamt,
- Schulpsychologe usw.

39 Schulberatung

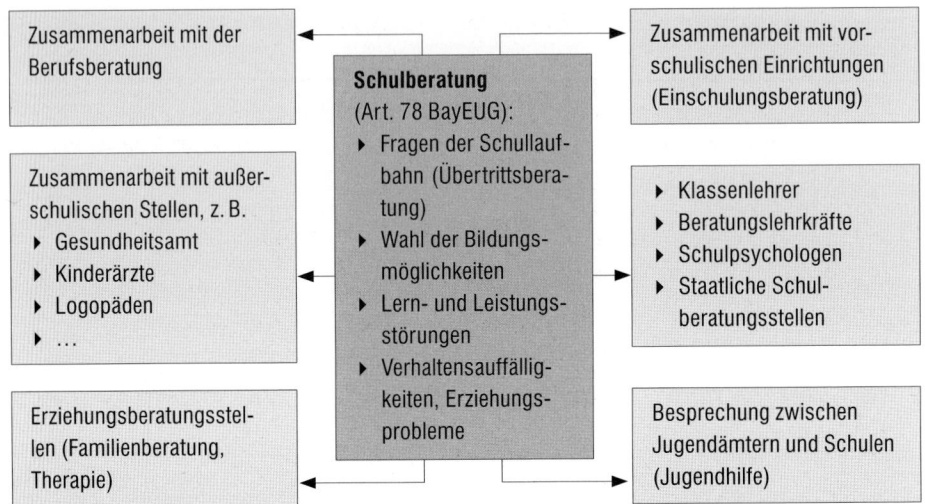

39.1 Fundstellen

- Art. 21, 75, 78 BayEUG i. d. F. v. 24. Juli 2013; § 6 Abs. 3 LDO i. d. F. v. 31. Januar 2008
- „Zusammenarbeit zwischen Schulen und Erziehungsberatungsstellen in Bayern", Gemeinsame Bekanntmachung der Bayerischen Staatsministerien für Unterricht und Kultus und für Arbeit und Sozialordnung vom 18. Juli 1989
- „Richtlinien über die Koordination der Zusammenarbeit und über regelmäßige gemeinsame Besprechungen zwischen Jugendämtern und Schulen", Gem. Bek. vom 13. August 1996
- „Hinweise zur Zusammenarbeit von Hauptschule und Berufsberatung", Bekanntmachung des Bayerischen Staatsministeriums für Unterricht und Kultus vom 1. September 1998
- Lott/Pirner/Unger: „Schulleiter-ABC Bayern", Buch- und Fachverlage GmbH & Co. KG, Kulmbach
- „Schulberatung in Bayern", Bekanntmachung des Bayerischen Staatsministeriums für Unterricht und Kultus vom 29. Oktober 2001 (Staatsanzeiger Nr. 47)
- „Rahmenvereinbarung über Richtlinien für die Zusammenarbeit von Schule und Berufsberatung in Bayern", KMBek vom 18. Juli 2006
- Informationen im Internet: www.schulberatung.bayern.de; www.sprungbrett-bayern.de; www.bildunginbayern.de.
- Staatsinstitut für Schulqualität und Bildungsforschung München/ISB: Schulberatung in Bayern. Informationen für Beratungsfachkräfte. Ausgabe 2013.

39.2 Sachinformationen

Als Teil der schulischen Erziehungsaufgabe hat jede Schule und jede Lehrkraft gem. Art. 78 Abs. 1 BayEUG „die Erziehungsberechtigten und die Schülerinnen und Schüler in Fragen der Schullaufbahn zu beraten und ihnen bei der Wahl der Bildungsmöglichkeiten entsprechend den Anlagen und Fähigkeiten des Einzelnen zu helfen".

Im Rahmen der wöchentlichen Elternsprechstunde berät insbesondere der Klassenleiter die Erziehungsberechtigten in schulischen Fragen (z.B. bezüglich des Arbeits- und Sozialverhaltens) und sorgt im Einvernehmen mit der Schulleitung bei Leistungsabfall und anderen für den Schüler bedeutsamen Vorgängen für eine frühzeitige schriftliche Unterrichtung der Erziehungsberechtigten (vgl. § 6 Abs. 3 LDO).

Zur Unterstützung der Schulen bei der Schulberatung werden Beratungslehrkräfte und Schulpsychologen bestellt, die wöchentliche Sprechstunden haben bzw. nach Vereinbarung zur Verfügung stehen. Koordinative und über den Bereich einer Schule hinausgehende Aufgaben werden von staatlichen Schulberatungsstellen wahrgenommen.

Entsprechende Verordnungen regeln die Zusammenarbeit mit der Berufsberatung und anderen Beratungsdiensten (vgl. Art. 78 Abs. 2 u. 3 BayEUG).

a) Beratungsweg
1. Klassenleiter
2. a) Beratungslehrer vor Ort, ggf. auch für mehrere Schulen zuständig oder
   b) Schulpsychologe, in der Regel für mehrere Schulen zuständig oder
   c) Mobile Sonderpädagogische Dienste (Art. 21 BayEUG)
3. Beratungsrektor/Beratungsrektorin am Staatlichen Schulamt, als Koordinator/Koordinatorin für den Einsatz der Beratungslehrer/-innen und Schulpsychologinnen/Schulpsychologen verantwortlich, ebenfalls in der Beratung und Fortbildung tätig
4. Überregionale Schulberatung
5. Außerschulische Beratung

b) Beratungsaufgaben

„Die Beratungslehrkraft berät die Schüler und Erziehungsberechtigten der Schüler ihrer Schule in Fragen der Schullaufbahn, aber auch bei Lehr- und Leistungsschwierigkeiten und Verhaltensauffälligkeiten." (KMBek vom 27. Oktober 1997)

Schulpsychologinnen/Schulpsychologen oder Beratungslehrer (mit Studium) (siehe Fußnote 1 auf S. 275) geben Hilfestellung bei erzieherischen Problemfällen, denen mit den pädagogischen Möglichkeiten der Schule nicht hinreichend begegnet werden kann und bieten individualpsychologische Beratung und Betreuung von lern- und/oder verhaltensgestörten Kindern auf der Grundlage umfassender Diagnoseverfahren an (siehe Schulleiter-ABC).

„Staatliche Schulberater" sind auf Bezirksebene tätig. Im Bereich der Schulberatung sind sie für alle Schulen zuständig. Auf der Ebene der Staatlichen Schulämter arbeiten sie mit Beratungsrektoren, -lehrern und Schulpsychologen zusammen.

Aufgabenbereich:
- die fachliche Betreuung der im Bereich der Schulberatung eingesetzten Lehrkräfte;
- die Einbeziehung in schwierigen Fragen der Schullaufbahnwahl;
- die Information der Öffentlichkeit sowie der Behörden und Schulen in Fragen der Schullaufbahnwahl (vgl. KMBek vom 27. Oktober 1997).

KULTUSMINISTERIUM

Regierungen
Bereich Schulen
Sachgebiet:
Förderschulen
Sachgebiet:
Berufl. Schulwesen (BS, BFS, WS)
Sachgebiet:
Grund- und Mittelschulen

Staatliche Schulämter:
- Schulpsychologe am Schulamt
- Beratungslehrkraft am Schulamt

Ministerialbeauftragter
für Realschulen
Mitarbeiter

Ministerialbeauftragter
für Fachober- und Berufsoberschulen
Mitarbeiter

Ministerialbeauftragter
für die Gymnasien
Mitarbeiter

9 eigenständige Staatliche Schulberatungsstellen in den Regierungsbezirken (3 Stellen in Obb.)
(schulartübergreifend, der jeweiligen MB-Dienststelle des Gymnasiums zugeordnet)

Mitarbeiter:
- Leiter der Schulberatungsstelle
- Zentrale Beratungslehrkräfte für GS u. MS, GY, RS, FÖS, berufl. Schulen
- Staatliche Schulpsychologen für GS u. MS, GY, RS, FÖS, berufl. Schulen

Aufgaben:
- übernehmen die fachliche Beratung
- unterstützen die Regierung, Schulämter und Ministerialbeauftragten
- führen Fortbildungen für die Beratungsfachkräfte durch

Förderschulen (FÖS):
Beratungslehrkraft
Schulpsychologe

Berufliche Schulen (BS, BFS, WS):
Beratungslehrkraft
Schulpsychologe

Grund-und Mittelschulen (GS u. MS):
Beratungslehrkraft
Schulpsychologe

Realschulen (RS):
Beratungslehrkraft
Schulpsychologe

Berufliche Schulen (FOS/BOS):
Beratungslehrkraft
Schulpsychologe

Gymnasien (GY):
Beratungslehrkraft
Schulpsychologe

© ISB: „Beratungslehrkräfte in Bayern"

c) Regelmäßige gemeinsame Besprechungen zwischen Jugendämtern und Schulen
Inhalt der Aussprache sind u. a.

„Grundfragen der gemeinsamen Verantwortung für die Erziehung und Bildung junger Menschen, insbesondere aktuelle pädagogische Probleme und das Anliegen der wertorientierten Erziehung im Sinne der Wertorientierung des Grundgesetzes und der Verfassung (z. B. Medien-, Umwelt-, Gesundheits-, Sexual-, Sozial- und interkulturelle Erziehung, Gewalt-, Jugenddelinquenz-, Sucht- und Aids-Prävention)."

(Gemeinsame Bekanntmachung der Bayerischen Staatsministerien für Unterricht und Kultus, 18. Juni 1989, vgl. Richtlinien über die Koordination der Zusammenarbeit)

d) Zusammenarbeit zwischen vorschulischen Einrichtungen und Grundschule
Die Erziehungs- und Bildungsarbeit von Kindergarten und Schule schließt ein enges Zusammenwirken mit den Familien ein.
Erzieher und Lehrer sollen u. a.
- die Erziehungsberechtigten gemeinsam informieren und beraten, z. B. auf Elternabenden;
- die Erziehungsberechtigten in Einzelgesprächen beraten. (Vgl. Gemeinsame Bekanntmachung des Bayerischen Staatsministeriums für Unterricht und Kultus und des Bayerischen Staatsministeriums für Arbeit und Sozialordnung)

e) Zusammenarbeit von Mittelschule und Berufsberatung
Bei der Berufswahlvorbereitung der Schüler leisten Schule und Berufsberatung unterschiedliche, aufeinander aufbauende und sich wechselseitig ergänzende Beiträge (ab der 7. Jahrgangsstufe), z. B. regelmäßige Sprechstunden der Berufsberatung an der Schule, Schulbesprechungen in den einzelnen Klassen, Elternveranstaltungen, berufskundliche und berufsorientierende Vortragsveranstaltungen, Seminare, berufskundliche und berufswahlvorbereitende Schriften.

In der Bekanntmachung des Bayerischen Staatsministeriums für Unterricht und Kultus werden personale und mediale Angebote der Berufsberatung für Berufswahlvorbereitung[1] vorgestellt, welche den Intentionen der Jugendlichen entsprechen und an die Themenbereiche des Lehrplans für Arbeitslehre anknüpfen.

In der 9. Klasse liegt der Schwerpunkt berufsberaterischer Tätigkeit (im Rahmen der Sprechstunden) z. B. darin
- Hinweise zu den Einstellungs-, Bewerbungs- und Vorstellungsbedingungen einzelner Betriebe zu geben und
- Informationen über berufsvorbereitende Maßnahmen zu geben (vgl. KMBek vom 1. September 1998).

---

[1] Schulpsychologen verfügen über ein Studium der Psychologie mit schulpsychologischem Schwerpunkt. Ausgebildete Beratungslehrer absolvieren ein Erweiterungsstudium für die Qualifikation als Beratungslehrkraft. Beratungsrektoren leiten die Schulberatungsstelle beim staatlichen Schulamt. Sie sind voll ausgebildete Grund- oder Mittelschullehrer mit einem Erweiterungsstudium in Psychologie mit schulpsychologischem Schwerpunkt.

XI Zusammenarbeit von Schule, Erziehungsberechtigten und außerschulischen Institutionen

f) Zusammenarbeit zwischen Schulen und Erziehungsberatungsstellen in Bayern
Gemeinsames Ziel ist, „die Erziehung der Kinder und Jugendlichen unter Berücksichtigung des elterlichen Erziehungsrechts zu fördern und ihnen zu helfen, sich ihren Fähigkeiten und Begabungen entsprechend zu entwickeln".

> „Der Jugendhilfe kommt die spezifische Aufgabe zu, Eltern, Kindern und Jugendlichen Hilfestellung zu geben, wenn Schwierigkeiten oder Störungen im Entwicklungsprozess oder aktuelle Konflikte auftreten, die von den Betroffenen allein nicht mehr bewältigt werden können. Für diesen Fall bieten die Erziehungs-, Jugend- und Familienberatungsstellen psychodiagnostische Klärung, Beratung und therapeutische Hilfen an."
> (Gemeinsame Bekanntmachung der Bayerischen Staatsministerien für Unterricht und Kultus, 18. Juni 1989)

Die Zusammenarbeit setzt Einverständnis aller Beteiligten voraus, die persönlichen Angelegenheiten der Schüler und Erziehungsberechtigten unterliegen der Verschwiegenheitspflicht, die in § 203 Abs. 1 Nr. 2 StGB (Strafgesetzbuch) verankert ist.

Im Einzelfall werden Klassenlehrer, Beratungslehrer oder Schulpsychologen die Eltern auf die therapeutische Hilfe einer Erziehungsberatungsstelle hinweisen und auf Wunsch die erforderlichen Kontakte vermitteln, wobei aber stets die Eigeninitiative der Ratsuchenden im Auge zu behalten ist. Ausführliche Hinweise zu allgemeinen Formen der Zusammenarbeit (z. B. Informationsveranstaltungen, allgemeine Beratungsgespräche im Rahmen von Elternsprechtagen an der Schule, Anwesenheit bei Elternveranstaltungen, offene Gesprächskreise etc.) und zu der Zusammenarbeit im Einzelfall (z. B. Einholung von Gutachten, Vermeidung von Doppeltestungen etc.) sind in der gemeinsamen Bekanntmachung der Ministerien abgedruckt.

39.3 MÖGLICHE FRAGESTELLUNGEN
▶ Nennen Sie wichtige schulische und außerschulische Beratungseinrichtungen und zeigen Sie mögliche Formen der Zusammenarbeit auf!

XII Sonstige schulische Veranstaltungen

40 Organisation sonstiger schulischer Veranstaltungen

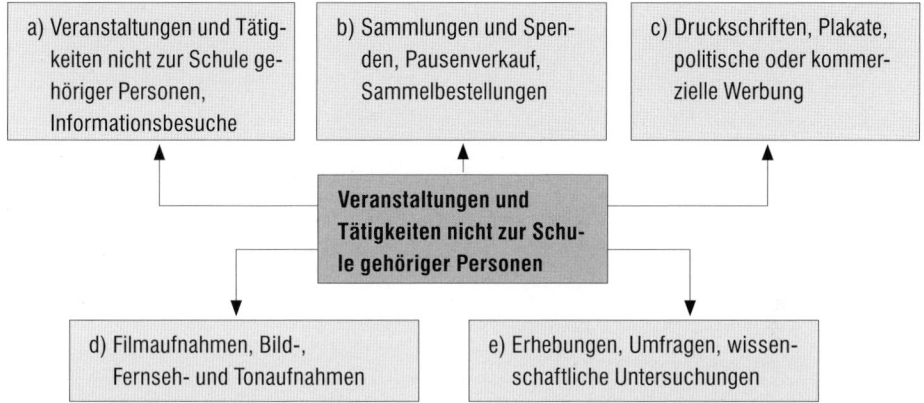

40.1 Fundstellen
- Art. 84 und 85 BayEUG i. d. F. v. 24. Juli 2013
- §§ 18 bis 20 GrSO i. d. F. v. 4. März 2013
- §§ 25 bis 27 MSO i. d. F. v. 4. März 2013
- Zahlreiche Veröffentlichungen von Otto Wenger in der Zeitschrift „Pädagogische Welt" (bes. Nr. 10/85 und 9/95)
- § 16 LDO i. d. F. v. 31. Januar 2008

40.2 Sachinformationen
a) Veranstaltungen nicht zur Schule gehöriger Personen, Informationsbesuche
Die Schule kann und darf sich schulfremden Personen nicht völlig verschließen. Häufig sind solche Leute willkommene und kompetente Partner im Unterricht (z. B. Polizeibeamte in der Verkehrserziehung, Ärzte im Biologieunterricht, Berufsberater, etc). Wenn diese Personen den lehrplanmäßigen Unterricht bereichern, sollte mit Zustimmung des Schulleiters diese Gelegenheit genutzt werden. In pädagogischer Verantwortung muss der Lehrer entscheiden, ob er während dieser Zeit im Klassenzimmer anwesend ist oder nicht.

Auf die Einladung von politischen Mandatsträgern im Rahmen des Sozialkundeunterrichts sollte in der „heißen Phase" des Wahlkampfes verzichtet werden. Informationsbesuche nicht zur Schule gehöriger Personen im Unterricht sind nicht zulässig; über Ausnahmen entscheidet der Schulleiter. Das vorgeschriebene Praktikum von Lehramtsstudenten ist dagegen rechtlich abgesichert und zulässig.

Richtiggehende Veranstaltungen (Musiker aus anderen Ländern, Glasbläser, Theater, Zirkus, Filmvorführungen usw.) sind nur mit Genehmigung des Schulleiters zulässig. Er entscheidet auch, ob es sich um eine verbindliche oder freiwillige Veranstaltung handelt. Wenn die Veranstaltung unterrichtliche oder erziehliche Bedeutung hat und in finanziell tragbarem Rahmen ist, wird einer Zustimmung meistens nichts im Wege stehen. Anders ist die Situation bei Veranstaltungen von mehr unterhaltender Art. Bei der Vorführung von Filmen oder Vorträgen mit audiovisuellen Medien sind zusätzlich die Zulassungsbestimmungen zu beachten; Werbung darf hierbei nicht erfolgen.

b) Sammlungen und Spenden; Pausenverkauf, Sammelbestellungen
Nach § 19 Abs. 1 GrSO und § 26 Abs. 1 MSO sind Sammlungen für außerschulische Zwecke und die Aufforderung an Schüler, sich an solchen zu beteiligen, unzulässig. Insbesondere darf dafür keine Unterrichtszeit verwendet werden. Allerdings genehmigt das Ministerium die außerunterrichtliche Teilnahme von Schülern für bestimmte Sammlungen, z. B. für

- das Deutsche Jugendherbergswerk,
- das Schullandheimwerk,
- das Müttergenesungswerk,
- die Kriegsgräberfürsorge.

Hierbei sind aber bestimmte Auflagen zu beachten, z. B. ein Mindestalter der Sammler oder ein vorgegebener Zeitraum für die Sammlung. Diese Angaben gelten jedoch nicht für freiwillige klasseninterne Sammlungen, z. B. für ein Geschenk für einen erkrankten Mitschüler o. Ä. Die §§ 19 Abs. 3 GrSO und 26 Abs. 3 MSO regeln auch das „Sponsoring" von Schulen durch Dritte (Betriebe, Banken usw.).

Sammelbestellungen sind nur zulässig, wenn besondere schulische Verhältnisse dies erfordern. Denkbar wäre, dass eine Fachlehrerin ein ganz bestimmtes Garn oder der Werklehrer Holzleisten für den Unterricht besorgen. Das Vorhandensein von gleichem Material für alle Schüler ist sicherlich ein „schulischer Grund". Für eine Sammelbestellung, z. B. von Schreibheften oder Bleistiften, wird das aber normalerweise nicht zutreffen.

Sammelbestellungen von Kinder- oder Jugendzeitschriften sind vom Kultusministerium nur für wenige pädagogisch wertvolle Verlagsprodukte erlaubt (z. B. „Floh", „Tierfreund" usw.). Eine Sammelbestellung einer Klassenlektüre ist zulässig.

Für den Pausenverkauf gilt, dass der Verkauf von einfachen Speisen und alkoholfreien Getränken erlaubt ist. Ein Landtagsbeschluss aus dem Jahr 1990 hält die Schulen zur Verwendung von Mehrwegflaschen an; außerdem existiert aus dem Jahre 1986 noch eine „Schulmilchverordnung". Die Einzelheiten des Pausenverkaufs regelt der Schulleiter zusammen mit dem Schulforum (MS) oder dem Elternbeirat (GS). Dies gilt sinngemäß auch für den Automatenverkauf.

Wenn das Pausenangebot über „einfache Speisen" weit hinausgeht, die Preise zu hoch erscheinen oder hauptsächlich zuckerhaltige Getränke angeboten werden, kann sich für Schulleitung, Lehrerkonferenz oder Eltern ein Handlungsbedarf ergeben.

c) Druckschriften und Plakate

Der Art. 84 des BayEUG zeigt Grenzen für kommerzielle und politische Werbung:

> **„Artikel 84 BayEUG (Kommerzielle und politische Werbung)**
> (1) Der Vertrieb von Gegenständen aller Art, Ankündigungen und Werbung hierzu, das Sammeln von Bestellungen sowie der Abschluss sonstiger Geschäfte sind in der Schule untersagt. Ausnahmen im schulischen Interesse insbesondere für Sammelbestellungen regelt die Schulordnung.
> (2) Politische Werbung im Rahmen von Schulveranstaltungen oder auf dem Schulgelände ist nicht zulässig.
> (3) Schüler dürfen Abzeichen, Anstecknadeln, Plaketten, Aufkleber und ähnliche Zeichen tragen, wenn dadurch nicht der Schulfriede, der geordnete Schulbetrieb, die Erfüllung des Bildungs- und Erziehungsauftrags, das Recht der persönlichen Ehre oder die Erziehung zur Toleranz gefährdet wird. Im Zweifelsfall entscheidet hierüber der Schulleiter. Der Betroffene kann die Behandlung im Schulforum verlangen."

Für den Lehrer gilt § 16 der LDO, der lautet: „Parteipolitische Betätigung in Wort und Schrift ist im schulischen Bereich unzulässig. Parteipolitische Abzeichen dürfen im Dienst nicht getragen werden." Hier sei Art. 62 Abs. 2 BayBG erwähnt, der vom Beamten im Rahmen der politischen Treuepflicht verlangt, sich innerhalb und außerhalb des Dienstes für die freiheitlich-demokratische Grundordnung einzusetzen.

Die Schulordnungen führen schließlich noch aus, dass die Verteilung von Druckschriften u. Ä. an Schüler in der Schule nur unter strengen Voraussetzungen und mit der Genehmigung des Schulleiters möglich ist. Gleiches gilt für den Aushang von Plakaten. Beachten Sie auch, dass das Anbringen von Plakaten im Lehrerzimmer (z. B. Hinweis auf Veranstaltungen der Lehrerverbände) nur mit Genehmigung des Schulleiters zulässig ist.

d) Bild-, Film-, Fernseh- und Tonaufnahmen

Medien sind an schulischen Ereignissen interessiert und möchten darüber berichten. Um den Unterrichtsbetrieb nicht zu stark zu stören und besonders um die Persönlichkeitsrechte von Schülern und Lehrern nicht zu verletzen, gibt es für solche Aufnahmen Einschränkungen. Otto Wenger nennt folgende Voraussetzungen, die erfüllt werden müssen:

- *„Bei Bild-, Film- und Fernsehaufnahmen in der Schulanlage muss das schriftliche Einverständnis des Aufwandsträgers vorliegen.*
- *Für die Mitwirkung der Schüler ist zusätzlich das schriftliche Einverständnis der Erziehungsberechtigten einzuholen.*
- *Die Beteiligung der Lehrer und Schüler ist freiwillig.*

> *Die Aufnahmen sind in Anwesenheit des Lehrers durchzuführen und nach Möglichkeit auf die unterrichtsfreie Zeit zu verlegen.*
> *Die Aufnahmen dürfen keine Interessen der beteiligten Schüler, Erziehungsberechtigten und Lehrer verletzen."* (Wenger, O.: „Pädagogische Welt", PW 9/95, S. 429)

Etwas erleichterte Voraussetzungen gelten aber für die obligatorischen Klassenbilder oder Aufnahmen bei Schulfesten, Sportfesten u. Ä. Hier genügt die Zustimmung der Schulleitung. Beachten Sie bitte in diesem Zusammenhang auch den § 14 der LDO. In Abs. 2 heißt es: „Auskünfte an Presse, Rundfunk und Fernsehen erteilt nur der Schulleiter oder die von ihm beauftragte Lehrkraft."

e) Erhebungen

Die Schule benötigt zur Erfüllung ihrer Aufgaben bestimmte Daten der Schüler und ihrer Erziehungsberechtigten (z. B. personenbezogene Daten, Adressen usw.). Artikel 85 BayEUG erlaubt der Schule die Erhebung dieser Daten und verpflichtet gleichzeitig die Betroffenen zur Angabe. Die Daten unterliegen (wie auch die Lehrerdaten) dem Datenschutz und dürfen an außerschulische Stellen nicht weitergegeben werden, es sei denn, es wird ein rechtlicher Anspruch auf Herausgabe nachgewiesen (z. B. durch Jugendamt, Polizei, Staatsanwaltschaft, Gericht o. Ä.).

Das BayEUG regelt auch, welche Daten von Schülern und Lehrern in schulischen Jahresberichten enthalten sein dürfen (Art. 85 Abs. 3 BayEUG). Die Weitergabe von bestimmten Daten an die Träger des Schulsparens ist zulässig (KMS von 1978 über die „Pflege des Spargedankens an Schulen").

Die Schulen haben technische und organisatorische Maßnahmen dafür zu treffen, dass die vorhandenen Daten vor missbräuchlicher Benutzung (Weitergabe) und Verlust geschützt sind. Otto Wenger schildert Beispiele, wie Firmen an Schülerdaten zu kommen versuchen, und führt dazu aus:

> *„Vielerlei außerschulische Stellen veranstalten (Mal-)Wettbewerbe für Schüler, die an sich einen guten Zweck verfolgen (z. B. Verkehrserziehung, Umweltschutz usw.). Durch die Angabe von Name und Anschrift der beteiligten Schüler gehen mit Hilfe der Schule personenbezogene Daten an Kreditinstitute, Verbände, Vereine und dgl. Hin und wieder werden diese Angaben später für gezielte Werbeschreiben verwendet. Wie lässt sich dies nach Möglichkeit vermeiden?*
> *Es kann nicht Aufgabe der Schule sein, an der Adressenbeschaffung für Werbeaktionen kommerzieller Unternehmen mitzuwirken. Sofern sich die Schulen aus überwiegenden pädagogischen Gründen entscheiden, an Wettbewerben nichtstaatlicher Stellen, die auch im Übrigen genehmigungsfähig sind, mitzuwirken, kann dies darüber hinaus nur unter folgender Voraussetzung geschehen:*
> *Der Veranstalter gibt eine Erklärung des Inhalts ab, dass die aus dem Wettbewerb gewonnenen personenbezogenen Daten nicht zu Werbezwecken verwendet werden, sondern ausschließlich dazu dienen, die Sieger zu benachrichtigen oder etwaige Gewinne zu verteilen. Er muss außerdem zusichern, dass die Daten nur für die Dauer des Wettbewerbs gespeichert und anschließend*

gelöscht werden. Es ist sicherzustellen, dass eine Beteiligung von Schulen an Wettbewerben in allen Fällen unterbleibt, wo eine solche Erklärung nicht abgegeben wird."

(Wenger, O.: „Pädagogische Welt", PW 9/95, S. 430)

Ein weiterer wichtiger Aspekt des Datenschutzes ist die Durchführung von wissenschaftlichen Untersuchungen, Umfragen usw. an Schulen. Laut § 20 GrSO und § 27 MSO sind solche Arbeiten nur unter folgenden Voraussetzungen zulässig:
- ein erhebliches pädagogisch-wissenschaftliches Interesse wird bejaht;
- die zuständige Regierung oder das zuständige staatliche Schulamt stimmt zu;
- die Ergebnisse werden ausreichend anonymisiert.

In der Genehmigung wird festgelegt, ob Schüler und Lehrer freiwillig oder pflichtgemäß teilnehmen und ob die Untersuchung innerhalb oder außerhalb der Unterrichtszeit stattfindet.

Vorstehende Bestimmungen gelten u. a. nicht bei Erhebungen der Schulaufsichtsbehörden und des Statistischen Landesamtes.

40.3 MÖGLICHE FRAGESTELLUNGEN
- Unter welchen Voraussetzungen können Sie in Ihrer Klasse Sammelbestellungen durchführen?
- Was haben Sie bei der Erhebung von Daten Ihrer Schüler und deren Erziehungsberechtigten zu beachten?
- Welche Einschränkungen gilt es zu beachten, wenn in Ihrer Klasse Bild-, Film-, Fernseh- oder Tonaufnahmen gemacht werden sollen?

40.4 PRÜFUNGSTIPPS
Das ganze Kapitel befasst sich mit Maßnahmen, die letztlich dem Schutz des Schülers vor Gefahren und Beeinträchtigungen dienen, hat also ein pädagogisches Grundanliegen. Kommen Sie in Ihrer Antwort immer darauf zu sprechen, warum und wie die einschlägigen Bestimmungen dem Schüler dienen und ihn vor Schäden schützen. Vielleicht können Sie gelegentlich eigene Erfahrungen einbringen!

XIII Vorkehrungen zum Schutz des Schülers vor Gefahren und Beeinträchtigungen

41 Beaufsichtigung der Schüler

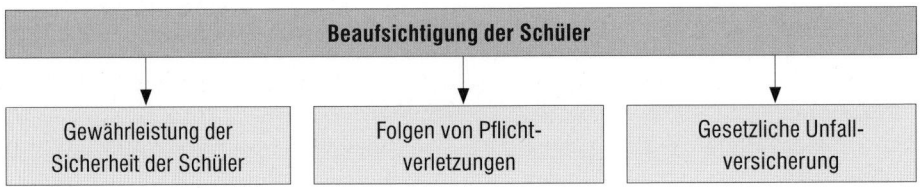

41.1 Fundstellen

- § 31 GrSO; § 40 MSO; Art. 57 BayEUG
- § 5 LDO (Aufsichtspflicht) i. d. F. v. 31. Januar 2008
- Schulordnung für die Grundschulen in Bayern (GrSO), Ausgabe mit kurzen Kommentaren und Erläuterungen von Georg Hahn/Ulrike Fahrendorf. 1. Auflage, 2013. Verlag J. Maiss, München
- Schulordnung für die Mittelschulen in Bayern (MSO), Ausgabe mit kurzen Kommentaren und Erläuterungen von Georg Hahn. 1. Auflage 2013, Verlag J. Maiss, München
- „Sicherheit in der Schule und gesetzliche Schülerunfallversicherung", Bekanntmachung des Bayerischen Staatsministeriums für Unterricht und Kultus vom 11. Dezember 2002 (KWMBl I Nr. 1/2003, S. 4 ff.)
- Durchführungshinweise zu Schülerfahrten. KMBek vom 9. Juli 2010
- Grundsätze der Aufsichtspflicht und Aufsichtsführung. www.dozenten.alp.dillingen.de/aufsichtspflicht (Stand Februar 2013)
- Bundesministerium für Arbeit und Soziales: Zu Ihrer Sicherheit. Unfallversichert in der Schule. Stand 2014 (Bestellnr. A 402).

41.2 Sachinformationen

a) Aufsichtspflicht der Schule

Die Gewährleistung der Sicherheit der Schüler in der Schule ergibt sich aus der Fürsorgepflicht des Staates für die seiner Obhut anvertrauten Schüler. Um Schüler und Dritte vor Schäden zu bewahren und um Schadensverursachung durch Schüler zu verhindern, muss grundsätzlich eine ununterbrochene Beaufsichtigung sichergestellt sein, die vom Schulleiter insgesamt zu organisieren ist. Jedoch führt die unmittelbare Aufsicht der jeweils anwesende Lehrer. Die Aufsichtspflicht der Schule, eine der wichtigsten Amtspflichten des Schulleiters, muss flexibel und den besonderen Verhältnissen der jeweiligen Klasse angepasst sein und richtet sich nach der charakterlichen und geistigen Reife der Schüler, dem Erziehungsstand der jeweiligen Klasse und den räumlichen Verhältnissen.

Die Beaufsichtigung soll Gefahren nach Möglichkeit gar nicht aufkommen lassen, doch muss auch der Erziehung zur Selbstständigkeit und Eigenverantwortung Raum gegeben werden. Deshalb soll die Aufsicht umsichtig, kontinuierlich, vorausschauend, aktiv und präventiv sein. Dazu gehört auch, in Unterricht und Schulleben bei geeigneten Anlässen sicherheitsbewusstes Verhalten zu vermitteln. Bedeutsam ist auch die Vorbildwirkung der Lehrkräfte.

In Streitfällen vor Gericht wird im Nachhinein überprüft, ob die Möglichkeit einer Gefahr zu erkennen war, welche Verhaltensregeln festgelegt wurden, ob deren Einhaltung kontrolliert wurde und ob deren Nichteinhaltung konsequente Maßnahmen zur Folge hatte.

Aufsichtspflicht der Schule	
wann?	wo?
▸ angemessene Zeit vor Beginn des Unterrichts oder einer Schulveranstaltung: 15 Minuten (durch Lehrer und Fachlehrer) ▸ angemessene Zeit nach Beendigung des Unterrichs oder einer Schulveranstaltung: Zeit bis zum Weggang aus der Schulanlage (durch Lehrer und Fachlehrer) ▸ Zeit bis zur Übernahme der Aufsichtspflicht durch die Gemeinde oder den Schulverband (z. B. Mittagspause) ▸ bei Bedarf ab 7.30 Uhr im Sinne einer kind- und familiengerechten Halbtagsgrundschule	▸ Teilnahme am Unterricht und sonstigen Veranstaltungen innerhalb oder außerhalb der Schulanlage ▸ an freiwilligen Arbeitsgemeinschaften ▸ Veranstaltungen im Rahmen der Schülermitverantwortung, Vorbereitung schulischer Veranstaltungen, Arbeit am Schulgarten, genehmigte Übung am Computer ▸ Freistunden und Unterrichtspausen ▸ Betriebspraktika ▸ Wanderungen, Fahrten, Reisen, Besichtigungen, Theaterbesuche, die zu Schulveranstaltungen erklärt worden sind
Für besondere Fälle treffen der Schulleiter oder die Lehrerkonferenz eine Regelung.	

Im Schulbus und während der Wartezeiten in der Schulanlage außerhalb des stundenplanmäßigen Unterrichts haben die Gemeinde oder der Schulverband die Aufsichtspflicht. Als Wartezeiten gelten die Zeit zwischen der Ankunft des Schulbusses und dem Beginn der Aufsichtspflicht der Schule (15 Minuten vor Unterrichtsbeginn). Die Aufsichtspflicht des Schulverbandes während der Mittagspause (60 bis 90 Minuten) besteht darin, dass die Fahrschüler entweder mit dem Schulbus zum Mittagessen nach Hause fahren (= Beförderungspflicht) oder stattdessen vom Aufwandsträger zu beaufsichtigen sind (= Beaufsichtigungspflicht).

Laut § 5 Abs. 1 LDO ist der Lehrer verpflichtet, bei der Wahrnehmung der Aufsichtspflicht außerhalb seines Unterrichts mitzuwirken. Eine Einteilung der Lehrer zur Wahrnehmung der Aufsichtspflicht bei Unterrichtspausen, zum Stundenwechsel und für Wartezeiten erfolgt durch den Schulleiter. Dem Schulleiter obliegt auch die Beratung und Belehrung der Lehrkräfte, da er die Gesamtverantwortung hat (vgl. Art. 57 Abs. 2 BayEUG). Die Organisation der Aufsicht legt die Schulleitung schriftlich fest (§ 4 Abs. 1 GrSO; § 4 Abs. 1 MSO).
Ändert sich durch eine Schulveranstaltung wesentlich die reguläre Unterrichtszeit, so sind die Erziehungsberechtigten rechtzeitig zu unterrichten (Elternbrief). Beginnt oder endet eine schulische Veranstaltung außerhalb der Schule, so beginnt oder endet dort die Aufsichtspflicht des Lehrers. Aus der Fürsorgepflicht für die Schüler ergibt sich auch die Notwendigkeit, dass Ort und Zeit schulischer Veranstaltungen außerhalb des Unterrichts, an denen minderjährige Schüler teilnehmen, so gelegt werden, dass unübliche Gefahren auf dem Schulweg möglichst ausgeschlossen sind. Abendliche Veranstaltungen dürfen für minderjährige Schüler nicht verbindlich sein.

b) Aufgaben des Schulleiters
- Bei Krankheit und Verhinderung eines Lehrers trifft der Schulleiter die „notwendigen und möglichen Maßnahmen" (§ 5 Abs. 1 LDO).
- Der Schulleiter hat die Überwachungspflicht und die Gesamtverantwortung für Organisation und Durchführung der Aufsicht. Er trifft Einzelanweisungen und legt schriftliche Regelungen über die Organisation der Aufsicht fest.

c) Grundsätzliche Anforderungen an Lehrer und Schulleiter
Das Wesen der Aufsicht besteht darin, die anvertrauten Schüler vor Schaden zu bewahren und Dritte vor Schaden durch Schüler zu schützen. Was im Einzelnen zu tun oder zu unterlassen ist, muss der Lehrer jeweils nach vernünftiger Überlegung aufgrund der allgemeinen Lebenserfahrung, seiner besonderen Erfahrung als Erzieher und der allgemeinen Lage entscheiden, wobei Anzahl, Alter, Disziplin und Reife der Schüler, die örtlichen Verhältnisse, die Einschätzung der eigenen Eingriffsmöglichkeiten, aber auch unvorhergesehene und unvorhersehbare Ereignisse eine Rolle spielen können.

1) Staatshaftung bei Amtspflichtverletzungen d. h.
Rechtsschutz für Schüler und Erziehungsberechtigte (§ 839 BGB i. V. m. Art. 34 GG).

2) Zivilrechtliche Folgen von Pflichtverletzungen
Unter Haftung versteht man nach dem Bürgerlichen Gesetzbuch (BGB) die Pflicht, für einen Schaden einstehen zu müssen. Bei der Verschuldenshaftung können die geschädigten Personen (z. B. Schüler) nur dann Schadensersatz fordern, wenn eine Amtspflichtverletzung eines Lehrers – also ein Verschulden – vorliegt.

3) Verschuldensformen
Bei der Haftung für ein eigenes Verschulden müssen dem Schuldner Vorsatz und Fahrlässigkeit nachgewiesen werden. Fahrlässig handelt, wer die erforderliche Sorgfalt außer Acht lässt. Grob fahrlässig handelt derjenige, der den Schaden dadurch herbeiführt, dass er die verkehrsübliche Sorgfalt in besonders schwerem Maße verletzt hat, wenn er selbst einfachste, ganz naheliegende und jedermann einleuchtende Überlegungen nicht angestellt hat:
- Einfache Fahrlässigkeit: „Das kann vorkommen!"
- Grobe Fahrlässigkeit: „Das darf nicht vorkommen!"

4) Amtshaftung
Verletzt jemand in Ausübung eines ihm anvertrauten öffentlichen Amtes (Unterrichts- und Erziehertätigkeit) die ihm einem Dritten gegenüber obliegende Amtspflicht, so trifft die Verantwortlichkeit grundsätzlich den Staat. Bei Vorsatz und grober Fahrlässigkeit ist der Rückgriff gegen den Beamten zulässig. Durch Schulbedienstete Geschädigte stellen ihre Schadenersatzansprüche grundsätzlich gegenüber dem Freistaat Bayern.

5) Disziplinarrechtliche Folgen von Amtspflichtverletzungen
Der Beamte begeht ein Dienstvergehen, wenn er schuldhaft die ihm obliegenden Pflichten verletzt. Nach dem Bayerischen Disziplinargesetz drohen dem Beamten (außer einer Missbilligung) folgende disziplinarrechtliche Maßnahmen: Verweis, Geldbuße, Gehaltskürzung, Versetzung in ein Amt derselben Laufbahn mit geringerem Endgrundgehalt, Entfernung aus dem Dienst mit dem Verlust aller Beamtenrechte, Kürzung oder Aberkennung des Ruhegehaltes (Art. 6 BayDG).

6) Strafrechtliche Folgen für Beamte
Wenn z. B. ein Schüler durch grobe Vernachlässigung der Aufsichts- und Sorgfaltspflicht oder durch eine rechtswidrige körperliche Züchtigung (schwer) verletzt wird oder zu Tode kommt, muss sich der Lehrer strafrechtlich verantworten, hier z. B. wegen Körperverletzung bzw. wegen fahrlässiger Tötung.

Unfallverhütung und Sicherheitserziehung sind wichtige pädagogische Aufgaben der Schule, die vom Schulleiter an seiner Schule initiiert und kontrolliert werden. Auch der Sicherheitsbeauftragte für den inneren Schulbetrieb trägt durch konkrete Vorschläge zur Verbesserung der Unfallverhütung bei. Doch auch jeder Lehrer muss in seinem Unterricht Fragen der Unfallverhütung behandeln.

Durch das Gesetz über Unfallversicherung vom 18. März 1971 sind alle Schüler bei der Teilnahme am Unterricht und an den übrigen schulischen Veranstaltungen in die gesetzliche Unfallversicherung aufgenommen. Die gesetzliche Unfallversicherung tritt ein bei Körperverletzung, leistet aber keinen Ersatz für Sachschäden. Nach Eintritt eines Schulunfalles gewährt der Bayerische Gemeindeunfallversicherungsverband (GUV) folgende Leistungen: Heilbehandlung, Verletztenrente, Berufshilfe, Sterbegeld.

XIII Vorkehrungen zum Schutz des Schülers vor Gefahren und Beeinträchtigungen

Jeder Schulunfall, der den Besuch des Arztes nötig macht, ist vom Schulleiter binnen drei Tagen dem GUV zu melden.

Eine bei einer Rauferei im Pausenhof zugefügte Verletzung eines Schülers durch einen Mitschüler ist in der Regel als „schulbezogen" anzusehen. Sie fällt deshalb unter den gesetzlichen Unfallversicherungsschutz mit der Haftungsfreistellung des Schülers gegenüber dem verletzten Schüler.

d) Aufgaben des Schulleiters zur Unfallverhütung und Sicherheitserziehung

- Lehrer und Schüler über Sicherheitsbestimmungen unterrichten;
- Bestellung eines Sicherheitsbeauftragten für den inneren Betrieb (Lehrer) und Zusammenwirken mit ihm;
- die für einen sicheren Ablauf des Unterrichtsbetriebes erforderlichen besonderen Anweisungen geben;
- die Einhaltung von Sicherheitsbestimmungen und Anweisungen überwachen;
- die Lehrer dazu anhalten, in den Unterricht die Erziehung der Schüler zu sicherheitsbewusstem Denken und Handeln miteinzubeziehen;
- dem Aufwandsträger Mängel an Schulanlage oder Einrichtung unverzüglich anzeigen;
- Zusammenwirken mit Eltern- und Schülervertretern und insbesondere mit dem Schulforum bei der Durchführung der Unfallverhütung.

41.3 MÖGLICHE FRAGESTELLUNGEN

- Bei der Beaufsichtigung der Schüler muss die Erziehung zur Selbstständigkeit angemessen berücksichtigt werden. Zeigen Sie auf, wie Sie den Forderungen nach Beaufsichtigung Ihrer Schüler nachkommen!
- Dem Schulleiter kommen bei der Unfallverhütung, der Sicherheitserziehung und der Schülerunfallversicherung besondere Aufgaben zu. Nennen Sie diese!

41.4 PRÜFUNGSTIPPS

Sicherlich haben Sie in einer Lehrerkonferenz erlebt, wie Maßnahmen der Aufsichtsführung an Ihrer Schule besprochen wurden. Außerdem sind Sie ja selbst tagtäglich mit dem Problem der Aufsicht konfrontiert und können auf praktische Erfahrungen zurückgreifen. Suchen Sie das Gespräch mit dem Sicherheitsbeauftragten an Ihrer Schule!

Sicherlich sind an Ihrer Schule Unfälle (im Sportunterricht) passiert. Lassen Sie sich von Ihrem Schulleiter ein Formular des GUV geben und studieren Sie es genau!

42 Gesetze zum Schutz der Jugend

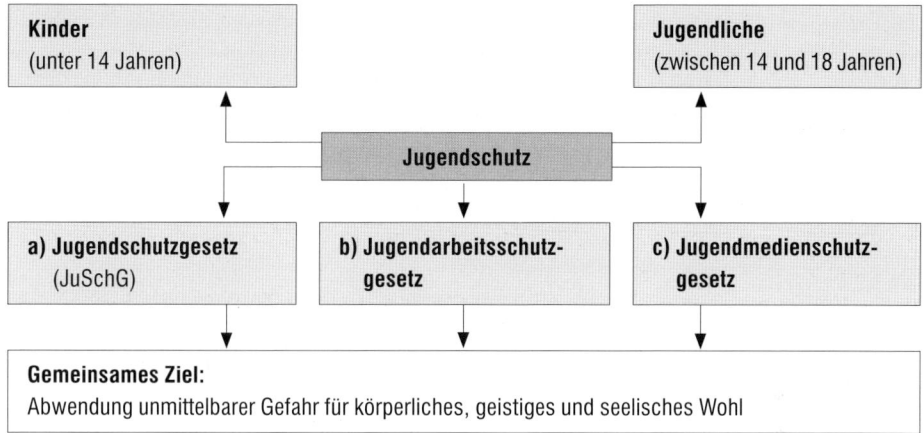

42.1 Fundstellen

- Jugendschutzgesetz i. d. F. v. 7. August 2013
- Jugendarbeitsschutzgesetz (JArbSchG), Stand 01. Mai 2014
- „Mitwirkung der Schulen beim Jugendarbeitsschutzgesetz (JArbSchG)", KMBek vom 23. Januar 2007
- Art. 31 Abs. 1 und Art. 80 BayEUG i. d. F. v. 24. Juli 2013
- Verordnung zur Schulgesundheitspflege (Schulgesundheitspflegeverordnung – SchulgespflV) vom 20. Dezember 2008
- „Jugendmedienschutz", KMS vom 16. Januar 2006
- „Nutzung des Internets an Schulen", Rechtliche Hinweise, KMS vom 16. Januar 1996
- „Jugendarbeitsschutzgesetz", Informationsheft des Bayerischen Staatsministeriums für Umwelt, Gesundheit und Verbraucherschutz (24. Februar 1997)
- Bundesministerium für Familie, Senioren, Frauen und Jugend: Jugendschutzgesetz und Jugendmedienschutz-Staatsvertrag der Länder. 5. Auflage, Juli 2011
- Verordnung über den Kinderarbeitsschutz (Kinderarbeitsschutzverordnung-KindArbSchV) vom 23. Juni 1998
- Rechtliche Hinweise zur Nutzung des Internets an Schulen. www.km.bayern.de (ausführliche Handreichung)
- Medienbildung in der Schule. Beschluss der Kultusministerkonferenz vom 8. März 2012
- Internetinformationen: Zentrum Bayern, Familie und Soziales. Bayerisches Landesjugendamt: http://www.blja.bayern.de/themen/jugendschutz/jugendmedienschutz (z. B. Jugendmedienschutz-Internet, Jugendschutz und Handynutzung)

42.2 Sachinformationen
a) Die Bestimmungen des Jugendschutzgesetzes (JuSchG) in der Fassung vom 07. 08. 2013

"Mit dem neuen Jugendschutzgesetz des Bundes (vom 23. Juli 2002, Anm. des Verf.) wurde das Gesetz zum Schutz der Jugend in der Öffentlichkeit und das Gesetz über die Verbreitung jugendgefährdender Schriften und Medieninhalte zu einem einheitlichen Gesetz zusammengeführt. Zeitgleich trat der Jugendmedienschutz-Staatsvertrag der Länder in Kraft, der eine einheitliche Rechtsgrundlage für den Jugendschutz in den elektronischen Medien (Internet, Fernsehen, Rundfunk) schafft. Durch Verzahnungsregelungen in beiden Gesetzen ist sichergestellt, dass Bundes- und Ländereinrichtungen nach einheitlichen Schutzstandards entscheiden."

(Pressemitteilung des Bundesministeriums für Familie, Senioren, Frauen u. Jugend vom 31. März 2003)

1) Begriffsbestimmungen zum Jugendschutz
Das Gesetz beschreibt in § 1 die Altersgrenzen für „Kind" und „Jugendlicher" im Sinne des Jugendschutzes und geht dann auf die Begriffe „Personensorgeberechtigung" und „Erziehungsbeauftragung" ein.

§ 1 Abs. 1 JuSchG ist nachfolgend abgedruckt:

„§ 1 JuSchG (Begriffsbestimmungen)
(1) Im Sinne dieses Gesetzes
   1. sind Kinder Personen, die noch nicht 14 Jahre alt sind,
   2. sind Jugendliche Personen, die 14, aber noch nicht 18 Jahre alt sind,
   3. ist personensorgeberechtigte Person, wem allein oder gemeinsam mit einer anderen Person nach den Vorschriften des Bürgerlichen Gesetzbuchs die Personensorge zusteht,
   4. ist erziehungsbeauftragte Person jede Person über 18 Jahren, soweit sie auf Dauer oder zeitweise aufgrund einer Vereinbarung mit der personensorgeberechtigten Person Erziehungsaufgaben wahrnimmt oder soweit sie ein Kind oder eine jugendliche Person im Rahmen der Ausbildung oder der Jugendhilfe betreut."

Die Absätze 2 und 3 definieren „Trägermedien" und „Telemedien" und führen dazu aus:

> „§ 1 Abs. 2 und 3 JuSchG
> (2) Trägermedien im Sinne dieses Gesetzes sind Medien mit Texten, Bildern oder Tönen auf gegenständlichen Trägern, die zur Weitergabe geeignet, zur unmittelbaren Wahrnehmung bestimmt oder in einem Vorführ- oder Spielgerät eingebaut sind. Dem gegenständlichen Verbreiten, Überlassen, Anbieten oder Zugänglichmachen von Trägermedien steht das elektronische Verbreiten, Überlassen, Anbieten oder Zugänglichmachen gleich, soweit es sich nicht um Rundfunk im Sinne des § 2 des Rundfunkstaatsvertrages handelt.
> (3) Telemedien im Sinne dieses Gesetzes sind Medien, die nach dem Telemediengesetz übermittelt oder zugänglich gemacht werden. Als Übermitteln oder Zugänglichmachen im Sinne von Satz 1 gilt das Bereithalten eigener oder fremder Inhalte."

2) Bestimmungen zum Jugendschutz in der Öffentlichkeit
Das Jugendschutzgesetz regelt den Jugendschutz in Räumen, die öffentlich zugänglich sind.

Im Einzelnen werden folgende Bereiche angesprochen:
- Aufenthalt in Gaststätten, Restaurants, Bars, Nachtclubs usw.;
- Anwesenheit von Kindern und Jugendlichen bei öffentlichen Tanzveranstaltungen;
- Aufenthalt in Spielhallen und Teilnahme an Glücksspielen;
- Aufenthalt bei jugendgefährdenden Veranstaltungen, in Betrieben und an entsprechenden Orten;
- Abgabe von alkoholischen Getränken (Unterscheidung in zwei Gruppen von Getränken) und Automatenverkauf;
- Rauchen in der Öffentlichkeit und Verkauf von Tabakwaren;
- Anwesenheit von Kindern und Jugendlichen bei öffentlichen Filmveranstaltungen;
- Zugriff auf Bildträger mit Filmen oder Spielen;
- Benutzung von Glücksspielautomaten und Bildschirmgeräten;
- Regelungen für jugendgefährdende Träger- und Telemedien.

Genauere Informationen bekommen Sie jederzeit von den Jugendämtern, die den Landratsämtern angegliedert sind. Dort sind auch Broschüren u. Ä. erhältlich.

3) Bundesprüfstelle für jugendgefährdende Medien
Mit dem Inkrafttreten des neuen Jugendschutzgesetzes am 1. April 2003 trat das „Gesetz über die Verbreitung jugendgefährdender Schriften und Medieninhalte" außer Kraft. Die „Bundesprüfstelle für jugendgefährdende Medien" entscheidet nun über die Aufnahme in eine Liste von jugendgefährdenden Medien; § 18 Abs. 1 führt dazu aus:

> **„§ 18 JuSchG (Liste jugendgefährdender Medien)**
> (1) Träger- und Telemedien, die geeignet sind, die Entwicklung von Kindern und Jugendlichen oder ihre Erziehung zu einer eigenverantwortlichen und gemeinschaftsfähigen Persönlichkeit zu gefährden, sind von der Bundesprüfstelle für jugendgefährdende Medien in eine Liste jugendgefährdender Medien aufzunehmen. Dazu zählen vor allem unsittliche, verrohend wirkende, zu Gewalttätigkeit, Verbrechen oder Rassenhass anreizende Medien sowie Medien, in denen
> 1. Gewalthandlungen wie Mord- und Metzelszenen selbstzweckhaft und detailliert dargestellt werden oder
> 2. Selbstjustiz als einzig bewährtes Mittel zur Durchsetzung der vermeintlichen Gerechtigkeit nahe gelegt wird."

Für in die Liste aufgenommene jugendgefährdende Medien gelten Verbreitungseinschränkungen bis hin zum absoluten Verbreitungsverbot. Abschließend führt das Gesetz die für Zuwiderhandlungen geltenden Strafvorschriften bzw. Bußgeldvorschriften bei Ordnungswidrigkeiten auf.

b) Das Jugendarbeitsschutzgesetz
1) Ziele und Intentionen des Jugendarbeitsschutzgesetzes

> *„Übermäßige Belastung durch die Berufsarbeit kann gerade bei jungen Menschen zu gesundheitlichen Schäden sowie zur Beeinträchtigung der körperlichen und geistigen Entwicklung führen. Jugendliche treffen nicht selten Arbeitsbedingungen an, die sich in erster Linie am Leistungsvermögen Erwachsener ausrichten; sie verfügen noch nicht über die Leistungsfähigkeit und die Erfahrung Erwachsener. Hinzu kommen die zusätzlichen Belastungen durch die schulische und berufliche Ausbildung. Dem Schutz der jugendlichen Beschäftigten muss daher im Rahmen des Gesundheitsschutzes am Arbeitsplatz ein hoher Stellenwert eingeräumt werden. Es gilt, Jugendliche am Beginn ihres Berufs- und Arbeitslebens vor Überbeanspruchung und vor den Gefahren am Arbeitsplatz in besonderem Maße zu schützen. Diesem Ziel dient das Jugendarbeitsschutzgesetz."*
> (ZBFS, Bayerisches Landesjugendamt. www.blja.bayern.de/themen/jugendschutz/arbeit/)

In der Bekanntmachung des Kultusministeriums zur Mitwirkung der Schulen beim Vollzug des Jugendarbeitsschutzgesetzes ist verpflichtend festgelegt, dass Schülerinnen und Schüler zwischen dem 15. – 18. Lebensjahr auf die Gefahren der Ferienarbeit hinzuweisen sind (Arbeitsunfälle, Erholungswert der Ferien etc.).

2) Wichtige Regelungsbereiche des JArbSchG
- Beschäftigung von Kindern (Verbot der Kinderarbeit und mögliche Ausnahmen vom Beschäftigungsverbot);
- Regelungen zur täglichen und wöchentlichen Arbeitszeit, Schichtzeit und Verpflichtung zur 5-Tage-Woche;
- Bestimmungen zu Ruhepausen, Freizeit und Urlaub;
- Freistellung von der Beschäftigung im Betrieb zum Besuch der Berufsschule, Prüfungen usw.;
- Nachtruhe, Sonn- und Feiertagsarbeitsverbot und Ausnahmen;
- Beschäftigungsverbote und Beschäftigungsbeschränkungen;
- gesundheitliche Betreuung jugendlicher Arbeitnehmer (Untersuchungen);
- Festschreibung von Pflichten des Arbeitgebers;
- Aufsicht durch die Gewerbeaufsichtsämter.

Die Gewerbeaufsichtsämter
- sind berechtigt, die Arbeitsstätten Jugendlicher zu besichtigen;
- sind berechtigt, befristete Ausnahmen zu bewilligen;
- ahnden Verstöße gegen die gesetzlichen Vorschriften;
- haben schwerwiegende Verstöße der Industrie- und Handelskammer oder der Handwerkskammer zu melden etc.

c) Jugendmedienschutz
Laut Beschluss der KMK vom 8. März 2012 „Medienbildung in den Schulen" versteht sich schulische Medienbildung „als dauerhafter, pädagogisch strukturierter und begleitender Prozess der konstruktiven und kritischen Auseinandersetzung mit der Medienwelt. Sie zielt auf den Erwerb und die fortlaufende Erweiterung von Medienkompetenz, also jener Kenntnisse, Fähigkeiten und Fertigkeiten, die ein sachgerechtes, selbstbestimmtes, kreatives und sozial verantwortliches Handeln in der medial geprägten Lebenswelt ermöglichen. Sie umfasst auch die Fähigkeit, sich verantwortungsbewusst in der virtuellen Welt zu bewegen, die Wechselwirkung zwischen virtueller und materieller Welt zu begreifen und neben den Chancen auch Risiken und Gefahren von digitalen Prozessen zu erkennen."

Gemäß § 1 JMstV (Jugendmedienschutz-Staatsvertrag der Länder) ist Zweck des Staatsvertrages „der einheitliche Schutz der Kinder und Jugendlichen vor Angeboten in elektronischen Informations- und Kommunikationsmedien, die deren Entwicklung oder Erziehung beeinträchtigen oder gefährden, sowie der Schutz vor solchen Angeboten in elektronischen Informations- und Kommunikationsmedien, die die Menschenwürde oder sonstige durch das Strafgesetzbuch geschützte Rechtsgüter verletzen."

An gemeinnützigen Einrichtungen der Kinder- und Jugendhilfe sowie an Schulen sind die Vorschriften des Jugendschutzgesetzes und des Jugendmedienschutz-Staatsvertrages zu beachten.

XIII Vorkehrungen zum Schutz des Schülers vor Gefahren und Beeinträchtigungen

So sollen Kinder und Jugendliche bei der Nutzung von Computern, durch Software oder Internet „nur Zugang zu solchen Inhalten bekommen, die ihre Entwicklung und Erziehung zu eigenverantwortlichen gemeinschaftsfähigen Persönlichkeiten nicht beeinträchtigen oder gefährden" (KMS vom 16. Januar 2006).

Bei der Einrichtung oder Nutzung von Computerräumen mit oder ohne Internetzugang sind die (teilweise modifizierten) Vorgaben des JuSchG zu beachten. Einzelheiten hierzu sind der Information „Rechtsauffassung der Obersten Landesjugendbehörden zur jugendschutzrechtlichen Einordnung von Computerräumen mit und ohne Internetzugang in Jugendeinrichtungen oder Schulen sowie zur Veranstaltung sog. LAN-Partys durch Schulen bzw. Einrichtungen im nicht gewerblichen Bereich" zu entnehmen.

Die Bundesländer vertreten hierbei eine einheitliche Rechtsauffassung (z. B. ist die Durchführung von LAN-Partys an Schulen verboten).

Jede Schule verpflichtet die Schülerinnen und Schüler bei der Benutzung von schulischen Computereinrichtungen mittels einer Nutzungsordnung.

d) Schulgesundheitspflege und Zusammenarbeit der Schulen mit den Jugendämtern

Artikel 31 BayEUG regelt die Zusammenarbeit der Schulen mit den Jugendämtern und den Trägern und Einrichtungen der außerschulischen Erziehung und Bildung. Zur Intensivierung der Zusammenarbeit wird die Bildung von Arbeitskreisen vorgeschlagen (z. B. Medien, Sekten, Kindsmissbrauch etc.).

Gemäß Art. 80 Abs. 1 Satz 2 BayEUG hat die Schulgesundheitspflege das Ziel, gesundheitlichen Störungen vorzubeugen, sie frühzeitig zu erkennen und Wege zu deren Behebung aufzuzeigen. Die Schulgesundheitspflege wird von den Gesundheitsämtern in Zusammenarbeit mit der Schule und den Erziehungsberechtigten wahrgenommen.

1) Schulgesundheitspflege erfolgt durch
- schulärztliche Untersuchungen und Sprechstunden;
- schulärztliche Gesundheitserziehung.

2) Organisatorische Maßnahmen
- Anlage der Schulgesundheitskarten;
- Bereitstellung eines geeigneten Schularztzimmers;
- Festlegung der Untersuchungstermine.

3) Schulärztliche Tätigkeiten
- Untersuchung im Jahr vor der Aufnahme in die Grundschule (Schuleingangsuntersuchung);
- weitere Untersuchungen in der 2., 5., 9. Klasse.

4) spezielle Untersuchungen für den Sportunterricht
- Schularzt schlägt z. B. Schüler für den Sportförderunterricht vor.

5) Gesundheitserziehung durch Aufklärung, Beratung, Belehrung von Erziehungsberechtigten, Schülern, Lehrern im Rahmen von Sprechstunden oder Vorträgen
- z. B. Jugendzahnpflege in Schulen

e) Jugendhilfe
Öffentliche Jugendhilfe soll insbesondere
- junge Menschen in ihrer individuellen und sozialen Entwicklung fördern und dazu beitragen, Benachteiligungen zu vermeiden oder abzubauen,
- Eltern und andere Erziehungsberechtigte bei der Erziehung beraten und unterstützen,
- Kinder und Jugendliche vor Gefahren für ihr Wohl schützen,
- dazu beitragen, positive Lebensbedingungen für junge Menschen und ihre Familien sowie eine kinder- und familienfreundliche Umwelt zu erhalten oder zu schaffen.
(§ 1 Abs. 3 Kinder- und Jugendhilfegesetz)

Aufgaben und Leistungen der Jugendhilfe (§§ 27 bis 37 KJHG):
- Angebote der Jugendarbeit, der Jugendsozialarbeit und des erzieherischen Kinder- und Jugendschutzes;
- Angebote zur Förderung der Erziehung in der Familie;
- Angebote zur Förderung von Kindern in Tageseinrichtungen und in der Tagespflege;
- Hilfe zur Erziehung und ergänzende Leistungen;
- die Inobhutnahme von Kindern und Jugendlichen;
- die Herausnahme von Kindern aus der Familie;
- die Erteilung, der Widerruf und die Zurücknahme der Pflegeerlaubnis sowie auch bezüglich des Betriebs einer entsprechenden Einrichtung;
- die Mitwirkung im Verfahren vor den Vormundschafts- und Familiengerichten und im Rahmen des Jugendgerichtsgesetzes;
- die Beratung und Belehrung im Verfahren zur Annahme als Kind;
- die Beratung und Unterstützung von Pflegern und Vormünden u. a.

42.3 MÖGLICHE FRAGESTELLUNGEN
- Erläutern Sie die wichtigsten Bestimmungen des Jugendschutzgesetzes!
- Nennen Sie Möglichkeiten, wie die öffentliche Jugendhilfe Ihre Arbeit unterstützen kann!

43 Suchtprävention

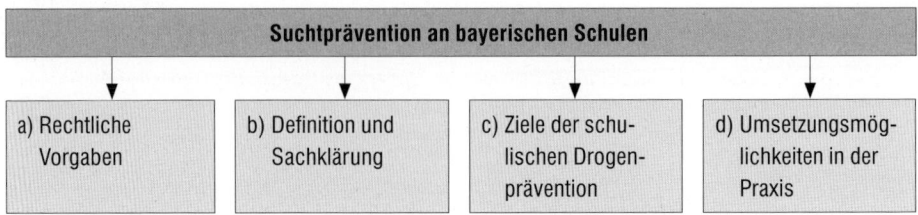

43.1 Fundstellen
- § 32 GrSO; § 41 MSO
- „Suchtprävention an den bayerischen Schulen", KMBek vom 2. September 1991 geändert durch Bekanntmachung vom 23. Mai 1996
- „Suchtprävention an bayerischen Schulen (Aktuelle Informationen bezüglich des Alkoholkonsums in Deutschland, Materialien, Informationen, Literatur, Leitfaden für Vorgesetzte)", KMS vom 4. Juni 2007
- Lott/Pirner/Unger: „Schulleiter-ABC Bayern", Buch- und Fachverlage GmbH & Co. KG, Kulmbach
- ISB (Hrsg.): „Suchtprävention in der Grundschule ... Ergebnisse und Erfahrungen aus dem Modellversuch", München, 1998
- Landeszentrale für Gesundheit in Bayern e.V. (LZG): Siebtes Bayerisches Forum Suchtprävention. Suchtprävention im Schulalter (2005)
- Landratsamt Fürstenfeldbruck. Gesundheitsamt: Prävention (S)ucht Schule. Arbeitshilfe für Suchtprävention an Schulen (eine Fundgrube, auch mit ausführlichen Verzeichnissen einschlägiger Internetadressen und Literatur). www.lra-ffb.de/Anklicken: „Gesundheit", „Gutachten, Prävention, Gesundheitliche Aufklärung und Beratung", dann 5. „Prävention (S)ucht Schule").
- Landratsamt Fürstenfeldbruck: HaLT (Hart am Limit im Landkreis Fürstenfeldbruck) (www.halt-ffb.de)
- Weiterführende Internetinformationen: „Ich bleibe clean" (2012). www.km.bayern.de/lehrer/erziehung-und-bildung/gesundheit/suchtpraevention.html

43.2 Sachinformationen
a) Rechtliche Vorgaben zum Thema Suchtprävention
§ 32 GrSO und § 41 MSO sind überschrieben mit „Alkoholverbot, Sicherstellung von Gegenständen" und führen in Abs. 1 aus:

> **"§ 32 Abs. 1 GrSO (Alkoholverbot)**
> Der Konsum alkoholischer Getränke ist Schülerinnen und Schülern innerhalb der Schulanlage sowie bei schulischen Veranstaltungen untersagt."
> § 41 Abs. 1, 2. Halbsatz MSO lässt Ausnahmen zu über die die Schulleiterin oder der Schulleiter im Einvernehmen mit dem Schulforum entscheidet.

Die KMBek vom 2. September 1991 „Suchtprävention an den bayerischen Schulen" geht detaillierter auf dieses Thema ein und macht Aussagen zu folgenden Bereichen:
- Suchtvorbeugung als Aufgabe der Schule;
- Grundsätze und Ziele schulischer Suchtvorbeugung;
- Beauftragter für die Suchtprävention (früher missverständlich: „Drogenkontaktlehrer") und seine Aufgaben;
- Zusammenarbeit mit Kooperationspartnern (z. B. Erziehungsberechtigte, Schülermitverantwortung, außerschulische Einrichtungen ...).

b) Definition und Sachklärungen

1) Sucht

Sucht im weiteren Sinne ist das krankhafte Verlangen bzw. der zwanghafte Drang, durch bestimmte Reize oder Reaktionen Lustgefühle oder -zustände herbeizuführen. „Man spricht in der Regel nur dann von Sucht, wenn der zwanghafte Drang über längere Zeit besteht und nur schwer oder überhaupt nicht kontrolliert werden kann." (dtv-Wörterbuch zur Psychologie) Sucht im engeren Sinne ist die Bezeichnung für ein „pathologisches, sich steigerndes und relativ überdauerndes Bedürfnis nach bestimmten Drogen oder Genussmitteln" (vgl. dtv-Wörterbuch zur Psychologie). Man unterscheidet zwischen körperlicher (physischer) und seelischer (psychischer) Abhängigkeit. Die Weltgesundheitsorganisation (WHO) definiert Sucht als einen „Zustand periodischer oder chronischer Vergiftung hervorgerufen durch den wiederholten Gebrauch einer natürlichen oder synthetischen Droge".

2) Suchtkrankheit

> Sucht bzw. Suchtkrankheit bezeichnet einen krankhaften Endzustand der Abhängigkeit von einer Droge, einem Genussmittel oder einer Verhaltensweise. Der süchtige Mensch leidet unter dem Zwang, sich das Suchtmittel/das süchtige Verhalten in steigender Dosis zuzuführen. Durch noch so großen Willensaufwand ist er nicht in der Lage, sich direkt von der Sucht zu befreien. Enthaltsamkeit ruft panische Angst, Aufregung und Vernichtungsgefühle hervor. Zittern, Schlaflosigkeit und Zustände der Verwirrung sind die unmittelbaren Folgen versuchter Abstinenz. Diese Entzugserscheinungen drängen den Suchtkranken, sich das Suchtmittel um jeden Preis zu beschaffen. Sein Ziel ist nicht mehr die berauschende, aufputschende oder dämpfende Wirkung des Suchtmittels, sondern die Verhinderung bzw. Beendigung der Entzugserscheinung.

3) Drogen

Wenn man von „Drogen" spricht, wird vielfach nur an illegale Drogen gedacht, z. B. an Haschisch, Marihuana, LSD, Opium, Morphium, Heroin, Kokain, Amphetamine und andere synthetische Drogen, sog. Designer-Drogen (Speed, Extasy). Alkohol, Zigaretten, Medikamente werden vielfach nicht mehr dazu gezählt. In der Regel werden Medikamente als Begleit- oder Ersatzstoffe für andere Drogen konsumiert, z. B. Beruhigungsmittel, Schlafmittel, Aufputschmittel, Abmagerungsmittel, codeinhaltige Hustenmittel, Schmerzmittel (ausführliche Beschreibungen der Suchtmittel in der Handreichung: Prävention (S)sucht Schule).

> (…) Es gibt Rausch und Sucht, ohne dass von außen Chemie (Drogen, Alkohol, Medikamente, etc.) zugeführt wird. (…)
> Nicht das Suchtmittel (oder das süchtige Verhalten) macht abhängig, sondern der Bewusstseinszustand, den man sich damit produziert. Deshalb gibt es bei vielen Süchtigen einen „Symptomwechsel" von einem Suchtverhalten zum nächsten: Aus dem Alkoholiker wird ein Spielsüchtiger, aus einer Medikamentenabhängigen wird eine Ess-Süchtige.

Gebräuchlich ist die Einteilung in sog. „weiche" und „harte" Drogen. Zu den „weichen" Drogen werden z. B. die Cannabisprodukte Marihuana und Haschisch gerechnet, die zur seelischen Abhängigkeit führen können.

„Harte" Drogen, wie z. B. Opium, Morphium, Heroin, führen zur seelischen, aber auch zur schnellen körperlichen Abhängigkeit. Den „harten" Drogen zuzurechnen sind auch Kokain und Amphetamine, die psychisch abhängig machen und schwere Gesundheitsschäden verursachen. „Die sozialen und körperlichen Folgen, wie das Abgleiten in eine kriminalisierte Subkultur, Appetitverlust, Abmagerung und Anfälligkeit für Infektionskrankheiten, sind jedoch bei jeder Art von Drogenabhängigkeit gegeben." (Corroza, V./ Daimler, R./ Ernst, A. u. a. (1999): Kursbuch Gesundheit, Kiepenheuer & Witsch, Ausgabe 2006).

4) Ursachen der Sucht

> *„Wenn junge Menschen in eine Abhängigkeit geraten, ist diese nicht in erster Linie eine Sache des Angebots, sondern vielmehr das Ergebnis einer langfristigen Entwicklung."*
> („Suchtprävention in der Grundschule …", ISB-Handreichung, München, 1998)

Zur Erklärung der Entwicklung süchtigen Verhaltens wird häufig ein multifaktorielles Modell (siehe Abbildung auf S. 297) herangezogen, das von einem komplexen Ursachenbündel bei der Entstehung einer Abhängigkeit ausgeht.

Der Faktor Person umfasst die individuelle Konstitution und Situation eines Konsumenten einschließlich seiner Probleme. In diesem Zusammenhang stellt sich immer wieder die Frage nach einer körperlichen oder seelischen Disposition für eine Abhängigkeit. „Eine Reihe von Familien-, Zwillings- und Adoptionsstudien lassen es als sehr wahrscheinlich erscheinen, dass genetische Faktoren eine Rolle spielen. Allerdings liegt auch hier nahe, eine Wechselbeziehung zwischen genetischer Disposition und Umweltfaktoren anzunehmen." (ISB (Hrsg.): „Suchtprävention in der Schule – Handreichung für die Beauftragten für die Suchtprävention aus den bayerischen Schulen", München 1999, S. 11)

Zum Faktor Umwelt gehören einerseits gesellschaftliche Einstellungen und Konsumgewohnheiten, zum anderen das jeweilige soziale Umfeld der Betroffenen, wie die Familie, die Peergroup, die Schule oder der Arbeitsplatz. Aspekte, wie soziale Anerkennung, Unterstützung, Konkurrenz oder Gleichgültigkeit, spielen dabei eine wesentliche Rolle. Schließlich ist es auch von Bedeutung, wie in der Familie mit dem Konsum von Alltagsdrogen umgegangen wird, da Kinder hauptsächlich von Vorbildern und über Erfahrungen lernen. Die Eltern dienen in vielen Bereichen als Rollenmodell für ihre Kinder.

Mit zunehmendem Alter gewinnt die Peergroup bei Jugendlichen an Bedeutung. Hier geht es darum, welche Konsumgewohnheiten und Einstellungen gegenüber legalen und illegalen Drogen in dieser Freundesgruppe vorherrschen.

Der Faktor Droge wird entscheidend bestimmt durch die Art des Suchtmittels, seine spezielle chemische Struktur, die dann wiederum zu bestimmten Wirkungen und Nebenwirkungen führt (pharmakologisches Profil), und durch die Art der Anwendung (Applikation). Darüber hinaus spielt die Verfügbarkeit eines Suchtmittels eine entscheidende Rolle. So sind Alkohol und Nikotin in unserer Gesellschaft jederzeit leicht zugänglich, wodurch der Zugriff darauf erheblich erleichtert wird. Aber auch der Angebotsdruck illegaler Drogen ist erheblich.

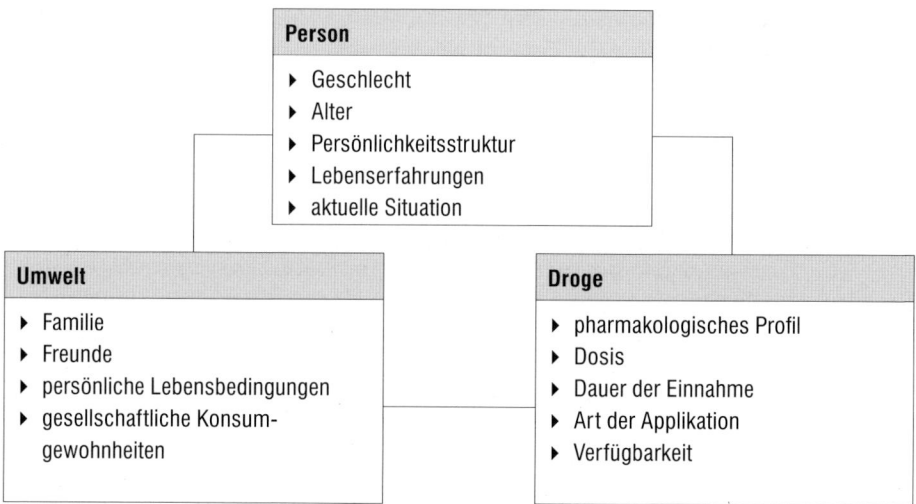

c) Ziele der schulischen Drogenprävention

Wurde früher bei der Präventionsarbeit mit Abschreckung, Vermittlung von Sachinformationen oder sporadischen, aufrüttelnden Veranstaltungen gearbeitet, so zielt das neue Erziehungskonzept auf Stärkung der Lebenskompetenz der Kinder und Jugendlichen und soll vor allem zu einem konstruktiven Miteinanderumgehen führen.

> *„Kinder und Jugendliche müssen für ein eigenverantwortliches, sinnerfülltes Leben frühzeitig lernen, die persönlichen und sozialen Anforderungen des Alltags zu bewältigen und sich nicht in Realitätsflucht treiben zu lassen. Sie müssen zur Bereitschaft erzogen werden, sich persönlichen, vor allem familiären, schulischen oder beruflichen Problemsituationen zu stellen und ausweichendes Verhalten zu vermeiden."* (KMBek vom 9. September 1991, S. 303)

Im Besonderen zielt schulische Suchtvorbeugung auf
- die totale Abstinenz im Hinblick auf illegale Drogen;
- den selbstkontrollierten, auf weitgehende Abstinenz abzielenden Umgang mit legalen Suchtmitteln;
- den bestimmungsgemäßen Gebrauch von Medikamenten.

d) Umsetzungsmöglichkeiten in der Praxis

Drogen- und Suchtprävention kann nur in Zusammenarbeit
- mit den Erziehungsberechtigten (Elternbeirat, Schulforum, Elternversammlungen, Elternbriefe, Verteilung von Informationsbroschüren),
- mit der Schülermitverantwortung (Gemeinschaftsveranstaltungen zur Förderung eines humanen, abwechslungsreichen Schullebens, Präventionsarbeit durch Ausstellungen, Wandzeitungen, Theater; Schulfeste, bei denen auf Alkohol und Rauchen verzichtet wird, Betreuung von Mitschülern in Krisensituationen) und
- mit außerschulischen Einrichtungen (Beratungsstellen, Gesundheitsamt, Experten usw.). realisiert werden.

Im erziehlichen Bereich sind folgende Punkte für eine erfolgreiche Prävention zu nennen:

- *ein offenes und vertrauensvolles Klima zwischen Schulleitung, Lehrern, Schülern und Eltern;*
- *ein Angebot von Rat und Hilfe bei Lernschwierigkeiten und persönlichen Problemen;*
- *ein Unterrichtsstil, der die Zusammenarbeit mit den Schülern und der Schüler untereinander sowie ihre Selbstständigkeit, Entscheidungsfreude und Kreativität fördert;*
- *Freude an der Schule und am Unterricht".*

(„Suchtprävention in der Grundschule ...", ISB-Handreichung, München, 1998)

Inhalte der Suchtprävention lassen sich natürlich auch einzelnen Fächern zuordnen (in Abhängigkeit von Schulart und Lehrplan), es seien hier nur beispielhaft angeführt:
- Heimat- und Sachunterricht;
- Religionslehre bzw. Ethik;
- Biologie und Chemie;
- Deutsch (Analyse geeigneter Texte zur Suchtproblematik);
- Sozialkunde (Ursache und Bedingungen von Sucht; soziale Auswirkungen);
- Sportunterricht:

Der Sportunterricht vermittelt Körperbewusstsein und trägt zur Gemeinschaftsbildung bei, wodurch ein Abgleiten in drogengefährdende Isolation verhindert werden kann. Richtig verstandene sportliche Betätigung ist eine attraktive Alternative für die Gestaltung eines Lebens frei von Drogenmissbrauch." (KMBek vom 2. September 1991)

Die Aufgaben des „Beauftragten für die Suchtprävention" (Ziff. 3 der KMBek):
- Er ist Schlüsselperson, Multiplikator und Koordinator für die Suchtprävention.
- Mit Hilfe der vielfältigen Materialien zur Suchtproblematik, die z. B. bei der interministeriellen Arbeitsgruppe zur Bekämpfung des Drogen- und Rauschmittelmissbrauchs in Bayern im Bayerischen Staatsministerium des Innern zur Verfügung stehen, sowie durch die Teilnahme an Fortbildungsveranstaltungen eignet er sich das nötige Fachwissen an. Er kennt die einschlägigen Gesetze und Verordnungen. Er vermittelt das erworbene Wissen in der schulinternen Fortbildung an seine Kolleginnen und Kollegen und informiert über entsprechende Aufklärungsmaterialien, Literatur und Lehrmittel einschließlich audio-visueller Medien für den Unterricht.
- Er hält Kontakt zur nächstgelegenen Beratungsstelle und dem regionalen Suchtarbeitskreis, um stets über Art und Umfang der Drogenproblematik und von Hilfsangeboten im Einzugsbereich der Schule informiert zu sein. Zur Teilnahme an Fortbildungsveranstaltungen und am Erfahrungsaustausch in den regionalen Suchtarbeitskreisen ist dem Beauftragten für die Suchtprävention nach Möglichkeit Dienstbefreiung zu gewähren.
- Im Auftrag des Schulleiters organisiert er von Fall zu Fall Schulveranstaltungen (Elternabende, Projekttage, schulinterne Lehrerfortbildung u. a.) zum Thema Drogen und Rauschmittel. Er versucht, Fachleute zu gewinnen, die bereit sind, bei diesen Veranstaltungen als Referenten mitzuwirken.
- Durch die Kenntnis der zu beschreitenden Wege und der örtlichen Beratungs- und Hilfsangebote unterstützt er die Schulleitung, Kollegen, Eltern und Schüler bei Drogenfällen an der Schule. Im Bedarfsfall stellt er die Verbindung her zu Einrichtungen, die beratend oder therapeutisch tätig werden, wie z. B. psychosoziale Beratungs- und ambulante Behandlungsstellen, Gesundheitsamt oder Jugendamt.

Es gilt jedoch zu beachten: Der Beauftragte für die Suchtprävention kann für betroffene Schüler weder den Lehrer ihres besonderen Vertrauens noch einen Drogenberater, Fachpsychologen oder Arzt ersetzen. Die Aufgaben des Beauftragten für die Suchtprävention entbinden die anderen Lehrer an der Schule nicht von ihrer unmittelbaren und eigenständigen Erziehungsverantwortung. Auch bei Suchtproblemen muss sich der Schüler an den Lehrer seines besonderen Vertrauens wenden können.

43.3 MÖGLICHE FRAGESTELLUNGEN
- Nennen Sie Inhalte und Methoden der Suchtprävention!
- Erläutern Sie möglichst wirklichkeitsnah erzieherische Maßnahmen bei gefährdeten Schülern oder Schülerinnen!
- Nennen Sie praxisbezogen die Aufgaben des „Beauftragten für die Suchtprävention"!

43.4 PRÜFUNGSTIPPS
Sprechen Sie mit dem „Beauftragten für die Suchtprävention" an Ihrer Schule. Vielleicht können Sie in seine Unterlagen und Medien Einsicht nehmen oder an einer Elternveranstaltung teilnehmen.
Wertvolle Informationen für Ihre schulische Arbeit finden Sie in den Publikationen der Bundeszentrale für gesundheitliche Aufklärung, Köln.

XIV Besondere Unterrichtsinhalte

44 Gesamtkonzept für die politische Bildung in der Schule

44.1 Fundstellen
- Art. 131 BV
- Art. 2 Abs. 1 BayEUG i. d. F. v. 24. Juli 2013
- „Gesamtkonzept für die politische Bildung in der Schule", KMBek vom 14. Juni 1991 (KWMBl. Sondernummer 4/1991)

Die nachfolgenden Darstellungen wurden alle sinngemäß oder z. T. wörtlich der o. a. KMBek entnommen und sind nicht weiter als Zitate gekennzeichnet.

44.2 Sachinformationen

a) Wie lässt sich politische Bildung in der Schule begründen?

Wie keine andere Staatsform ist die Demokratie auf die Mitwirkung und Beteiligung aller ihrer Bürger angewiesen. So ist es ganz klar und notwendig, die heranwachsenden Staatsbürger mit den Grundlagen unseres freiheitlich demokratischen Rechtsstaates vertraut zu machen, um auf diese Weise ihre Fähigkeiten und Bereitschaft zu verantwortungsbewusstem gesellschaftlich-politischen Handeln zu fördern. Dieses elementare Anliegen taucht deshalb logischerweise in den rechtlichen Vorgaben immer wieder auf und nimmt alle an Schule Beteiligten in die Pflicht. Auch die Verfassung des Freistaates Bayern gibt der politischen Bildung wesentliche Bildungsziele vor:

XIV Besondere Unterrichtsinhalte

> **„Artikel 131 Abs. 2 und 3 BV**
> (2) Oberste Bildungsziele sind Ehrfurcht vor Gott, Achtung vor religiöser Überzeugung und vor der Würde des Menschen, Selbstbeherrschung, Verantwortungsgefühl und Verantwortungsfreudigkeit, Hilfsbereitschaft und Aufgeschlossenheit für alles Wahre, Gute und Schöne und Verantwortungsbewusstsein für Natur und Umwelt.
> (3) Die Schüler sind im Geiste der Demokratie, in der Liebe zur bayerischen Heimat und zum deutschen Volk und im Sinne der Völkerversöhnung zu erziehen."

Die Orientierung an den Grundwerten unserer Verfassung wird auch in Artikel 2 Abs. 1 des Bayerischen Gesetzes über das Erziehungs- und Unterrichtswesen bekräftigt. Aufgabe der Schule ist es danach, „zu verantwortlichem Gebrauch der Freiheit, zu Toleranz, friedlicher Gesinnung und Achtung vor anderen Menschen zu erziehen, (…)

(…) im Geist der Völkerverständigung zu erziehen, die Bereitschaft zum Einsatz für den freiheitlich-demokratischen und sozialen Rechtsstaat und zu seiner Verteidigung nach innen und außen zu fördern, zur Wahrnehmung von Rechten und Pflichten in Staat und Gesellschaft zu befähigen (…)". (Art. 2, Abs. 1 des Bayerischen Gesetzes über das Erziehungs- und Unterrichtswesen)

Die KMBek stellt dann noch fest, dass politische Bildung in vielerlei Formen und an den verschiedensten Orten erfolgt (z. B. in der Familie, im Freundeskreis, in Vereinen, an Ausbildungsstätten, durch Medien usw.). Trotz dieser „Konkurrenz" wird aber die Bedeutung der Schule als Lernort für politische Bildung betont. Dazu ein Zitat aus der Bekanntmachung:

> *„Die Chancen der politischen Bildung in der Schule ergeben sich jedoch aus der Tatsache, dass sie jeden jungen Menschen gleichermaßen in einer Phase seiner Entwicklung erreicht, in der sich das Wertebewusstsein ausbildet und vertieft."* (KMBek vom 14. Juni 1991)

b) Rahmenplan für die politische Bildung in der Schule
Zur Begriffserklärung muss zunächst einmal festgehalten werden, dass bis zum Schulabschluss der Mittelschule (aber auch der Förderschule, der Realschule, der Wirtschaftsschule und bis zum Ende der Mittelstufe des Gymnasiums) eine politische Grundbildung zu vermitteln ist. Der Rahmenplan nennt für diese politische Grundbildung folgende Ziele:

- *„Einsicht in die Notwendigkeit allgemeinverbindlicher Normen und Regeln für ein freiheitliches und friedliches Zusammenleben von Menschen;*
- *Überblick über Ursprung und Wurzeln der freiheitlichen demokratischen Grundordnung der Bundesrepublik Deutschland, wie sie im Grundgesetz festgelegt ist;*

▶ *Kenntnis wesentlicher politischer, gesellschaftlicher, wirtschaftlicher und rechtlicher Entwicklungen und der dafür maßgeblichen Rahmenbedingungen in Deutschland und in Europa seit 1945;*
▶ *Kenntnis grundlegender politischer Begriffe (z. B. Freiheit, Demokratie, Gleichheit, Subsidiarität) vor dem Hintergrund unterschiedlicher Ordnungsvorstellungen;*
▶ *Kenntnis wesentlicher Institutionen und Prozesse in der politischen Ordnung der Bundesrepublik Deutschland;*
▶ *Fähigkeit, sich die notwendigen Informationen zu beschaffen und mit Statistiken, Quellen, Bildmaterial u. Ä. sachgerecht umzugehen;*
▶ *Fähigkeit, sich mit politischen Sachverhalten selbstständig und rational auseinanderzusetzen und hierdurch zu einem eigenen Urteil zu gelangen;*
▶ *Fähigkeit zum Dialog;*
▶ *Bereitschaft, die Grundwerte der freiheitlich demokratischen Grundordnung, wie sie im Grundgesetz und in der Bayerischen Verfassung festgelegt sind, zu bejahen;*
▶ *Bereitschaft, für die eigenen Überzeugungen einzustehen, Kompromisse einzugehen und anzuerkennen und Toleranz gegenüber abweichenden politischen Anschauungen zu üben, soweit sie den durch Grundgesetz und Bayerische Verfassung vorgegebenen Rahmen respektieren;*
▶ *Aufgeschlossenheit für die großen Herausforderungen der Gegenwart und Bereitschaft, sich mit diesen sachgerecht auseinanderzusetzen;*
▶ *Bereitschaft, bei der Gestaltung des politischen Lebens verantwortungsbewusst mitzuwirken."*

(KMBek vom 14. Juni 1991, S. 1056)

Beim Durchlesen dieser Ziele stellt man unschwer fest, dass sich diese in vielen Lehrplänen, Inhalten, Themen aber auch im Schulleben widerspiegeln. Das folgende Kapitel wird darauf vertieft eingehen.

c) Die Verankerung der politischen Bildung in den Lehrplänen
1) Grundschule
Der aktuelle Grundschullehrplan führt im Kapitel II A („Fächerübergreifende Bildungs- und Erziehungsaufgaben") zur grundlegenden politischen Bildung aus:

> Im Sinne einer politischen Grundbildung werden in der Grundschule soziale Lernprozesse initiiert und unverzichtbare Werte menschlichen Zusammenlebens erfahrbar gemacht. Durch die Förderung sozialer Verhaltensweisen wie Rücksichtnahme, Verantwortungsbereitschaft, Solidarität, Toleranz, Urteilsfähigkeit und die Bereitschaft, Konflikte friedlich zu lösen oder auszuhalten, werden die Schüler auf ein Leben als Staatsbürger in einer demokratischen Gesellschaft vorbereitet. Unterricht und Schulleben sollen dem Schüler ermöglichen, in die Rolle des verantwortungsbewussten, autonomen Staatsbürgers hineinzuwachsen.
> Im täglichen Miteinander bekommen die Schüler Gelegenheit, sich selbst zu entfalten und neue Möglichkeiten des Umgangs zu erproben. Sie sollen einsehen, dass die eigene Freiheit und Selbstverwirklichung dort Grenzen hat, wo Rechte anderer berührt werden, dass es gilt, annehmbare

Kompromisse zu finden und notwendige Einschränkungen zu akzeptieren. Indem ihnen klar wird, dass sie auf andere angewiesen sind und von der Gemeinschaft profitieren, können sie bereit werden, ihren eigenen Beitrag zu einem befriedigenden Zusammenleben zu leisten. Achtung vor dem Anderen und Toleranz werden den Schülern leichter fallen, wenn sie die Andersartigkeit und Verschiedenheit als Gewinn und Bereicherung erleben.

2) Mittelschule
Der Hauptschullehrplan von 2004 greift den Gedanken wieder auf im Kapitel 2 („Der Auftrag der Hauptschule") und legt in Ziffer 2.4 unter der Überschrift „Aufschließen für gesellschaftliche Grund- und Zeitfragen – politische Bildung" fest:

Die Schule setzt sich mit den Fragen und Herausforderungen der Zeit auseinander. Auch wenn sie diese nicht lösen kann, hat sie die Aufgabe, in der heranwachsenden Generation Verständnis für diese Anliegen anzubahnen und Bereitschaft zur Übernahme von Verantwortung zu wecken. Damit bereitet sie die Schüler auf die Wahrnehmung ihrer Rechte und Pflichten als mündige Bürger vor.

Fächerübergreifende Ziele dabei sind:

- **Menschenwürde, Menschenrechte:**
  waches Bewusstsein für Fragen der sozialen Ordnung und Gerechtigkeit, der Achtung von Recht und Würde der Person im Verhältnis der Geschlechter, der Generationen, sozialer Gruppen wie auch im Zusammenleben mit Kranken und Behinderten
- **Frieden:**
  Wissen um die Ursachen der Friedlosigkeit in Hunger, Armut und Unfreiheit, um Wesen und Bedeutung der Menschenrechte, um Probleme einer gerechten Weltordnung; Bereitschaft zu friedlichem Zusammenleben und gewaltfreier Konfliktlösung im persönlichen wie auch im öffentlichen Leben
- **Freiheitliche Ordnung:**
  Bejahung der freiheitlich-demokratischen rechtsstaatlichen Grundordnung als Fundament aller gesellschaftlichen Entwicklungen; Bereitschaft, sich dafür einzusetzen
- **Deutschland, Europa, Welt:**
  Verständnis für die Bedeutung der deutschen Einheit; Einsicht in die Notwendigkeit der europäischen Einigkeit unter Wahrung regionaler Unterschiede; Offenheit für die Aufgaben internationaler Zusammenarbeit, insbesondere für die Probleme der Länder Osteuropas und der Entwicklungsländer
- **Interkulturelle Erziehung:**
  wechselseitige Offenheit für Wertvorstellungen von Angehörigen verschiedener Nationalitäten, Kulturen und Religionen in der Spannung zwischen notwendiger Integration und Erhaltung kultureller Eigenarten; Zusammenleben mit ausländischen Mitbürgern
- **Umwelt:**
  Wissen um den Wert und die Gefährdung der natürlichen und kulturellen Umwelt, Bereitschaft zur Mitverantwortung für die Erhaltung der Lebensgrundlagen zukünftiger Generationen

Politische Bildung versteht sich als fächerübergreifendes Anliegen, das als Unterrichtsprinzip aufzufassen und in vielen geeigneten Fächern und Situationen umzusetzen ist. Trotzdem bieten sich einige Fächer (die sog. „Leitfächer") besonders an:
- Sozialkunde (systematische Vermittlung von Grundkenntnissen);
- Geschichte (klärt die historischen Voraussetzungen und Entwicklungen der heutigen politischen Ordnung);
- Wirtschafts- und Rechtslehre (für die Mittelschule nicht relevant);
- Arbeit – Wirtschaft – Technik (der Schüler gewinnt z. B. grundlegende Einsichten in die soziale Marktwirtschaft, die ein kennzeichnender Bestandteil unserer politischen Grundordnung ist);
- Erdkunde (Gestaltung geografischer Räume ist ein Ergebnis politischen Handelns, Nord-Süd-Konflikt, unterschiedliche Raumstrukturen).

Aber die anderen Fächer dürfen in ihrer Bedeutung nicht unterschätzt werden:
- Deutsch (formal durch Gesprächsschulung und Diskussion, inhaltlich durch die Behandlung entsprechender Texte);
- Religionslehre/Ethik (Themen wie Menschenwürde, Toleranz, Freiheit, Gerechtigkeit, Frieden);
- Physik/Chemie (Kernenergie, regenerative Energieformen, Umweltschutz);
- Biologie (Genforschung, Sucht als gesellschaftliches Problem);
- Sozialwesen (nur für Realschulzweig III relevant).

Daneben werden auch noch die „Informationstechnische Grundbildung" (Datenschutz, gesellschaftliche Auswirkungen der neuen Technologien usw.), Medienerziehung (neue Medien, Video, Computerspiele) und Schulspiel als Möglichkeiten erwähnt.

d) Politische Bildung außerhalb des Unterrichts und die Mitgestaltung des schulischen Lebens durch die Schüler

- Unterrichtsgänge (Amtsgerichte, Kommunen, Lehr- und Studienfahrten [Bayer. Landtag und Ministerien im Rahmen von „Lernort Staatsregierung"; KZ-Gedenkstätten usw.] und Schüleraustausch [Vertrautwerden mit anderen Ländern, gegenseitiges Verständnis, Abbau von Vorurteilen, Völkerverständigung]);
- Mitgestaltung des schulischen Lebens durch die Schüler (schult Verhaltensweisen wie Eigeninitiative, Urteilsvermögen, Verantwortungsbereitschaft usw.; Klassensprecheramt, Schülermitverantwortung, Teilnahme am Schulforum seien exemplarisch genannt);
- Teilnahme an Wettbewerben zur politischen Bildung (kann zu einer vertieften Auseinandersetzung mit einer Thematik führen; hohe Motivation für Schüler; Beispiele dafür sind der „Schülerwettbewerb zur politischen Bildung" oder „Die Deutschen und ihre östlichen Nachbarn").

- Herausgabe einer Schülerzeitung (bereichert das Schulleben, dient der Meinungsbildung unter den Schülern und führt zum verantwortlichen Gebrauch des Grundrechts auf freie Meinungsäußerung hin);
- das Projekt „Zeitung in der Schule" veranschaulicht u.a. den komplizierten politischen Willensbildungsprozess in unserer Demokratie.

44.3 MÖGLICHE FRAGESTELLUNGEN
Die Fragestellungen können direkt den Begriff der „politischen Bildung" beinhalten, ihn aber auch lediglich umschreiben („Vorbereitung auf die Teilnahme am politischen Leben" oder „zur Wahrnehmung staatsbürgerlicher Pflichten befähigen").

44.4 PRÜFUNGSTIPPS
Sie sollten unbedingt konkrete Beispiele parat haben. Achten Sie auch darauf, ob die Frage nur auf unterrichtliche Maßnahmen abzielt oder offener formuliert ist (in der Schule, in Unterricht und Schulleben).

45 Informationstechnische Grundbildung in der Mittelschule

```
                    ┌─────────────────────────────────┐
                    │ Informationstechnische Bildung  │
                    └─────────────────────────────────┘
                    │                                 │
                    ▼          Abgrenzung             ▼
        ┌──────────────────────┐ ←─Unterschiede─→ ┌──────────────┐
        │ Informationstechnische│                  │  Informatik  │
        │ Grundbildung          │                  │              │
        └──────────────────────┘                  └──────────────┘
                    │                                 │
                    ▼                                 ▼
        ┌──────────────────────┐          ┌──────────────────────────┐
        │ Inhalte              │          │ Informatik als vertiefte │
        │                      │          │ informationstechnische   │
        │                      │          │ Bildung                  │
        └──────────────────────┘          └──────────────────────────┘
                    │                                 │
                    ▼                                 ▼
        ┌──────────────────────┐          ┌──────────────────────────┐
        │ Realisierungsmöglich-│          │ Das Fachprofil des Faches│
        │ keiten               │          │ Informatik               │
        └──────────────────────┘          └──────────────────────────┘
```

45.1 Fundstellen

▸ Akademie für Lehrerfortbildung: Akademiebericht Nr. 126 „Informationstechnische Grundbildung – Grundlagen für alle Schularten", 1988
▸ Akademie für Lehrerfortbildung: Akademiebericht Nr. 127 „Informationstechnische Grundbildung – Hauptschule", 1988
▸ „Einführung der informationstechnischen Grundbildung", Bekanntmachung des Bayerischen Staatsministeriums für Unterricht und Kultus vom 1. August 1988
▸ Lehrplan für die bayerische Hauptschule (2004)
▸ Lehrplan PLUS Mittelschule (16.05.2016). Er tritt mit dem Schuljahr 2017/18 für die Jahrgangsstufe 5 und dann sukzessive aufsteigend für die weiteren Jahrgangsstufen der Mittelschule in Kraft. Die kompetenzorientierten Fachprofile sind publiziert, ebenso grundlegende Kompetenzen der einzelnen Fächer, die am Ende der Jahrgangsstufen 5–10 erreicht werden sollen. Ab Jahrgangsstufe 7 wird differenziert nach Regelklasse und Mittlere-Reife-Klasse.

45.2 Sachinformationen

a) Vergleich von „Informationstechnischer Grundbildung" und „Informatik"

Informationstechnische Bildung	
Informationstechnische Grundbildung	**Informatik**
Pflicht für alle Schüler	Wahlfach gemäß der Stundentafel für die Mittelschule
Kein eigenes Fach – integriert in den Fächerkanon	Eigenes Fach Informatik
Jahrgangsstufen 7 bis 9; insgesamt ca. 40 Stunden	Jahrgangsstufen 8, 9 und 10; je 2 Wochenstunden
Keine direkte Fachnote möglich	a) allgemeine Bewertung im Zeugnis b) auf Antrag wird eine Note erteilt
Lehrplan: allgemeiner Rahmenplan für alle Schularten; schulartspezifische Umsetzung	*Lehrplan:* verbindlicher Lehrplan für das Fach „Informatik"
3 Leitfächer in der MS: ▸ Mathematik ▸ Deutsch ▸ Arbeitslehre bzw. AWT *dazu können kommen:* ▸ Projekttage ▸ andere Fächer	Entfällt, da eigenes Fach
Ziel: allgemeine Einführung in die Computertechnologie im weiteren Sinne	*Ziel:* Einführung in die Computertechnologie im engeren Sinne
Fächerübergreifende Unterrichts- und Erziehungsaufgaben: Ziff. 3.3 des HS-Lehrplans	Fachprofil „Informatik" im Hauptschullehrplan

b) „Informationstechnische Bildung" in der Mittelschule
1) Lehrplanaussagen dazu (LPI 2004; Ziffer 3.3)

(…) Die Schüler erwerben grundlegende Kenntnisse, Fertigkeiten und Strategien zur Beschaffung, Verarbeitung, Auswertung und Darstellung von Daten und Informationen; sie erkennen, wie der Computer in unterschiedlichen Bereichen sinnvoll eingesetzt werden kann. Diese Grunderfahrungen sind die Voraussetzungen für einen selbstständigen und verantwortungsbewussten Umgang, der auch die Auswirkungen der Informations- und Kommunikationstechniken im gesellschaftlichen, beruflichen und privaten Bereich im Blick hat. Dazu gehören wirtschaftliche, soziale, ethische und politische Fragen, z. B. des Arbeitsmarktes, der Wettbewerbsfähigkeit in der Wirtschaft sowie des Daten- und Persönlichkeitsschutzes. (…)

1	**Grundbegriffe**
1.1	Kenntnis wichtiger Fachausdrücke
1.2	Überblick über die wesentlichen Bestandteile und die Funktionsweise einer Datenverarbeitungsanlage
2	**Computer als Werkzeug**
2.1	Fähigkeit, mit dem schuleigenen Computer umzugehen
2.2	Fähigkeit, einfache Probleme strukturiert aufzubereiten: Einblick in den Aufbau fertiger Computer-Programme
2.3	Überblick über Einsatzmöglichkeiten der Informations- und Kommunikationstechniken
2.4	Fähigkeit, mit einem ausgewählten Standardwerkzeug umzugehen
2.5	Bewusstsein, dass der Einsatz des Computers nicht immer möglich und sinnvoll ist
3	**Auswirkungen der computergestützten Informations- und Kommunikationstechniken auf Berufsleben, Arbeitsmarkt und Wirtschaft**
3.1	Bewusstsein von Veränderungen in der Arbeitswelt
3.2	Bewusstsein von sozialen Auswirkungen
3.3	Einblick in die wirtschaftliche Bedeutung
4	**Gesellschaftliche Aspekte der Informations- und Kommunikationstechniken**
4.1	Bewusstsein möglicher Gefahren und Chancen für den Einzelnen
4.2	Einsicht in die Notwendigkeit, sich mit Fragen des Persönlichkeitsschutzes im Zusammenhang mit der Datenverarbeitung zu befassen; Gewissenhaftigkeit beim Umgang mit personenbezogenen Daten
4.3	Achtung vor dem geistigen Eigentum anderer

Quelle: HS-Lehrplan

Dieser Rahmenplan ist zunächst für alle Schularten verbindlich. Zur Umsetzung dieser Inhalte gibt die KMBek vom August 1988 noch genauere Hinweise:
- sie ordnet die Inhalte den Jahrgangsstufen 7 bis 9 zu;
- sie gibt die Inhalte für den Projekttag in der 7. Jahrgangsstufe an, der einer ersten Begegnung mit der EDV dient und
- sie gibt die Anknüpfungspunkte zu den Lernzielen der drei Leitfächer an.

2) *Wie kann ein ITGB (informationstechnische Grundbildung)-Projekttag in einer 7. Klasse ablaufen?*
Exemplarisch soll das am Beispiel der Friedrich-Ebert-Mittelschule in Musterstadt gezeigt werden:

Schule: Friedrich-Ebert-Mittelschule, Musterstadt ITGB-Projekttag der 7. Klassen am 3. Februar 1994 Laufplan für Gruppe 1				
Stations-nummer	Zeit	Ort	Thema	Betreuer
1	8.15–8.40	Aula	Konstruieren und Zeichnen mit Plotter und Computer	Herr S.
2	8.45–9.10	Zimmer 114	Spielerisches Lernen am Computer	Herr S./Herr P.
3	9.15–9.40	Zimmer 19	Video: „Einsatz des Computers in der Arbeitswelt"	Frau Z./Herr G.
4	9.45–10.10	Zimmer 16	Malen und Gestalten mit dem Computer	Herr T./Schüler der 9. Klasse
Pause				
5	10.45–11.10	Zimmer 110	Gedichte zum und über den Computer nach Stichworten (Kleingruppen) mit Prämierung am Ende	Frau H.
6	11.15–11.45	Sekretariat	EDV in der Schulverwaltung	Herr W./Frau F.

3) Anknüpfungspunkte an die Leitfächer in der 8. und 9. Klasse der Mittelschule
Zahlreiche Inhalte und Themen des Lehrplans der Mittelschule bieten die Möglichkeit, die Anliegen der informationstechnischen Grundbildung zu realisieren. Besonders Deutsch, Mathematik, Arbeit-Wirtschaft-Technik und die naturwissenschaftlichen Fächer bieten sich hier an. Ein Blick in den Lehrplan hilft Ihnen sicherlich weiter.

c) Das Wahlfach „Informatik" in den Jahrgangsstufen 7 bis 10 der Mittelschule – Fachprofil aus dem Hauptschullehrplan 2004

Aufgaben des Fachs
Das Fach Informatik soll die Schüler zu informationstechnischer Grundkompetenz führen und Fähigkeiten zum Umgang mit vielfältigen Anwendungen der Informationstechnik in der Arbeitswelt anbahnen. Die Schüler sollen in die Lage versetzt werden, den Computer als Werkzeug und Medium für altersgemäße Aufgabenstellungen sachgerecht und kreativ, verantwortlich und kritisch zu nutzen. Dabei wird problemlösendes, strukturierendes Denken sowie genaues, zielorientiertes Arbeiten gefördert. Mit den Möglichkeiten und Grenzen der neuen Technologien sollen sie sich kritisch auseinandersetzen; dazu gehört auch, sich auf dem unübersichtlichen Feld einer sich immer rascher weiterentwickelnden Technologie zu orientieren.

Ziele und Inhalte
Das Fach Informatik baut auf den in den Jahrgangsstufen 5 bis 7 erworbenen grundlegenden Fertigkeiten im Umgang mit dem Computer auf. Die Inhalte der informationstechnischen Grundbildung werden vertieft und ergänzt.
Die Schüler erwerben elementare Einsichten in die Informationstechnik sowie in die Zusammenhänge und wesentliche Strukturen der Informationsverarbeitung. Sie erlernen den praktischen Umgang mit dem Computer, seiner Peripherie und Software sowie deren vielfältigen Anwendungsmöglichkeiten im Bereich der Problemlösung und der Beschaffung, Bearbeitung, Auswertung, Darstellung, Aus- und Weitergabe von Informationen.
Die Bereiche „Vernetzung" und „computergestützte Kommunikation" bilden neue Schwerpunkte dieses Lehrplans, in denen die Schüler lernen sollen, diese Technik, die in viele Bereiche des täglichen Lebens Einzug gehalten hat, selbstständig und verantwortungsbewusst zu nutzen.

Die Schüler erfahren die Möglichkeiten der neuen Technologien und werden für die Gefahren der Manipulation sowie die Notwendigkeit des Urheberrechts- und Datenschutzes sensibilisiert.

Fachspezifische Methoden
Der Informatikunterricht der Hauptschule hat seinen Schwerpunkt in der praktischen Arbeit am Computer. Alle notwendigen Begriffe und Kenntnisse sollen im Umgang mit Hard- und Software erworben werden.
Die Schüler analysieren Probleme und gliedern sie in einzelne Lösungsschritte, entwickeln Algorithmen und überprüfen diese am Rechner.

Sie wählen aus der vorhandenen Hard- und Software geeignete Werkzeuge aus und setzen sie gezielt und rationell ein. Kooperation, Teamarbeit und gegenseitige Hilfe unterstützen das sachproblemorientierte Bearbeiten von Aufgabenstellungen, besonders innerhalb von Unterrichtsprojekten.

Kooperation
Das Fach eignet sich auch besonders zur Zusammenarbeit im Rahmen von fachübergreifenden Projekten, in denen die erlernten Werkzeuge und Methoden zur Erfassung, Auswertung und Darstellung von Informationen angewendet werden können.

45.3 MÖGLICHE FRAGESTELLUNGEN
- Wie realisieren Sie die Anliegen der „Informationstechnischen Grundbildung" in der Mittelschule?
- Nennen Sie die wichtigsten Grundlagen der ITGB und die unterrichtspraktischen Umsetzungsmöglichkeiten!

45.4 PRÜFUNGSTIPPS
Die Beantwortung solcher Fragen könnte für Kolleginnen/Kollegen aus der GS schwierig und abstrakt sein; versuchen Sie, wenigstens in einen Projekttag „hineinzuschnuppern", eventuell anlässlich eines Ausbildungstages mit dem Seminar.

46 Computer in der Grundschule

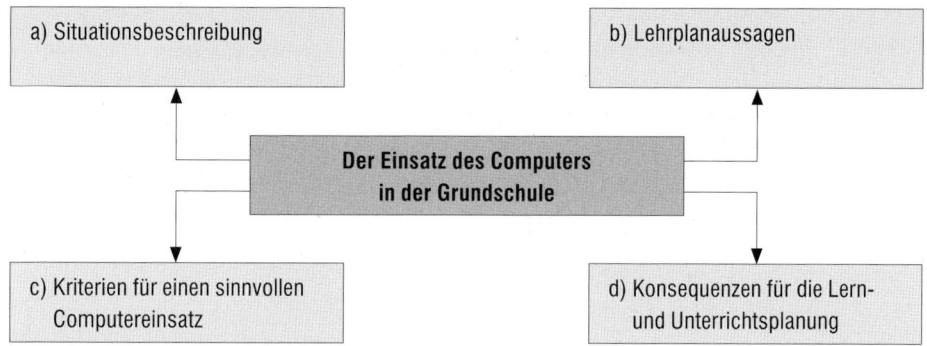

46.1 Fundstellen

- Medienbildung. Medienerziehung und informationstechnische Bildung in der Schule. Bekanntmachung des Bayerischen Staatsministeriums für Unterricht und Kultus vom 24. Oktober 2012 (KWMBl Nr. 22/2012, S. 357 – 361)
- Eirich, Hans: Kinder und Medien: Aufgaben für eine zeitgemäße Erziehung. 2010 (www.familienhandbuch.de)
- Staatsinstitut für Frühpädagogik (Eirich, Hans): Sieben Leitlinien für die elementare informationstechnische Bildung und Erziehung (www.ifp.bayern.de)
- Staatsinstitut für Frühpädagogik (Eirich, Hans): Pädagogische Arbeit mit Informations- und Kommunikationstechnik (IuK)-Hilfen und Anregungen zur Erstellung einer Konzeption (www.ifp.bayern.de/projekte/laufende/eirich-konzeption.html)
- ISB/medieninfo bayern (Stanglmeier, Gisela): Internet für Grundschüler? Ja – aber sicher! (Stand April 2011)
- Handreichung zum Einsatz des Computers in der Grundschule – Band I (Staatsinstitut für Schulpädagogik und Bildungsforschung, München, 1998)
- Handreichung zum Einsatz des Computers in der Grundschule – Band II (Staatsinstitut für Schulpädagogik und Bildungsforschung, München, 2001)
- Lehrplan PLUS Bayern 2014

46.2 Sachinformationen

a) Situationsbeschreibung

Während vor einigen Jahren noch darüber diskutiert wurde, ob ein Computereinsatz in der Grundschule wünschenswert und verantwortbar wäre, werden nunmehr bereits für den vorschulischen Bereich Überlegungen für eine elementare informationstechnische Bildung und Erziehung angestellt. Das Staatsinstitut für Frühpädagogik in München hat hierzu Leitlinien formuliert. Die erste Leitlinie lautet: „Lernziele aufstellen". So soll der Einsatz von Informations- und Kommunikationstechnik (IuK) immer im pädagogischen Kontext gesehen werden, z. B. der Gebrauch von Computer-Programmen im Rahmen eines umfassenden Projekts, der Hinführung zu Buchstaben und Zahlen oder der Vermittlung von Wissen über die heimische Tier- und Pflanzenwelt. Der Umgang mit IuK in der frühen Kindheit sollte grundsätzlich einem erzieherischen Anspruch genügen und sollte einem bewussten pädagogischen Zweck dienen – das schließt alle Anwendungen aus, für die keine klaren Lernziele angegeben werden können. Das heißt nicht, dass Anwendungen nicht Spaß und Freude machen dürfen. Ganz im Gegenteil. Es heißt lediglich, sie im Hinblick auf ihr erzieherisches Potenzial sorgfältig auszusuchen.

Die dritte Leitlinie lautet: „Integration der Informationstechnik in die Spiel- und Lernumwelt des Kindes". Das Institut führt hierzu aus: „Computer und informationstechnisch erzeugte Produkte sollten ein selbstverständlicher Teil der Lernumgebung sein.

Kinder können Informationstechnik nur verstehen, wenn sie sehen, wie sie in einem bedeutungsvollen Kontext und für reale Zwecke gebraucht wird. Die Informations- und Kommunikationstechnik sollte auch deshalb in die anderen pädagogischen Aktivitäten integriert sein, weil dies mit dem Konzept von IuK als Werkzeug besser vereinbar ist."

Diese Aussagen decken sich mit den Anforderungen für die Medienerziehung in der Schule: „Aufgabe jeder Lehrkraft ist es, den Unterricht so zu planen und zu gestalten, dass Medien aller Art in einer sinnvollen, didaktisch und pädagogisch reflektierten Art und Weise und in angemessenem Umfang eingesetzt werden. Medieneinsatz muss altersgemäß, situativ passend, fruchtbar sowie inhaltlich und methodisch adäquat gesehen werden." (KMBek vom 15. Oktober 2009)

In Fortschreibung des „Gesamtkonzeptes zur informationstechnischen Bildung in der Schule" wird der Computereinsatz im Rahmen der Freiarbeit als sinnvolle Möglichkeit der individuellen Förderung gesehen. Die „Handreichung zum Einsatz des Computers in der Grundschule" von 1998 will die intensive Auseinandersetzung mit der Frage der sinnvollen und effektiven Nutzung dieses Mediums voranbringen. Durch ein Fortbildungsmodell der Akademie für Lehrerbildung und Personalführung Dillingen unter dem Titel „Freiarbeit mit dem Computer in der Grundschule" wurden Möglichkeiten der Computernutzung entwickelt.

Dabei wurde die Arbeit am PC nur jeweils als eine Station im materialgeleiteten Lernen betrachtet, der motivierende Möglichkeiten zu selbstständigem, kooperativem und mehrdimensionalem Lernen eröffnet. Es werden hohe Ansprüche an die Qualität der computergestützten Lernumgebung gestellt. Aus bildungs- und lerntheoretischen Gründen gilt Software als wenig sinnvoll, wenn sie überkommene behavioristische Vorstellungen des Grundschulunterrichts technologisch perfektioniert („drill and practise"), die in den 60er-Jahren zur „programmierten Unterweisung" führten.

Vielmehr soll die Softwareentwicklung aktuelle wissenschaftliche Erkenntnisse, z. B. von der Konstruktivität des Lernens, und didaktische Prinzipien, z. B. das entdeckende Lernen, berücksichtigen.

Während im Fall herkömmlicher Übungsprogramme die Lehrperson teilweise durch den Computer ersetzt und die Routinetätigkeiten wie das automatisierende Üben an den Computer delegiert werden kann, ist für die Schaffung einer zukunftsträchtigen computergestützten Lernumgebung die didaktische Kompetenz des Lehrers im „normalen Unterricht", im Förderunterricht, im binnendifferenzierten Unterricht, in der Wochenplanarbeit und in der freien Arbeit gefragt.

Bedenklich ist zum Beispiel die technisch leicht realisierbare Option, den Lernprozess des Kindes mittels der Software zu steuern und zu kontrollieren, stattdessen muss die Eigenständigkeit des Kindes im Mittelpunkt eines didaktisch anspruchsvollen Unterrichts mit hoher Bildungswirkung stehen.

b) Der Lehrplan PLUS (2014) geht im Abschnitt „Schulart und fächerübergreifende Bildungs- und Erziehungsziele sowie Alltagskompetenz und Lebensökonomie" unter dem Abschnitt „Medienbildung" auf einen verantwortungsbewussten Umgang mit Medien ein:

> ▸ **Medienbildung**
> Schülerinnen und Schüler erwerben im Rahmen der schulischen Medienbildung Kenntnisse und Fertigkeiten, um sachgerecht, selbstbestimmt und verantwortungsvoll in einer multimedial geprägten Gesellschaft zu handeln.
> Sie analysieren und bewerten Vorzüge und Gefahren von Medien und nutzen diese bewusst und reflektiert für private und schulische Zwecke. Insbesondere wägen sie kriteriengeleitet ihren Umgang mit sozialen Netzwerken ab.

c) Thesen und Postulate zum sinnvollen Einsatz des Computers in der Grundschule
Im Folgenden sollen wichtige Leitlinien für die PC-Arbeit in der Grundschule vorgestellt werden. Dabei stehen nicht so sehr technische und fachbezogene Überlegungen, sondern vielmehr pädagogische Zielsetzungen und überfachliche Qualifikationen im Mittelpunkt.

> ▸ **Förderung und Forderung des Kindes, nicht Unterhaltung**
> Kinder kennen und verwenden den Computer in ihrer Freizeit vor allem als Spielgerät. Diese Erfahrung erleichtert ihnen den Zugang. Die Aufgabe der Schule ist es, über diese einseitige Nutzung hinaus die neuen Lern- und Arbeitsmöglichkeiten am PC zu zeigen. Dabei darf sich der Lehrer bei der Wahl der Software nicht vom vordergründigen Unterhaltungswert leiten lassen. Vielmehr soll die Effektivität im Hinblick auf die Forderung und Förderung der Schüler im Auge behalten werden.

▸ **Kinder als selbstverantwortliche Akteure, nicht als Konsumenten**
Im Sinne einer bewussten Medienerziehung sollen die Schüler Programme kennen und nutzen lernen, die ihnen die überlegte Auswahl geeigneter Übungs- und Arbeitsschwerpunkte nachvollziehbar machen und ermöglichen. Die Kenntnis des eigenen Lernstandes sowie der Übungsfortschritte sind durch kontinuierliche Lernberatung sicherzustellen.

▸ **Aufbau von Benutzerkompetenz und -verantwortung**
Wenn im Sinne des neuen Lehrplans der Umgang mit dem Computer zur informationstechnischen Grundbildung und zukunftsweisenden Medienerziehung gehören soll, müssen die Schüler über die notwendigen technischen und inhaltlichen Grundkenntnisse und -fähigkeiten verfügen. Diese werden in der Grundschule nicht in einem systematischen Lehrgang vermittelt, sondern beim Umgang mit dem Medium sozusagen nebenher erworben. Aufgabe des Lehrers ist es, an geeigneten Stellen auf wichtige Aspekte hinzuweisen.

▸ **Entwicklung von Strategien zur Bewältigung der Informationsflut**
Angesichts der immer unüberschaubarer werdenden Informationsmenge ist die kompetente Informationsentnahme aus verschiedenen Quellen eine wichtige überfachliche Qualifikation für die Zukunft. Die Schüler sollen lernen, Inhalte für sich sinnvoll auszuwählen und zu nutzen, aber auch kritisch mit Informationen umzugehen. Die dafür notwendigen Strategien der Informationsentnahme (selektives Lesen, Zusammenfassen, Vergleichen usw.) können im Umgang mit neuen Medien grundgelegt werden.

▸ **Ergänzung, nicht Ersatz primärer Wirklichkeitserfahrungen**
Viele Eltern und Lehrer sehen mit Sorge, dass an die Stelle von Primärerfahrungen und Sinneserlebnissen in der Natur digitale Präsentationen treten könnten. Der Lehrplan weist in den Vorbemerkungen nachdrücklich auf die Bedeutung der Wirklichkeitserfahrungen hin. Diese werden durch den Einsatz des Computers und anderer Medien nicht ersetzt, wohl aber ergänzt und bereichert.

d) **Aus diesen Überlegungen ergeben sich folgende Konsequenzen für die Lernplanung**
▸ Die Analyse der Lernsoftware und die Planung ihres gezielten Einsatzes ist Teil der Vorbereitungsarbeit des Lehrers. Auch das beste Lernprogramm darf nicht zum Selbstläufer werden und kann durchdachte didaktisch-methodische Konzepte nicht ersetzen.
▸ Der Rechnereinsatz erfolgt nicht neben, sondern stets in Verknüpfung mit dem normalen Unterricht.
▸ Themen und Lerninhalte sollten mehrdimensional und facettenreich unter Berücksichtigung lernpsychologischer und didaktischer Prinzipien bearbeitet werden. Handlungsorientierte Arbeit, Lernen vor Ort und multimediale Informationsbeschaffung ergänzen einander.

- Der Lehrer sollte sich der Vorzüge des neuen Mediums, aber auch seiner Grenzen, stets bewusst sein. Die sofortige Rückmeldung in Übungssituationen, die vielfältigen Möglichkeiten der Veranschaulichung und der rasche Zugriff auf Informationen zu Sachinhalten sollen hier nur beispielhaft als Vorteile genannt werden.
- Der Computereinsatz in der Grundschule verlangt den Einsatz neuer Kooperationsformen, z. B. eines Tutorensystems. Er trägt damit auch zu sozialem Lernen bei.

46.3 MÖGLICHE FRAGESTELLUNGEN

- Welche Gesichtspunkte sind Ihnen beim Einsatz des Computers in der Grundschule besonders wichtig?

46.4 PRÜFUNGSTIPPS

Informieren Sie sich darüber in Ihrem Schulamtsbezirk an Schulen mit Computer-Arbeitsgemeinschaften oder bei Kolleginnen und Kollegen mit Überlegungen bezüglich sog. Notebook-Klassen als zukünftige Herausforderung der Medienerziehung.
Regen Sie in Ihrem Seminar einen Seminartag zu dieser Thematik an!

47 Familien- und Sexualerziehung

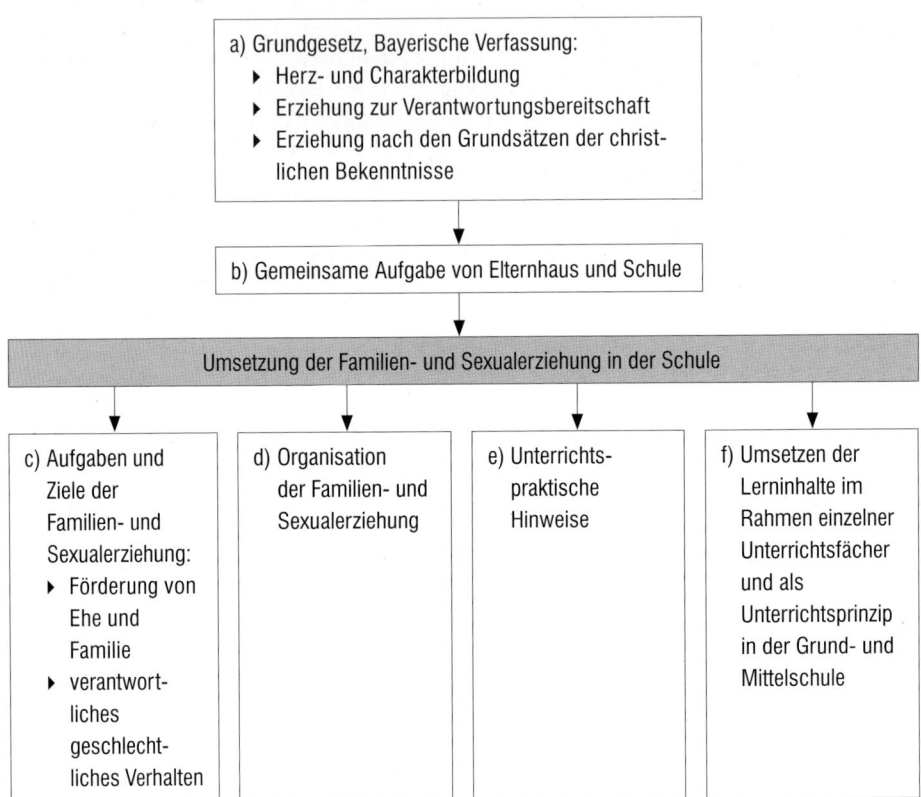

47.1 Fundstellen
- Art. 124 Abs. 1 BV
- Art. 48 BayEUG (Familien- u. Sexualerziehung) i. d. F. v. 24. Juli 2013
- „Richtlinien für die Familien- und Sexualerziehung in den bayerischen Schulen", Bekanntmachung des Bayerischen Staatsministeriums für Unterricht und Kultus vom 12. August 2002 (KWMBl I S. 285), München
- Hilgers, Andrea: Sexualerziehung in der Grundschule. Inhalte, Werte und Normen in den Richtlinien und Lehrplänen der 16 Bundesländer. BZgA 2012. (http://forum.sexualaufklaerung.de)
- Lehrplan PLUS. Schulart- und fächerübergreifende Bildungs- und Erziehungsziele … Familien- und Sexualerziehung.
- Familien- und Sexualerziehung in der Grundschule. (Seminarbezirk Schwaben. SRin Birgit Hacker, p112847.typo3server.info/…)

47.2 Sachinformationen
a) Erziehungsrechte der Eltern und der Schule

„Der Umgang mit Sexualität ist Teil des Sozialisationsprozesses als Übernahme und Verwirklichung der Normen, Werte und Verhaltenserwartungen der Gesellschaft."

(Köck, P.: Wörterbuch für Erziehung und Unterricht, S. 481)

Gemäß Art. 6 Abs. 2 GG ist die Familien- und Sexualerziehung primär die Aufgabe der Eltern. Das Recht einer schulischen Familien- und Sexualerziehung ergibt sich aus Art. 7 Abs. 1 GG. Gemäß Art. 48 Abs. 1 Satz 2 BayEUG ist die Familien- und Sexualerziehung Teil der Gesamterziehung in Elternhaus und Schule mit dem vorrangigen Ziel der Förderung von Ehe und Familie.

Daneben wird Familien- und Sexualerziehung im Rahmen mehrerer Fächer (Biologie, Religionslehre, Deutsch, Sozialkunde) durchgeführt. Nach Art. 1 Abs. 2 BayEUG haben die Schulen bei Erfüllung ihres Auftrags das verfassungsmäßige Recht der Eltern auf Erziehung ihrer Kinder zu achten und sind nach Art. 2 Abs. 4 BayEUG zur vertrauensvollen Zusammenarbeit verpflichtet.

Gemäß Art. 48 Abs. 3 BayEUG sind Ziel, Inhalt und Form der sexualpädagogischen Arbeit den Erziehungsberechtigten rechtzeitig mitzuteilen und mit ihnen zu besprechen.

b) Grundlegung schulischer Familien- und Sexualerziehung

Nach Art. 1 Abs. 1 Satz 1 und 2 BayEUG gehört Familien- und Sexualerziehung zu den Aufgaben der Schule und richtet sich unter Wahrung der Toleranz für unterschiedliche Wertvorstellungen nach diesen in der Verfassung festgelegten Wertentscheidungen und Bildungszielen:
- Art. 124 Abs. 1 BV (Ehe und Familie als natürliche und sittliche Grundlage der menschlichen Gemeinschaft);
- Art. 131 Abs. 1 und 2 BV (Herz- und Charakterbildung, Erziehung zur Verantwortungsbereitschaft);
- Art. 135 Satz 2 BV (Erziehung nach den Grundsätzen der christlichen Bekenntnisse).

c) Aufgaben und Ziele schulischer Familien- und Sexualerziehung

Familien- und Sexualerziehung in der Schule
- unterstützt den seelischen und körperlichen Reifungsprozess der Kinder und Jugendlichen;
- vermittelt eine angemessene und ausgewogene Information zu Fragen der menschlichen Sexualität;
- fördert Einstellungen, die zur Entwicklung einer verantwortlichen Partnerschaft in einer künftigen Ehe und Familie erforderlich sind;

XIV Besondere Unterrichtsinhalte

▸ hilft, eigene körperliche und seelische Entwicklung zu verstehen und zu bejahen und
▸ hilft, Gefahren für Leib und Seele früh genug zu erkennen und abzuwehren (vgl. Richtlinien für die Familien- und Sexualerziehung).

d) Die Organisation der Familien- und Sexualerziehung in der Schule
Der Klassenleiter oder ein vom Schulleiter beauftragter, in der Klasse unterrichtender Lehrer ist für die Durchführung und Koordinierung der Familien- und Sexualerziehung verantwortlich.

In den Jahrgangsstufen 1 bis 6 erfolgt die Elterninformation im Rahmen der jährlich vorgesehenen Klassenelternversammlungen. In der Grundschule werden mögliche Fragen der Kinder sowie Art und Umfang der Beantwortung in Schule und Elternhaus besprochen. Außerdem werden die vorgesehenen audiovisuellen Lehrmittel vorgestellt und besprochen. Erst nach Ablauf von acht Wochen setzt die unterrichtliche Behandlung der vorgesehenen Themen ein, um den Eltern ausreichend Zeit zum persönlichen Gespräch mit den Kindern zu geben.

In den Jahrgangsstufen 7 bis 11 kann die Elterninformation entweder im Rahmen von Klassenelternversammlungen oder durch Elternbrief erfolgen. Dies entscheidet die Schule im Einvernehmen mit dem Elternbeirat.

Besondere Klassenelternversammlungen zur Familien- und Sexualerziehung werden auf Wunsch des Elternbeirates für die Jahrgangsstufe 1, am Gymnasium und an der Realschule für die Jahrgangsstufe 5 sowie an der Mittelschule für die Jahrgangsstufe 6 einberufen (vgl. Richtlinien).

Sexualpädagogische Themen werden in der Regel im gewohnten Klassenverband behandelt. Bei Bedarf können Schülerinnen und Schüler getrennt unterrichtet werden (Schulleiter entscheidet).

Lehrmittel zur Sexualerziehung sind nach Beendigung der jeweiligen Unterrichtsstunde aus dem Unterrichtsraum wieder zu entfernen.

Mündliche und schriftliche Leistungsnachweise oder Fragebogenaktionen über das sexuelle Verhalten der Schüler sind im Rahmen der Familien- und Sexualerziehung nicht statthaft.

e) Unterrichtspraktische Hinweise
Neben der Lehrerinformation kommt dem schülerorientierten, pädagogischen Gespräch eine besondere Bedeutung zu: Der zeitliche Umfang des Unterrichts über sexuelle Fragen sollte sich laut Empfehlung der Richtlinien für die Familien- und Sexualerziehung in den einzelnen Jahrgangsstufen nach den Unterrichtszielen und der jeweiligen Situation der Klasse richten. Für die Behandlung der vorgesehenen Themen in den einzelnen Jahrgangsstufen wird ein Zeitrichtwert von insgesamt drei bis höchstens zehn Unterrichtsstunden vorgeschlagen.

f) Die Umsetzung der Lerninhalte

In den Jahrgangsstufen 1 und 2 werden insbesondere Fragen der Kinder im Rahmen der vorgegebenen Themenbereiche behandelt. In den Jahrgangsstufen 3 und 4 erfolgen sexualpädagogische Unterrichtsgespräche in vorgegebenen Themenbereichen. Auch der Lehrplan PLUS greift im Fach Heimat- und Sachkunde (1. bis 4. Jgst.) unter dem Lernbereich 2 „Körper und Gesundheit" wesentliche Kompetenzerwartungen auf.

Die Ziele der Familien- und Sexualerziehung in der Mittelschule werden nicht in einem eigenen Unterrichtsfach, sondern verteilt auf mehrere Fächer verwirklicht.

Die Unterrichtsthemen gliedern sich wie folgt auf:
(Die Richtlinien für die Grund- und Mittelschule gelten sinngemäß auch für die Förderschulen.)

Familien- und Sexualerziehung in der Grundschule	
Jahrgangsstufen 1 und 2	**Jahrgangsstufen 3 und 4**
▸ Unterschiede und Gemeinsamkeiten der Geschlechter (ohne detaillierte anatomisch-physiologische Einzelheiten) ▸ Mutterschaft und Vaterschaft ▸ Tätigkeiten und Aufgaben in der Familie ▸ Prävention von sexuellem Missbrauch: Selbstbewusstsein entwickeln, unangenehme Berührungen ablehnen können	▸ Aufgaben von Vater, Mutter und Kindern in der Familie ▸ Verhalten von Mädchen und Buben ▸ Sensibilisierung für geschlechtsspezifisches Rollenverhalten, Gleichberechtigung ▸ Zeichen der Zuneigung und Liebe bei Kameradschaft, Freundschaft, Ehe und Familie ▸ Geschlechtsmerkmale bei Mädchen und Jungen, Reifungserscheinungen, Körperhygiene ▸ In der Grundschule ist bei sexualpädagogischen Themen auf die bildliche und schriftliche Darstellung von Unterrichtsinhalten durch die Schüler zu verzichten.

XIV Besondere Unterrichtsinhalte

Familien- und Sexualerziehung in der Mittelschule

Jahrgangsstufen 5 und 6	Jahrgangsstufen 7 und 8	Jahrgangsstufen 9 und 10
▶ Hilfen zur Integration der Sexualität in die Persönlichkeitsentwicklung des Einzelnen ▶ unterschiedliche Verhaltensweisen von Mädchen und Buben ▶ Überblick über die körperlichen Merkmale der Geschlechter ▶ Hinweis auf seelische und körperliche Veränderungen während der Pubertät ▶ Fragen der notwendigen täglichen Hygiene ▶ Entstehung menschlichen Lebens: Befruchtung, Schwangerschaft und Geburt in Form eines Überblicks ▶ Achtung vor dem ungeborenen Leben; Rücksichtnahme auf die werdende Mutter	▶ Freundschaft zwischen Mädchen und Buben ▶ Vermittlung der auf den Grundsätzen der christlichen Bekenntnisse beruhenden sittlichen Normen und Verpflichtungen im Verhältnis der Geschlechter zueinander ▶ entwicklungsbedingte Krisen des Jugendlichen in der Pubertät ▶ Problematik früher Sexualbetätigung und früher Dauerbindung junger Menschen	▶ Voraussetzungen für echte Partnerschaft: Fragen der Partnerwahl, Ehe und Familie ▶ Bedeutung sittlicher und religiöser Grundhaltungen für die Reifung des Einzelnen und für partnerschaftliches Verhalten ▶ soziale und rechtliche Fragen des Geschlechts-, Ehe- und Familienlebens, Mutterschutz ▶ Problematik der Prostitution ▶ persönliche und soziale Aspekte der Homosexualität ▶ kritische Beurteilung der Beeinflussung menschlichen Sexualverhaltens durch die Massenmedien ▶ Auswirkungen der Kommerzialisierung der Sexualität des Menschen ▶ Hinweise auf Gefahren durch Drogen- und Alkoholmissbrauch ▶ strafrechtliche Bestimmungen über sexuelle Vergehen ▶ Überblick über die Entwicklung des Menschen bis zur Geburt ▶ Erbkrankheiten und genetische Familienberatung ▶ Schutz ungeborenen Lebens, öffentliche und private Hilfen für Schwangere, Familien, Mütter und Kinder ▶ verantwortete Elternschaft ▶ Geschlechtskrankheiten und Hygiene

g) Beitrag der Unterrichtsfächer

Biologie	Hier werden die für das Verständnis der menschlichen Sexualität notwendigen sachlichen und begrifflichen biologischen Grundlagen vermittelt. „Sexualverhalten und Fortpflanzung des Menschen sollen jedoch nicht vordergründig nur als biologische Abläufe dargestellt, sondern in erster Linie im Hinblick auf die Verantwortung des Menschen für die nur ihm eigene Form der Lebensführung erörtert werden." (Richtlinien)
Religionslehre	Einsicht in die Notwendigkeit sittlicher Entscheidung und verantwortungsbewussten Handelns.
Deutsch	Im Mittelpunkt lyrischer, epischer und dramatischer Literatur kann die Begegnung mit dem anderen Geschlecht und die Auseinandersetzung der Geschlechter mit den Problemen der Liebe und Sexualität stehen. Dabei sollte auch der Frage: „Was ist pornografische Literatur?" nicht ausgewichen werden.
Sozialkunde	Hier wird die Bedeutung der Sexualität des Menschen über den personalen und partnerschaftlichen Aspekt hinaus im sozialen und staatlichen Bereich dargestellt. Schwerpunkte sind hierbei die verfassungsrechtlich geschützten Institutionen Ehe und Familie.

h) Aktionswochen für das Leben
Ausgehend von den Leitsätzen zum Urteil des Bundesverfassungsgerichts vom 28. Mai 1993 zur Regelung des Schwangerschaftsabbruchs soll in Ergänzung der unterrichtlich festgelegten Informationen über den ungeborenen Menschen und sein Lebensrecht möglichst jährlich eine Aktionswoche durchgeführt werden, wobei projektartiges Lernen unter Einbeziehung der Schülermitverantwortung und der Eltern angestrebt wird.

i) Prävention von sexuellem Missbrauch
Eine grundlegende Erziehungsaufgabe ist die Förderung der Persönlichkeitsentwicklung zur Vorbeugung bei sexuellen Übergriffen. „Die Förderung von Selbstbewusstsein, Selbstwertgefühl und Stärke muss ergänzt werden durch eine altersangemessene Sexualerziehung." (Vgl. Richtlinien) Wesentlich ist das vertrauensvolle, pädagogische Gespräch. Mediale Angebote treten unterstützend dazu, z. B.: Theaterstück gegen sexuellen Missbrauch ...

k) Einsatz ausgewählter Filme
Im Auftrag des Bayerischen Staatsministeriums für Unterricht und Kultus wurde der Film „Trau Dich" produziert. Auch der Film „Sag nein" mit Begleitbroschüre und Kopiervorlage für ein Plakat mit der Rufnummer des Kindersorgentelefons (01308/11103) kann zur Prävention sexuellen Missbrauchs beitragen.

l) Theaterstück gegen sexuellen Missbrauch

Schauspielerinnen und Schauspieler der Gruppe „Trampelmuse" erarbeiteten ein Theaterstück zum Thema „Sexueller Missbrauch" und bringen dieses nach Anforderung vor Fachleuten, Eltern und Schülern zur Aufführung. Die Vor- und Nachbereitungsphase erfolgt in Kooperation von Trampelmuse, Jugendamt, Schulamt und Erziehungsberatungsstellen.

> **47.3 MÖGLICHE FRAGESTELLUNGEN**
> ▸ Beschreiben Sie den gesetzlichen Rahmen schulischer Familien- und Sexualerziehung!
> ▸ Wie wird die Familien- und Sexualerziehung in der Schule organisiert?
> ▸ Konkretisieren Sie Ziele und Aufgaben schulischer Familien- und Sexualerziehung anhand Ihrer erzieherischen oder fachdidaktischen Arbeit in Ihrer Jahrgangsstufe!

48 Umwelterziehung

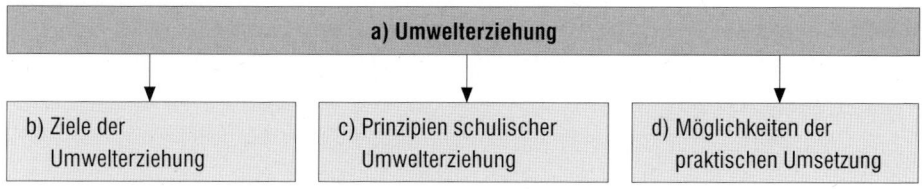

48.1 Fundstellen
- „Richtlinien für die Umweltbildung an den bayerischen Schulen", KMBek vom 22. Januar 2003, KWMBl. I Nr. 3/2003, S. 61 ff.
- Handreichung zur Umwelterziehung in der Grund- und Hauptschule Band I und II, ISB, 1991
- „Schullandheimaufenthalte mit ökologischem Schwerpunkt. Klassenzimmer Natur", ISB, 1994
- Jenchen, Hans-Joachim: „Ideen- und Prüfliste für Schulleitungen und Lehrerkollegien", aus dem GEE-Rundbrief Ostern 1989
- aktuelle Lehrpläne für die Grund- und Hauptschule

48.2 Sachinformationen
a) Lehrplanaussagen zur Umwelterziehung
1) *Lehrplan PLUS für die bayerische Grundschule (Kap. „Schulart- und fächerübergreifende Bildungs- und Erziehungsziele ... ")*

> **Bildung für Nachhaltige Entwicklung (Umweltbildung, Globales Lernen):**
> „Im Rahmen einer Bildung für Nachhaltige Entwicklung entwickeln Schülerinnen und Schüler Kompetenzen, die sie befähigen, nachhaltige Entwicklungen als solche zu erkennen und aktiv mitzugestalten.
> Sie entwickeln Verantwortungsbewusstsein für Natur und Umwelt und erweitern ihre Kenntnisse über die komplexe und wechselseitige Abhängigkeit zwischen Mensch und Umwelt. Sie gehen sorgsam mit den ökologischen, ökonomischen und sozialen Ressourcen um, damit Lebensgrundlage und Gestaltungsmöglichkeiten der jetzigen und der zukünftigen Generationen in allen Regionen der Welt gesichert werden.
> Die Schülerinnen und Schüler eignen sich Wissen über Umwelt- und Entwicklungsprobleme, deren komplexe Ursachen sowie Auswirkungen an und setzen sich mit Normen und Werten auseinander, um ihre Umwelt wie auch die vernetzte Welt im Sinne des Globalen Lernens kreativ mitgestalten zu können."

2) *Lehrplan für die bayerische Hauptschule (2004; fächerübergreifende Unterrichts- und Erziehungsaufgaben, Ziff 1.4)*

Schüler erleben, dass sich die Menschen gegenüber ihrer natürlichen und kulturell gestalteten Umwelt ganz unterschiedlich verhalten. Sie beobachten sowohl Angst vor den Umweltproblemen der Zukunft als auch Gleichgültigkeit in dieser Frage; sie sehen, dass Menschen die Schuld an den Schwierigkeiten bei anderen suchen und von dort Abhilfe erwarten oder dass sie darauf setzen, die Probleme technisch bewältigen zu können. Angesichts dieser oft verunsichernden Eindrücke kommt es darauf an, dass die Schüler die vielfachen wechselseitigen Abhängigkeiten zwischen Mensch, Umwelt und Natur möglichst gut verstehen. Dazu brauchen sie vielfältige, auch außerunterrichtliche Gelegenheiten zum eigenen Erleben von Natur und Kultur, damit das Verhältnis zur Umwelt nicht nur von der Sorge um das Überleben der Menschheit, sondern auch von zweckfreiem Natur- und Kulturverständnis, von Ehrfurcht vor der Schöpfung bestimmt wird. Im Umgang vor allem mit lokalen und aktuellen Herausforderungen sollen sie lernen, wie Einzelne, Gruppen und größere Gemeinschaften an den gestellten Aufgaben arbeiten. Auf diese Weise kann die Einsicht wachsen, dass der Mensch auf Dauer nur in Übereinstimmung mit Natur und kultureller Umwelt überleben kann. Dazu gehört auch die Bereitschaft, aus Mitverantwortung für eine lebenswerte Zukunft und mit Blick auf eine nachhaltige Entwicklung auf manche gewohnte Ausnutzung natürlicher Ressourcen zu verzichten.

b) Aufgaben und Ziele der Umwelterziehung

Der neue Ansatz der Umweltbildung besteht darin, dass sie das zentrale Anliegen der Bildung für eine nachhaltige Entwicklung ist. In ihr überschneiden sich ökologische Fragen, ökonomische Problemstellungen und Aspekte sozialer Entwicklungen in der „Einen Welt". Diese Teilbereiche hängen zusammen und sollten deshalb als Gesamtheit betrachtet werden. Eine wichtige Basis ist der verantwortungsbewusste Umgang mit Natur und Umwelt, der von den Kindern und Jugendlichen selbst erlernt werden muss. Wie bei jedem Lernen verknüpfen sie ihre Vorerfahrungen mit neuen Anforderungen und müssen Wissen, Verständnis und Haltungen letztlich selbst aufbauen.
Es geht nicht in erster Linie um die Vermittlung eines wünschenswerten Umweltverhaltens oder um moralische Appelle. Zu den zentralen neuen Zielen von Umweltbildung gehört es vielmehr, Kinder und Jugendliche zu befähigen, dass sie altersangemessen aktiv am gesellschaftlichen Geschehen teilhaben (Partizipation) und es mitgestalten können (Gestaltungskompetenz). Damit ist die Umweltbildung ein Teil der politischen Bildung.
Die Kinder und Jugendlichen sollen Verständnis für die vielfachen, wechselseitigen Abhängigkeiten zwischen Mensch und Umwelt erwerben. Die Entwicklung von problemlösendem, flexiblem Denken geht damit Hand in Hand. Sachwissen bleibt aber folgenlos, wenn die Schülerinnen und Schüler seinen Sinn für ihr persönliches Leben nicht erkennen, sich emotional nicht angesprochen fühlen und sich nicht in die Lage anderer versetzen können. (...) Umweltbildung hat also den ganzen Menschen mit seinem Gefühl, seinem praktischen Können und seinem Sachverstand im Blick („Herz, Hand und Kopf").

48 Umwelterziehung

c) Prinzipien der Umwelterziehung

Werteerziehung	Orientierung an den Bildungszielen der Verfassung (Art. 131 Abs. 2 BV)
Situationsorientierung	Umwelterziehung greift die konkrete Erfahrungswelt der Schüler auf: z. B. heimatliches Wohn-, Schul- und Arbeitsfeld. Durch die Beschäftigung mit Umweltthemen der Heimat wird die Grundlage für eine vertiefte Einsicht in die Umweltproblematik auch auf globaler Ebene geschaffen. Es werden Lebenssituationen der Schüler mit in den Unterricht einbezogen. Es soll von solchen Situationen ausgegangen werden, an denen beispielhaft gezeigt werden kann, dass diese Situationen durch pädagogische Aktionen von den Schülern beeinflusst werden können.
Handlungsorientierung	Schüler sollen persönliche Erfahrungen und Fähigkeiten in eigenes umweltbezogenes, sinnhaftes und verantwortungsbewusstes Handeln umsetzen und als sinnvoll erleben. Für die ökologische Erziehung bedeutet dies ein Ausrichten an „Ernstsituationen". Keine Vermittlung von ausschließlich reproduzierbarem Wissen!
Fächerübergreifendes Unterrichten	Umwelterziehung kann in allen Fächern realisiert werden. In erster Linie steht die komplexe Wirklichkeit da, die Fragen stellt. Dann sind die Arbeitsweisen der Fächer gefragt; Fachaspekte und -arbeitsweisen werden in das Gesamtthema integriert.
Betroffenheit	Inneres Angerührtsein stellt sich ein, wenn die persönlichen Werte und die darauf beruhenden Handlungs- und Verhaltensmuster zur Lebensbewältigung unmittelbar angesprochen sind. In negativer Hinsicht kann es eine Infragestellung bedeuten, in positiver Hinsicht kann es eine aufbauende, tragende Erfahrung sein (Freude, Angemutetsein, Staunen, Ehrfurcht, Spaß, Begegnung).
Geschichtlichkeit	Für die ökologische Erziehung verlangt Geschichtlichkeit (Vergangenheitsaspekt und Zukunftsaspekt) Erziehung zu: ▸ Achtung vor den Leistungen unserer Vorfahren ▸ sorgfältige Bewahrung der ererbten Lebensgrundlagen ▸ Wahrnehmung von Verantwortung gegenüber nachfolgenden Generationen
Projektorientierung	*Projektskizze:* Auseinandersetzung mit der Projektinitiative *Projektplan:* Gemeinsame Entwicklung des Betätigungsfeldes *Projektdurchführung:* Aktivität im Betätigungsfeld *Projektabschluss:* Veröffentlichung der Ergebnisse und Vergleich des Endzustandes mit dem Ausgangszustand *Metainteraktion:* Reflexion über das ganze Projektgeschehen

XIV Besondere Unterrichtsinhalte

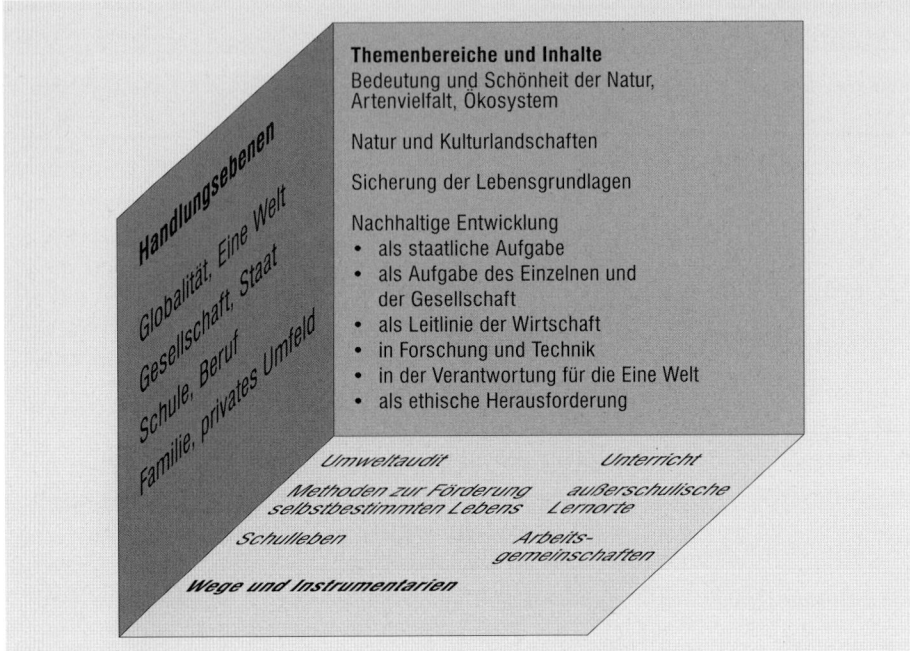

d) Möglichkeiten der Realisierung von Umweltbildung in den Bereichen Erziehung, Unterricht und Schulleben

Die bereits öfter erwähnte KMBek aus dem Jahre 2003 gibt eine Fülle von Vorschlägen, Anregungen und Hinweisen nebst Ideen zur praktischen Umsetzung für alle Schularten und Jahrgangsstufen. Um eine genaue Lektüre dieses Textes werden Sie nicht herumkommen. Nachfolgend nur einige wenige Ideen:

▸ Schaffung einer gesunden Schulumwelt (Verwendung ökologischer und unbedenklicher Baustoffe, Vermeidung von Asbest, Klebstoffen, Holzschutzmitteln usw.);
▸ Verwendung umweltfreundlicher Materialien in der Schule (Verwendung von Umweltpapier, Mehrwegflaschen usw. im Pausenverkauf, umweltfreundliche Materialien für den Schüler …);
▸ konsequente Abfallvermeidung bzw. -trennung;
▸ Energie- und Wassersparmaßnahmen umsetzen, umweltfreundliche Reinigungsmittel verwenden;
▸ Anliegen der Umwelterziehung in den Bereichen Erziehung, Unterricht und Schulleben (Projekte wie Biotoppatenschaften o. Ä.) umsetzen;
▸ Teilnahme an außerschulischen Aktivitäten (z. B. Sammeln von leeren Batterien, Tonerpatronen usw.; Nutzung des Angebotes des Landesbundes für den Vogelschutz e. V. Bayern; Teilnahme am Mitmach-Projekt „Naturdetektive" des Bundesamtes für Naturschutz usw.).

48.3 MÖGLICHE FRAGESTELLUNGEN

▶ Der Umwelterziehung kommt angesichts der zunehmenden Bedrohung der natürlichen Lebensgrundlagen eine erhöhte Bedeutung zu. Nennen Sie einige Prinzipien und stellen Sie deren unterrichtliche Umsetzung dar!

48.4 PRÜFUNGSTIPPS

Seit der Veröffentlichung der Richtlinien für die Umwelterziehung sind an bayerischen Schulen eine Fülle von Umweltschutzaktionen und anderer unterrichtlicher Aktivitäten durchgeführt worden. Sicherlich haben Sie selbst schon in diese Richtung gearbeitet. Alle Fächer enthalten Möglichkeiten dafür. Wenn Sie Anregungen brauchen für die Umsetzung der „Richtlinien für die Umwelterziehung an bayerischen Schulen" in Ihrem ganz persönlichen Klassenlehrplan, dann holen Sie sich Anregungen in den beiden sehr wertvollen ISB-Handreichungen zur Umwelterziehung in der Grund- und Haupt- bzw. Mittelschule.

49 Fremdsprachen in der Grundschule

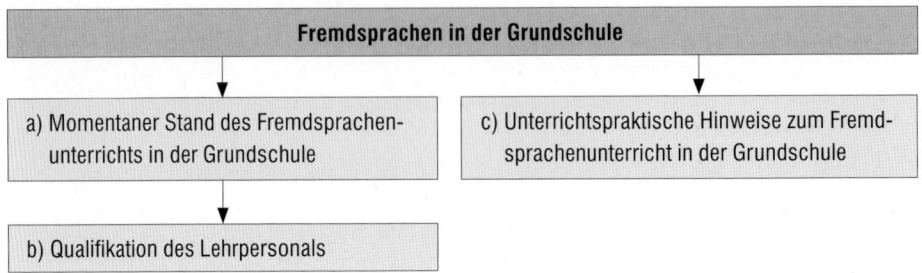

49.1 Fundstellen
- Lehrplan PLUS: Englisch Fachprofil, kompetenzorientierter Lehrplan, grundlegende Kompetenzen
- Kultusministerkonferenz: Bericht „Fremdsprachen in der Grundschule – Sachstand und Konzeption 2013". Beschluss der KMK vom 17. Oktober 2013
- Regierung von Oberbayern: Informationen für Lehrer zur Qualifikation „Englisch in der Grund- und Mittelschule"
- „Weiterentwicklung des Fremdsprachenunterrichts in der Grundschule", KMS vom 27. Juli 2004
- STEP Further. Der Übergang von der Grundschule zu weiterführenden Schulen im Fach Englisch. ISB (Hrsg.) Cornelsen Verlag. Berlin 2009
- Orientierungshilfen für die Lernstandserhebung im Englischunterricht der Grundschule. ISB, München 2008
- Unterrichtsfach Englisch, Qualifikation der Lehramtsanwärter/innen für das Lehramt an Grundschulen, der Lehramtsanwärter/innen für das Lehramt an Mittelschulen. (Reg.-schreiben vom 01. März 2012; 40.1–5)

49.2 Sachinformationen
a) Momentaner Stand des Fremdsprachenunterrichts in der Grundschule
Nach einer Phase von Schulversuchen zur Einführung einer Fremdsprache in den Jahrgangsstufen 3 und 4 der Grundschule in den Schuljahren 1990/91 bis 1994/95 (Sprachen: Englisch – Französisch – Italienisch) erfolgte seit 1994/95 eine kontinuierliche Ausweitung des Fremdsprachenunterrichts.

Ab dem Schuljahr 2004/05 wurde in allen Klassen der 3. und 4. Jahrgangsstufe Englisch als verpflichtendes Unterrichtsfach eingeführt. Französisch und Italienisch dürfen im bereits bestehenden Umfang in Form von Arbeitsgemeinschaften weitergeführt werden.

„Eine Fremdsprache wird im Umfang von zwei Unterrichtsstunden in den allgemeinen Unterricht integriert. Dafür reduziert sich die Anzahl der Unterrichtsstunden im Fach Deutsch um je eine Unterrichtsstunde. Die zweite Unterrichtsstunde wird zusätzlich eingefügt, so dass sich in den jeweiligen Jahrgangsstufen die Gesamtzahl der Unterrichtsstunden um eine Stunde erhöht."
(Jgst. 3 und 4: 29 Stunden)

(aus dem Anhang zum Grundschullehrplan)

An Schulen mit eingeführten Fremdsprachen sind keine fremdsprachlichen Arbeitsgemeinschaften mehr zulässig.

Damit der Anfangsunterricht in Englisch der weiterführenden Schulen eine verlässliche Basis erhält, wurden die Fachlehrpläne der 3. und 4. Klassen in verbindlicher Weise konkretisiert und ergänzt (kommunikative Absichten, Wortschatz, grundlegende Formen und Funktionen). „Die Erlebnisorientierung des Fremdsprachenunterrichts wird durch eine Ergebnisorientierung ergänzt." (Vgl. KMS) Mit Beginn des Schuljahres 2007/2008 setzen die weiterführenden Schulen (Haupt- bzw. Mittelschule, Realschule, Gymnasium) Ergebnisse aus dem Englischunterricht der GS voraus. Die methodischen Hinweise des Fachprofils werden dahingehend korrigiert: „Lesen und Schreiben haben unterstützende Funktion."

b) Qualifikation des Lehrpersonals

Voraussetzung für die Durchführung von Fremdsprachenunterricht sind sprachliche Kompetenz und Kenntnis der grundschulgemäßen Methodik und Didaktik der Lehrkräfte. Die Voraussetzungen können der auf der nächsten Seite folgenden Tabelle entnommen werden (Quelle: ISB-Veröffentlichung).

c) Unterrichtsgestaltung und Hinweise zum Unterricht (Auszug aus dem Lehrplan PLUS: 1.1 Aufgaben des Faches):

1.1 Aufgaben des Faches

Im Englischunterricht der Grundschule entfalten die Schülerinnen und Schüler ein erstes Gespür für die englische Sprache und entwickeln eine grundlegende kommunikative Handlungsfähigkeit. Sie erhalten gezielte Einblicke in die englischsprachige Welt und setzen sich mit Lebensweisen anderer Kulturen auseinander. Die Kinder lernen, kulturelle Gemeinsamkeiten und Verschiedenheiten bewusst wahrzunehmen und Fremdes als selbstverständlichen Bestandteil ihrer eigenen Welt zu betrachten und wertzuschätzen. Sie werden dazu angeregt, anderssprachige Kulturen tolerant mit der eigenen zu vergleichen und mit einer multikulturellen Wirklichkeit ohne Berührungsängste und Vorurteile umzugehen. Sie entdecken einzelne Gemeinsamkeiten und Unterschiede zwischen dem Englischen und dem Deutschen sowie anderen Erstsprachen, setzen sich damit auseinander und denken über die eigenen Sprachen und die fremde Sprache nach. Dadurch erweitern die Schülerinnen und Schüler ihre Sprachbewusstheit *(language awareness)* und eröffnen sich einen reflektierten Zugang für lebenslanges Fremdsprachenlernen.

XIV Besondere Unterrichtsinhalte

Lehrer-Qualifikation (basiert auf 2 Säulen)	
Fremdsprachenkompetenz (Nachweis durch)	PLUS **Methodisch-didaktische Kompetenz der Fremdsprachenvermittlung** (Nachweis durch)
Uni-Abschluss (Staatsexamen, Magister, nv GS/HS) oder 5 Wochen „Lingua" (Dillingen) oder 3 Wochen „Englisch-HS" (Dillingen) oder Prüfung Didaktik/Schwerpunkt Englisch alte Lehrerbildung oder Dolmetscher-/Übersetzerprüfung oder Zertifikatsbestätigungen (über Dillingen; z. B. DELF) oder erfolgreiche Sprachkompetenzprüfung (SKT) oder Qualifizierender Nachweis eines Aufenthalts im englischsprachigen Ausland (mindestens 6 Monate) oder Nachweis über B2-Niveau des Gemeinsamen Europäischen Reverenzrahmens (GERR) oder Bestätigung für GS-Lehrer, die im Rahmen ihrer Reststunden in den letzten Jahren mit besonderem Erfolg Englisch an HS unterrichtet haben (Schulamt; KMS)	methodisch-didaktische Pflichtfortbildung (von den Multiplikatoren/Fremdsprache): 3 – 4-tägig auf Regierungsebene oder 1 Woche auf Regierungsebene oder 3-tägig in Dillingen oder 1 Woche in Dillingen oder 1 Semester an der Universität zur Ausbildung in Didaktik des Englischunterricht mit Abschlussklausur (z. B. LMU München/Lehrstuhl Englisch) und zusätzlich eine UV in Englisch vor dem Fachseminarleiter und zusätzlich methodische Nachweise im Sonderseminar Englisch oder Teilnahme an allen acht Ausbildungstagen im Sonderseminar Englisch

49 Fremdsprachen in der Grundschule

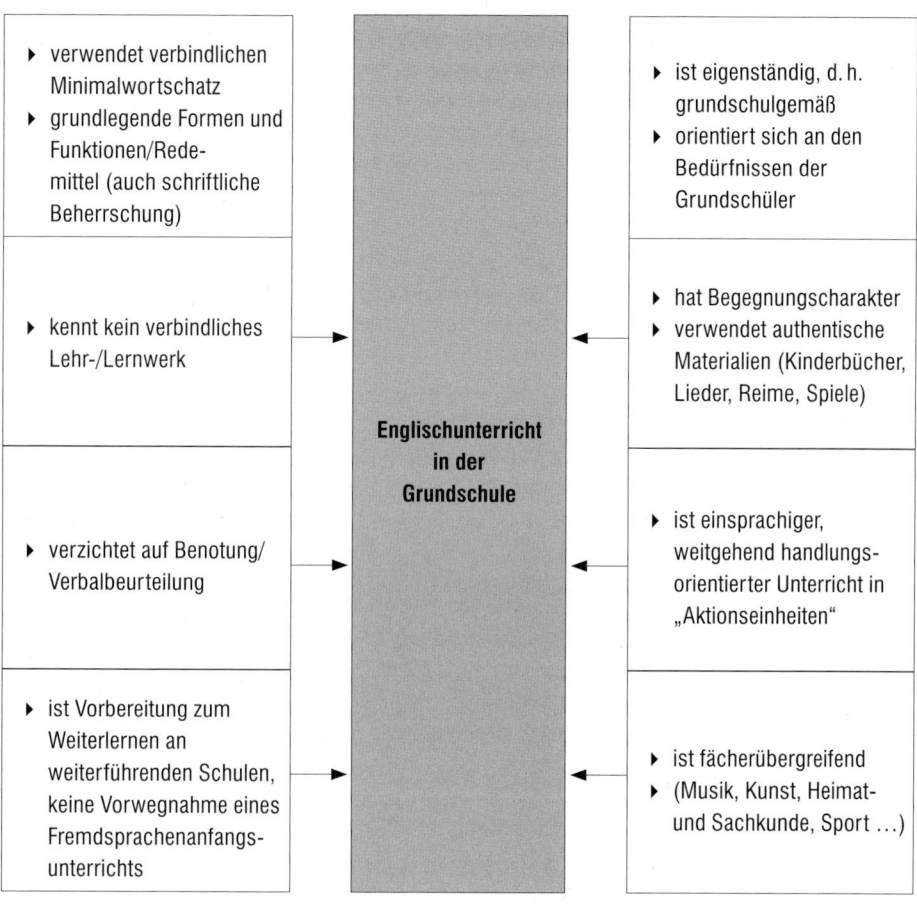

Englischunterricht in der Grundschule

- verwendet verbindlichen Minimalwortschatz
- grundlegende Formen und Funktionen/Redemittel (auch schriftliche Beherrschung)

- kennt kein verbindliches Lehr-/Lernwerk

- verzichtet auf Benotung/ Verbalbeurteilung

- ist Vorbereitung zum Weiterlernen an weiterführenden Schulen, keine Vorwegnahme eines Fremdsprachenanfangsunterrichts

- ist eigenständig, d. h. grundschulgemäß
- orientiert sich an den Bedürfnissen der Grundschüler

- hat Begegnungscharakter
- verwendet authentische Materialien (Kinderbücher, Lieder, Reime, Spiele)

- ist einsprachiger, weitgehend handlungsorientierter Unterricht in „Aktionseinheiten"

- ist fächerübergreifend (Musik, Kunst, Heimat- und Sachkunde, Sport ...)

49.3 MÖGLICHE FRAGESTELLUNGEN

- Erläutern Sie aus schulrechtlicher Sicht die Grundlagen für den Fremdsprachenunterricht in der Grundschule!

49.4 PRÜFUNGSTIPPS

Eine Hospitation bzw. ein Besuch des Seminars in einer 3. oder 4. Klasse beim Fremdsprachenunterricht ist sicher sehr interessant – sicherlich auch die nachfolgende Besprechung mit der Lehrkraft.

50 Mobilitäts- und Verkehrserziehung in der Grund- und Mittelschule

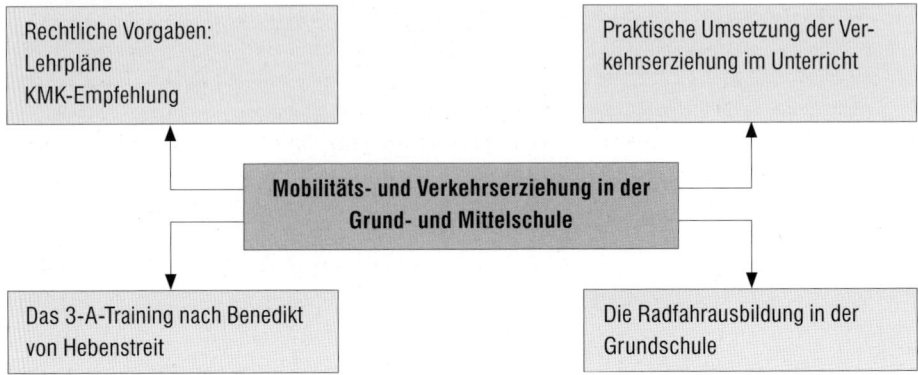

50.1 Fundstellen
- Lehrplan PLUS für die bayerische Grundschule (Entwurf 2014)
- Lehrplan für die bayerische Haupt- bzw. Mittelschule (2004)
- „Empfehlung zur Mobilitäts- und Verkehrserziehung in der Schule", Beschluss der Kultusministerkonferenz vom 7. Juli 1972 i. d. F. v. 10. Mai 2012
- „Radfahrausbildung in der Grundschule", Gemeinsame Bekanntmachung der Bay. Staatsministerien für Unterricht und Kultus und des Inneren vom 15. Mai 2003

50.2 Sachinformationen
a) Lehrplanaussagen zur Mobilitäts- und Verkehrserziehung
1) Lehrplan PLUS für die bayerische Grundschule (Entwurf 2014) im Kapitel „Schulart- und fächerübergreifende Bildungs- und Erziehungsziele ... "

Verkehrserziehung
„Verkehrserziehung zielt auf die Befähigung der Schülerinnen und Schüler zu einer sicheren Teilhabe am Verkehr sowie zu selbstverantwortlicher und altersgerechter Mobilität.
Sie schulen ihre motorischen Fähigkeiten sowie ihr antizipatorisches Wahrnehmungs- und Reaktionsvermögen, um als Fußgänger, Radfahrer, Mitfahrer und Benutzer motorisierter Fahrzeuge sowie öffentlicher Verkehrsmittel gefahrenbewusst und verantwortungsvoll zu agieren. Ihr Mobilitätshandeln zeigt Problembewusstsein für ökologisches und ökonomische Fragen und Bereitschaft zu Rücksichtnahme und defensivem Verhalten."

2) Hauptschullehrplan, fächerübergreifende Unterrichts- und Erziehungsaufgaben

Heranwachsende Menschen betrachten die Mobilität und die durch sie ermöglichte zeitliche und örtliche Unabhängigkeit als einen bedeutsamen Teil ihrer individuellen Lebensqualität. Gleichzeitig müssen sie wahrnehmen, dass sie zunehmend Verantwortung tragen. In Schule, Beruf, Freizeit und Verkehr sollen sie sich partnerschaftlich verhalten, Risiken richtig einschätzen und die Auswirkungen des eigenen Verhaltens auf sich, auf andere und auf ihre Umwelt kennen. Auch mit Blick auf eine altersbedingt immer häufiger motorisierte Teilnahme am Straßenverkehr werden sie befähigt, Gefahren zu erkennen, zu vermeiden, zu bewältigen und zu beseitigen sowie sich nach Verkehrsunfällen angemessen zu verhalten. Dazu sollen sie ihre Wahrnehmungs- und Reaktionsfähigkeit entwickeln, verkehrskundliches und verkehrstechnisches Wissen erwerben und umsetzen sowie situationsgerecht und vorausschauend handeln können. Die Teilnahme am Verkehr erfordert Rücksichtnahme und gegebenenfalls den Verzicht auf die Durchsetzung eigener Rechte. Darüber hinaus sollen sich Schüler kritisch mit den Auswirkungen des Verkehrs auf Mensch und Natur, seinen jetzigen und zukünftigen Folgen beschäftigen und nach Lösungsmöglichkeiten für auftretende Probleme suchen. Allen Schülern soll ein Erste-Hilfe-Kurs angeboten werden.

b) **Ziele der Mobilitäts- und Verkehrserziehung (VE) (alle sechs Punkte aus dem Beschluss des KMK):**

▸ **Zukunftsfähige Mobilität**
Mobilitäts- und Verkehrserziehung befähigt Schülerinnen und Schüler, sich mit den Anforderungen des heutigen Verkehrs, seinen Auswirkungen auf die Menschen und die Umwelt sowie mit der Entwicklung einer zukunftsfähigen Mobilität auseinanderzusetzen.
Sie orientiert sich am Leitbild der nachhaltigen Entwicklung, die ökologische Belastbarkeit der Erde nicht zu überfordern, den Klimaschutz zu verstärken und negative Auswirkungen des Verkehrs auf das Leben der Menschen zu reduzieren.

▸ **Selbstständige Mobilität**
Mobilitäts- und Verkehrserziehung leistet durch die Förderung der selbstständigen Mobilität der Schülerinnen und Schüler einen Beitrag zu ihrer Persönlichkeitsentwicklung und befähigt sie, ihre soziale Rolle im Verkehr eigenständig und kompetent wahrzunehmen. Schülerinnen und Schüler beteiligen sich zunehmend selbstständig zu Fuß und mit dem Fahrrad am Verkehr, lernen, sich in den öffentlichen Verkehrsmitteln und Verbundsystemen zurechtzufinden, und erweitern dadurch ihren Aktionsradius. Sie entwickeln Kompetenzen für eine verantwortungsvolle Teilnahme am motorisierten Verkehr.

▸ **Sicheres Verhalten im Verkehr**
Die Mobilitäts- und Verkehrserziehung unterstützt die Schülerinnen und Schüler beim Aufbau von Kompetenzen, um sich am Straßenverkehr vielseitig und sicher zu beteiligen. Schülerinnen und Schüler lernen, sich als Fußgänger, Radfahrer, Fahrer und Mitfahrer von motorisierten Fahrzeugen und als Benutzer öffentlicher Verkehrsmittel umsichtig und sicherheits- und gefahrenbewusst zu verhalten. Sie erwerben Regelwissen, verkehrsspezifische und verkehrsrechtliche Kenntnisse. Sie erweitern ihre motorischen Fertigkeiten, ihr Wahrnehmungs- und Reaktionsvermögen und bauen ein flexibles, situationsbezogenes Verhalten und die Fähigkeit zur Antizipation von Risiken im Straßenverkehr und zur Vermeidung von Gefahren aus.

XIV Besondere Unterrichtsinhalte

▸ **Sozialkompetenz im Verkehr**
Schülerinnen und Schüler setzen sich mit der Verkehrswirklichkeit auseinander und lernen den Verkehr als ein soziales System kennen, das besonderen Regeln und Normen der sozialen Interaktion unterworfen ist. Sie bauen Kompetenzen auf, um in Verkehrssituationen sozial angemessen handeln zu können. Sie lernen sich flexibel und verantwortungsbewusst zu verhalten, Rücksicht zu nehmen und sich in die Rolle der anderen Verkehrsteilnehmer hineinzuversetzen, deren Verhalten zu antizipieren und das eigene Verhalten darauf einzustellen.

▸ **Umweltbewusstes und gesundheitsbewusstes Verhalten im Verkehr**
Schülerinnen und Schüler erwerben grundlegende Kenntnisse über die Auswirkungen des Verkehrs auf Gesundheit, Umwelt und Klima. Sie setzen sich mit Motiven der Verkehrsmittelwahl und des Mobilitätsverhaltens sowie ihrer eigenen Motivation zum Einstieg in die Motorisierung auseinander und erproben unterschiedliche Verkehrsmittel. Sie bauen Kompetenzen auf für eine verantwortungsvolle, umweltfreundliche Verkehrsmittelwahl sowie für ein gesundheitsbewusstes Verhalten.

▸ **Verkehrsraumgestaltung**
Schülerinnen und Schüler erwerben Grundlagen, um an der Gestaltung einer Verkehrsumwelt mitzuwirken, die zur Gleichberechtigung der Verkehrsteilnehmer, zu besseren Lebensbedingungen und einer zukunftsfähigen Mobilität beiträgt. Sie erwerben Wissen über die städtebaulichen und wirtschaftlichen Aspekte heutiger Verkehrswirklichkeit und ihrer Folgen. Sie werden angeregt, sich an Maßnahmen zur Erhöhung der Sicherheit im Straßenverkehr zu beteiligen und solche zu initiieren.

c) Wer arbeitet in der Verkehrserziehung mit dem Lehrer zusammen?

1) Innerschulische Kooperation
- Fachlehrer und Förderlehrer,
- Fachberater für Verkehrserziehung auf Schulamts- und Regierungsbezirksebene,
- Verkehrslehrer an der jeweiligen Schule,
- Sicherheitsbeauftragte.

2) Außerschulische Kooperation
- Polizei (z. B. in der 4. Klasse in der Jugendverkehrsschule);
- Sanitätsdienste (z. B. das Rote Kreuz oder eine ähnliche Hilfsorganisation bei der Durchführung der Lehrgänge in Erster Hilfe);
- Eltern (besonders bei Fragen der Schulwegsicherheit in der 1. Klasse);
- Verkehrswacht, ADAC usw. (Informationsmaterial, Handreichungen, Filme usw.);
- Träger der Schülerunfallversicherung;
- Schulbusunternehmen (z. B. beim Thema „Verhalten im Schulbus").

Eine Liste mit möglichen Partnern finden Sie als Anlage in der KMK-Empfehlung (Stand vom 10. Mai 2012).

d) Organisation der Mobilitäts- und Verkehrserziehung

1) Zeitlicher Rahmen

1. Klasse	20 Stunden (neuer Schulweg für Schulanfänger)
2./3. Klasse	je 10 Stunden
4. Klasse	erhöhter Zeitbedarf wegen Radfahrausbildung und Prüfung
5. Klasse	20 Stunden (evtl. neuer Schulweg oder Schulort)
6. bis 8. Klasse	je 10 Stunden
9. Klasse	20 Stunden (Schwerpunkt: Eigen- und Mitverantwortung als Verkehrsteilnehmer)
10. Klasse	10 Stunden

2) Zuordnung zu einzelnen Fächern
Mobilitäts- und Verkehrserziehung ist kein Unterrichtsfach im Sinne der Stundentafel mit eigens dafür ausgewiesenen Stunden. Die Inhalte sind fächerübergreifend bzw. in eigenen Aktionen, Projekten oder anderen sinnvollen Unterrichtsformen zu realisieren.

XIV Besondere Unterrichtsinhalte

3) Möglichkeiten im Lehrplan der Grundschule

1. Kl.:	LZ 1.6 (Orientierung in Zeit und Raum; besonders 1.6.4)
2. Kl.:	LZ 2.6 (Orientierung …; besonders 2.6.3)
3. Kl.:	LZ 3.8 (Rad fahren; 3.8.1 – 3.8.3)
4. Kl.:	LZ 4.8 (Vorbereitung und Durchführung der Radfahrprüfung)

4) Hinweis zur Radfahrausbildung in der Grundschule ab dem Schuljahr 2004/2005 (Auszug aus der Bekanntmachung vom 15. Mai 2003)

Unter Berücksichtigung der bisher in der Realraumausbildung gesammelten Erfahrungen gelten ab sofort folgende Richtlinien für die Radfahrausbildung in den Grundschulen in Bayern:

- Die Verantwortung für die gesamte Ausbildung trägt die Schule; Schule und Polizei arbeiten eng zusammen. Die Schonraumübungen in den Jahrgangsstufen 2 und 3 sind ausschließlich von den Lehrkräften durchzuführen. Die Verkehrserzieher der Polizei können beratend hinzugezogen werden.
- Die theoretische und praktische Radfahrausbildung wird in den Jahrgangsstufen 2, 3 und 4 nach dem geltenden Lehrplan für die Grundschulen in Bayern durchgeführt. Die lehrplanmäßigen Radfahrübungen in den Jahrgangsstufen 2 und 3 sind als Grundlage für die Ausbildung in den Jugendverkehrsschulen zwingend erforderlich. Sie erfolgen ausschließlich als Schonraumübungen.
- Der theoretische Unterricht zur Radfahrausbildung in der Jahrgangsstufe 4 wird in der Regel vom Klassenleiter rechtzeitig vor den praktischen Übungen in der Jugendverkehrsschule auf der Grundlage des Lehrplans durchgeführt. Fächerübergreifener Unterricht ist auch über die im Lehrplan (z. B. im Fach Sport) angegebenen verbindlichen Querverbindungen hinaus anzustreben.
- Die praktische Radfahrausbildung in mobilen oder stationären Jugendverkehrsschulen wird von Verkehrserziehern der Polizei übernommen. Der Klassenleiter hat dabei anwesend zu sein und wirkt bei den praktischen Übungen unterstützend mit. Er informiert ggf. die polizeilichen Verkehrserzieher über motorische Probleme, Behinderung, Krankheiten und sonstige Einschränkungen einzelner Schüler.
- Die praktische Ausbildung in den Jugendverkehrsschulen umfasst einschließlich der Prüfungseinheit vier Übungseinheiten im Schonraum und eine Übungseinheit im Realverkehr. Eine Übungseinheit entspricht je zwei Unterrichtseinheiten. Die gesamte Ausbildung sollte einen Zeitraum von zehn Wochen nicht überschreiten.
- Die Fahrradprüfung erfolgt im Anschluss an die Übungseinheiten im Schonraum. Die Teilnahme an der Übungseinheit im Realverkehr setzt grundsätzlich das Bestehen der theoretischen und praktischen Fahrradprüfung voraus.

Mit Schülern, die die Radfahrprüfung nicht bestanden haben, sollte die fünfte Übungseinheit im Schonraum durchgeführt werden, sofern dafür die personellen und zeitlichen Voraussetzungen gegeben sind.
- Die Durchführung eines Sehtests im Rahmen der Radfahrausbildung wird empfohlen.
- Die Inhalte der fünf Übungseinheiten (vier im Schonraum, eine in der Verkehrswirklichkeit) können den Bekanntmachungen entnommen werden. Abweichungen sind insbesondere in ländlichen Gegenden denkbar und zulässig.
- Weitere Hinweise (z. B. zur Durchführung der Realraumübungen, zur Ausrüstung der Fahrräder, zur Radfahrprüfung und zum Versicherungsschutz) finden Sie in der zitierten „Gemeinsamen Bekanntmachung", die im Amtsblatt abgedruckt ist (siehe Literaturangabe unter Punkt 50.1) bzw. in der Schulleitung einzusehen ist.

5) Möglichkeiten der Umsetzung in der Mittelschule
Die Fächer der Mittelschule bieten vielfältige Möglichkeiten, einschlägige Themen aufzugreifen; die nachstehenden Vorschläge haben nur exemplarischen Charakter:

Fach	Klasse	Lernzielnummer und Kurzdarstellung
Physik – Chemie – Biologie – (PCB)	5	5.2.2 Verkehrsmittel Fahrrad
	6	6.3.2 Auge und Ohr in ihrer Bedeutung für die Verkehrssicherheit
	8	8.3.3 Genussmittel und Drogen
	9	9.2.1 Aufnahme und Verarbeitung von Informationen bei Menschen 9.6.1 Kraft als Ursache von Geschwindigkeitsänderung
	10	10.1.2 Zukunftsorientierte Energienutzung
Geschichte – Sozialkunde – Erdkunde (GSE)	5	5.1.3 Zusammenleben in der Schule
	6	6.1 Umgang mit Konflikten – partnerschaftliches Verhalten
	7	7.7.1 Der Jugendliche als Rechtsbeteiligter – Rechtsverstöße und Konsequenzen
	10	10.1. Gegenwartsbezogene Gesellschaftsanalyse (Auto, Status Mobilität)
Kath. Religionslehre	6	6.5.1 Zwischen Freiheit und Zwang – Anforderungen und Regeln
	7	7.4.1 Jeder kennt das, keiner gibt es gerne zu – Fehler, Versagen, Angst, Schuld

XIV Besondere Unterrichtsinhalte

e) Einige didaktisch-methodische Hinweise für die Mobilitäts- und Verkehrserziehung

- *"Altersangemessenheit und Aktualität (Orientierung an Entwicklungsstand und Auffassungsgabe der Schüler sowie an momentanen Ereignissen);*
- *Ortsnähe und Wirklichkeitsbezug (Begegnung mit dem konkreten Straßenverkehr im Umfeld der Schule – originale Begegnung – Medien erst in zweiter Linie einsetzen);*
- *Handlungsorientierung und Selbsttätigkeit (dazu finden sich im Lehrplan und in der Präambel viele hilfreiche Hinweise);*
- *Wissensvermittlung und Verinnerlichung (das Beachten von Regeln muß verinnerlicht werden, damit Verkehrserziehung für die Schüler eine echte „Lebenshilfe" werden kann);*
- *Abschreckung (z. B. Bilder von Unfällen) und das Verbreiten von Angst sind keine ‚Methoden' einer zeitgemäßen Verkehrserziehung."*

(Schrom: Didaktisch-methodische Hinweise für die Verkehrserziehung,
Pädagogische Welt, Heft 1/1994

f) Was versteht man unter dem 3-A-Training?

Das 3-A-Training ist eine sehr bewährte Struktur für die Gestaltung der Verkehrserziehung. Es geht darum, beim Partner auf

Alter – **A**bsicht – **A**ufmerksamkeit

zu achten und sich dann entsprechend auf seine Reaktionen einzustellen.
Das sollen einige Beispiele erläutern:

Alter	Unberechenbare Verhaltensweisen können u. a. Kleinkinder, spielende Schulkinder, Halbwüchsige in der Clique usw. zeigen.
Absicht	Oft lässt sich aus dem Verhalten auf die Absicht eines Verkehrspartners schließen (z. B. Autofahrer auf der Suche nach einem bestimmten Haus; Schulkinder eilen auf eine abfahrbereite Straßenbahn zu und geben nicht Acht).
Aufmerksamkeit	Bestimmte Anzeichen deuten auf verminderte Aufmerksamkeit hin, z. B. miteinander redende Radfahrer, der Walkman im Ohr, Beeinträchtigung durch ungünstige Sichtsituation usw.

Ziel des 3-A-Trainings ist es, für den anderen Verkehrsteilnehmer „mitzudenken" und ggf. auf sein Verhalten angemessen zu reagieren (3-A-Training nach B. von Hebenstreit).

50.3 MÖGLICHE FRAGESTELLUNGEN

- Nennen Sie die wichtigsten rechtlichen Grundlagen der Verkehrserziehung in der Grundschule bzw. Mittelschule!
- Wie realisieren Sie die Ziele der Verkehrserziehung in Ihrem Unterricht?
- Beschreiben Sie Aufgaben, Ziele und Realisierung der Verkehrserziehung in der GS bzw. Mittelschule!

50.4 PRÜFUNGSTIPPS

- Sie sollten unbedingt einige Unterrichtsbeispiele zur Verkehrserziehung „parat" haben und darstellen können.
- Informieren Sie sich bei Lehrern der 4. Klasse über die Praxis der Jugendverkehrsschule!
- Vergessen Sie nicht, den Aspekt der „Lebenshilfe" in den Mittelpunkt Ihrer Ausführungen zu stellen.
- Auch die Ausbildung der Schülerlotsen kann in diesem Zusammenhang erwähnt werden.

XV Quellenverzeichnis

Quellenverzeichnis für Gesetzestexte

Bayerisches Beamtengesetz (BayBG) in der Fassung der Bekanntmachung vom 27. August 1998 (GVBl S. 702, BayRS 2030-1-1-F), i. d. F. v. 1. April 2009

Bayerisches Gesetz über das Erziehungs- und Unterrichtswesen (BayEUG) in der Fassung der Bekanntmachung vom 31. Mai 2000 (GVBl S. 414, ber. S. 632, BayRS 2230-1-1-UK), i. d. F. v. 9. Juli 2012

Bayerisches Gesetz zur Bildung, Erziehung und Betreuung von Kindern in Kindergärten, anderen Kindertageseinrichtungen und in Tagespflege (bayerisches Kinderbildungs- und -betreuungsgesetz – BayKiBiG) vom 8. Juli 2005 (verkündet als §1 des Bayerischen Gesetzes zur Bildung, Erziehung und Betreuung von Kindern in Kindergärten, anderen Kindertageseinrichtungen und in Tagespflege und für Änderung anderer Gesetze – Bayerisches Kinderbildungs- und -betreuungsgesetz und Änderungsgesetz (BayKiBiG und ÄndG) vom 8. Juli 2005 (GVBl. S. 236)

Bayerisches Lehrerbildungsgesetz (BayLBG) in der Fassung der Bekanntmachung vom 12. Dezember 1995 (GBVI 1996 S. 16, ber. S. 40, BayRS 2238-1-UK), zuletzt geändert durch Gesetz vom 24. Juli 2007 (GVBl S. 536)

Jugendschutzgesetz (JuSchG) vom 23. Juli 2002 (BGBl. I S. 2730), zuletzt geändert durch Artikel 3 Abs. 1 des Gesetzes vom 31. Oktober 2008 (BGBl. I S. 2149)

Dienstordnung für Lehrkräfte an staatlichen Schulen in Bayern (Lehrerdienstordnung – LDO), Bekanntmachung des Bayerischen Staatsministeriums für Unterrricht, Kultus, Wissenschaft und Kunst vom 24. August 1998, Az.: II/2 – P4011/1 – 8/105491, zuletzt geändert durch Bekanntmachung vom 31. Januar 2008 (KWMBl S. 35)

Ordnung der Zweiten Staatsprüfung für ein Lehramt an öffentlichen Schulen (Lehramtsprüfungsordnung II – LPO II) vom 28. Oktober 2004

Schulordnung für die Grund- und Hauptschulen (Volksschulen) in Bayern (Volksschulordnung – VSO) i. d. F. v. 16. Dezember 2011

Verfassung des Freistaates Bayern in der Fassung der Bekanntmachung vom 15. Dezember 1998 (GVBl S. 991, BayRS 100-1-I), zuletzt geändert durch das Gesetz vom 10. November 2003 (GVBl S. 817)

Zulassungs- und Ausbildungsordnung für das Lehramt an Grundschulen und das Lehramt an Hauptschulen (ZALGH) in der Fassung der Bekanntmachung vom 29. September 1992

Quellenverzeichnis für Lehrpläne

Lehrplan für die Bayerische Grundschule (2000), Az. IV/1-S7410/1-4/84000, KWMBl I, So.-Nr. 1/2000, Verlag J. Maiss, München

Lehrplan für die Bayerische Hauptschule (2004), Az. IV.2-5S7410.2-4.60750, Kastner AG, Wolnzach

Quellenverzeichnis sonstige Texte/Abbildungen

S. 26–28: Ingendahl, W.: „Schlüsselqualifikationen", Schulmagazin 5 bis 10, Heft 9/1997, Verlag Oldenbourg

S. 29–32: „Was erwartet die Wirtschaft von Schulabgängern?", Faltblatt der IHK NRW e.V.

S. 34–35: „Leitsätze für den Unterricht und die Erziehung nach gemeinsamen Grundsätzen der christlichen Bekenntnisse …", KMBek vom 6. Dezember 1988, Nr. III/2–4/109264

Quellenverzeichnis sonstige Texte/Abbildungen

S. 43–44: Eigengrafik nach „Das bayerische Schulsystem. Viele Wege führen zum Ziel". Faltblatt des Bayerischen Staatsministeriums für Unterricht und Kultus. Ref. Öffentlichkeitsarbeit, Salvatorstr. 2, 80333 München. Stand Januar 2012

S. 61: „Entwicklung des muttersprachlichen Ergänzungsunterrichts (MEU))", Veröffentlichung des Bayerischen Staatsministeriums für Unterricht und Kultus/Ref. Öffentlichkeitsarbeit/Salvatorstr. 2, 80333 München, www.km.bayern.de/km/schule/schularten/allgemein/migrantenfoerderung/muetterergaenz/thema/01994/index.shtml

S. 84: KMS vom 19. März 2003, abrufbar unter www.rekoin.de/foerdneu/a4graauf.pdf

S. 90: Edith-Stein-Schule Aichach und Vinzenz-Palotti-Schule Friedberg: „Mobile Sonderpädagogische Dienste", Informationsbroschüre der beiden Förderzentren für die Schulen im Landkreis Aichach-Friedberg

S. 94–95: „Welche Schule ist die richtige? Informationen zur Schulberatung 2006/2007", Veröffentlichungen der bayerischen Schulberatungsinstitutionen und des Bayerischen Staatsministeriums für Unterricht und Kultus/Ref. Öffentlichkeitsarbeit/Salvatorstr. 2, 80333 München

S. 97: Eigengrafik nach „Gesamtkonzept des kind- und begabungsgerechten Übertrittverfahrens", Bayerisches Staatsministerium für Unterricht und Kultus. Ref. Öffentlichkeitsarbeit, Salvatorstr. 2, 80333 München

S. 101–102: „Hausaufgaben 1, Impulse zur Beratung, ISB/MSD 10", Staatsinstitut für Schulqualität und Bildungsforschung im Auftrag des Bayerischen Staatsministeriums für Unterricht und Kultus, Alfred Hintermaier Verlag, München, 2006 (www.isb.bayern.de/isb/download.aspx?DownloadFile ID=46d99e9342883131620ff795cd51e78e)

S. 104–106: Pädagogische Welt, PW 12/1984, S. 757

S. 126: „Förderung von Schülern mit besonderen Schwierigkeiten beim Erlernen des Lesens und Rechtschreibens", KMBek vom 16. November 1999, KWMBl. I, Nr. 23/1999, S. 379 ff.

S. 137: Eigengrafik nach „Alle schulischen und beruflichen Aufstiegsmöglichkeiten sind gegeben", Bayerisches Staatsministeriums für Unterricht und Kultus. Ref. Öffentlichkeitsarbeit, Salvatorstr. 2, 80333 München

S. 139–140: Eigengrafik und Text nach „Die bayerische Mittelschule", Bayerisches Staatsministeriums für Unterricht und Kultus. Ref. Öffentlichkeitsarbeit, Salvatorstr. 2, 80333 München

S. 145: Eigengrafik nach „Berufsorientierung an der Haupt-/Mittelschule", Bayerisches Staatsministeriums für Unterricht und Kultus. Ref. Öffentlichkeitsarbeit, Salvatorstr. 2, 80333 München

S. 146: Köck-Ott: „Wörterbuch für Erziehung und Unterricht", Auer Verlag, Donauwörth, 1976, S. 58

S. 147–148: Mit freundlicher Genehmigung von Manfred Beyl und SCHULEWIRTSCHAFT. „Mein Betriebspraktikum, Arbeitsmappe für den Praktikumsunterricht", Cornelsen Verlag, 2004, herausgegeben von SCHULEWIRTSCHAFT Bayern, Geschäftsstelle im Bildungswerk der Bayerischen Wirtschaft e. V., Infanteriestraße 8, 80797 München

S. 150: Eigengrafik nach „Die bayerische Mittelschule", Bayerisches Staatsministeriums für Unterricht und Kultus. Ref. Öffentlichkeitsarbeit, Salvatorstr. 2, 80333 München

S. 152–154: „Die bayerische Mittelschule", Bayerisches Staatsministeriums für Unterricht und Kultus. Ref. Öffentlichkeitsarbeit, Salvatorstr. 2, 80333 München

S. 169: Eigengrafik und Text nach „Hochschulzugangsberechtigung" aus „Lehrerinfo", Heft 1/2012

S. 170: Eigengrafik nach „Abschlüsse und Anschlüsse im Überblick" aus: „Die bayerische Mittelschule", Bayerisches Staatsministeriums für Unterricht und Kultus. Ref. Öffentlichkeitsarbeit, Salvatorstr. 2, 80333 München

S. 172: „Die bayerische Mittelschule", Bayerisches Staatsministeriums für Unterricht und Kultus. Ref. Öffentlichkeitsarbeit, Salvatorstr. 2, 80333 München

S. 195–196: Schiedermair, W.: „Wirkungsmittel des Schulleiters. Die Stellung des Leiters einer staatlichen Schule in Bayern", in: „Schulreport" herausgegeben vom Bayerischen Staatsministerium für Unterricht und Kultus/Ref. Öffentlichkeitsarbeit, Salvatorstr. 2, 80333 München

XV Quellenverzeichnis

S. 202–203: Rolf Dubs: „Eine neue Form der Schulaufsicht. Im Spannungsfeld zwischen Beratung und Kontrolle". In: Buchen, H./Horster, L./Rolff, H.-G.: Schulleitung und Schulentwicklung 2. Auflage, H. 2.2., Februar 2003. © Dr. Josef Raabe Verlags GmbH, Stuttgart.

S. 203–205: „Aufgaben der Staatlichen Schulämter", KMS vom 6. Juli 2006, KWMBl. I Nr. 15/2006

S. 211: Hans-Günter Rolff: „Schulentwicklung und Unterrichtsqualität", http://www.gew-bw.de/Binaries/Binary1036/Vortrag%25Rolff%20Schulentwicklung.pdf, Seite 3, Stuttgart Stand: 11. Oktober 2003

S. 214–215: „Externe Evaluation an Bayerns Schulen. Das Konzept, die Instrumente, die Umsetzung", Broschüre des Bayerischen Staatsministeriums für Unterricht und Kultus, Salvatorstr. 2, 80333 München, 2005, S. 13

S. 217: „Leitfaden für die Erstellung von Ziervereinbarungen", Staatsinstitut für Schulqualität und Bildungsforschung (ISB), Qualitätsagentur

S. 223–224: „Pädagogischer Freiraum", Broschüre des Staatsinstituts für Schulpädagogik und Bildungsforschung (ISB), München, 1979

S. 226–227: „Zur Stellung des Schülers in der Schule", Beschluss der Kultusministerkonferenz vom 25. Mai 1973

S. 228–230: Lott/Pirner/Unger: „Schulleiter-ABC Bayern", Buch- und Fachverlage GmbH & Co. KG, Kulmbach

S. 236–237: „Zur Stellung des Schülers in der Schule/I. Aufgabe der Schule", Beschluss der Kultusministerkonferenz vom 25. Mai 1973, KMK.org

S. 254–255: Knoll, F.: „Gute Elternarbeit – eine tägliche Chance zur Imageförderung der Lehrer", „Lehrerinfo", Bayerisches Staatsministerium für Unterricht und Kultus/Ref. Öffentlichkeitsarbeit/Salvatorstr. 2, 80333 München, Heft 6/01, 2001

S. 260: „Ganztägige Förderung und Betreuung an der Schule", in „Zeit für Dich", Flyer vom Staatsinstitut für Schulqualität und Bildungsforschung (ISB), München

S. 261–262: „Die bayerische Mittelschule", Bayerisches Staatsministeriums für Unterricht und Kultus. Ref. Öffentlichkeitsarbeit, Salvatorstr. 2, 80333 München

S. 266: Wittmann, H.: „Partner Kindergarten – Grundschule", In: „Schulverwaltung Bayern", Wolters Kluwer, Zeitung für Schulleitung und Schulaufsicht, Ausgabe 10/1998, LinkLuchterhand, Köln, Standort Kronach, S. 323 ff.

S. 266: Ergänzende Aktualisierung vom Fachreferat des Staatsministeriums für Arbeit und Sozialordnung, Familie und Frauen und das Staatsinstitut für Frühpädagogik (IFP) zum Thema „Bildungs- und Erziehungsplan" vom September 2003

S. 274: aus „Beratungslehrkräfte in Bayern", Staatsinstitut für Schulqualität und Bildungsforschung (ISB), München

S. 295–296: Gross, W.: „Hinter jeder Sucht ist eine Sehnsucht", HERDER spektrum Bd. 5166, S. 7 und 17, © Verlag Herder, Freiburg im Breisgau, 6. Auflage 2004

S. 315–316: „Handreichung zum Einsatz des Computers in der Grundschule.", Staatsinstitut für Schulpädagogik und Bildungsforschung (ISB), Auer Verlag, München, 2001, Band II, S. 6/7

S. 326/328: „Richtlinien für die Umweltbildung an den bayerischen Schulen", KMBek vom 22. Januar 2003, KWMBl. I Nr. 3/2003, S. 61 ff., KMK.org

S. 335–336: „Empfehlungen zur Mobilitäts- und Verkehrserziehung in der Schule", Beschluss der Kulturministerkonferenz vom 7. Juli 1972 i. d. F. v. 10. Mai 2012

S. 338 – 339: „Hinweis zur Radfahrausbildung in der Grundschule ab dem Schuljahr 2004/2005", Auszug aus der Bekanntmachung des Kultusministeriums vom 15. Mai 2003